笔记
插图版

① 群雄逐鹿

南门太守 / 著

华文出版社
SINO-CULTURE PRESS

图书在版编目（CIP）数据

三国全史：笔记插图版.1，群雄逐鹿/南门太守著.－－北京：华文出版社，2024.1（2024.10重印）
ISBN 978-7-5075-5914-9

Ⅰ.①三… Ⅱ.①南… Ⅲ.①中国历史－三国时代－通俗读物 Ⅳ.① K236.09

中国国家版本馆 CIP 数据核字（2023）第 250052 号

三国全史 笔记插图版 ❶ 群雄逐鹿

作　　者：	南门太守
责任编辑：	袁　博
出版发行：	华文出版社
地　　址：	北京市西城区广外大街 305 号 8 区 2 号楼
邮政编码：	100055
网　　址：	http://www.hwcbs.cn
电　　话：	总编室 010-58336239　发行部 010-58336202
	编辑部 010-58336191
经　　销：	新华书店
制　　版：	北京禾风雅艺文化发展有限公司
印　　刷：	三河市航远印刷有限公司
开　　本：	710mm×1000mm　1/16
印　　张：	23.5
字　　数：	392 千
版　　次：	2024 年 1 月第 1 版
印　　次：	2024 年 10 月第 2 次印刷
标准书号：	ISBN 978-7-5075-5914-9
定　　价：	68.00 元

版权所有，侵权必究

◎ 再版说明

《三国全史》是笔者历时近两年完成的一部书稿，于2017年6月首次出版，受到广大文史爱好者的欢迎，取得较好的销售业绩。与此同时，笔者与初版责任编辑通过不同渠道分别收到了一些读者提出的意见和建议。除指出书中的错漏和不足之处外，读者朋友们还提出一些很好的建议，如增加重大战役的示意图、对一些历史节点进行更深度的分析等。此次由华文出版社再版《三国全史》，笔者与编辑商定，主要在以下三个方面进行修订：

1. 为了更加方便阅读，也为了让全书的时间线索更明晰，对书中的章节进行了重新编排，对结构进行了适当调整。

2. 增加了数十幅与重大战役、重要人物等有关的图表，配合文字，更便于读者形象地了解历史事件发生的过程。其中，地理示意图以《三国志》《后汉书》等史书记载，以及中国地图出版社出版的谭其骧先生主编的《中国历史地图集》第二、三册为主要依据。

3. 对一些重要历史事件进行深度分析，为此增加了相应篇幅。《三国全史》出版以来，笔者又先后出版了二十余部三国人物传记、随笔等，发表了一些文章，对三国历史有了新的思考。此次摘其精要补充到书中，以飨读者。

南门太守

2023年8月于北京

◎ 初版序言

三国，那些有温度的故事

在中国五千多年的历史长河中，三国这个时期无疑是最特殊的：它存续的时间不算太长，但留下的历史积存却最丰富，活跃在人们集体意识中的人物和故事也最多；它是乱世而非治世、盛世，但在思想和文化上却大放异彩，使它成为一个充满魅力的时期，以至令人神往。

鲁迅先生说中国社会有"三国气"，先不论这句话为何而说，只说这"三国气"确实已深入所有中国人的内心。三国已不是一个纯粹的历史概念，它成为中华文化的内核之一，千百年来人们说三国、评三国、演三国、看三国，三国的话题总有很高的"点击率"，拥有最广泛的群众基础，是文学、戏剧、曲艺、影视等艺术取之不尽、用之不竭的宝藏。太遥远的不说，只说近代以来，从黎东方在剧场"细说三国"，到新时期新旧两种版本的《三国演义》电视剧热播，再到易中天"品三国"，三国题材经常能在不经意间引发新的轰动，成为永不过时、久盛不衰的文化话题。

三国的魅力究竟来自哪里？有人说，三国很热闹、故事很精彩，既斗勇又斗智，看他们的故事可以让人增长智慧，也可以让人加重心机、学会权谋，无论做人还是做事都不吃亏；还有人说，三国是个"草根逆袭"的时代，有梦不怕千里远、有志者事竟成，在三国故事中不仅有阴谋论更有成功学，这都是我们最渴望得到的东西。

然而，用这些眼光看三国却失于狭隘和偏颇，正如战争可以被视为艺术而杀戮却不能那样，心机、权谋和所谓的"成功学"其实游离在智慧的大门之外，不能把谋略简单地理解为计谋，更不能理解为算计与钩心斗角，它们的区别既在于手段也在于目的，为一己之私、一人之欲或小集团、小团伙的荣辱得失而不择手段，是庸俗的也是卑劣的，即使成功了也不足道。

看三国，表面上看是一个个连横、合纵、反目、背叛、厮杀或斗智的故事，有些故事在色调上是黑暗的、在温度上是冰冷的，但当你将思维的触角探进这些故事的内部，用一颗平常的心去细细地体味，你就能品出这些故事的温度来。绝大多数的三国英雄都不是亡命之徒，也不是刽子手，他们有奋斗的目标，也有做事的准则和做人的底线，从他们的身上不仅能看到智慧和勇敢，也能看到忠诚、正义和追求。

这大概才是三国真正的魅力所在，有锲而不舍、百折不挠，有舍生取义、忠贞不屈，有鞠躬尽瘁、死而后已，有一谋动千危、一骑当千。在特定的历史环境下，人们都为自己的理想而奋斗，将勇力与智力发挥到极致，这些东西远远超越了阴谋与权谋，也超越了庸俗的成功学。它直通每一个人的心灵，即使我们没有生活在那个时代，也会被它深深触动。

因此，读三国要读那些真正的三国，而不是"伪三国""俗三国"。一方面，要传达正确的历史知识，还原历史的本来面貌，不将真正的历史与传说、附会杂糅在一起；另一方面，对历史要有自己的观点，是褒扬还是批判、是肯定还是否定，要有明确的说法，不能似是而非，不能在历史面前圆滑和世故。除此之外，每一个时代都有自己的特质，品读三国既需要用时代的语言，又要切合当下的物质成果和精神追求，读出时代的风尚。

但要做到这些是有难度的。首先，就三国历史而言，留下来的史料从量上说并不多，可供挖掘的空间非常有限，前人已反复陈说，难以品读出其中的新意；其次，关于三国的演义和民间故事、传说很多，且都已深入人心，真正的历史反而被淡化、弱化；最后，现存的史料有些支离破碎，早期的史家多以纪传体写史，从人物个体的角度读来没有问题，但要按时间顺序理出历史大事件的完整头绪却很困难，裴松之注《三国志》所引的一大批散佚杂史只保留下一些片段，其相互之间还存在大量矛盾之说，读来更难辨真伪、扑朔迷离。

顾颉刚先生说，按照正史的方法写一部《三国演义》是一件了不起的事，但又几乎是不可能的。虽然如此，对于热爱三国历史的人来说，用正史的方法和时代的语言讲述三国时期所发生的那些有温度的故事仍然是一种追求，这也正是笔者写作本书的初衷。

人们心目中的"三国"是个广泛的概念，不能把它理解为曹魏建国（220）到孙吴灭亡（280）的这60年，还应该算上汉末的一段，至少从董卓乱政算起，这样才能交代清楚三国的来龙去脉，《三国志》《三国演义》等都采取了这样的方法，本书也予以参照。

本书讲述的内容均来自《后汉书》、《三国志》及裴松之注、《晋书》、《华阳国志》等史籍，以及三国时期的各种文集、诗集等，为保持阅读的流畅性，书中没有注明所引述上述典籍的出处，有兴趣的读者可以找原文对照阅读。

史书中的地名和官职名称历来是读史的障碍之一。关于地名，本书参照谭其骧先生主编的《中国历史地图集》等加以古今对照，并在行文中予以说明。

南门太守
2017年5月于古都西安

目录

再版说明 / 01
初版序言 / 02

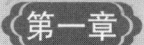 **群雄混战**

一、关东联军 / 02
二、最后的疯狂 / 07
三、浴血汴水 / 11
四、孙坚斩华雄 / 16
五、关东联军内讧 / 19
六、甄官井上五色气 / 22
七、孙坚死于意外 / 26
八、一场拥戴闹剧 / 28
九、乱世里的窝囊人 / 30
十、刺杀董卓 / 35

 **曹操崛起**

一、书生误国 / 41
二、吕布的逃亡路 / 44
三、"王佐之才"荀文若 / 50
四、一场灭门惨祸 / 53
五、"屠彭城"真相 / 56
六、后方的密谋 / 59
七、曹操再征徐州 / 62
八、老朋友的背叛 / 63
九、艰难的时刻 / 67

十、曹军的冬季攻势 / 72
十一、东武阳的悲剧 / 76

第三章 浴血东归

一、两个女人闹长安 / 80
二、浴血东归路 / 85
三、"奉天子以令不臣" / 91
四、天道深远勿多问 / 96
五、慈者难带兵 / 102
六、公孙瓒的易京防线 / 106
七、张纮的"江都对" / 109
八、孙策席卷江东 / 111

第四章 大浪淘沙

一、陶谦"让徐州" / 117
二、来了不速之客 / 121
三、吕布辕门射戟 / 123
四、解决吃饭问题 / 128
五、人才纷至沓来 / 131
六、一场名位之争 / 133
七、刻骨铭心的一战 / 135
八、袁术的伪朝廷 / 141
九、安众突围战 / 147
十、杀此一人失英雄 / 152
十一、相见白门楼 / 155
十二、曹操感到一阵眩晕 / 162
十三、袁术想喝蜂蜜 / 166

第五章　官渡之战

一、刘备的许县时光 / 171

二、五千万买曹操的人头 / 175

三、孙策之死 / 180

四、关羽刺颜良 / 182

五、虎豹骑的闪电战 / 187

六、老将军的鼻子没了 / 192

七、袁绍抑郁而终 / 199

八、小青年挑起重担 / 202

第六章　统一北方

一、袁氏兄弟内斗 / 208

二、攻占袁氏的大本营 / 212

三、虎豹骑再扬威名 / 217

四、基本统一了北方 / 221

五、一场政治风波 / 225

六、越过长城险关 / 228

七、激战白狼山 / 232

第七章　赤壁之战

一、刘备寄寓荆州 / 238

二、孙权三征黄祖 / 243

三、刘表被吓死了 / 248

四、刘备脱险之谜 / 251

五、贾诩欲言又止 / 255

六、一封恐吓信 / 260

七、被忽视的兵团 / 263

八、周瑜故意摆谱 / 266

九、只打了一场遭遇战 / 268

第八章　弱者联盟

一、孙权出击合肥 / 274

二、曹将军惊为天人 / 276

三、九江郡平乱 / 279

四、一桩政治婚姻 / 282

五、不给刘备面子的人 / 287

六、一场看不见的战争 / 294

第九章　潼关之战

一、马超造反了 / 300

二、好婆婆与好媳妇 / 303

三、曹操河上遇险 / 307

四、贵在现学现用 / 310

五、临事独断之权 / 314

六、一群小人物成大事 / 317

七、设立雍州刺史部 / 321

第十章　西据益州

一、刘璋坐不住了 / 325

二、"献地图"疑案 / 328

三、百日涪城大会 / 330

四、孙权营建濡须口 / 337

五、庞统死于雒城 / 342

六、诸葛亮率兵入蜀 / 346

七、来了一位神助攻 / 349

八、成都的两个府 / 351

九、这场仗没法再打了 / 356

十、稀里糊涂的胜利 / 359

第一章　群雄混战

一、关东联军

　　东汉献帝中平六年（189）年底。位于京师洛阳以东的陈留郡郡治陈留县，今称开封。该郡所辖一个名叫己吾的地方，是个很普通的县城，平时很冷清，这时突然热闹了起来。县城里到处在传说有人来这里招兵了，近几年天下乱了起来，朝廷一再招兵买马，地方豪族也跟着招兵，招兵的还有路过的黄巾军，各种招兵形式五花八门，人们开始还有些兴趣，乱世生存不易，当兵至少有口饭吃。但是，随着当了兵的本地人一个个离开这里并从此失去了消息，大家对这种事慢慢地没了热情，招兵成了一件难事。

　　不过，这次招兵似乎有着较大的吸引力，应征的人络绎不绝，原因是大家听说本郡很有名望和实力的卫孝廉亲自带着上千人参加了这支队伍，所以都跟着来了。卫孝廉，名叫卫兹，是本郡知名人士，曾在司徒杨彪的手下干过，后来回到了家乡，在己吾素有威望。

　　来己吾招兵的人名叫曹操，他是本郡太守张邈的好朋友，曾任朝廷骑都尉。董卓篡夺朝廷大权后，曹操的军职已被撤销，并被通缉。曹操与袁绍、袁术等人逃出了洛阳，曹操来到陈留郡，袁绍去了冀州，袁术前往南阳郡，他们相约同时起兵讨伐董卓，曹操在己吾募兵，就是为此做准备的。

　　卫兹不仅带来了全部家产，还带来一个厉害的角色，名叫典韦。典韦是己吾县本地人，史书没有记载他字什么，说明他出身寒门。他体形魁伟，膂力过人，是本地知名度很高的侠士。现在典韦的职位还很低，在一个叫赵宠的司马手下当兵。赵宠默默无闻，可能早早战死了，典韦后来归其他人指挥，多次立下战功，慢慢也升任为司马。

　　那个时候一个县通常只有一万户左右，能招募到的兵源十分有限，不过好在曹操招兵的声势造得挺大，不仅己吾周边的几个县，就连陈留郡附近的梁国、陈国也有人跑来应征。在这些应征的人里，曹操发现，有一个人个子不高但目光炯炯有神，说话办事干净利索，还有一定的武艺。曹操很喜欢他，就让他给自己当帐下吏。

　　这个人日后也大名鼎鼎，他就是乐进。他的出身比典韦强点儿，有表字，字文谦，还挺文绉绉的。他的老家是兖州刺史部东郡，史书说他有胆识、办事果敢。曹操本人的个子不高，选"警卫员"不能要个子太高的，否则走到哪里都容易抢镜，乐进大概沾了这个光。曹操派乐进回他的老家东郡募兵，招来了上千人，曹操便任命乐进为假军司马。

己吾其实离曹操的老家沛国谯县不远，招兵当然不能忘了自家的人，曹操的几个叔伯兄弟，以及与曹家历来关系密切的夏侯家几个兄弟很快都来了。谯县曹氏是一个庞大的家族，其核心人物是曹操的爷爷曹腾。与曹腾同辈的还有曹褒，二人应该是从兄或从弟的关系，曹褒因有曹腾的荫护而做到了颍川郡太守。曹褒的儿子名叫曹炽，做过侍中、长水校尉，他是曹仁、曹纯的父亲。曹炽与曹操的父亲曹嵩同辈，在这一辈的人里至少还有四五个族人：一个是曹鼎，做过尚书令；曹鼎的兄弟中有一个名叫曹瑜，做到了卫将军；他们还有一个亲兄弟，已不知名字，但他的儿子很有名，名叫曹洪。除了曹鼎三兄弟，这一代人中至少还有两个支脉，其中一个当过吴郡太守，他有一个孙子名叫曹休；另一个生了个儿子名叫曹邵，曹邵有个儿子名叫曹真。

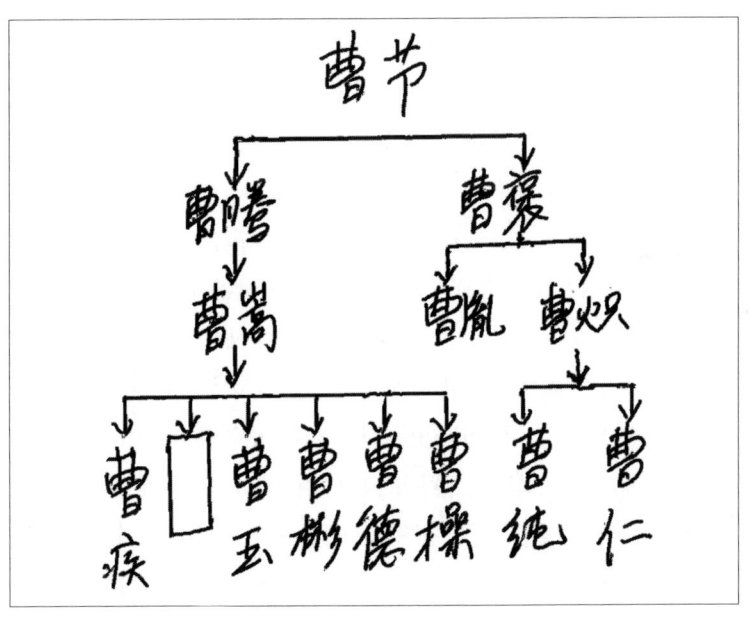

曹操一族人物关系示意图

先赶到己吾的是曹洪、曹仁、曹纯及夏侯惇、夏侯渊等人，曹操有个侄子名叫曹安民，也来了。"安民"是这个侄子的表字，他的名字及他的父亲是曹操的哪一个弟兄，都已经不知道了。曹洪等一行人是从谯县赶来的，带来了1000多人。

在这支队伍里日后较为有名的将领是史涣。史涣字公刘,是曹操家乡沛国人,以"客军"的身份前来,以后常跟随夏侯惇行动。曹休来的时间晚一些,当时他在江南,听到叔父起兵的消息后"易姓名转至荆州",历尽千辛万苦找到曹操。曹操见到曹休很高兴,对左右说:"这是我们曹家的千里驹呀。"而曹真此时年龄很小,与曹丕相当,三四岁的样子。曹真的父亲曹邵听说曹操起兵的消息后,也在当地招募徒众,但引起地方官的怀疑,结果被杀。后来曹真辗转被人领着找到了曹操,曹操以养子视之。

人招得很顺利,很快就招到了5000人,谯县来的、己吾县本地的、陈留郡其他县及附近郡国的约各占三分之一。曹操曾担任过朝廷的典军校尉,是专门负责练兵的,所以对新兵训练很有经验。曹操对这5000来人开始了训练,分别任命卫兹带来的赵宠等人及曹洪、曹仁、夏侯惇、夏侯渊当司马、假军司马。虽然条件简陋,但"曹家军"就此诞生了。

陈留郡太守张邈不仅是曹操的好朋友,跟袁绍的关系也很密切,在这场讨伐董卓的活动中他是个至关重要的角色,在他的串联下,愿意参加讨伐董卓的几支人马陆续向陈留郡北部的酸枣县一带集中。酸枣县夏朝时属豫州,春秋时属郑国,当时便有"酸枣"的地名,得名源于盛产酸枣。《水经注·济水》记载:"昔天子建都名邦,或以令名,或以山林,故豫章以树氏郡,酸枣以棘名邦,故曰酸枣。"酸枣县临近黄河,河的北岸是司隶校尉部所属的河内郡。张邈既是东道主,也是这次集体行动的实际负责人,他的弟弟张超担任广陵郡太守,该郡属扬州刺史部,辖区在今江苏省扬州市一带,现在也千里迢迢率部来到了酸枣。

很快,兖州刺史刘岱、豫州刺史孔伷、东郡太守桥瑁、山阳郡太守袁遗、济北国相鲍信等人都明确表态,愿意同时起兵讨伐董卓。曹操虽然没有正式职务,但手里却有5000人,也算重要的一路。袁绍虽然不在这里,但他们这些人都有关系,张邈、曹操不用说,过去都是朋友,桥瑁、鲍信当初能当太守和国相也都是袁绍在背后秘密策划的,而刘岱则是袁绍的亲戚,跟袁绍的关系非同一般,袁遗是袁绍的从兄。袁绍虽然不在这里,却是大家的精神领袖。袁绍此时在渤海郡,该郡归冀州刺史部管辖,冀州牧是韩馥,酸枣方面派人到冀州刺史部及渤海郡联络韩馥和袁绍,还去豫州刺史部和南阳郡联络袁术等人,他们相距较远,就不来酸枣了,相约就地起事。

说话之间就过了年，被董卓挟持的汉献帝下诏改元为初平。初平元年（190）正月，讨董的各路人马基本就绪，张邈让人在酸枣临时修起了一个大坛，准备在此会盟。袁绍不在，大家互相谦让起来，谁都不敢上台领誓，最后一致推举张超手下的功曹臧洪来读。臧洪此时还不到30岁，他走上坛场，宣读誓文。这篇誓文写得言简意赅、掷地有声，臧洪读得辞气慷慨、涕泣横下，产生了极大的感染力，无论是将校还是普通士兵，都万分激动，为莫大的正义感所激昂。几乎与此同时，冀州牧韩馥、河内郡太守王匡在冀州刺史部起事，后将军袁术在南阳郡的鲁阳县起事，大家都推举时任渤海郡太守袁绍为盟主。

讨董的联军共有十一路，分为四个方向：冀州方向，冀州牧韩馥屯邺县，河内郡太守王匡屯河内郡；酸枣方向，兖州刺史刘岱、陈留郡太守张邈、广陵郡太守张超、东郡太守桥瑁、山阳郡太守袁遗、济北国相鲍信，曹操没有职务，行动多有不便，袁绍后来表奏他行奋武将军，上述各部屯酸枣；豫州方向，豫州刺史孔伷屯颍川郡；南阳方向，后将军袁术屯南阳郡鲁阳县。这四个方向自北向南形成一线，对洛阳构成了一个半月形的包围圈，总兵力达10万人以上。袁绍随后到达黄河边上的河内郡，以便"靠前指挥"，他自称车骑将军，以此号令整个关东联军。

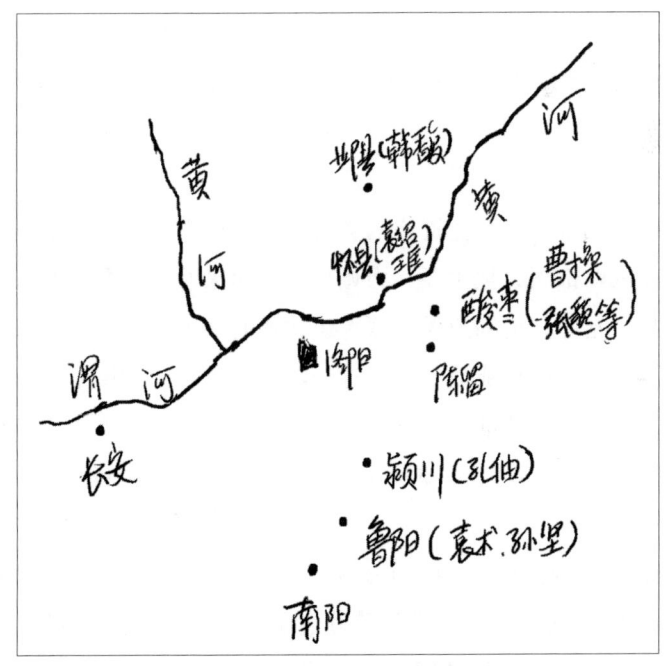

关东联军讨董卓示意图

秦汉时普遍用地处崤山谷地的函谷关作为区分东、西两大地域的界标，分别称关东、关西，所以这十一路讨董武装组成的联军也被称为关东联军。不过，函谷关位于今河南省灵宝市，在洛阳以西，如果按照这个概念区分，洛阳本身也属关东。所以这里说的"关东"指的是洛阳以东的关东，如果摊开地图看，主要是兖州、徐州、青州的全部，以及冀州、豫州这几个刺史部的一部分。距离汉末最近的一次人口普查显示，这里也是人口最为稠密的地区，当时人口密度能达到每平方公里150人以上的地区几乎都集中在这里。

看到那么多人口口声声要讨伐他，董卓不淡定了。他虽然靠流氓手段夺取了朝廷大权，又迅速把洛阳的局面控制住，但背后有关中的皇甫嵩和河东郡的白波军，眼前又有关东联军"添堵"，董卓头痛不已。袁绍、袁术和曹操等人逃出洛阳后，董卓先是下令通缉，后来又赦免了袁绍，任命他为渤海郡太守，但这些人看来丝毫不领情，现在公然打出了"反叛"的旗帜。当初建议赦免袁绍的人是周毖和伍琼，董卓发现他们竟然是袁绍安插在自己身边的卧底，他们主动投靠自己，骗取了信任，却一直在帮袁绍、袁术及韩馥、张邈这帮人说好话。现在明白了一切，董卓的怒火可想而知，他下令把二人抓了起来，咆哮道："我刚到洛阳，你们劝我擢用能人志士，我一一听从，可这些人一上任就公开起兵反抗我，是你们出卖了我，不是我要出卖你们！"初平元年（190）二月里的一天，周毖和伍琼被斩首。周毖和伍琼的死是关东联军的一个重大损失，不过很快另一个卧底就补上了他们的位置。

这个人名叫郑泰，一个老资格的党人，时任议郎。关东联军不断壮大，董卓想重新调整战略部署，把主要兵力调集到东边来对付关东联军，郑泰知道后为关东联军捏了把汗，他知道关东联军组建的时间不长，很多队伍刚刚完成长途跋涉，需要休整才能形成战斗力，这个时候董卓真的动用重兵征讨，联军肯定吃大亏。郑泰于是跑到董卓那里，对他说："政治成败，取决于恩德，而不取决于武力，所以讨伐无益。"董卓听了有些不高兴："照你的说法，要军队就没有用了吗？"

郑泰不着急，慢慢说道："不是说没用，我只是认为关东方面不值得您动用这么大的兵力，如果不信，请让我为明公陈述原因。现在关东合谋，州郡联结，百姓团结一致，不可说不强盛。然而，自从光武帝以来国家平安无事，百姓生活富裕，对战争早已淡忘。孔子说过'不教导人民，而让他们自己去战，这是抛弃人民'，所以他们的人数虽然多，但不足以为害，这是第一点。"

看董卓听得入了迷，郑泰继续道："您出身西州，年轻时即为国家的将帅，熟习军事，多次参加战斗，名震当世，人人怕您、服从您，这是第二点。张邈不过是东平国的一个忠厚长者，不必多看一眼。孔伷只喜欢清谈高论，没啥见地。这些人都没有军事才能和打仗的经验，临阵决战根本不是您的敌手，这是第三点。"郑泰从第一点一直说到第十点，他的口才实在太好，董卓听得晕晕乎乎，虽然没有完全理解，但很爱听。郑泰最后总结说："如果我上面所说的还有一点点值得采纳，那就不要征兵以惊扰天下，也不要让害怕兵役的百姓们集合一起为非作歹，千万不能弃德恃众，自己亏损威重啊！"

郑泰这番话虽然空洞，很多都是东拉西扯，但却能正好切中董卓的心理。董卓本来就不想跟袁绍等人打，他有更重要的事情要做。听完郑泰的建议，董卓决定取消军事讨伐关东联军的打算。董卓发现，原来郑议郎是一个大才。一高兴，董卓任命郑泰为将军，负责指挥人马去阻击关东联军。如果郑泰掌握了凉州军的前敌指挥权，董卓会死得更快。好在有人及时提醒董卓这个人有党人背景，跟关东那些人的关系也说不清楚，给他军权十分危险。董卓清醒过来后，赶紧收回成命。

二、最后的疯狂

汉献帝初平元年（190）春天，刚刚把持了朝政的董卓还没有来得及享受权力的快感，迅即遭到关东联军的集体声讨。按照董卓的脾气，应该立即挥师东进，把袁绍、袁术、曹操这些人全部解决了。论实力，他有这个把握，但他却不能这么做，因为在他的背后有日益壮大的白波军，以及驻扎在关中地区的一支由名将皇甫嵩率领的中央军。董卓考虑再三，认为当前不能对关东联军强攻，而只能智取，要设法激化他们的内部矛盾，让他们产生分裂。同时也得做出另一手打算，如果不能消灭关东联军，干脆迁都长安。

董卓想到这个方案的时候一定很高兴。董卓召集朝臣们开会，宣布了这个计划。原本以为经历了废立事件已经没有人再会反对他，但这一次他错了。司徒杨彪、太尉黄琬、司空荀爽等重臣齐声反对，董卓看见反对的人分量很足，不敢轻易动粗，而是拿出了一本《石包谶》的神秘预言书，上面说后汉经历十一世皇帝以后应该迁都。

但董卓又错了，因为这方面显然更不是他的强项。杨彪直接斥责《石包谶》为妖书："迁都是天下大事，盘庚迁都亳邑，百姓无不怨恨。过去关中遭王莽破坏，所以光武帝才迁都洛阳，经过这么多年，百姓安乐。现在无故放弃宗庙、园陵，必然使百姓惊动，势必如用滚开的水去煮稀粥一样，造成全盘混乱。《石包谶》是妖邪之书，岂可相信！"杨彪的父亲杨赐当过汉灵帝的老师，向来以敢说真话著称，在这方面杨彪一点儿不输于他爹。

董卓耐着性子听杨彪说完，然后说："关中肥沃富饶，所以秦得而并吞六国。陇右出产木材，杜陵有武帝留下来的陶器作坊，都可以利用。至于百姓议论，那算什么？如果敢反抗，我以大兵驱之，把他们都赶到大海里喂鱼虾！"杨彪仍然反对："天下大事发动容易，收拾残局很难，请慎重考虑！"董卓有些不耐烦了："你打算破坏我制定的国策吗？"杨彪还没说话，太尉黄琬站出来支持杨彪："杨公所说有道理，值得参考。"

董卓黑着脸，不吱声。荀爽看到杨彪有危险，赶紧出来打圆场："相国哪里喜欢迁都，只是关东兵起，不是一两天可以解决的，所以才迁都以应对，这正是效仿秦、汉，借山川之势来控制天下啊！"听荀爽这么一说，董卓的气才消下去一些。但董卓当场免除了杨彪、黄琬等人的职务，提拔王允当司徒，赵谦当太尉。董卓还明确，王允作为自己的助手负责具体落实迁都事宜。

董卓一直想找个人当助手，尤其决定迁都后得长安、洛阳两头跑，自己一个人实在忙不过来，在选择王允之前他看好的人是朱儁。朱儁是当年讨伐黄巾军的三位主将之一，在军中素有威望，还担任过右车骑将军，如能为己所用，那再好不过。

朱儁此时的职务是河南尹，董卓派使者向朱儁宣读委任诏书，任命他为太仆，并且明确是相国的副手，但朱儁不愿意接受，对董卓的使者说："朝廷要西迁，必然让天下人失望，正好助长了关东联军的声势，我不知道这行不行。"使者对朱儁说："任命你，你拒绝接受，没问你西迁的事，你却说这么多，为什么？"朱儁至少也是朝廷的部长，一个下级官吏口气不诚不敬，让朱儁很恼火："副相国不是我所能称职的，迁都是错误的，这件事很紧急。辞去不堪之任，陈述当下之急，没什么不妥吧？"朱儁再三推辞，董卓只好作罢，让时任尚书令的王允当太仆。

在用人方面董卓最近总是吃亏上当，上过伍琼和周毖的当，又上过郑泰的当。眼前这个王允也是一名党人，曾与前大将军何进及袁绍等人一起奋不顾身地同宦官做斗争，对于这段渊源董卓竟然不够了解，与刚刚被杀的伍琼等人相比，王允才真正深不可测。董卓特别欣赏王允，这是因为王允特别善于伪装，对于董卓做出的决定，王允从不当面反对，派给他什么活，他都积极去落实。董卓对王允很满意，让他负责具体的迁都事宜，好让自己全力以赴部署与关东联军作战的事。

要迁都长安，必须先解决在关中手握重兵的左将军皇甫嵩，董卓想了一个办法，他以天子的名义征皇甫嵩为洛阳城城门校尉。长安要成为新首都，长安所在的京兆尹就相当于河南尹了，也十分重要。目前担任京兆尹的是盖勋，就是洛阳大阅兵时跟灵帝在阅兵台上对过话的那个人，董卓以天子的名义征他为议郎。谁都能看出来，这是要解除二人的兵权。

诏书送达关中，皇甫嵩的长史梁衍建议："董卓霸占京师，擅自废立，现在又征将军您，您如果去了，大则有生命之危，小则受困遇辱。趁现在董卓还在洛阳，天子即将西来，将军可以率众迎接至尊，奉令讨逆，袁绍等人在东，将军您在西，董卓可擒！"但皇甫嵩不敢接受这一类的建议，而是到洛阳就任。皇甫嵩一走，盖勋即使有想法也孤掌难鸣，只好随后去了洛阳。看到皇甫嵩自动送上门来，董卓大为高兴。

去年朝廷改任董卓为并州牧，诏令他把手下的人马交给皇甫嵩，董卓坚决不答应，为此跟朝廷一度陷入僵持，皇甫嵩曾上书朝廷，朝廷下诏责让董卓，董卓与皇甫嵩进一步结怨。现在皇甫嵩到了洛阳，董卓决定对他进行报复，马上授意有关官员上奏朝廷找了个借口诬陷皇甫嵩，董卓令人把皇甫嵩抓了起来，想把他杀了。皇甫嵩的儿子皇甫坚寿跟董卓有一定交情，目前也在洛阳。董卓摆设酒宴大会宾朋，皇甫坚寿在席间突然抢到董卓面前和他辩理，责以大义，又叩头落泪，为父亲申冤求情。在座宾客深受感动，也纷纷替皇甫嵩求情，董卓这才离席而起，拉起皇甫坚寿和自己同座，并派人释放了皇甫嵩，任命他为议郎。

汉献帝和朝廷正式离开洛阳西迁开始于初平元年（190）二月十七日。司徒王允还兼任着尚书令,负责朝廷的日常事务。王允下令将兰台、石室所藏的档案和典籍一一整理好,带往长安。朝廷的日常运行全靠制度、礼仪,这些东西只凭人们的记忆显然不行,缺了这些重要的资料,以后朝廷在长安运行起来就很困难。

朝廷一走,董卓也不再顾忌,他要在洛阳搞一场大掠夺。迁都前后,董卓下令进行了一次金融改革,废除五铢钱,改铸小钱。秦朝使用的是半两钱,汉朝在原半两钱的基础上增加了围边,定五铢为计重单位,称五铢钱。二十四铢相当于一两,所以这种钱不太重,不过由于朝廷的大力推行,其信誉很好,两汉一直使用,到现在已有300多年历史了。董卓所铸的小钱,不仅重量轻,而且工艺粗糙,既无内外廓,"五铢"二字也看不清楚,很难辨认,被当时的人们讥为"无文"小钱。这种原料成本与铸造成本均明显低于标准五铢钱的小钱,其铸行相当于主动让货币进行贬值,是一次赤裸裸的金融掠夺。

为了铸造更多小钱,董卓下令到处搜刮铜材,悉取洛阳及长安铜人、钟虡、飞廉、铜马等用来铸钱。这里说的"铜人"是秦朝留下的铜像,原立于秦咸阳宫,后移至汉长乐宫,董卓下令将其中10座铜像化成铜水,铸成小钱。这次搜刮活动进行得十分彻底,就连洛阳一些重要建筑物上的铜构件也被拆了下来。

董卓又下令,百姓手里的五铢钱一律为非法,只能拿来兑换新铸的小钱。这样一来,收上来的五铢钱又可以铸成更多的小钱,一来一往,董卓发了大财。小钱大量涌入市场,本来就不断高涨的物价此时彻底混乱,洛阳一带的金融体系彻底崩溃,米价最后达到了惊人的几百万钱一石。汉代五铢钱有很强的购买力,以米价作参照,汉桓帝时约五十钱可买一石粮。如今,粮价到了如此疯狂的地步,等于涨了至少几万倍。

即便这么干,董卓仍嫌太慢,干脆直接派兵出去抢。凉州军本来军纪就很差,对付老百姓以手段残忍而著称,接到董卓的命令,大家抢得更欢了,一时间洛阳周围地区成为人间地狱。董卓下令将洛阳一带的所有富豪都集中起来,胡乱安个罪名,集体处死,财产全部没收。董卓还下令在洛阳周围200里范围内大行抢光、杀光政策,还命令士兵开棺掘墓,盗取珍宝。邙山一带密集地排列着本朝多位先帝的皇陵和许多贵族的墓地,大都无法幸免。洛阳东边有座阳城,乡民正在举行祭神仪式,凉州军开到,立即大开杀戒,所有男人全部被杀,头颅割下来挂在车上,载着抢来的妇女,一路敲敲打打,宣称在前线打了胜仗。

朝廷西迁的队伍出发后,经过半个多月的长途跋涉,于初平元年(190)三月五日到达长安。此时虽是春天,但长安城却下起了大雨,天色昏暗,白日如同夜间。雨中,人们看到一只野鸟飞入长安宫中。在这样的时刻,看到这样的孤鸟飞入长安宫,对天人感应等一向深信不疑的人们心底不知是否会惊出许多不祥之感来?

长安城原有未央宫,是萧何主持下在秦章台基础上扩建的,规模宏大壮丽,但王莽失败后,汉军、赤眉军两次攻入长安,未央宫遭到焚毁。汉献帝仓促西迁,后宫及朝廷各署衙纷纷涌来,只好因陋就简,未央宫还无法居住,汉献帝只能在京兆尹府临时下榻。

董卓还在洛阳,司徒王允全面负责长安事务,他协调内外,尽量保证各项迁都事宜有序进行。未央宫在加紧整修下勉强可以入住,汉献帝不久搬入未央宫。

送走了汉献帝,董卓觉得有一件事该办了。三月十八日,董卓命令司隶校尉宣璠斩太傅袁隗、太仆袁基。袁绍的生父袁逢、继父袁成都死了,袁隗、袁基是袁绍的叔父。董卓本想再留袁家人一阵,作为和袁绍、袁术谈判的筹码,现在既决定西迁长安,留着也没用了。袁家在洛阳的亲属有五十多口,全部被杀,连婴儿也不放过。袁氏遭灭门后,先被集中埋在洛阳城青城门以外、东都门以内的一个地方,上面做了标记。董卓后来担心有人来盗取,把他们又都挖出来,送到关中的郿坞。消息传到河内郡和鲁阳县,袁绍、袁术痛哭,誓报此仇。袁氏灭门之祸,董卓是凶手,但袁绍、袁术也无法脱去责任,他们决定兴兵讨伐董卓的时候就应该料到有这样的结局。但这也为袁绍争取到同情,感其家祸,很多人都来投奔他们,有些人虽然没有来到袁绍帐下,也打着袁绍的旗号起事。

三、浴血汴水

董卓知道,即使迁了都,也迟早免不了一场血战。所以,杀完袁氏一家后,董卓又加紧了军事准备,把凉州军主力调往洛阳以东,自北向南分成三路进行布防,与关东联军的主力形成对峙:北路以牛辅为主将,对抗河东郡、河内郡的联军及白波军;中路以徐荣为主将,对抗酸枣方面的关东联军;南路以胡轸为主将,吕布、华雄辅助,对抗鲁阳的袁术和孙坚。自北向南,这条战线长达上千里,中间有沁水、河内、酸枣、荥阳、阳翟、鲁阳等要地。在河内郡屯驻的袁绍、王匡离前线最近，他们的驻扎地在黄河北岸的怀县，与洛阳的直线距离不过100里，轻骑兵半天即可到达。

王匡手下有一支劲旅，招募自泰山郡，以擅使弓弩见长，王匡命他们驻守在黄河岸边的河阳。凉州军要进攻河阳，有两个渡口可选择：一个是"洛阳八关"之一的小平津关；另一个是其西边的平阴渡口。袁绍、王匡判断凉州军肯定会从平阴渡口渡河，因为要从小平津渡河，就要先穿越洛阳以北的邙山，凉州军以骑兵为主，行进起来不如从洛阳西边方便。基于这样的判断，袁绍、王匡将防守的重点放在了平阴方向。

但牛辅只派出一支人马佯攻平阴，主力刚从邙山穿过，从东边的小平津关渡过了黄河。"凉州军"过河后，绕到河阳的侧后，抄了王匡的后路。这一仗王匡所部损失惨重，布置在黄河防线的守军几乎损失殆尽。王匡只得退回怀县与袁绍会合，不再出战。

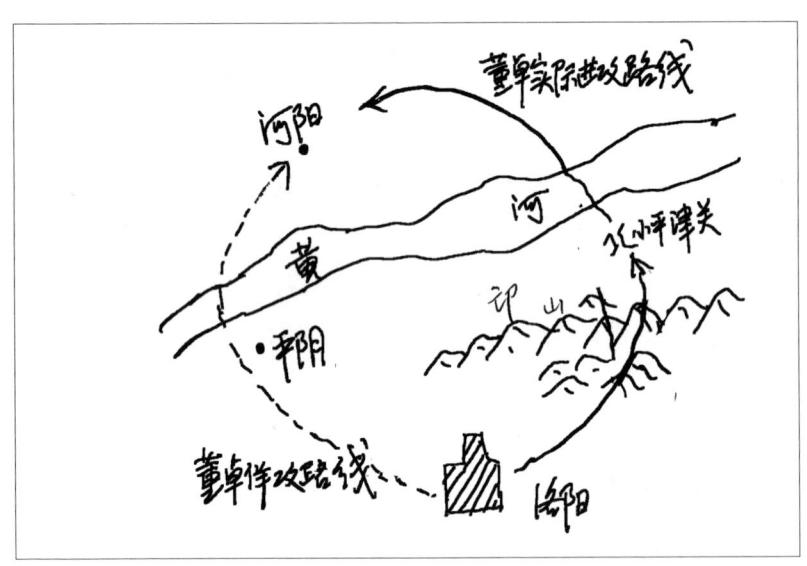

凉州军打败王匡示意图

此战中，王匡手下的从事韩浩率兵守盟津，该地即孟津，在小平津以东。韩浩的舅舅杜阳时任河阴县令，也在凉州军进攻的路线上。凉州军攻破河阴，将杜阳抓了起来。凉州军让杜阳出面招降韩浩，韩浩坚决不从。韩浩由此知名，到后面群雄混战的阶段，韩浩曾短暂效力于袁术手下，被任命为骑都尉，后来又成为夏侯惇的部将。

河阳之战是关东联军与凉州军的第一场大仗，虽然有袁绍亲自坐镇指挥，但仍以失利告终，这让酸枣方面的各位将领变得迟疑起来。本来聚集在酸枣的人马最多，如果一鼓作气往西边打，也能形成一定气势，但大家似乎都不急着进攻，每天只是置酒高会。只有共同的敌人，却没有共同的利益，大家内心里都想让别人去打头阵，自己跟着沾光，所以都不愿意早早把本钱拿出来。

只有一个人比较着急，这就是曹操。酸枣是陈留郡的地盘，陈留郡太守张邈是酸枣方面事实上的总负责人，曹操跟他也是老朋友了，多次向他请求发起进攻。曹操为什么比别人急？除了他更具有事业心并一贯积极，现实问题他也不得不考虑。与其他人不同，他既没有现成的地盘，也没有正式的官职，手下5000多人每天都要吃要穿，虽说联军目前提供统一的物资供应，但这么拖下去对他最为不利，如果将来大家来个一哄而散各回各家，他就没地方去了。所以，曹操比别人更迫切地希望尽快打起来，这种想法张邈不便于明确反对，但也不给予支持。曹操找他说了半天，等于没说。

曹操转而向其他几路联军求助，他和济北国相鲍信也是老熟人，就跑去找鲍信，希望他能与自己一块行动。鲍信是一个有眼光、有胆识的人，这一点从当初他劝袁绍铲除董卓上就可以看出来，经过曹操的劝说，鲍信愿意跟弟弟鲍韬一起听从他的指挥。鲍氏兄弟有1万多人，有他们的加入，曹操手里就有了一支近2万人的队伍，不算少了。

曹操率领这支人马从酸枣西进，首先进入阳武县，这里已经归司隶校尉部所属的河南尹管辖了。联军没有遇到抵抗，阳武县以及附近的原武等县连地方官都找不到了。凉州军还没有占领这些地方，这些地方的官员都是朝廷以前任命的，他们不敢得罪董卓，也不愿意跟关东联军为敌，所以溜之大吉。

一直到了中牟县，才遇到一个名叫任峻的人，带着一支队伍没有走。任峻字伯达，是中牟县本地人，这个县的县令名叫杨原，本来也打算弃官逃命，任峻劝他不要这样做，杨原认为有道理，决定不走了，就在中牟县自称河南尹，任命任峻为他的主簿，把临近的几个县都接管起来，招集散勇，扩充人马。正在这时，曹操率领的联军来了，中牟县已集结起一部分人马，下一步该怎么办大家意见却不统一，任峻和本地另一位知名人士张奋主张加入曹操的队伍，但这个提议并没有获得其他人的支持,最后任峻、张奋率数百人投奔了曹操。自称河南尹的杨原没有一块来,关于他的事后面也再无记载。

得到任峻等地方人士的支持,曹操很高兴,觉得这是一个好兆头,就把任峻、张奋带来的人马编为一个旅,表奏任峻为骑都尉。表奏就是先任命再"报备",不需要批准,袁绍自称车骑将军用的就是这个办法,曹操的这个行奋武将军也是袁绍表奏的,这个东西看起来很好使,曹操学得很快。

队伍继续前进,很快到达荥阳、成皋一带。这里附近有一条汴水,是一条人工运河,可以联结起北方的黄河水系和南方的淮河水系,东南各郡的物资通过这条河能很便捷地运来。所以,从秦朝开始就在附近的敖山上修建了一处仓库,用来囤积粮食等物资,也囤积一些军械,这就是著名的敖仓。曹操率军一路西进,当然不能放过敖仓,如果把这里占领,不仅一举解决后勤保障问题,而且也会产生很大的震动。曹操率领队伍渡过了汴水,这时候敖山的影子隐约都能看到了。大家都很兴奋,以为大功即将告成。他们以为张邈等人不愿意来,简直太傻了。然而,等待他们的将是一场惨败,他们中的大多数人再也没有机会渡回汴水。

联军一路西进如入无人之境,这其实都是假象。制造这个假象的人就是徐荣,凉州军中路总指挥,一个可怕的敌人。在董卓手下的将领中,徐荣虽然不是一线将领,但却是一个不折不扣的牛人,他不仅能打,而且最会动脑筋,这一点与其他凉州军将领有所不同。董卓手下现在大约有10万人,大部分是他的凉州军,也有一小部分并州军等新归附的杂牌军,论人数不算太多,但战斗力却极强,凉州军个个都是精兵悍将,在战场上足可以一当十。

他们都是职业军人,出生在边地,由于各民族混居形成的基因优势,个个身体强壮。他们身经百战,战场经验丰富,家属子女又都在老家,打起仗来没拖累,一上战场就死拼。他们还有一个要命的优势,那就是战马。战车退出战争主角地位后,战马就成为冷兵器时代最制胜的武器。衡量一支队伍的战斗力,要看骑兵人数的占比,以及马匹品种是否优良。在这方面,凉州军无疑占有绝对优势,他们原先也都是朝廷的部队。但董卓抓队伍很有一套,在他的调教下,这支队伍早就只效忠于董卓个人,成为董卓的私人武装。董卓在凉州时最高军职为四方将军之一的前将军,相当于大军区司令或兵团司令,他利用这一职务疯狂扩军,手下人马迅速膨胀,到底有多少人马朝廷并不掌握。

如果把现在的凉州军看作一个兵团，那"兵团司令"就是董卓，下面至少有三个"军长"一级的将领，分别是牛辅、李傕、郭汜。牛辅是董卓的女婿，能力一般，但地位特殊；李傕字稚然，凉州刺史部北地郡人，作战勇猛，诡谲残忍；郭汜又名郭多，也出身于凉州，是一名悍将。牛辅手下比较有名的将领有张济等人；在李傕手下，有名的将领有李暹、李利、张苞等人。还有一部分将领由董卓直接指挥，分别有徐荣、董越、段煨、胡轸、杨定、李蒙、樊稠等。

作为非凉州籍的将领，徐荣在凉州军中显得很特殊，他是东北人，本来是朝廷军队里的下级军官，在凉州作战时因为勇猛职务不断晋升，后来归董卓指挥，由于有勇有谋，因此深得董卓的信任。现在，徐荣看到联军队伍冲自己而来，考虑到人数不足，不宜把战线拉得太长，所以他主动放弃前沿的武阳、原武、中牟等据点，把重兵布防在成皋一带，在此以逸待劳。

曹操率领的联军刚渡过汴水，即遭到了凉州军的突然攻击。联军人数占优，但战斗力却相差悬殊。联军的士兵多是新招募的，虽然也经过一些训练，但时间很短，战场经验几乎空白，手里的武器装备也很差。凉州军不仅骑兵人数多，而且在此等候了多时，在他们的进攻面前，联军瞬时大乱。

但是，让凉州军也略感吃惊的是，这支很不齐整的队伍却没有望风而逃，而是展开了拼死血战。战斗进行得异常激烈，联军一方处于下风。混战当中，曹操的战马被乱箭射死了。曹操从马上摔了下来，战场上失去战马，面临的危险系数就会大增。紧要关头，有个人过来把自己的战马让给曹操骑，曹操一看原来是曹洪，他不愿意骑。曹洪急了，恳求道："天下可以没有我曹洪，不能没有大哥你呀！"曹操这才上马。曹操最后拼命杀出了重围，他能保住一条命，曹洪让给他的这匹战马立下了大功。这匹马的名字叫白鹄，是一匹名马，骑上它即如乘风而行，闭上眼只听见风声在耳，马蹄好像不曾着地一样。

联军重新退回到汴水边，他们刚从这里渡的河，但到了河边却发现一件搞笑的事，他们过不了河了，原因是水太深。他们前面肯定是乘船过的河，当时没想到马上就得回来，所以没有把船准备好。徒步作战的曹洪挺命大，最后也安全撤了出来，他沿着汴水去找船，总算找到了，这才让大家过了汴水。

好在凉州军没有追来，曹操把人聚拢起来清点，卫兹、鲍韬战死，自己和鲍信都负了伤，所幸曹洪、曹仁、曹纯及夏侯惇、夏侯渊、任峻他们倒没有什么大碍。这是一场惨败，没有死在战场上的人大部分也都开了小差，几乎可以用全军覆没来形容了。身边只有从谯县带出来的人还紧紧相随，这里离谯县不远，曹操就带着他们先回了谯县。

四、孙坚斩华雄

汴水之战，凉州军虽然取胜，但联军的顽强精神让董卓吃惊。面对这支军事素质很差的队伍，按照董卓的想法，派出凉州铁骑一个冲锋即可搞定，但最终结果却完全出乎意料，一度杀得难解难分。董卓知道，和他们相比，自己的老同事孙坚更生猛，所以在三路大军的安排上特别重视南面这一路，安排了胡轸、吕布、华雄等三员猛将共同对付。

胡轸和华雄都是董卓的嫡系，吕布手下主要是原并州军旧部，属于杂牌军。华雄是一员猛将，目前担任都督一职，但对他的情况所知甚少，他在后世的影响与比他在凉州军中的实际地位大得多。本来这支人马力量最强，但内部好像出了问题。

胡轸字文才，他和董卓手下另一个将领杨定关系很亲密，凉州军中有人称他们为"凉州大人"，凉州人习惯用语中"大人"的意思是大家豪右，也就是地方豪强。胡轸的资历似乎比李傕、郭汜还老，董卓对属下经常呼来喝去，想骂就骂、想打就打，但对胡轸相当客气，除了让胡轸带兵，董卓还给了他一个陈郡太守的官衔，这在凉州军众将领里算是特例。

但这个人的水平比牛辅高不到哪里去，脾气大、嗓门大、爱摆老资格，谁都不放在眼里。一般来说，领导和下属在性格上最好形成互补，领导是急脾气，下属最好是慢性子；领导是慢性子，下属倒可以有几个急脾气。让胡轸去指挥徐荣不会有问题，因为遇事徐荣能耐得住，而让吕布、华雄去，弄不好就得出事。吕布是杂牌军，遇到问题比较敏感；华雄是个急脾气，考虑问题比较简单。

三路大军之中，北线、中线相继失利，但这没有影响到南线的士气。在南线，袁术主动发起了攻击，倒不是袁术的积极性有多高，而是他手下现在有个最积极的孙坚。

孙坚字文台，吴郡富春人，曾当过县丞，后参加镇压黄巾军的行动，被朝廷提拔为长沙郡太守，群雄起兵讨董卓后，孙坚率部参加，从长沙郡一路北上来到南阳郡，他觉得自己的名望还不足，于是主动提出听从袁术的调遣，对于讨伐董卓他的积极性一向很高，袁术想拦都拦不住。

孙坚向北行动，到达梁县境内一个叫阳人聚的地方。这是个大壁坞，位于洛阳的正南方，霍阳山和汝水以北，距离洛阳的直线距离不到百里，相当于洛阳的远郊区。董卓急了，立即催胡轸率部赶紧迎敌。最近几天胡轸一直指挥属下在洛阳周边抢劫，他更乐意干这事。接到董卓的新命令，他不敢怠慢，指挥所部以及吕布、华雄部南下迎击孙坚。

凉州军正热衷于抢抢杀杀，角色一时难以换过来，军纪十分涣散，胡轸大为光火。胡轸发了一次大脾气，不断威胁大家，如果谁不听话就让谁没好果子吃，他甚至放出了一句狠话："这次行动相国给了我大权，我非斩杀一名青绶级官员，才能整顿好纪律！"无论文武，品秩大小可通过官印的材质和绶带的颜色来判断，本朝绶带分为黄赤、赤、绿、紫、青、黑等颜色，皇帝、太后、皇后用级别最高的黄赤色，诸侯王、天子的贵人等用赤色，公、侯、将军用紫色，"青绶"即青色的绶带，九卿、二千石级官员才能用。在整个南线作战的各支队伍里，够这个级别的只有吕布和华雄，胡轸的话传到他们耳朵里，他们怎能服气？

胡轸率本部走在前面，吕布和华雄率部紧随其后。胡轸到了梁县境内一个叫广成聚的地方，此时天已经黑透了，将士们远道而来，人困马乏，应该在广成聚就地宿营，秣马饮食，拂晓再对孙坚发动攻击。但是胡轸不让大家休息，不知道他从哪里得到了情报，说阳人聚的贼人已走，应当一鼓作气追击。大家无奈，只好向阳人聚发动攻击。可惜情报有误，孙坚不仅没走，而且早有准备，攻击遇阻。将士们又渴又饿，人马疲惫，无心再攻。

这回轮到胡轸无奈了，他只得下令退回广成聚。此时已是三更半夜，来不及修筑堑垒，将士们一个个都解开盔甲就地休息。半夜，出事了，不知道谁突然在营中大喊大叫："城里的贼人出来了！"这叫夜惊，行军打仗最怕这个，军士们从睡梦中惊醒，纷纷扰乱奔走，盔甲也丢了，马也跑了，弃营逃命，一口气溃退了十多里，确定后面没有敌人追击才稍稍安定下来。

天亮了，吕布和华雄率部也赶到了。胡轸命人拾取兵器，提出再次攻击阳人聚。吕布和华雄率部随行，但孙坚那边已经进一步加强了防备，阳人聚外面的城堑也进行了加深，胡轸无法取胜，只好撤兵。孙坚不依不饶，下令追击，凉州军一路败了下去。

眼看孙坚可以势如破竹直取洛阳了，突然一支人马从东北方向杀来，挡住了孙坚。来的还是徐荣。在汴水打败曹操后，徐荣接到董卓的命令，让他赶紧增援南线。徐荣不敢怠慢，马上率一部主力前来支援，结果正碰上孙坚。徐荣不愧是凉州军里最能打的猛将，他堵住了孙坚，将其打败。孙坚这一仗败得很狼狈，只领着程普等几十骑突出重围。徐荣穷追不舍，孙坚头上戴着一个红色头巾，平时看着挺酷，这时候就要命了，红头巾成了一个标志，凉州军拼命追着打，孙坚手下将领祖茂提醒孙坚，把头巾摘下来给自己戴上，孙坚才得以解围。

祖茂被追到一片坟地，四处是敌兵，只好下马，把孙坚的红头巾绑在一根柱子上，自己趴在草中一动不动。凉州兵看见红头巾，以为抓住了孙坚，就里三层外三层包围起来慢慢靠近，等到了跟前才发现是根柱子，祖茂这才脱险。

失利后，孙坚退到了颍川郡，该郡太守名叫李旻，是豫州刺史孔伷的人。孙坚如果见到孔伷，一定有些尴尬，因为他也是豫州刺史。不过，人家的豫州刺史是正宗的，有朝廷的任命，他这个豫州刺史是袁术表奏的，是水货。但孔伷、李旻还是给了孙坚以支持，协助他整顿残部，重整旗鼓，在很短的时间内又杀回了河南尹辖区。孙坚率部一口气杀到了阳人聚，距洛阳南郊不到百里，董卓急命华雄率部阻挡，华雄被孙坚斩杀于阵前。所以历史上很有名的人物华雄死在大谷关，不是汜水关；斩杀他的是孙坚所部，不是后来传说的关羽。

看到孙坚势头太猛，董卓想出一招，他派李傕带上自己的亲笔信去见孙坚，表示求和之意。为了拉拢孙坚，董卓主动提出两家和亲，并让孙坚把自家子弟以及手下的人里愿意当刺史、太守的统统列一个名单出来，他照单全部任用。

董卓已经有了个女婿牛辅，还要再与孙坚和亲，看来他的女儿不止一个，不过没有儿子。但是，这些都被孙坚毫不犹豫地拒绝了："董卓逆天无道，荡覆王室，如不夷其三族、悬示四海，我都无法瞑目，还结哪门子亲？"董卓只得亲自率大军迎击孙坚，结果不是孙坚的对手，又吃了败仗。但讨董势力也有损失，颍川郡太守李旻在作战中被俘，与他一起被俘的还有好友张安。

董卓命人把他们押送到洛阳，在毕圭苑里搞了个仪式，要把李旻和张安活活烹杀。这是董卓惯用的一招，此前在北线作战中他俘虏了袁绍手下一个名叫李延的将领，就下令把他煮了。大鼎支起，炉火熊熊，不用煮，一般人吓都吓尿了。

在历史上李旻和张安都没什么名气，二人在正史中出场也只有这一次，不过他们却留下了潇洒的一笔。就义前，二人谈笑风生，视死如归。临入鼎时还不忘调侃一下："咱们不能同日出生，却有幸同日被烹啊！"

三路作战中凉州军胜了前两路，但正是第三路，不仅距洛阳最近，而且战斗力最强，很要命。董卓指挥人马坚守洛阳，同时做出随时西撤的准备。孙坚率部不断向前推进，准备随时发起对洛阳的总攻。

关键时刻，孙坚的后方却出了问题。孙坚一路高歌猛进，袁术心里不踏实了，他虽然是关东联军南线总指挥，但他靠的是孙坚，孙坚在前面打，袁术只是在后方负责后勤。孙坚打了败仗他着急，打了胜仗，他更着急。有人在袁术面前不断挑拨："孙坚如果攻入洛阳，就再也不好控制他了，这等于赶走了董卓这匹狼，又引进了孙坚这只虎啊！"袁术心眼儿本来就小，经过这一挑拨，对孙坚更不信任了，于是停止了前方的后勤供应。孙坚一下子傻了，如果断了军粮，将不战而败。

阳人聚距离鲁阳县有100多里，孙坚连夜骑马赶回鲁阳，对袁术说："我之所以不顾生死全力拼杀，上为国家讨贼，下为报将军家门的私仇。我孙坚和董卓没有骨肉之怨，但将军您受别人的挑拨，还对我有所怀疑！"孙坚越说越激动，"眼看大功将成，但军粮不继，这就像吴起当年叹泣于西河、乐毅遗恨于垂成啊，希望将军好好想想！"袁术考虑了一下，发现自己现在离开孙坚根本玩不转，只得重新调发军粮。

五、关东联军内讧

以上是南线战场，再说中线。

曹操率领从成皋前线败下来的一点儿人马先去了他的老家谯县，曹操的父亲曹嵩之前已弃官回家，但他目前并不在谯县，而是带着家族几十口人到徐州刺史部的琅邪国避难去了。曹操这次回乡情绪很低落，不仅因为打了败仗，而且看到家乡一带受战争的影响也变得很残破，人员大量外流，想在这里招募人马重整队伍看来比较困难。

于是曹操带着大家重新回到了酸枣。酸枣还是老样子，他们在前方浴血奋战，这里仍然整天醉生梦死，压根没人关心讨董大业。曹操多次向张邈等人陈述自己的用兵计划，但成效都不大。大家表面上还听曹操去说，那是对他的客气，其实内心里早就幸灾乐祸上了，他们都在想，幸好当时没有被曹操忽悠去，否则就是鲍信今天的下场，部队基本上打光了，还搭上了自己的亲人。

在一次会议上，曹操建议采取以下军事行动："渤海郡太守袁绍从河内郡进攻，逼近黄河上的孟津渡口；酸枣的各路联军攻击成皋，占领敖仓，封锁轘辕关和太谷关，控制各战略要地；后将军袁术率领南阳郡的大军进攻丹水和息县，攻入武关，扰动关中。以上各路大军实现第一步目标后，高筑壁垒，不与敌人作战，多布疑兵，发动舆论和思想攻势，以正义之师讨伐叛逆，天下即可平定！"曹操越说越激动，最后把难听话都说出来了："如果我们迟疑不敢进攻，天下人将失望，我也为诸位感到羞耻！"但即使如此，大家仍然无动于衷。

其实曹操的计划是可行的，凉州军虽然战斗力很强，但他们也有弱点，他们不仅在舆论上不占优势，而且四面是敌，如果大家心齐，行动上又协调一致，那么打败他们也不是什么难事。但大家好像铁了心，任凭曹操怎么说，就是不行动。失望之下，曹操决定离开酸枣。别人都有自己的地盘，曹操没有，老家谯县也不用去了，现在只能另找一个地方。曹操决定南下，到扬州刺史部的丹杨郡去。这个郡在长江以南，今天的南京、芜湖、铜陵都在该郡所辖之内。那里自古出精兵，他到丹杨郡募兵，等有了人马再回来战斗。曹操在酸枣辞别了鲍信南下，经过汴水一战他跟鲍信结下了生死友情，鲍信尽管失去了弟弟，但对曹操的支持不改，他也重回济北国，利用在当地的影响招募人马。

袁绍亲自坐镇河内郡怀县指挥联军在北线作战，但自从王匡主动出击被打败后，北线基本就处于无战事的状态。袁绍、王匡的态度有些消极，因为他们的不作为，董卓就可以从这里抽调人马去对付中线和南线的敌人。

董卓也发现了这一点，所以把用兵的重点放在了别的地方，用重兵对付孙坚，对于袁绍，董卓想出了一个新办法。董卓派出了一个特使团来到怀县，对袁绍等人进行招抚。特使团由大鸿胪韩融、少府阴修、执金吾胡母班、将作大匠吴修、越骑校尉王环等一批重臣组成，这些人品秩都在二千石上下，都是九卿一级的高官。

但是，特使团刚到河内郡，还没有展开工作，就被袁绍下令抓了起来。袁绍以联军总指挥的身份命令王匡把他们收押入狱，并告诉王匡，让他做好准备，要拿董贼派来的这些特使来祭旗。

王匡大吃一惊，因为这些人虽然是董卓派来的，但本质上跟董卓并非一路人，他们都是士人，有的还曾是著名的党人，比如大鸿胪韩融，在士人中声名甚盛，在党锢之祸中曾受到迫害。还有洛阳执金吾胡母班，早年就曾名列党人"八厨"之中，并且他还有一个身份，是王匡的妹夫。所以袁绍的命令让王匡深为不解，也痛苦不已，但他还是接受了命令。

胡母班更无法理解，他在狱中写信给王匡："所谓姻亲，到底是福是祸，我今天算是知道了。过去是一家人，现在却是血仇！我有两个儿子，是你的外甥，我死后，拜托你千万不要让他们在我的尸体旁哀哭！"王匡看到妹夫的信，抱着胡母班的两个儿子痛哭。但是，胡母班最后仍然被处死了，特使团中除了韩融德高望重又跟袁绍的父辈、爷爷一辈都有交往而免于一死外，其他人都被杀害。

本来，董卓派特使团也没打算真能把袁绍等人劝回头，他知道有些事可以劝动，有些事是没法劝的，但董卓还是派了这些人去，名单是他精心挑选的，都是一些有声望的士人，袁绍为难他们，董卓才高兴。袁绍把这些人杀了，董卓更高兴，这些人跟袁绍等人在本质上没有区别，袁绍杀他们，就是自相残杀。这是董卓阴损的一招，而袁绍中招了。王匡早年轻财好施，以任侠而闻名，和大学者蔡邕关系很好，但杀胡母班事件发生后，蔡邕对王匡的看法发生改变，再提到王匡就称他为"逆贼"。胡母班被杀，他的亲属不胜愤怒，后来联合曹操把王匡杀了以报仇。

与曹操有关的这件事是怎样发生的？又发生在何时？这些均不详。不过，有一点可以肯定，这件事与袁绍有很大关系。汴水失利后的曹操正依附于袁绍，曹操杀王匡一定是袁绍所认可的，甚至是袁绍所指使的。至于袁绍为什么利用完王匡之后又将其除掉，史书没有记载。不管怎样，袁绍这个关东联军的盟主带头搞分裂，下面自然就乱了。

果然，不久后又发生了刘岱杀桥瑁事件，在当时这也是一件大事。刘岱是兖州刺史，桥瑁是东郡太守，东郡属兖州刺史部，二人有隶属关系，且在酸枣一起会过盟，他们自相残杀，标志着酸枣会盟乃至关东联军已经瓦解。关于这件事，史书的记载十分简略。刘岱为了什么事与桥瑁交恶？酸枣盟誓言犹在耳，究竟发生了什么？接替桥瑁的王肱又是谁？这件事情的背后还有没有袁绍的身影呢？根据史书记载，桥瑁曾表示"以袁绍为盟主"，可以看作袁绍一党；刘岱与袁绍的妻子刘氏同族，袁绍"令妻子居岱所"，自然也是袁绍一党。都是袁绍的人，似乎没有在其中挑拨离间或指使内斗的必要。然而，这只是表面现象，背后的情况或许复杂得多。《续汉书·五行志》有一段注引应劭的话，大意是，东郡太守桥瑁、陈留郡太守张邈和济阴郡太守吴资，应劭认为他们是一个破坏关东联军同盟的小团伙，应该遭到众人唾弃。

应劭是汉末学者、《风俗通义》的作者，也是泰山郡太守，后归附袁绍，可以看作袁绍的人，所以他的话带有一定倾向性。按照应劭的话，关东联军内部其实已经分化：桥瑁、张邈、张超、吴资是一派，被曹操所杀的王匡或许也在这一派中，而袁绍、曹操、刘岱是另一派。酸枣会盟刚过几个月，这两派便已发生了严重内讧，王匡、桥瑁先后被杀，所部分别并入袁绍、刘岱的麾下。

以上虽属分析，但之后事情的发展完全符合这种推测：到了第二年，王肱被黄巾军余部击败，袁绍顺势安排曹操接任东郡太守，刘岱对此并无怨言；后来刘岱也死于黄巾军余部之手，曹操顺势接替他出任兖州牧；再往后，张邈、张超与袁绍之间的矛盾彻底爆发，二人联合吕布在兖州发动叛乱，公开向曹操宣战，袁绍则坚定支持曹操；在曹操与张邈、吕布苦战过程中，济阴郡太守吴资站在张邈、吕布一方，甚至成为了吕布的部将。

六、甄官井上五色气

回到现在的酸枣。关东联军整天大吃大喝，粮食告尽，大家于是各找出路。作为关东联军的发起地和大本营，酸枣只热闹了几个月就变得冷冷清清了。酸枣那边散伙了，讨董联军从此进入各自为战的状态。但是，董卓的压力依然没减，因为南面这一路实在太厉害，打得凉州军节节败退，到了初平二年（191）春天，围绕洛阳的争夺呈现胶着之势。

凉州军打退了孙坚的进攻，但孙坚很快重新杀了回来，前锋已到了洛阳的南郊。一向凶猛的凉州军之所以打不过孙坚，一方面是因为孙坚确实是一员悍将，他久居凉州，知道凉州军的作战特点，所以有备而来；另一方面，凉州军将士都知道马上要撤退了，连朝廷都迁走了，所以这段时间他们每个人的主要精力都放在了抢东西上，都在想着如何把这些东西运回去，最差劲的也要把自己活着弄回去，所以一打起来就往后跑，董卓约束部下很严厉，可这时也失去了效果。

董卓只好下令主力撤出洛阳向东运动,为了保证撤退的顺利,必须有人负责断后,这个光荣的任务落在了并州军身上。董卓命令吕布、张辽率并州军守住洛阳,为大部队撤退做掩护,他率凉州军主力向西,暂驻于渑池一带,随时可以回师长安。洛阳其实已经成为一座空城,朝廷不在了,百官要么去了长安,要么逃到了外地,吕布、张辽守着这座空城,等待孙坚的进攻。孙坚率部向洛阳发起了进攻,吕布、张辽稍作抵抗后也撤出了,孙坚由洛阳南门之一的宣阳门攻入城中。

此时的洛阳基本上成了一片废墟,南宫和北宫一带一向是重地,附近是朝廷的重要官署和重臣们的宅邸,此时也都荒无人烟,看到此情此景,孙坚怅然流泪。孙坚命令士兵打扫皇宫和太庙的卫生,又到太牢进行了祭祀,整理邙山一带被破坏的汉室诸陵。

城南有一口甄官井,有人发现一个奇怪的现象,大白天井口不时发出异样的光亮,大家都觉得奇怪,不敢到这口井里打水。孙坚命人下到井中,在下面发现了一枚玉制印章,四寸见方,印上有一个由五条龙盘着的印纽。这枚印章缺了一个角,印文是八个字:"受命于天,既寿永昌。"孙坚大喜过望,因为这就是传国玉玺。相传这枚玉玺取材于著名的和氏璧,上面的八个字由秦朝首任丞相李斯所书,象征受命于天,是国之重器。汉朝建立后一直由汉帝拥有,到灵帝驾崩后这个玉玺神秘地消失了,连董卓都没找到。原来,在去年洛阳城发生的那场大乱中,宦官张让、段珪等人劫持少帝仓皇出宫,当时一片大乱,负责保管玉玺的人情急之下把它投到了这口井中。这枚玉玺应归汉献帝所有,但他去了长安,孙坚得到的这枚玉玺,暂时由自己保管起来。

关东联军虽然各自为战了,但攻克洛阳仍然算是他们取得的一场最大胜利,只是这场胜利没有激发起大家的热情,后来让大家的思想更迷惘了。关东联军各路人马的革命意志本来就很恍惚,讨伐董卓的道理大家比较明白,但讨伐完董卓之后怎么做,大家的想法就比较多,董卓这一走,大家失去了一个共同的目标,无疑进一步勾动起每个人内心里的"活思想"。

孙坚想乘胜追击,袁术却命令他赶紧回军,因为后方出了问题。袁术表奏孙坚为豫州刺史后,孙坚在豫州也有了相当大的发展,豫州刺史部的一部分地区成了他的势力范围。当时的豫州刺史部基本控制在他和朝廷任命的豫州刺史孔伷手中,孔伷年龄比较大,身体也不好,没有多少野心,未来豫州刺史部就是孙坚的了。谁知道袁绍这时来了个横柴入灶，派了个叫周喁的人当豫州刺史，公然来抢地盘。周喁、周昕、周昂是扬州刺史部会稽郡周氏三兄弟，周昕当过丹杨郡太守，周昂当过九江郡太守，他们跟袁绍、曹操等人早年在洛阳相识，关系一直不错。

作为关东联军的总负责人，袁绍竟然带头把筷子伸进别人的碗里，孙坚听到消息后很气愤，慨然叹道："大家一同举义兵、救社稷，董卓刚刚被打败就干出了这样的事，我还能跟谁同心协力呢！"说着说着，孙坚又流出了泪。孙坚是一员地道的猛将，一直以硬汉形象示人，但他似乎很容易动感情，动不动就流泪。

孙坚从洛阳撤出，回击周喁，周喁败走。大概就在这个前后，孔伷因病去世，孙坚趁机把自己的势力进一步向豫州刺史部伸入，想以此为基地徐图发展。如果一切顺利，以孙坚的个人能力，在逐鹿中原的竞赛中他将发展得最快，超过袁绍、曹操，脱离袁术也是迟早的事。

董卓率主力西撤后，留守在洛阳一带的除了吕布还有朱儁，他也是董卓留下来对付关东联军的，但他的政治立场却是反董卓的。董卓任命朱儁为河南尹，让他带领少量人马在洛阳一带活动，阻止敌人的进攻。但朱儁一脱离董卓的控制，马上就和关东联军建立了联系，他想趁机策应联军从东面进攻洛阳，但他势力单薄，酸枣方向的几路联军那时估计都在做着散伙的打算，所以响应得也不够有力。

朱儁最终失败，被迫逃往荆州避难。董卓随后又任命了一个名叫杨懿的人为河南尹，接替朱儁在洛阳周围打游击，哪知朱儁又杀了回来，打跑了杨懿，屯兵在洛阳以东的中牟县。一直在政治上态度暧昧的徐州刺史陶谦看到董卓大势已去，突然表态支持朱儁，表奏他代理车骑将军，并派出3000名精兵支援朱儁。

老谋深算的陶谦怎么突然来了这一手呢？这一手与其说是针对董卓的，不如说针对的是袁绍等关东联军。陶谦肯定不会不知道袁绍早已自称车骑将军，现在又抬出来一个朱儁，分明是想和袁绍分庭抗礼，主导"后董卓时代"的领导权。但朱儁没有成功，董卓派凉州军主力数万人突然回击，大败朱儁。

初平二年（191）四月，带着从洛阳搜刮来的巨额财富，率领仍然十分精锐的凉州军主力，董卓来到了长安。司徒王允率三公、九卿等百官到郊外迎接，董卓所乘的车辆到达，众人一齐参拜在车前。虽然是被敌人赶到关中的，但董卓的霸气一点儿不减，他睥睨着拜伏在脚下的官民，心里很满意。

董卓来到长安后，关中百姓从此生活在水深火热之中。董卓任命了一个叫刘嚣的人担任司隶校尉，负责长安一带的治安和行政管理，这个人名气不大，巴结奉承却有一套，对老百姓也比较狠。

在董卓授意下，刘嚣规定，无论官民，有为子不孝、为臣不忠、为吏不清、为弟不顺的，一律诛杀，财产全部没收。忠不忠、孝不孝，这都是不太好说的事，解释权在刘嚣的掌握中，他说谁不孝谁就不孝，他想收拾谁就说谁不忠，往往先看中人家的财产，再罗织罪名。刘嚣还鼓励大家互相揭发，结果造成了大量冤假错案，冤死的数以千计。长安立刻成了一个恐怖之城，大家平时在路上见了面只能互相看一眼，话都不敢说一句。谁要让董卓觉着不顺眼，那一定得倒霉，不管你是谁，资格有多老，威望有多高，概无例外。

董卓也一改之前重用士人的做法，大肆封拜亲属。董卓的弟弟董旻被任命为左将军，封鄠侯，董卓哥哥的儿子董璜为侍中，兼任中军校尉，掌握兵权，还有不少董家的人当了大官，一上朝，董家人能站成一排。连董氏家族抱在怀里的婴儿也都封了侯，颁发金印紫绶，小孩不懂那是什么，拿着当成了玩具耍。董卓被封为郿侯，郿县在长安以西260里，即今陕西省眉县，此地离后来著名的战场五丈原非常近。董卓在郿县筑起高坛，边长二丈多，高五六尺，坛成，让他一个外孙女乘着轩金华青盖车来到这里登坛，在郿县的文武官员，包括都尉、中郎将、刺史等高级官员都到车前，引导着这个小女孩儿上到坛上，董卓让侄子董璜为使者亲自颁发印绶。董卓还在郿县修筑了一座城堡，号称郿坞，城高与长安城相等，里面储藏着够30年吃的粮食，董卓对外宣称："大功如可成，就称雄天下；如果不成，就守着它安度晚年！"

董卓还喜欢玩一些新花样，他亲自设计了一种奇特的车子，这种车用青色的伞盖，爪画两藩，大家给这辆专车起了个名字叫"竿摩车"。董卓觉得很得意，也很威风，出门便坐着。只有担任侍中的蔡邕平时还敢在董卓面前说几句，蔡邕认为天子和大臣乘坐的车子都有规定和讲究，董卓这么胡来很不妥，但又不知道该怎么劝。正巧，长安这时发生了一次小规模地震，董卓有点紧张，问蔡邕是什么原因，蔡邕趁机对董卓说："这说明地下阴气太盛，是大臣逾制所造成的。您乘坐的青盖车不符合制度，大家都认为有点不恰当。"董卓还真虚心接受了蔡邕的批评，改乘皂色伞盖的车子。

董卓很快被刘嚣这样的小人所包围，大家一致认为，董太师的丰功伟绩无人能比，当太师有点委屈了，于是参照周朝开国宰相姜子牙的先例，要给董卓再上一个尊称，叫"尚父"。姜子牙不仅是宰相，还是武王的岳父，才称尚父，董卓是什么？也敢把自己抬得这么高。但想归想，没人敢说。董卓吃不准，怕弄出个历史笑话来，就此向蔡邕询问，蔡邕趁机劝道："姜太公辅佐周室，受命讨伐殷商，所以才加上这个尊号。今明公的威德没有问题，不过我以为现在还不是时候，应该等平定了关东，车驾返回旧京，然后再做。"董卓听了，觉得有理，采纳了蔡邕的建议。

在大家眼里，蔡邕是极少数被董卓尊敬的士人之一，董卓对他的话不仅相当重视，而且平时也非常尊重他。而蔡邕似乎也甘为董卓所用，每次宴会，董卓经常让蔡邕弹琴助兴，蔡邕也很用心。然而，蔡邕内心却十分痛苦，曾经对从弟蔡谷说："董卓这个人性情残暴，终究会失败，我想回兖州，但道路太远了，也不知道那里的人如何看我，真不知道该怎么办。"蔡谷劝他说："你长得跟普通人不一样，走在外面容易招致大家围观，你想秘密潜逃，那也太难了。"蔡邕究竟长成什么样史书没有明确记载，听蔡谷的意思他长得应该不是一般的特别，属于那种见一面就忘不掉的人。蔡邕听了从弟的话，这才打消了逃跑的念头。

七、孙坚死于意外

再来说说朝廷西迁后的豫州刺史部。该部一度曾同时存在着三位刺史，但这种局面并没有维持太久，袁绍任命的周㬂被打跑，朝廷任命的孔伷病死了，现在只剩下了袁术任命的豫州刺史孙坚。孙坚不仅军事经验丰富，而且很有亲和力，特别适合抓队伍，他的手下凝聚了一批能力突出又对他忠贞不贰的将领。这些人包括两部分：一部分是孙静、孙香、孙河、孙贲、孙辅等孙氏族人，另一部分是朱治、程普、徐琨、黄盖、韩当等追随孙坚的外姓将领，他们中的大多数人日后还将活跃在江东的舞台上。

以孙坚现在的实力，让他放手在豫州刺史部一带发展，他将很快控制全州，并继而向洛阳及周边其他州郡发展，前途不可限量。但袁术却另有打算，他不愿意看到孙坚发展得太快，那样一来他将很难再控制住孙坚，没有孙坚，袁术自己只是一个空架子。所以,看到孙坚在前方势头越来越猛,袁术老想找个借口把他调回来,而这时刘表给了袁术这样的借口。刘表控制荆州刺史部后势力发展得很快,荆州刺史部共有七个郡,有六个郡都被刘表先后控制了,只剩下最北面的南阳郡大部分地区还在袁术手中。

南阳郡是光武帝刘秀的家乡,是个大郡,人口达百万,地方多豪族,本来十分富有,但袁术缺乏治政才能,加上他向来喜欢奢华摆谱,不断向民间征税征粮征兵,一味搜刮盘剥,弄得民怨很大。自从来了袁术,南阳郡百姓便不断有人逃亡。刘表也一心想把南阳郡纳入自己的实际控制区,他是朝廷正式任命的荆州刺史,他这么想并不违法,但必须先把袁术赶走。刘表不断整顿兵马做出举兵北上的阵势,双方在南阳郡的南部地区发生了摩擦,眼看将由小打变成大打。

要打刘表,袁术不想亲自出马,不是他懒,而是他没有信心打得过。袁术自己不去,就支使孙坚去,他给孙坚下达了命令,让他从洛阳回师。孙坚很听话,就去了,他这个武将尽管有时做事有些冲动和鲁莽,但内心其实挺单纯。

初平二年(191)冬天,孙坚率所部攻打刘表,一直打到了襄阳的外围。刘表手下最重要的将领是黄祖,刘表派他在襄阳以北的邓县、樊城一带迎击孙坚,黄祖不是孙坚的对手,被打得大败。孙坚率军渡过了汉水,把襄阳城包围起来。襄阳城两面环汉水,背靠群山,易守难攻,刘表来个闭门不战,想跟孙坚打消耗战。同时,刘表派黄祖乘夜出城调集军队不断偷袭孙坚。

初平三年(192)正月初七,黄祖又被孙坚打败,逃往襄阳西郊的岘山里。孙坚追击,想把黄祖一举拿下。哪知这里有埋伏,追到一片竹林中,提前等在这里的黄祖的部下发射暗箭,孙坚中箭,当场身亡,年仅37岁。还有一部史书记载,孙坚追击的人不是黄祖而是刘表手下一个名叫吕公的将领,孙坚追击吕公,进入山中,吕公命人用石头攻击孙坚,孙坚头部被石块击中,当场脑浆迸裂而死。孙坚追的人是黄祖还是吕公?这个问题已不好判断,更多的人认为是黄祖。

消息传来,刘表额手称庆,袁术吃了一惊。对袁术来说,孙坚的死有好与坏两个后果:好处是,解除了他的后顾之忧,从此不再担心孙坚坐大;坏处是,就眼前来说让他的实力大受损伤,尤其是刘表这个敌人将更得势,南阳郡迟早保不住了。

吴夫人给孙坚生了四个儿子,长子孙策现在17岁,次子孙权10岁,三子孙翊8岁,最小的儿子孙匡年龄还小。除了这四个儿子,吴夫人至少还为孙坚生过两个女儿。另外,孙坚还有一个儿子叫孙朗,又名孙仁,年龄比孙匡还小,并非正妻吴夫人所生。孙策和弟妹们都没有随父亲在外征讨,而是跟母亲在一起,他们先在寿春,后来又去了舒县,离襄阳有2000多里。孙坚死得很突然,没有任何征兆,也没有留下任何政治遗言,大家便推孙坚的侄子孙贲为首领,整合孙坚的旧部。

孙贲无心再与刘表作战,扶送孙坚的灵柩回到南阳郡。孙坚自离开长沙郡北上以来,经过不断发展,手下已经有了不少人马,推测起来人数应该在数万之间,是袁术集团的主力。由于孙贲等人缺乏孙坚那样的号召力,这部分人马成为袁术借机侵吞的目标。从中可以看出,孙坚的事业尽管发展得很快但基础并不稳固,孙氏集团内部除了他尚没有另一位可以领军的人物。袁术假装表奏孙贲为豫州刺史,让他继续带领孙坚旧部,但私下里却找各种借口把这些队伍打乱,编组到其他各部。到后来,袁术索性改任孙贲为丹杨郡都尉,让他到江南打游击去,孙坚辛辛苦苦拉起来的队伍全让袁术给黑了。

八、一场拥戴闹剧

曹操南下募兵,来到了扬州刺史部的丹杨郡,之前说过,丹杨郡出精兵,丹杨兵自秦汉以来就扬名疆场。此时的扬州刺史名叫陈温,丹杨郡太守名叫周昕。曹洪与陈温很熟,曹操与周昕关系很好,他们便分成了两路,曹洪到扬州刺史部治所历阳找陈温,曹操携夏侯惇等人去宛陵找周昕。陈温和周昕虽然都没有参加关东联军,但他们也倾向于反对董卓,周昕有个弟弟名叫周喁,就是被袁绍任命豫州刺史的那个。所以,对曹操、曹洪此次南下募兵都给予了大力支持。在周昕的帮助下曹操很快集齐了4000人,周昕还派弟弟周昂随曹操一同行动。

在陈温的帮助下曹洪在九江郡一带也募到了2000人,虽然人数不如丹杨兵多,但军事素质都是一流的。曹操带着人北渡淮水进入沛国境内,到达龙亢县,在这里与曹洪会合。两支新招募的人马加起来有6000多人,之前他们自己也带来了1000多人,现在手里终于又有一支人数可观的队伍了。有了这支人马,曹操可以继续实施他的计划,如果鲍信在济北国的募兵行动顺利,他们按照之前的约定合兵一处,继续进行讨伐董卓的大业。

但是出现了意外,夜里丹杨兵发生了叛乱,究其原因,可能是当初招募他们的时候没有说清楚,这些人发现自己离家乡越来越远,有上当受骗的感觉,于是发动了叛乱。还有一种可能,这些丹杨兵早就预谋了这场叛乱,按照募兵的惯例,参加队伍后大家都可以领到一些安家费,这些人把钱领了,假装北上,到半路上再逃跑,反正你也不能再追到丹杨郡去算账。叛乱的人点火焚烧了曹操的大帐,曹操受到叛军的包围,他手里拿着剑,一连杀了数十人才得以脱身。

好几千人的队伍只剩下了500人,说明不仅新招募的人全跑了,连他们带来的一部分人也趁机溜了号。曹操、曹洪只好整顿剩下的人,一边往回走,一边沿路继续招募人马。这时候再去酸枣已经没有意义了,曹操也不想去陈留郡找张邈,他带着这支人数不多的人马渡过黄河,来到了河内郡怀县,找到了袁绍。

曹操再次见到袁绍时,袁绍并不关心他南下募兵的情形,而是急着向曹操征询另立新帝的意见。原来这段时间袁绍的精力不在讨董战场,而是在筹划一件大事,他不承认被董卓裹挟到长安的汉献帝刘协,想另立宗室出身的幽州牧刘虞为帝。

曹操在这种事情上一向不赞成,这次当然明确反对:"董卓之罪暴于四海,我们合大众、举义兵,天下无不响应,这都是因为忠义的缘故。现在幼主微弱,受制于奸臣之手,但是还没到亡国的地步,一旦改易天子,天下谁来安定?"曹操说得挺郑重,也很激动,最后说了一句:"如果真是那样,你们且北去,我独自西行!"刘虞在北面,汉献帝在西面,曹操告诉袁绍,如果他另立朝廷,自己将不惜分道扬镳。

曹操心里对袁绍从此产生了反感,甚至暗中打算要诛灭他,不过以曹操当时的实力,这些事也只能想想罢了。在这段日子里,曹操只能依附于袁绍,慢慢寻找机遇。曹操的这种心情低落的日子大概持续了一年,远离家乡,看不到光明前景,队伍中的人不断开小差,人数还在逐渐减少,这恐怕是曹操一生最不愿意回首的日子。

袁绍也试图去说服袁术,他再次写信给袁术,说我们全家都被董卓所杀,我们怎么能向他称臣?袁术一向奸猾,不过这次倒也不含糊,他给袁绍回信说:"全家被杀是董卓的主意,与天子何干?我的一片赤心,只志在消灭董卓,不知道其他的事!"

为什么向来一呼百应的袁绍这一回说话不灵了?这是因为,众人心里都很清楚,另立天子是一个极其严肃的政治问题,弄不好就会身败名裂,而且在历史上将留下恶名,所以不肯表态。虽然没有得到多少支持,但袁绍仍不死心,决定联合韩馥单干。袁绍和韩馥声称,当年光武帝刘秀登基前担任的职务是大司马领河北军政,刘虞担任的大司马领幽州牧与其相仿,再加上王定所献的那颗印,这些都是天意。

袁绍、韩馥搞了个拥戴书,派前乐浪郡太守张歧带着它前往幽州,向刘虞奉上皇帝的尊号。谁知刘虞压根儿不领情,接见张歧时斥责道:"天下分崩离析,天子蒙难,我等深受重恩,不思雪耻,反而行叛逆之事,于情于理何堪?"张歧回来报告,袁绍这才心灰意冷。袁绍打了退堂鼓,但韩馥不死心,他又派人恳请刘虞主持朝廷日常事务,代表皇帝封爵任官。朝廷在长安,有天子、有百官,何须远在几千里以外的人主持日常工作?韩馥的意思还是想造成两个朝廷的事实。刘虞仍然拒绝,并且放出了狠话,如果再逼,他就投奔匈奴人,让大家断绝念头,韩馥只好不再提了。

韩馥为什么比袁绍还执着?这是因为,韩馥虽然奉袁绍为关东盟主,心里却并不愿意听他的。袁绍以关东联军首领自居,基本上垄断了讨董阵营的发言权和表奏权,不仅自称车骑将军,而且想任命谁就任命谁,俨然成了天子第二。韩馥对此有些不满,如果刘虞肯出面主持朝廷的日常工作,等于把反董势力的领导权从袁绍手里接了过来,袁绍就再也不能那么神气了。

九、乱世里的窝囊人

对于韩馥的心思,袁绍当然懂。不过,袁绍现在还不能跟韩馥公开闹翻,他这个联军首领还寄居在人家的地盘上,论势力自己比韩馥差得远。于是,袁绍加紧发展自己的力量,好在头上顶着关东联军盟主光环,又因为一家 50 多口被董卓诛杀而获得的广泛同情,所以不愁没人主动上门。

首先来的是张杨,他是并州军的旧将。并州军的领头人原来是丁原,当初跟董卓一前一后进的洛阳，董卓篡权后策反了丁原手下的吕布，吕布把丁原杀了投奔董卓，张杨没有追随吕布，而是在外面自己发展去了，他一直在河东郡、河内郡一带打游击。

继张杨之后，南匈奴的一支在单于于扶罗的带领下也归顺了袁绍。匈奴曾经十分强大，是汉帝国的主要敌人，但到东汉末年匈奴力量逐渐式微，内部又发生了严重的斗争，最后分化为两部：一部南迁，即南匈奴，归附于朝廷；另一部远上漠北，淡出了中原政治舞台，即北匈奴。南匈奴原来的单于名叫栾提羌渠，于扶罗是他的儿子，三年前南匈奴内部也发生了一次政变，栾提羌渠被杀，须卜骨都侯被立为单于，于扶罗率众赴朝廷申诉苦情，后来便一直留居汉地。于扶罗想重回故地，却得不到朝廷准许。后来，须卜骨都侯也在叛乱中被杀身亡，可是朝廷一直把单于之位空悬着，让南匈奴的老王管理部族事务，于扶罗很有怨言。灵帝驾崩前，于扶罗趁乱与白波军联手，他自称单于，进犯并州刺史部的太原及河内郡等地，朝廷当时让董卓当并州牧，给他的主要任务就是讨伐于扶罗和白波军，后来董卓和关东联军交战，没人再去管于扶罗，于扶罗的势力有所增强。

有这两支队伍的呼应，袁绍的力量壮大了很多，这让韩馥更加不安，韩馥并不希望袁绍强大。袁绍让韩馥负责关东联军的后勤供应，韩馥不好好干，常常克扣军粮，或者以次充好。同时，韩馥也在抓紧发展自己的势力。韩馥是豫州刺史部颍川郡人，他在当权冀州期间很重视人才引进，派人到老家招纳名士，荀谌、辛评、辛毗、郭图等一批人才来到了冀州。

作为一个外地人，韩馥他最担心的就是压不住本土势力，所以他有意引进外人，制造派系斗争，以此平衡各种势力。韩馥手下虽然人才济济，但派系问题很严重，矛盾重重。

这一点让袁绍的谋士逢纪看到了，他对袁绍说："将军现在举大事，但后勤供应还仰仗别人，如果不能至少占据一个州，将来恐怕难以保全啊！"袁绍想，这不是废话吗？这个道理我还能不知道？袁绍对逢纪说："可惜韩馥兵强马壮，咱们人马少，后勤供应又不足，如果办不到，连立足之地都没有了。"袁绍的意思是，你可要想好，如果跟韩馥动手，结果偷鸡不成反倒蚀把米，咱们连怀县这个小小的立足之地都没了。逢纪不以为然，建议道："可以和公孙瓒联络，让他率兵南下取冀州。公孙瓒肯定会来，那样韩馥就会害怕，到时候跟他陈说利害，韩馥一定会主动让位。"公孙瓒也是在镇压黄巾军时崛起的群雄之一，目前也在幽州一带发展，跟韩馥素有矛盾。

袁绍按照逢纪的主意给公孙瓒写了封信，相约合击韩馥，事成之后瓜分冀州。当时幽州还不全是公孙瓒的地盘，他还有个顶头上司名叫刘虞，刘虞是宗室出身，担任幽州牧，威望又高，公孙瓒暂时拿他没办法，听说南面有便宜可占，公孙瓒欣然同意。

公孙瓒领兵南下，口口声声要去讨伐董卓，但目标直指韩馥。公孙瓒手下有一支彪悍的队伍，人称白马义从①，纵横北疆无敌手。韩馥听说白马义从来了，吓得要死，勉强在安平打了一仗，被打败。袁绍本可以直接出面向韩馥下手，又觉得火候不够，于是走出了第二步棋，策反韩馥手下的头号将领麹义。麹这个姓不多见，可能与边地少数民族有关，麹义早年长期生活在凉州，精通羌人的战法，手下的人马都是精锐。麹义被策反的细节不清楚，作为一个派系严重的团体，有人被对手策反并不奇怪。韩馥只得又去跟麹义打，结果又被打败，这彻底摧垮了韩馥的心理防线，他有点顶不住了。

韩馥平时重用颍川派，但这些人当个谋士可以，却没有自己的势力，冀州的真正实力掌握在本地派手里，本土派的颜良、张郃这些武将及沮授、田丰等人并不真心支持韩馥，看到韩馥内外交困，他们也不打算真帮忙。本土派甚至想借公孙瓒的手把颍川派挤走，在这种情况下，韩馥有了退让之心。整个事件的幕后操纵者袁绍直到这时还没有公开出面，他看到火候差不多了，使出了倒韩的第三个步骤。

袁绍派到韩馥那里展开游说的人包括郭公则、高元才、张景明等，这帮人到了韩馥那里连哄带吓，逼着韩馥让位。郭公则即郭图，本是韩馥手下颍川派的成员，这时已暗中投靠了袁绍。高元才名叫高幹，跟大学者蔡邕是一个县的人，也是袁绍的外甥。张景明的情况不详，只知道景明是他的字，他名叫张导。除了他们几个，颍川派的荀谌也暗中投靠了袁绍，他吓唬韩馥说："公孙瓒乘胜南下，一路上各地纷纷响应，袁绍也带兵东来，搞不清楚他是什么意图，我真为将军感到担心哪！"

韩馥当然更担心，问荀谌该怎么办，荀谌继续道："公孙瓒势不可当，袁绍是一时之杰，不会甘作将军的属下。冀州是天下要地，如果公孙瓒和袁绍联合交兵

---

① 白马义从：公孙瓒的特种部队。

于城下，危亡立待。将军跟袁氏有旧交，现在为将军计，不如举冀州以让袁绍。袁绍得到了冀州，公孙瓒就没办法来争，袁绍必厚待将军。把冀州交给亲近的人，将军就有了让贤的美名，今后一定会安如泰山，请将军不要多疑！"在郭图、荀谌等人车轮战式的劝说下，韩馥被彻底洗脑，他坚定地认为目前只有让位这一条出路了，于是决定主动让贤。

韩馥的决定让很多人大吃一惊，因为他手下有亲袁派，但也有反袁派。冀州别驾闵纯、长史耿武、治中李历都反对把冀州拱手让给袁绍，他们劝韩馥："冀州虽偏远，也有兵马百万，粮食够吃十年。袁绍不过是孤客穷军，仰我鼻息，就像股掌之上的婴儿，断了他的奶马上就得饿死，怎么能把整个一个州让给他呢？"说的可谓实情，但韩馥此时已经毫无斗志，他只想尽快解脱，谁也说服不了他。韩馥派手下赵浮、程奂率精兵1万多人驻扎在黄河上的重要渡口孟津，其中有相当数量的水军，听到韩馥让位的消息他们也吃惊坏了，赶紧回师。

当时袁绍正在朝歌，赵浮等人率领的水军从这里路过，有数百艘战船，路过袁绍军营时正好是夜里，赵浮故意让大家整兵擂鼓，袁绍听得心惊肉跳。赵浮见到韩馥，劝他说："袁绍正缺军粮，快要散伙了，不用十天半月必然土崩瓦解，将军只需闭户高枕，有什么可担忧的？"但是韩馥的脑子已经严重不好使，他打定了主意，不再考虑赵浮等人的建议。

韩馥让儿子拿着自己的官印、绶带送呈袁绍，这些都是朝廷颁发的，今后州牧、刺史、太守越来越多，而这种货真价实的东西却越来越少了。韩馥主动搬出官署，住进已故宦官头目赵忠在邺县的一所旧宅。这样，袁绍便"和平解放"了冀州。袁绍进入邺县时，韩馥昔日的手下们纷纷前往迎接，其中也包括沮授、田丰及颜良、文丑这些人，大家都表现出很积极的态度，唯恐落在别人的后边。只有耿武和闵纯二人拿着杖和刀相拒，袁绍命令田丰把他们杀了。

袁绍从此以车骑将军的身份兼任冀州牧，给了韩馥一个奋武将军的虚名，既不给兵也没有官属，挂了起来。对韩馥的旧部，肯与自己合作的则继续使用，任命沮授为奋威将军，协助自己分管军事；任命田丰为别驾，协助自己分管行政事务；任命审配为治中，协助自己分管人事和总务。至于韩馥，原本是想通过让权给自己和家人换取一个安稳的生活，谁知根本做不到，在袁绍身边整天过的都是提心吊胆的日子，后来他离开袁绍投奔了好朋友张邈，但仍然整天疑心袁绍要杀他，时间长了难免精神产生错乱，最后还是自杀了。

韩馥是一个窝囊人，事情做得窝囊，死得也窝囊。韩馥不明白，像他这样的割据者在乱世中只能前进不能后退，作为一方霸主，无论地盘大与小，主权都不能丢，这是基本法则。沮授、田丰及麴义、颜良这些人，跟着韩馥干和跟着袁绍干差别没有多大，但韩馥自己不行，想退是没有后路的，摆在面前的路只有一条，就是跟袁绍一决高下，要么成功，要么失败，但总还会有成功的机会，而退让的结果只有彻头彻尾的失败，而且会一败涂地。韩馥之死教育了很多人，日后无论是曹操还是孙权，他们都从韩馥这个反面教材中明白了这个最朴素的道理。

袁绍得到冀州后却不再提跟公孙瓒平分冀州的事，这把公孙瓒气得要命，这是导致了他们日后翻脸的重要原因之一，不过公孙瓒那边还有个刘虞，他只得吃了这个哑巴亏，下令撤兵。公孙瓒回到幽州后还得继续面对刘虞，刘虞是幽州的最高长官，公孙瓒此时的正式职务只是个中郎将，归刘虞节制。刘虞依靠怀柔手段和个人的威望让北部少数部族纷纷归附，朝廷表彰刘虞的功绩，先后拜他为太尉，还封了襄贲侯。幽州刺史部在刘虞的治理下局势逐渐平和。

刘虞上疏朝廷，提出了一个让公孙瓒郁闷不已的建议：裁撤军队。公孙瓒是地方实力派，他近年来不断扩充实力，积攒起数万人马，此时却被刘虞一个建议撤得只剩下了1万来人，朝廷还按照刘虞的意思，下诏命公孙瓒把自己的指挥部设在右北平郡，这一下公孙瓒更恼了，看着刘虞是个老好人，敢情手段也挺黑，所谓裁军其实就是冲着他来的，目的是削弱他的势力，还把自己赶到右北平郡给他站岗放哨。但慑于刘虞的巨大威望和朝廷的强力支持，公孙瓒不得不忍气吞声，去了右北平郡。

但不久公孙瓒又找到了机会，刘虞杀了韩馥的使者，董卓为拉拢刘虞，先后任命他为大司马、太傅，董卓另一边也拉着公孙瓒，在提高刘虞地位的同时升任公孙瓒为奋武将军，封蓟侯。公孙瓒抓住这个机会又迅速扩充人马，他打着讨伐黄巾军余部的名义四处行动，不再局限于右北平郡，在与青州刺史部黄巾军余部的东光之战中，公孙瓒一次就投入兵力2万人以上，可见实力增长很快。

有人建议刘虞尽早解决公孙瓒，否则日后更难对付，但刘虞没有接受，刘虞还是把精力用在了地方的治理上，过去因为幽州地处偏远，财政入不敷出，朝廷每年要从青州、冀州的赋税里拨出2亿钱补贴给幽州，天下大乱后这一部分补贴就没了，只能靠幽州自己解决。刘虞推行宽大政策，鼓励农业生产，开放和北方少数部族的贸易，开发渔阳一带丰富的盐铁资源，使幽州的经济得到快速发展，粮食也不断取得丰收，谷物1石只需要30钱，对比一下凉州军撤出洛阳前每石粮食数万钱的价格，简直有天地之别，青州、徐州不少百姓为躲避兵乱都跑到幽州来避难，仅这部分人口就多达百万，刘虞都加以收留，给他们安排生计。

刘虞虽然位至上公，但生活节俭，平时只穿破衣草鞋，每顿饭不超过两个肉菜，身边的人看了都很感动。有德行、有能力、有业绩，处世低调，严格要求自己，群众基础极好，刘虞确实是治世能臣的楷模，可惜刘虞生错了时代，现在是乱世，天下并非有德者居之，而是强者为王，在耍手段方面刘虞就不是公孙瓒的对手了。

十、刺杀董卓

再把视线转向朝廷西迁后的关中。

关中历来是兵家要地，东有潼关、函谷关，又有黄河天险，南面是秦岭，西面和北面都是边塞。董卓到了长安，开始憧憬起自己幸福的晚年生活，可是有一些人不想看到恶贯满盈的董卓也有一个幸福的晚年，他们无时无刻不想把这个祸国殃民的匹夫除掉，他们就是从洛阳被裹挟至此的士人。

在这些士人中，反董意志最坚决的是当初何进引进的那批人，他们和袁绍等人都有着割舍不断的联系，在伍琼、周毖被杀后他们继续忍辱负重，一面迎合着董卓，一面继续在董卓身边当卧底。他们认为现在的乱局都是董卓一个人造成的，如果把他杀了，然后夺取兵权，就可以趁着凉州军群龙无首，占据函谷关，以汉献帝的名义统领全国，所以他们开始谋划除掉董卓的行动。

初平三年（192）春天，一连下了60多天的雨，在春季的关中地区，这比较反常。这一天，王允主持一个祈祷雨停的仪式，完事之后跟几个同僚在一起走，之中有尚书仆射士孙瑞、护羌校尉杨瓒。他们几个人之前秘密讨论过铲除董卓的事，看到现在天气这么异常，士孙瑞说："自从去年底到现在，太阳不照，霖雨不停，星宿运行紊乱，昼阴夜阳，雾气交侵，这种混乱的日子应该有个尽头，如果不把握天机，先发制人，恐怕后患无穷啊！"

士孙瑞劝王允早下决心，王允答应了。为此，王允去找郑泰商量。郑泰是一名有经验的老臣，很有谋略，他出了个主意，由王允出面向董卓建议，任命杨瓒为左将军，士孙瑞为南阳郡太守，让他们二人领兵由武关道出兵攻击袁术，这个主意的要点是尽可能抓兵权，一旦手里有了兵权，就有了突然向董卓发难的条件，武关道是关中通往南阳郡的捷径，控制了这条战略要道，进退都行。郑泰的这个建议说是征袁术，但关键时刻把袁术从武关道放进来才是真。然而，这条建议被董卓否决了，并非董卓识破了郑泰等人的密谋，而是他现在脑子里只想闭关自守，对主动出击没有兴趣。

董卓这个人看来相当狡猾，灭董行动一筹莫展，百官焦急万分。有一个人等不及了，干脆直接对董卓展开了刺杀行动，这个人名叫伍孚，豫州刺史部汝南郡人，跟袁绍是老乡，担任过何进大将军府里的东曹属，负责人事工作，与袁绍、袁术、曹操这些人应该都很熟。董卓掌权后他也潜伏了下来，一直不露声色地寻找机会。由于伪装工作做得好，董卓没有识破他的身份，职务反而不断升迁，先后担任了侍中、河南尹等重要职务，目前的职务是北军五营之一的越骑校尉。北军曾是中央军的主力，驻扎在京师附近，但此时的北军基本上是个摆设，所有的军权都在董卓手里掌握着，长安城内外防守归凉州军，伍孚要刺杀董卓，只能凭一己之力。

这天，伍孚在朝服内暗穿小铠，又身藏一柄短刀，借故向董卓汇报事情。董卓对伍孚十分客气，说完事还把他送到院中，边走边说，还亲热地拍了拍伍孚的后背。离得这么近，正是下手的好机会，伍孚见四下无人，拔刀便刺！虽然是越骑校尉，但毕竟是个文人，这一刀满怀着仇恨而出，力气却明显不够。董卓是个武人，人高马大，反应敏捷，力气还大得惊人。伍孚没有刺中，反被董卓一把扭住，闻讯赶来的人把伍孚拿下。董卓咆哮道："你小子要造反吗？"伍孚虽然被擒，仍很英勇，他大声喊道："你非我君，我非你臣，何反之有？"伍孚只求速死，为此他继续激怒董卓："你乱国篡主，罪盈恶大，今天是你死之日，所以来诛奸贼，恨不车裂你于市朝以谢天下！"董卓怒不可遏，当场杀了伍孚。事后董卓应该感到后悔，董卓应该把伍孚抓起来好好审，看看他还有哪些同伙。一般来说，像这样的刺杀行动绝不会孤军作战，伍孚的后面还有人。

果然，伍孚倒下后，更多的伍孚站了出来，领头的人是何颙，他跟袁绍关系密切，曾是袁绍的智囊，袁绍逃走后，不知为何董卓聘他当了自己相国府的长史，何颙秘密联络了很多反董的人，准备寻找时机对董卓下手。何颙联络的人里有荀爽、王允，还有郑泰、种辑、荀攸、华歆等人。王允、郑泰不用说，一直想下手但苦于没机会，荀爽当时担任司空，荀攸是荀爽的侄孙，担任黄门侍郎，华歆的职务是尚书郎，都属于秘书一类的中层干部，种辑的地位比荀攸和华歆高一些，担任侍中，属于部长一级的高官。

他们这些人在一起密谋的时候，荀攸曾说过："董卓无道，天下人都怨恨他，虽然他聚集了不少精兵，但实际上不过是一个勇夫而已。我们应该刺杀他以谢百姓，然后借皇帝的诏令来号令天下，事情如果成功，这将是像齐桓公、晋文公那样的霸王之举！"

眼看这一回要大干一场，但就在这时，荀爽去世了，接下来他们的密谋也暴露了，对于如何暴露的这个重要情节史书均无交代。一般来说，如果没有人告密，董卓不可能知道得那么及时和准确，但谁告的密呢？无法猜测。董卓随即展开了大搜捕，郑泰、华歆动作快，连夜逃出了长安，辗转由武关道投奔南阳郡的袁术去了，荀攸、何颙没那么幸运，他们被董卓抓了起来。

董卓这一回学聪明了，没有马上杀了他们，而是展开了审讯。何颙不招，董卓给他用上了刑，何颙不堪酷刑，在狱中自杀。荀攸大概也被用了刑，但他比较经打，没招供也没自杀，在狱中活得倒泰然自若，该吃就吃，该喝就喝。荀攸一直坐牢到董卓被杀后，他出狱时看到了胜利的那一刻。而王允和种辑却侥幸没有暴露，继续潜伏了下去。

士人们的密谋一次又一次失败了。恶人难除，自己的同道反而死的死、逃的逃、抓的抓，侥幸漏网的王允、种辑感到非常着急。王允虽然获得了董卓的信任，但他这时已经55岁了，作为政治家这是一个成熟的年龄，但是搞暗杀却总有些力不从心。但从此收手的话又很不甘心，这样做既对不起伍孚、何颙这些烈士，也辜负了汉室重臣的责任。每当看到恶人董卓继续逍遥地活着，继续危害国家社稷，王允的心里都充满了仇恨，心绪难平。要接着干就得有人，王允看了看身边能帮上忙的，除种辑以及在尚书台供职的士孙瑞外，也就是杨彪、黄琬这几个人了，但他们年龄也普遍偏大，黄琬、杨彪比自己小几岁，但也超过了50岁，搞暗杀也都没有经验。

这时，一个人进入王允的视线，这个人是他的同乡李肃。李肃跟王允一样都是并州人，出身于丁原的并州军，现在像他们一样在长安的并州人还有不少，当年丁原手下人多势众，在吕布的带领下都归顺了董卓，并且一同来到了长安。

但是来了以后却感到很失落，与凉州军相比，并州军得不到重视，以李肃为例，不仅在并州军倒戈事件中立有大功，而且协助凉州军与关东联军作战，在抗拒孙坚的战斗中再立战功。但是，他的职务升得很慢，勉强当了个骑都尉，不仅与董家的弟兄子侄不能比，与凉州军的牛辅、李傕、郭汜、樊稠、张济等人也差得远。李肃如此，并州军的领头人吕布也好不到哪里去，他曾杀了丁原，为董卓立下的功劳更大，但职务也仅比李肃高一点儿，是个中郎将，只相当于现在的师长、旅长一级，并州军其他人的情况便可想而知。

因为同乡的关系，李肃和王允有了一定的交往，言谈间常流露出不满和牢骚，这让王允重新看到了希望，觉得可以争取李肃，继而争取到吕布和并州军。王允于是不露声色加紧了与李肃的往来，并通过李肃联络上了吕布。大家既然都是并州老乡，搞个同乡会什么的，一块吃饭、郊游，总还不至过于引起太多的注意。

一来二去，他们越说越投机，越说越能说到一块。他们在一起谈话的中心议题是董卓太不够意思，太对不起并州军的弟兄们了，大家舍生忘死、背井离乡跟随董卓到长安来，头上顶着忘恩负义、卖主求荣的骂名，为董卓的事业出生入死、玩命打拼，到头来得到的却是如此不公。

说心里话，王允对吕布的为人倒也未必能看得上，仅是"卖主求荣"这一条王允就能鄙视他一辈子。但现在为了反董大业，王允也跟吕布套上了近乎，说到对董卓的不满时，王允随声附和，添油加醋，有时还会编一些不利于董卓和吕布团结的小道消息，让吕布越想越恨，越想越觉得跟董卓这一步棋错了。

这时又发生了两件事，坚定了吕布反董的决心。第一件事情是，董卓曾经为小事和吕布翻脸，并差点儿把吕布杀了。董卓这个人性格急躁，冲动起来做事不计后果，有一次因为一件小事对吕布不满意，拔出手戟就朝吕布扔了过去。手戟是一种防身的短兵器，类似匕首，可以随身携带，或刺杀或投掷，都可以立即要人命。幸好吕布号称"飞将"，身手也不是一般人能比的，躲过了。事后吕布主动承认错误，董卓的气也消了些。对董卓来说这事可能就过去了，对于吕布，心有余悸之下增添了许多新的不满。第二件事情是，吕布勾引了董卓身边的侍女，心里很不安。

董卓让吕布负责自己的安全保卫工作，这样吕布就可以经常出入董卓的内室。从这个安排看,董卓其实还是信任吕布的,这与吕布自己的内心感受有差别。董卓曾明确吕布是自己的养子,他从来没有否认过这件事,只有最信任的人才能放在最关键的岗位上,这就是疑人不用,董卓做到了。问题是董卓的领导艺术过于粗放,如果信任吕布,就应该让吕布感到安心,既要疑人不用,更得用人不疑,对手下的人既要严厉,又要关心和爱护,随时掌握他们的心理变化。

董卓哪懂得这些?他一方面重用吕布,另一方面表现得很严厉,说打就打,说骂就骂。吕布利用工作方便,一来二去跟董卓的一个侍婢好上了,吕布很担心这件事最终会被董卓发现,所以很紧张。在王允的努力下,吕布、李肃被成功策反,吕布开始还有些犹豫,对王允说:"我也想杀董卓,怎奈我们还有父子这层关系!"王允觉得他的话可笑,劝他说:"你姓吕,不是董卓的骨肉。现在大家都愁着怎么让他死,还说什么父子呢?"吕布最终答应参与王允的刺杀行动,除掉董卓。当时为防备关外武装,董卓把凉州军的主力都布防在了陕县、潼关一线,长安的势力相对薄弱,这为王允、吕布下手提供了机会。

初平三年(192)四月二十三日,董卓进宫参加朝会,吕布安排李肃以及秦谊等十多名勇士穿上卫士的衣服守在董卓必经的宫门附近,待董卓在此经过时将其刺杀。董卓被刺的消息传出,长安城里压抑已久的人们终于扬眉吐气,大家载歌载舞,举行了盛大的狂欢。有人卖掉了珠宝首饰和漂亮衣服,换来酒肉进行庆贺,大小街道上尽是欢乐的人们。王允随即下令释放监狱里的荀攸等人,把董卓的弟弟董旻、侄子董璜等董氏家族成员全部诛杀,把董卓的尸体拖到长安城里最热闹的集市上示众。又派人去郿坞,把那里的董氏族人就地处死。

第二章 曹操崛起

一、书生误国

　　董卓被杀时，他的女婿牛辅率重兵屯驻在陕县一带，凉州军的其他重要将领李傕、郭汜、张济等分别率部在函谷关附近布防，负责守卫长安的是徐荣、胡轸及胡文才、杨整修等。徐荣所部虽然战斗力很强，但作为非凉州出身的将领，长期以来颇受压制和排挤，董卓已死，按理他不大会做拼死反抗。胡文才、杨整修是所谓"凉州大人"，是凉州地方上的豪族，此行是为董卓帮场子的，他们也不会为董卓拼命。倒是胡轸，天生一个暴脾气，做事容易冲动，如果带头闹事，将不好收拾。但是，长安民众庆祝董卓被杀所表现出来的狂热大概把胡轸吓傻了，没敢动一兵一卒，也跟徐荣等人一道直接投降。

　　以最彻底的方式消灭了董卓，王允顿时感到一阵轻松。多年来忍辱负重期待的正是这一刻，作为一名忠于汉室的士人，王允在关键时刻挽狂澜于既倒、扶大厦于将倾，他有理由为自己感到骄傲。

　　汉献帝随即下诏，让王允以司徒的身份录尚书事，即主持朝廷日常工作。同时擢升吕布为奋威将军，仪比三司，即享受三公的政治待遇，同时晋爵位为温侯。在王允的推荐下，老将军皇甫嵩重新出山，被拜为车骑将军，统领军事。目前凉州军主力仍在牛辅、李傕、郭汜、张济等人手中，必须有这样一位有相当威望的老将来掌握大局。

　　现在有两件事比较急：一是如何处置在长安的凉州军旧部，二是应对在陕县、函谷关等地集结的凉州军主力。吕布向王允建议，胡轸等人虽然投降，但不能掉以轻心，可是王允不同意吕布的看法，他认为："那些有可能反叛的人，也仅是有可能而已，说他们反叛，现在没有证据，如何服众？"吕布知道王允的文人气上来了，看来这一条很难说服他，只有出了事他才会明白。跟董卓这样的武人打交道让人心寒，跟王允这样的书呆子打交道更让人郁闷。

　　吕布又建议，从董卓府里和郿坞那边搜出来大量金银财宝和粮食，现在朝野都很关心这批东西，西迁以来朝臣和将士们生活都很贫苦，现在不如拿出一部分，以天子的名义赏赐给大家，以提振士气。王允听完立即摇头："那怎么可以？这些都是董卓贪污盘剥而来，是朝廷的财产，理应归国库所有，将来朝廷东归，这些都要分毫不少地运回洛阳，将来关东的那些朋友问起来，我们也要能说得清，怎能随意处置？"王允看起来是个很守规矩、很有原则的人，只是在当前情况下，他的这些想法太教条了，思路有些奇怪。

如何处置陕县等地凉州军？经过几天的思考，王允决定以天子的名义下诏赦免他们，只要他们忠于天子和朝廷就既往不咎，仍留在原地驻守。这本来是正确的策略，但诏书已经拟好，王允却突然改变了主意，决定解散凉州军，同时决定派人到陕县缉拿牛辅等凉州军主要将领来长安进行审判。吕布主张对凉州军实施招抚，听说此事大吃一惊，赶紧来见王允，王允的政治智商仍然没有跳出书呆子的范畴，吕布认为这么做会激起兵变，局面将不可收拾，王允却丝毫不担心。

董卓被杀后，应在第一时间明确对凉州军的政策，是杀是留，发出的信号必须清晰，王允不仅拖延了宝贵的时间，而且摇摆不定，使外面谣言四起。长安城里现在都在传，说王允要向凉州军大开杀戒，把凉州军的将士都处死，已经投降的胡轸、徐荣等人当然很紧张，留在关中地区的凉州军转而拥兵自守，观望下一步形势如何发展。

王允派李肃带人去陕县，向牛辅宣布天子的诏书。要么是王允太自信，要么是王允太无知，派个人去就能把手握重兵的将领押回来审问，这种想法实在幼稚。结果可想而知，正在犹豫不决的牛辅看到诏书后不再多想，立即反抗，李肃带去的那点儿人不是牛辅的对手，李肃大败。牛辅彻底跟朝廷翻了脸，不得不大干一票了，他虽然不缺实力，但缺干大事的头脑，过去凡是这样的事都由老丈人董卓去想，他只管出力气，现在要自己拿主意，他头疼得很。

夜里，牛辅在军帐中辗转难眠。正在这时，突然听到外面人声顿起，哭喊声一片。牛辅第一个反应是有人劫营，赶紧出帐迎敌。月黑风高，伸手不见五指，借着火把的光亮，牛辅看到营中东窜西跑的兵士，整个大营已乱成一团，不知道对方来了多少人。牛辅肝胆俱裂，只求活命，来不及叫上亲随，只身骑马向营外逃去，但是他没能保住性命，在混乱中被人杀了。

其实，吕布指挥的人马还没有到，关东联军更是在千里之外，也不是白波军，他们最近已退到太行山一带，更不是李傕、郭汜、张济，他们起了内讧，这些人都还在陕县以东。那么，是谁在一夕之间解决掉凉州军悍将牛辅的呢？其实说来很搞笑，干掉牛辅的不是别人，而是他自己。事后查明，当夜牛辅军营里发生了夜惊，由于白天过于劳累，或者精神过于紧张，有人睡觉做噩梦，突然惊醒，晕晕乎乎间大喊大叫，旁边的人以为敌人来劫营，紧张和惊吓之下，也跟着乱喊乱叫，整个兵营很快乱成一团。黑夜中辨识不清对方，再动起刀枪，就更乱了。倒霉的牛辅遇到了夜惊，丢了命，牛辅手下有人把他的首级割下来送到长安，受到了朝廷的嘉奖。

李傕、郭汜、张济等人听说陕县出了事，于是从不同方向率众赶来。看到牛辅已死，众人都六神无主，他们都和牛辅一样，别看平时很骄横，目空一切，手段残暴，但智商确实不好评价，遇到棘手问题往往不知所措。

思来想去，李傕等人唯一能想到的出路是向朝廷乞降。李傕派人来到长安，请求朝廷赦免他们的罪过。这时已经有不少人看出了时局所蕴藏的巨大危险，纷纷劝王允接受，但王允仍然坚决予以拒绝，他这一次的理由更是有点儿滑稽："今年已经大赦过天下，天子一年之内不可两次大赦，要赦免他们得等到明年。"

正月里汉献帝的确下诏大赦过天下，一年不能两次大赦的祖制也许是有的，但非常时期面对非常之事，何必那么古板教条？如果认为这是王允不想赦免凉州军的托词，那可能高估这位老夫子的政治智慧了，更可能的是，牛辅被杀后他也有了一定的警醒，想赦免李傕等人，但内心的确有个"祖制"无法逾越，要他颁发赦免令，或许真得再等一年。王允就是这么可笑的一个人，千万别跟他生气。

现在才五月，到明年还有大半年，王允能等，凉州军没法等。王允拒绝接受投降的消息传到陕县，李傕等人如雷轰顶，最后一丝求生的希望也破灭了。大家商议了半天，也想不出好办法，在这件事上他们的智商比王允还不如。最后，大家决定就地解散，各自绕道逃回凉州。运气好的话，老家见吧！

就在众人收拾东西准备散伙时，有个人站了出来，说了几句话，把大家说醒了："咱们分散逃跑，半路上一个亭长就能把大家活捉了，此去凉州3000多里，千山万水，不知道有几个人能逃回家？"大家听完，面面相觑，心情更加低落，这个人继续说："不如咱们团结起来，集结在一起向西攻打长安，我们也拥戴皇上，只杀王允、吕布，替董太师报仇。事情如果成功，可以挟天子号令天下；如果不成功，再跑不迟！"大家认为有理，李傕与郭汜、张济一商量，别散伙了，就这么干！

说话的这个人很不简单，是一位颇具传奇色彩的人物，名叫贾诩，字文和，凉州刺史部武威郡人，此时40多岁，在牛辅手下任讨虏校尉。贾诩现在出了这个主意，对凉州军来说的确是一招胜负手，对朝廷来说，自然是一个彻彻底底的馊主意，正所谓一谋动千危。后世多认为贾诩的这个主意闯下了大祸，使有可能出现的和平契机化为乌有，使帝国再次陷入混乱。

二、吕布的逃亡路

在贾诩的谋划下凉州军重新集结，在李傕、郭汜、张济等人的率领下浩浩荡荡向长安杀来。李傕等人从陕县出发时也只有三四万人，但大军一路行进，不断有凉州军旧部加入，樊稠、李蒙等凉州军将领也闻讯率部赶来，人马越聚越多，到达长安时已经超过了10万人。各地的凉州军旧部本来都准备散伙，听说有人挑头讨伐王允，自然跟来了。凉州军一到长安城外，立刻把城围了起来，看到这阵势，王允傻了。

王允这才想起和谈，他派胡文才、杨整修出城去见李傕等人，捎话给凉州军，只要撤兵一切都好商量。但是晚了，李傕等人看到手下有了这么多人马，心里想的就不再是自己如何活命，而是想要别人的命。而胡文才、杨整修二人一见到李傕，不提和谈的事，反劝李傕他们加紧攻城，告诉李傕城里的防守兵力很有限。凉州军挑战，王允派胡轸和徐荣出城迎敌，不出所料的是，胡轸投降，徐荣战死。

凉州军继续攻城，皇甫嵩以车骑将军的身份主持守城事务，吕布协助他。长安也是京城，城墙相当厚实，攻起来并不那么容易，但凉州军好像发了疯似的，死多少人都不在乎，非攻下来不可。他们个个嘴里嚷着为董太师复仇，其实大家心里最清楚，城里有粮食，有大量的财宝，仅收缴董卓的财宝就数不清。而粮食更重要，董卓被杀后李傕等人就断了供应，凉州军将士现在都饿得很。打开长安城，一切都有了。

皇甫嵩是一名有经验的老将，在他的指挥下，守城将士打得还算顽强，王允不断给大家鼓劲："顶多坚持一个月，关东方面的援军准到！"但是只守了八天，城里就出现了叛军，长安城被攻破。叛变的是叟兵，叟人是西南的一个少数民族，叟兵以打仗勇猛而著称，这支叟兵人数有1000多人，是益州牧刘焉派来协助朝廷的，董卓执政时他们就来了，董卓死后，他们归朝廷指挥。

叟兵打开东门，凉州军杀入长安城。城破时吕布带着几百名骑兵杀出城去，这一行人里应该有张辽、高顺等人。吕布临走时不忘把董卓的人头挂在马鞍上，这个东西他见着袁术、袁绍时还用得上。路过青琐门，吕布看到了王允，招呼他一块走。王允不想走，慷慨激昂地说："如果社稷有灵，可以保佑国家平安，这是我最大的愿望。如果这个愿望无法实现，我愿意为此献出生命！"王允让吕布带话给关东联军的诸位首领："天子现在还年轻，现在都依靠我。灾难来时我只顾自己逃命，实在不忍心啊！你见到关东联军的各位同人，一定要勉励他们时刻不能忘了皇上！"

吕布只得自己逃命，李傕、郭汜率兵攻到未央宫南宫掖门，在这里杀了太仆鲁馗、大鸿胪周奂、城门校尉崔烈、北军越骑校尉王颀等朝廷高官。长安城里，凉州军见人就杀、见东西就抢，官民死了1万多人，在当时这是一个很大的数字。

街道上到处是尸体和烧抢的痕迹，一片混乱。王允扶着吓坏了的汉献帝登上宣平门，李傕等人来到城门下，伏地叩头，汉献帝打起精神，勉强对李傕等人喊话："你们放纵士兵，想做什么？"李傕等人回答："董卓忠于陛下，而无故被吕布所杀，臣等为董卓报仇，不敢造反，请求的事批准后我们自会到有关部门请罪！"凉州兵围住楼，非要让王允出来对话，他们大声质问："董太师犯了什么罪？"王允无法回答，只好下了城楼。

凉州军重新控制了朝廷，李傕胁迫汉献帝任命自己为扬武将军，郭汜为扬烈将军，樊稠为中郎将。三个月后，李傕升任车骑将军兼司隶校尉，郭汜、樊稠分别升任为右将军和后将军，他们共同主持朝政。张济也升任骠骑将军，按说这个职务高于李傕的车骑将军，但他似乎受到了排挤，率本部出屯潼关以东的弘农郡一带。

和凉州集团关系密切的西部割据势力首领韩遂、马腾等人听说长安大乱，也带兵前来凑热闹，想浑水摸鱼。他们任命韩遂为镇西将军，让他驻扎在金城，即今甘肃省兰州市，任命马腾为征西将军，驻扎在董卓昔日苦心经营的大本营郿坞附近。对朝廷里原有的大臣，李傕等人分别对待，有的留任，有的被杀。前车骑将军皇甫嵩因为有巨大的声望，凉州军不敢动他，改任他为太尉。不久，皇甫嵩因病去世，朝廷追赠他为骠骑将军。赵谦被任命为司徒，接替王允，马日䃅仍为太尉，杨彪担任了司空。而王允及其追随者，则被李傕等人杀了。

为凉州军立下大功的贾诩被拟任为左冯翊太守，并且准备给他封侯，被贾诩拒绝了，贾诩大概很清楚，自己出的一个主意虽然是为保命所迫，但带来了严重的后果，他哪里敢再以此居功。贾诩自愿到尚书台任职，李傕想任命他当尚书仆射，贾诩又推辞，他最后只担任了尚书，开始慢慢和凉州军那些将领拉开了距离。

吕布出了长安，从武关道逃往南阳郡方向，在南阳郡的宛县吕布见到了袁术。吕布认为自己杀了袁氏的仇人董卓，理所应当接受袁术的谢恩，但袁术是个从来不做赔本生意的人，看在杀了董卓的面子上对吕布等人倒给了个好脸，但时间一长也不再待见他们，吕布向袁术要粮要钱，袁术说没有。

吕布不高兴了，不给就抢，在他的纵容下，手下的人故意在袁术的地盘上闹事。袁术不是省油的灯，他最喜欢玩的是"空手道"，善于做无本买卖，之前就是这样对待孙坚的，孙坚死后袁术顺利地兼并了他的人马，尝到了甜头。袁术也拿这一招对付吕布，你敢闹事，我就暗地里策反你的人，吕布还真玩不过他。吕布在南阳郡待不下去了，只好走人。

离开袁术，吕布去依靠的人是张杨，他们过去都在并州军共事，是好朋友，张杨现在拥有河内郡太守的正式头衔，同时还是朝廷任命的建义将军。张杨此时表面上依附于袁绍，又与活跃在这一带的黑山军、白波军及南匈奴都有来往，相当于结成了一个松散联盟，他们相互呼应，在诸强争霸中争取各自的生存空间。吕布到了河内郡，见到了张杨，张杨是个念旧情的人，尽管自己也有困难，但还是收留了吕布一行。

河内郡离长安太近，吕布到来后，大概他们也听到了风声，他们对吕布恨之入骨，一直在通缉他，就给张杨发了一道悬赏捉拿吕布的诏令。张杨的手下看到长安那边开出的赏金很高，就想把吕布杀了换赏钱。吕布提前得到了消息，有些害怕，于是找了个借口离开了河内郡。

吕布无奈，把周围看了半天，最后觉得投袁绍也许是条出路。前不久，袁绍刚刚跟公孙瓒打了一场大仗，这就是界桥之战。袁绍独占冀州后引发公孙瓒的强烈不满，总想找机会讨个说法。初平三年（192）春天，双方在界桥打了一仗，论实力公孙瓒在袁绍之上，但袁绍指挥得当，反将公孙瓒打败，公孙瓒的白马义从从此在疆场上消失。

从内心来讲，袁绍也不大喜欢吕布，牌子倒了，政治信誉没了，谁都不待见。但袁绍对吕布的到来还是给予了十二分的热情欢迎，不是他一向喜欢报恩，而是他对吕布正有所需。界桥之战虽然取胜，但没有彻底打败公孙瓒，公孙瓒退往幽州，双方仍然势均力敌，从冀州刺史部北部、幽州刺史部南部直至东边的青州刺史部一线，双方的争夺全面展开。

阵线自西向东一字排开，哪一边都吃着劲，不容丝毫松懈，好比两个人摔跤，膀子扣着膀子，脑袋顶着脑袋，脚底下也都使着绊子，谁也拿不下谁。如果这个时候突然再出现一个人，朝着其中一人的肋下突然出拳，那是什么效果？这一拳不必太猛，不用太狠，由于出的是时机，打的是地方，也足以立分胜负。袁绍很不幸，公孙瓒率先找来了这样的帮手，给袁绍的左肋上打出了一拳。

袁绍的左翼是太行山，在这一带山区最有实力的要算张燕的黑山军，他们算是黄巾军的余部，在公孙瓒的策动下，黑山军公开支持公孙瓒，从侧翼向袁绍发起进攻。以黑山军的实力把袁绍彻底打败不太可能，但他们擅长游击战，又占据着绝佳的战略位置，频频出动，对袁绍进行袭扰，袁绍不胜其烦。袁绍也集中兵力打了几次，试图把黑山军消灭，但黑山军利用太行山河谷纵横的特点，不进行大兵团对决，以游击战进行袭扰，打得过就打，打不过就逃进山谷，袁军成效不大。

袁绍还不能把兵力都用在这个方向，所以苦恼不已。吕布的到来让袁绍大喜，吕布是并州军名将，"飞将"的名字已经叫开了，对付张燕应该没问题。更重要的是，太行山也是并州军的地盘，吕布擅长的也是山地骑兵作战，打运动战吕布不吃亏。袁绍给吕布增加了一部分人马，让吕布和他的手下专门对付张燕的黑山军。张燕的主力是一支数千人的骑兵，战斗力很强，以步兵为主的袁绍也曾创造过战胜精锐骑兵的战例，但那是在双方主力的对决战中，给袁绍施展谋略留下了空间。张燕的策略是你来我走、你走我来，比谁跑得快，这样一来袁绍就没辙了。

现在换对手了，你快，上来的人比你还快；你熟悉地理，人家也都是从小生活在这片土地上的人，动起手来熟门熟路，一点儿都不吃亏。吕布让手下的部将成廉、魏越等人挑了几十个身手好的人，他亲自率领，骑上快马组成一支突击队，专门冲击敌人的核心区，一会儿闪电战，一会儿斩首行动，来如疾风，去如迅雷，无人能挡，打得黑山军直犯迷糊。论打仗吕布确实是一把好手，尤其是骑兵作战。吕布骑的马也跟着出了名，当时大家都在传颂着两句话："人中吕布，马中赤兔！"

从字面上看，用"红色的兔子"来比马，实在不知道想说什么，是说马跑得快？但只能跑过兔子的马肯定不是快马。说马的威猛？跟温顺可爱的兔子又不搭边。史书上还有一种说法，认为应该是"赤菟"。"菟"是一种植物，开一种淡红色的花，"赤菟马"就是像"菟花"一样颜色的马。另外，它还有一解，古人把老虎称为"於菟"，"赤菟马"就是红色的、像老虎一样威猛的马。陈寿评价吕布用的也是类似的词，叫"虓虎"，意思是怒吼的猛虎。要论战斗力，吕布以及他的手下都是超一流的。但陈寿同时认为，吕布只是勇敢、勇猛，而没有"英奇之略"，加上他"轻佼反覆，唯利是视"，在外界没有公信力，公众形象大打折扣，这些构成了他的致命伤。

张燕被打败，退入太行山深处。袁绍侧翼的威胁解除了，吕布又为袁绍立了一大功。但袁绍对吕布只是利用一下而已，驾驭吕布这样的人，袁绍大概并不认为自己比丁原、董卓、袁术高明到哪里去，所以用完之后准备来个卸磨杀驴，还没等他实施，吕布反倒咄咄逼人起来。

吕布的老毛病又犯了，他以功臣自诩，开始向袁绍伸手要这要那。吕布向袁绍提出，他要到司隶校尉部发展，让袁绍帮他。吕布的这个建议有一定眼光，司隶校尉部是天下13个州里最核心、最重要的一个州，目前处在四分五裂的状态，尤其洛阳一带反而没人去占据，洛阳城虽然残破，但如果有人在那一带挑起头来，重新集结为一处重镇也未必不可能。

吕布不会自己去，他要袁绍帮助，就是向袁绍要人。袁绍这边公孙瓒的事还忙不过来，哪能分兵帮吕布去发展？还有一种可能，当初为打黑山军袁绍没准给吕布开出过条件，等他打败黑山军后就帮助他到司隶校尉部发展，事情办成了，袁绍又想要赖，这种事袁术最拿手，袁绍也能干出来。吕布的目的没达到就故伎重施，放纵手下在袁绍的地盘上四处抢掠。袁绍忍无可忍，经过考虑，决心除掉吕布。这绝对是背信弃义的做法，不管吕布的既往历史怎样，毕竟人家杀了你们家的仇人，还帮你打张燕解除你的后顾之忧，怎么说都是功臣吧，不答应他的要求可以，礼送出境就行，不必下此狠手。

但袁绍还是决定要解决吕布，他假装接受了吕布的请求，表奏吕布为司隶校尉，给他拨了3000名甲士一同去上任。司隶校尉的办公地点应该在洛阳，吕布一行走的路线应该是由冀州往南经河内郡渡黄河，然后往西。这是吕布计划走的线路，却不是袁绍的计划，袁绍没有打算把这趟旅行走得那么远，袁绍的人得到命令，在半路上要干掉吕布。这些年来吕布常算计别人，所以他的警惕性比一般人高得多，他预感到袁绍会有小动作，所以提前有了准备。晚上，吕布故意让袁绍的人住在自己大帐外，半夜里让人在自己的帐中弹筝，而自己悄悄逃走。袁绍的人冲进帐中，向吕布睡的床一通乱砍，却发现没有人。袁绍得到报告，吓得够呛。袁绍担心吕布回来报复，问左右谁愿意带兵去追吕布，飞将的威名居然让袁绍手下众人无人敢应征。

袁绍越想越害怕，一度下令关闭邺县城门，严加防卫。其实，吕布没打算回去找袁绍算账，他没有那个能力，也没有了那样的心气。逃出袁绍黑手的吕布更加体会到了穷途末路的含义，想了半天，发现只能再回去投奔老同事张杨。要去张杨那里，最便捷的路径是走东边的大道一直西行，如果吕布走的是这条道，现在他就首先要渡过黄河。站在黄河边的吕布，想来心情无比沮丧。吕布现在40岁左右，多年来他纵横驰骋，奋力拼杀，干的都是玩命的活，换来的却是众人的冷眼，以至于到现在都没有一块属于自己的立足之地。

吕布怀着这种低落的心情过了黄河，过河之后正要向西行，却被一伙不速之客拦下了，这些人好像是在此专门等候他的，问清是吕布本人之后，他们报上了自己的名号，原来是附近的陈留郡太守张邈的人，奉张太守的派遣专门在此迎候吕

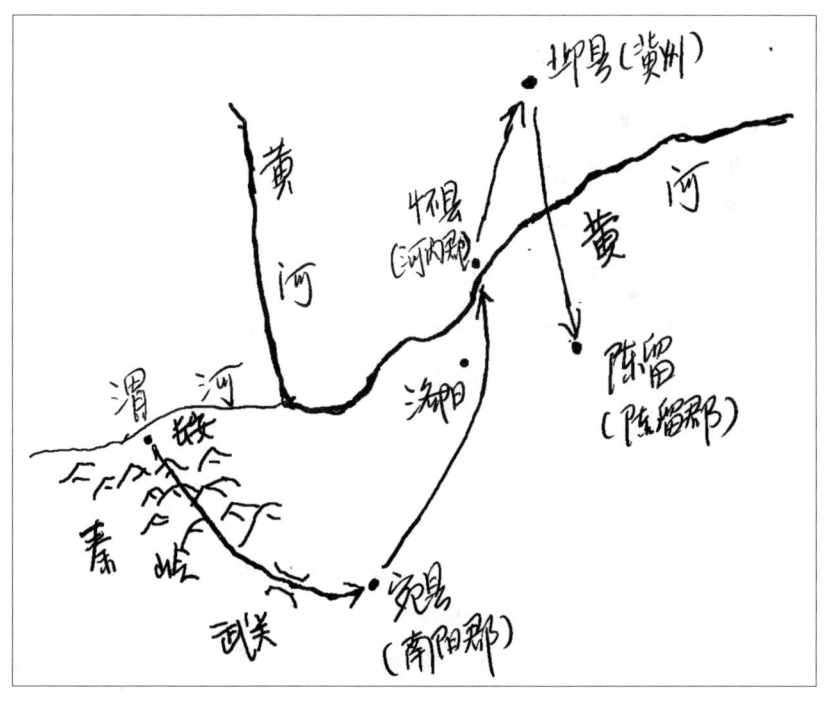

吕布逃亡路线图

将军。吕布很不解,他只听说过张邈的名字,知道这家伙跟袁绍关系不错,是当初关东十一路联军中的一路,但从来没跟他打过交道。张邈确实是袁绍的人,但自己是袁绍的敌人,张邈在此等候自己,一定凶多吉少,如果想到了这些,吕布应该很紧张。但等对方简要说明情况后,吕布心里又大喜,马上跟着这伙人去了陈留郡。

三、"王佐之才"荀文若

吕布来到陈留郡的时间大概是初平四年(193)夏末秋初,他逃出长安后一直到处流浪,没有精力关注其他地方上的事,他不知道这两三年里位于黄河南岸的兖州刺史部发生了很多变化,他来到张邈那里,准确地说这里已经是曹操的地盘了。如果要问这段时间中原地区谁的势力成长得最快、改变最大,那肯定非曹操莫属。

三年前的初平元年(190)底,南下募兵失败的曹操到河内郡依附袁绍,寻找发展的机会,大约在初平二年(191)冬天,曹操来到黄河下游北岸一座小城东武阳,此地属兖州刺史部东郡,曹操之所以来到这里,是因为袁绍给了他一个东郡太守的头衔。东郡的大部分地方在黄河以南,并不在袁绍的控制下。袁绍让曹操到这里来是向南拓展势力的,当然这样做会跟兖州刺史刘岱等人发生摩擦,所以不能明火执仗地硬来,只能用打黄巾军余部的借口偷偷地去抢。

四处天寒地冻,曹操的心境比这天气还寒冷。他的心里大概思考的是这些问题:下一步如何打算,是继续坚持讨董大业,还是先谋求自身稳定发展?是在袁绍卵翼下得以苟安,还是干脆独立单干?如果单干,胜算的把握有多少?选择什么方向?四周强敌林立,曹操自己不仅人马有限,而且经过了一连串的失败,不说下面的士卒,就是和自己最贴心的几个将领,也都难免对前途产生了疑惑。曹操急需要胜利,也急需要能为他指点迷津的人。

正在这时,一个人的到来给曹操带来了曙光。这个人名叫荀彧,字文若,反董斗士荀攸的叔父,已故司空荀爽的侄子,他出生于汉灵帝延熹六年(163),此时29岁,比曹操小了8岁。荀彧年轻时便展露出突出的才能,被郡里举为孝廉,得以到朝廷里任职,后来逐渐升为守宫令。一向善于识人的何颙对荀彧赞赏有加,曾说:"此王佐才也。"董卓把持朝廷后荀彧深感不妙,在叔父荀爽的帮助下,他谋得一个亢父县令的职务。这个地方在哪里荀彧并不关心,因为他的目的只是逃离洛阳。荀彧先回到了颍川郡老家，后来颍川郡人冀州刺史韩馥派人来家乡招募人才，荀彧便带着家人到了冀州。荀彧有个哥哥叫荀谌，已先于他到了韩馥那里，和同郡人辛评、郭图等人受到了韩馥的重用，但荀彧到冀州不是时候，还没等发挥自己的能力，甚至没等到韩馥给他安排一份工作，韩馥的位子就被袁绍抢了。

冀州进入袁绍时代，颍川人有些黯然失色。袁绍手下人才很多，仅智囊就有逢纪、许攸、郭图、审配、荀谌、辛评、辛毗、田丰、沮授、陈琳一大堆。和他们相比，荀彧不仅年轻，是新手，而且没有做出过任何成绩，自然也引不起袁绍的关注。荀彧大概对自己在这里的发展前景也不看好，袁绍此时帐下已精英荟萃，自己的发展空间有限。

袁绍掌管冀州后更喜欢用自己老家汝南的人以及早年一直跟随自己的那几个人，开始他还对荀谌、辛评、郭图等人不错，但渐渐地更加重用许攸、逢纪这些人，对沮授、田丰等冀州本地人袁绍本不喜欢，但他们在冀州当地影响力很大，袁绍不得不给他们面子，如此一来颍川人受到了全面冷落。

荀彧的哥哥荀谌也很有才干，在袁绍夺取冀州过程中也出过大力，袁绍开始很欣赏荀谌，后来荀谌也慢慢被边缘化了。这时候荀彧想到了曹操，荀彧知道近一段时间来曹操正处于事业的低谷，但以曹操的志气和能力，只要战略运用得当，很快便能重新崛起。而曹操身边没有什么有名气的智囊，这也正是吸引荀彧的最重要因素。

还有一个原因对荀彧来说很重要，却无法说出口，这与荀彧的家事有关。荀彧的正妻是汉灵帝时"五侯"之一的中常侍唐衡的女儿，那时权势如日中天的唐衡一心结交士林，想把女儿嫁给汝南郡人傅公明，但为傅公明所拒绝，在唐衡极度难堪之时，荀彧的父亲、"荀氏八龙"之一的荀绲主动请求把唐衡的女儿娶过来与儿子荀彧成亲，此事在当时便被广泛议论，受到人们的讥嘲。荀彧与曹操一样，因为家族或家室与名声极差的宦官有关而承受诟病，这成为他的一个心病。如果投奔曹操，这种情况也就不存在了，毕竟在曹操这里没有人敢拿宦官出身这样的事来讥讽人。

经过一番思考，荀彧还是下了决心，于是带着家人离开了邺县，来到东武阳。让荀彧感到欣慰的是，曹操以极大的热情接纳了自己。正在渴望人才的曹操跟荀彧进行了一番长谈，谈完后曹操兴奋地说了一句："真是我的张子房啊！"张子房就是张良，曹操把荀彧比作张良，言下之意自己是刘邦，太平时节说这话得夷三族，但现在世道不同了，天下需要英雄。荀彧从此投身曹操，曹操自己也才是个冒牌的奋武将军，没法给荀彧一个较高的职务，先让他当别部司马，但主要工作是帮自己出谋划策，成为曹操的首席智囊。

荀彧的离开没有引起袁绍太大的反响，袁绍不仅没有追到这里要人，也没有为难还留在冀州的哥哥荀谌，想必袁绍手下人才实在太多，多一个少一个这样的人不会引起他的关注。或者，在袁绍看来连曹操都是他的人，荀彧在哪里干都一样，在曹操这里干事也是为他效力吧。

荀彧来到曹操身边以后，曹操一改败运，连打胜仗，在东郡一带彻底站住了脚。而就在此时，青州刺史部的黄巾军余部向兖州方向移动，总人数达到百余万人，他们首先进入兖州的任城国，任城国相郑遂被杀。消息传来，兖州刺史刘岱决定出兵迎击，结果竟然也被杀了。

刘岱死后兖州刺史部的八个郡国处于群龙无首的状态，面对来势汹汹的黄巾军，当务之急是推出一个有实力、有能力的领头人带领大家打退黄巾军，保护地方安全，这是兖州本地官民们共同的愿望。在兖州地方人士陈宫、万潜以及曹操的老朋友鲍信等人的建议和推动下，大家一商量，认为在最近跟黄巾军、黑山军交战中，曹操的战绩最好，应该请他来主持大局，以保证兖州平安。

陈宫亲自到东武阳拜见曹操，就这样曹操就任了兖州牧。曹操继续整顿兵马，收编了不少刘岱的旧部，实力明显增强。黑山军退回到太行山不再出来，对青州黄巾军来说，袁绍、公孙瓒在他们后面也都加紧了进攻，目的很明确，就是要把他们从自己的地盘上赶走。青州黄巾军只能前进，没有退路，再次进入兖州刺史部境内。青州黄巾军拿出拼死的劲头，往日一打就跑的情况不见了，与曹军展开了殊死拼杀，战斗异常激烈和残酷。

有一次，曹操率领1000多人在战场间巡视，突然遭遇青州黄巾军主力的攻击，手下一下子死伤近半，不得不撤退。为鼓舞士气，曹操亲临一线，严明军纪，明确赏罚，士气才稍稍提高。这场战役中最惊险的一幕发生在寿张之战中。寿张属兖州刺史部的东平国，今山东省东平县一带，当时其附近有个大的湖泊叫东平湖，这里是山东、河南两省交界处，是山东省通往中原腹地的重要通道之一。当时青州黄巾军气势很盛，曹操于是决定在寿张地区设下伏兵。

担任伏击的部队还没有完全集结到位，鲍信陪同曹操去察看地形，这时与敌人仓促而遇。敌兵人多，曹操、鲍信率领部下与敌人交战，为掩护曹操撤退，鲍信拼死力战，最后竟然战死了，时年41岁。鲍信的战死是曹操的一大损失，曹操极度伤心。鲍信死后连尸首都没有找着，曹操下令悬赏寻找，仍然没有找到，只能让人用木头刻了一个鲍信的雕像来祭拜。

此战中山阳郡巨野县人李乾给了曹操很大支持，李乾在乘氏县一带聚合了好几千人，他率众投奔了曹操，在寿张之战中立下功劳。曹军这边日后有个名将叫李典，是李乾的侄子。

曹操这边打得很苦，对手其实更艰难。青州黄巾军打不过曹操，想出了"劝降"的一招，他们给曹操写了一封信，在信中他们先套近乎，说曹操的政治主张与他们的太平道教义其实是一致的，然后劝曹操顺应天道，不要与青州黄巾军为敌。曹操不理，昼夜不停地发起攻击，并不断取得胜利，青州黄巾军开始撤退。

青州黄巾军向济北国方向败走，曹操指挥人马追击，青州黄巾军没有退路，只好请求投降。曹操接受了他们的投降，就地整编，组建了一支新的队伍，从此"曹家军"里便有了一个专用名字，叫作青州兵。负责指挥他们的是鲍信的老部下于禁，字文则，兖州刺史部泰山郡人，很早就跟随鲍信，鲍信死后曹操把他的旧部交给于禁指挥，现在又指挥了青州兵。

此战奠定了曹操在兖州的地位，曹操在鄄城有了自己的大本营，他想到的第一件事，就是赶紧把夫人和孩子接了过来。曹操的夫人卞氏以及长子曹丕、次子曹彰当时都在冀州，那里是袁绍的地盘，这大概是让曹操最为放心不下的事。

卞氏到鄄城后，很快又给曹操生下了第三个儿子，这就是曹植。此时曹丕6岁，曹彰3岁，曹丕日后在回忆文章中写道，他五六岁的时候，父亲曾亲自教他射箭，使他从小就养成好弓马的习惯，说的正是在鄄城的这段生活。

四、一场灭门惨祸

兖州刺史部州域范围大致是今山东省西南部、河南省东部及江苏省的西北角，下辖东郡、济阴郡、陈留郡、任城国、山阳郡、东平国、泰山郡、济北国等八个郡国，现在东郡、济阴郡、山阳郡、任城国已被曹操直接控制，陈留郡太守张邈、泰山郡太守应劭也听从曹操的调遣，剩下的济北国、东平国处在和公孙瓒的拉锯状态。

曹操担任兖州牧后把东郡太守一职交由夏侯惇来代理，命他驻守在黄河岸边的战略要地濮阳，他自己驻守在鄄城，以这两处要地为基点，他已经基本上控制了兖州刺史部。曹操命令队伍休整一段时间，认真思考下一步朝哪个方向发展。

北边是袁绍，往东以及东北方向目前是公孙瓒的地盘，不可能有发展的空间。往西是残破不堪的司隶校尉部，人口大量外逃，稍大一点的城市都成了废墟，又处在各种势力的交会之处，别说不好占，就是占住了也无法待。只有南边以及东南方向适合于发展。这个方向是徐州刺史部，对手是陶谦。陶谦是个不好对付的人，他在西北打过仗，能带兵，有些谋略，手下也有不少能人，经营徐州好几年了，有很强的实力。曹操跟陶谦之前没有正面交过手，也没有打过交道，在大的战略格局里，陶谦属于袁术、公孙瓒阵营，而自己属于袁绍阵营，双方的敌对关系已经形成。

这段时间曹操的目光一定会常在地图上的兖州刺史部与徐州刺史部交错的几个郡县间游走，他在寻找进攻的具体目标和契机。如果他的目光停在徐州刺史部最北面的琅邪国附近时，一定会想起来这里是他的夫人卞氏的老家，东邻大海，远离中原，是个避乱的好地方。

曹操这时真的要是盯着琅邪国看，他的心里也会突然一惊，他应该想到，父亲曹嵩等一家几十口人此时还正在那里。从己吾起兵后，除弟弟曹德外，曹氏以及夏侯氏兄弟们纷纷离开家乡追随自己来了，曹家在谯县十分不安全，曹嵩带着在老家谯县的曹家人去了琅邪国。

面朝大海，春暖花开，原属琅邪国的是今山东省日照市。但曹嵩一行到这里不是为了欣赏大海，而是来避难的，当时从中原地区到这里避难的人还有不少。之所以选择这里，与卞氏的老家在此有一定关系，卞氏的老家开阳县是琅邪国的治所，曹家人来琅邪国应该就住在开阳县一带。与一般逃难的人家不同，曹家人非常富有，尽管刻意保持了低调，但从他们的吃穿住行以及随行带来的众多仆人等方面也能看得出来。不管怎样，琅邪国是陶谦的地盘，真要跟陶谦打起来，父亲他们留在琅邪国就成了陶谦现成的人质，开战之前必须把他们从那儿接出来。琅邪国紧邻兖州刺史部的泰山郡，曹操派人到琅邪国通知父亲准备离开，同时命令泰山郡太守应劭派兵接应，把父亲一行接到鄄城来。但是有人却抢先了一步，把曹嵩等数十口人杀得一个不剩，制造了一起血案。

由于被害方没有留下一个活口，于是这桩灭门血案便有了不同版本：《世语》说陶谦派去的人扑了个空，曹嵩一行已离开了琅邪国，他们于是追赶，在泰山郡的华县一带追上，曹家人在这里等应劭来接应，还以为这是应劭的人，没有防备，结果全部被杀；《后汉书·应奉传》与上面这个说法差不多，说曹嵩携曹德等一行进入泰山郡，应劭派人已经接上了，但此时遭遇陶谦的突然袭击，全家人被杀；《后汉书·陶谦传》对此进行了补充，说不是陶谦派人袭击的，而是陶谦手下一个将领，此时驻扎在距事发地华县不远的东海郡的阴平，他手下的士兵听说曹家人很有钱，就在路上设伏，在华县、费县一带把曹嵩等人杀了；《三国志·武帝纪》认为这件事就是陶谦干的；韦曜的《吴书》认为陶谦听说曹嵩想儿子，就派部将张闿带领200人护送，曹家人很有钱，值钱的东西装了100多车，张闿等见财起异，在华县、费县一带将曹嵩等人杀了，抢光了东西，跑到淮南去了。上述各种记载中，《世语》将过程描写得最细，说陶谦的人先把曹德杀了，曹嵩听到外面有动静，知道不妙，就往后院跑，后院墙上有一道缝，他想从这里钻出去，跟他一块跑的还有一个最喜欢的妾，曹嵩想让她先钻，无奈这个妾长得太胖，钻不过去，曹嵩没办法，只好跑到厕所里躲起来，但被发现，一行人全部被杀。

考察一下这些说法，《吴书》最不可靠，这部书一贯尊吴贬曹，按照它的说法，陶谦是个大好人，好心好意办了件好事，曹操不仅不领情，事后还归罪于他，实在冤枉。《世语》的说法有点像传奇故事，尽管细节很生动，却不可靠，陶谦如果想杀曹嵩等人，恐怕早就动手了，琅邪国在陶谦的地盘上，非等曹操来接人才动手吗？况且，把人杀得一个不剩并不符合陶谦的利益，如果他真想跟曹操翻脸，把人控制起来作人质也许更明智。当这些不同的材料摆在司马光面前时，经过慎重分析，他采用了《后汉书·陶谦传》的记载。《资治通鉴》是这样记述这件事情的："前太尉曹嵩避难在琅邪，其子操令泰山太守应劭迎之。嵩辎重百余辆，陶谦别将守阴平，士卒利嵩财宝，掩袭嵩于华、费间，杀之，并少子德。"应该说，《资治通鉴》的说法较为合理。

消息传到兖州，曹操几乎不敢相信，他简直疯狂了。自起兵以来父亲整天担惊受怕，不敢待在谯县，远避琅邪国，如今又举家丧命，说起来这一切都是自己造成的。曹家没有一个人能够活着回来，曹操无法了解事件的整个经过，不过曹操肯定会认为，这件事一定是陶谦干的。这么大的事，只有陶谦能做，也只有他敢做。曹操本来就要跟陶谦刀兵相见，现在不用再找理由了，曹操迅速调整了计划，命令部队停止休整，全部进入战备状态，他要亲自领兵杀往徐州，找陶谦报仇雪恨。可是，还没等曹操的复仇行动展开，陶谦就先动了手。

五、"屠彭城"真相

初平四年（193）夏天，中原及华北地区出现了罕见的自然现象，正值炎夏，却刮起了寒风，像冬天一样，这种神奇的自然现象鼓励了那些想造反的人，在他们看来这是天亡刘汉的又一明证。徐州刺史部下邳国一带原本就有个叫阙宣的人领头造反，响应他的人很多，当他看到上天也出来惩戒当权者时，于是不再客气，自称天子，与长安的汉献帝分庭抗礼。

当时敢造反不算什么本事，而敢于自称天子那绝对勇气可嘉。北有强敌曹操，随时要来复仇，内部又出了个不要命的阙宣，陶谦头很大。不过他有办法，他不去讨伐阙宣，而是跟他联起手来。阙宣自称天子，是大逆不道、夷三族的人，跟他联手等于造反，为此刚刚接受了徐州牧头衔的陶谦耍了个两面派，一面派人跑到长安向天子宣誓效忠，誓死讨伐叛逆，一面私底下跟那位自称天子的人称兄道弟。朝廷太远，就是不相信也没办法，陶谦既得到了名分，又增强了实力。

曹氏血案发生后，陶谦知道和曹操的一场决战不可避免，他这时候倒不太紧张，因为他有把握打败曹操。作为一个老牌军人，一个在地方上深耕多年的实力人物，造反称王的人都搞得定，一个刚出道的曹孟德应该不在话下吧？所以，曹氏血案发生后，作为最大的犯罪嫌疑人，陶谦没有派人去曹操那里解释，也没有向曹家人表示哀悼和慰问，直接出兵了。

自信满满的陶谦指挥人马进攻兖州刺史部，兖州刺史部的南面和东面与徐州刺史部相邻，陶谦进攻的方向是东面，主战场是兖州刺史部的泰山郡。泰山郡本来就不是曹操势力的核心区域，应劭弃官逃走后这里一时又群龙无首，泰山郡很多地方都被陶谦占领了，附近任城国的一些地方也相继失守。

面对陶谦的先发制人，曹操立即兵分三路给予还击：第一路由夏侯惇统领留守兖州刺史部，重点是鄄城、濮阳、定陶、东武阳等战略要地，荀彧、程昱留下来协助他；第二路由曹仁率领，由东郡的北部进入东平国、任城国，进而到泰山郡迎击那里的徐州军；第三路由曹操亲自率领，由济阴郡南下，进入已为陶谦所控制的豫州刺史部沛国的北部，进而攻击徐州刺史部的彭城国、下邳国等地，直捣陶谦的大本营郯县。

曹操的策略是以偏师对抗陶谦在东边的主力，而将自己的主力向敌人防守相对薄弱的南边发动进攻，对于已失去先发优势的曹军来说，这不失为一个正确的选择。对手毕竟是陶谦，结局无法预料，曹操甚至做了最坏的打算，离开鄄城前他告诉夫人卞氏说："我如果回不来了，你就领着孩子们到陈留郡投奔张邈吧！"

初平四年（193）秋天，曹操的反击战开始了。陶谦的主力都在东面，曹操亲自率领的南面这一路势如破竹，一口气拿下兖州刺史部南部十几座被陶谦占领的城池，直逼徐州刺史部境内的战略要地彭城。陶谦完全没料到曹操会来这一手，放着东面不管出击南面，这就像两个人格斗，一个人举枪刺向对手的喉咙，按照人的本能反应，应该举刀去挡，但对手却没有，放着咽喉不管，一刀奔着对方的胸脯就去了。

这是自杀式打法，比的是谁更狠。陶谦没有曹操心理强大，于是从东面撤军，亲自率主力到南面战场迎敌，双方在彭城一带展开了激战。彭城即今江苏省徐州市，这是一座古城，也是一处古战场，400年前刘邦和项羽曾在此有一场大战，结果刘邦完败，项羽险些把刘邦生擒。彭城四周虽然被大小不等的丘陵、高地所环绕，周边还有泗水、汳水在此交汇，但交通却十分发达，东汉时有一条起自洛阳的东方大道，基本走向在前半段约沿着现在的陇海铁路，后半段约沿着现在的京沪铁路，彭城就是这条大道上的交通枢纽，自古以来都是兵家必争之地。曹操与陶谦的彭城之战没有楚汉相争时打得那么惨烈，战事呈现出一边倒的态势，曹军大胜，陶谦向东撤退。

对于这场彭城之战，《三国志·武帝纪》里只有16个字的记载："秋，太祖征陶谦，下十余城，谦守城不敢出。"《三国志·陶谦传》的记载与此大体相同，只是多了10个字："死者万数，泗水为之不流。"后面这句大意是：被杀死的接近上万人，尸体使泗水都要断流了。打仗会死人，一场战役死上几千人并不太奇怪。《三国志·陶谦传》裴松之注引《吴书》也写到彭城之战，称曹操"乃进攻彭城，多杀人民"。《三国志·荀彧传》裴松之注引《曹瞒传》说得更严重："自京师遭董卓之乱，人民流移东出，多依彭城间。遇太祖至，坑杀男女数万口于泗水，水为不流。"而到范晔撰写《后汉书·陶谦传》时，相关记载变成了："初平四年，曹操击谦，破彭城傅阳。谦退保郯，操攻之不能克，乃还。过拔取虑、睢陵、夏丘，皆屠之。凡杀男女数十万人，鸡犬无余，泗水为之不流。"对于范晔的说法，司马光予以采用，并结合了《曹瞒传》的情节。《资治通鉴》是这样记述的："秋，曹操引兵击谦，攻拔十余城，至彭城，大战，谦兵败，走保郯。初，京、洛遭董卓之乱，民流移东出，多依徐土，遇操至，坑杀男女数十万口于泗水，水为之不流。"就这样，在史书记载中曹操杀的人越来越多，手段越来越残忍，最终成为"坑杀男女数十万口"，这就是"屠彭城"的由来。一次活埋了几十万人，简直骇人听闻！如果曹操真的干了这件事，那么他的恶名将超过董卓，成为汉末最凶残的屠夫。

可是，这不是真相。由于史料缺乏，还不太清楚这件事是如何从"陈寿版"演变到"司马光版"的。在较早一些的汉桓帝时期，彭城国全部人口是493027人，当时全国人口有5000多万。经过黄巾起义、自然灾害、群雄混战，到再晚一些时候全国人口已锐减到1000多万，此时彭城国的人口想必也大为下降。曹操一边打仗，一边派人四处出击，把彭城国全国的人都抓到一块，然后全部活埋？难道不匪夷所思吗？

曹操远途奔袭，此时用在彭城战役的充其量只有几万人。现在，攻破彭城后，曹操给大家下令，先不要打扫战场，也不忙追击敌人，而是分给每个人10多名从敌占区抓来的士兵和老百姓，让大家把他们领到泗水河谷里，全部活埋。即使被抓来的人已提前被捆好、绑牢，即使将要被活埋的这些人也愿意配合，完成这项任务所涉及的工程量也是惊人的。但是，由于被《资治通鉴》误导，很少有人动脑筋去细想，使得曹操"屠彭城"的说法在后世颇为流行。

曹操攻克彭城后又率军东进，直扑郯县。郯县属徐州刺史部的东海郡，今山东省临沂市的郯城县，是山东省最南边的一个县，这里是当时徐州刺史部的治所、陶谦的大本营。陶谦退无可退，组织人马与曹军殊死一战。双方在郯县以东的武原县又进行了一场恶战，曹军再次取胜，攻占了武原县，之后兵临郯县城下。从鄄城出发到郯县，直线距离已有上千里，曹军远道而来，虽然节节胜利但自身消耗也很大，士卒减员，战斗力下降，对方又拼命死守，曹军攻城不克。郯县难攻的原因还有一个，城里来了生力军，这就是公孙瓒派来的刘备，刘备此时尽管还不太有名，却是个战斗力很强的人物。

刘备字玄德，幽州刺史部涿郡涿县人，西汉中山靖王刘胜的后代，但到他父亲时家道已经中落了，父亲死后，母亲靠织席贩履为业，供养刘备读书。刘备曾拜著名学者卢植为师，与同在那里学习的公孙瓒是同窗。学习结束后刘备在家乡无所事事，结识了关羽和张飞，三人情同手足，一块参加了朝廷镇压黄巾起义的军队，之后因功被任命为县尉，老同学公孙瓒成事后刘备前往投奔，被公孙瓒任命为平原国相。

陶谦开始并没有把曹操放在眼里，本想一举把兖州荡平，没想到曹操这么厉害，眼看郯县危急，他赶紧派人向盟友公孙瓒求救。当时的情况是，袁绍、曹操、刘虞结成一个集团，袁术、公孙瓒、陶谦为另一个集团，陶谦是公孙瓒的盟友，所以对他的求援公孙瓒不能不管，公孙瓒命令距离徐州刺史部最近的青州刺史田楷和平原国相刘备驰援郯县。刘备带着关羽、张飞等人率先到达郯县，他只带来了1000多人，人马虽然不算多，但却是生力军，兖州军和徐州军已经打了几个月都很疲惫了，郯县因为有刘备的加盟，防守力量有所增强，所以曹军几次猛攻都没能攻下。

对曹操来说，长期围城是不现实的，因为这里是敌占区，敌人是守城，而且后援也会逐渐聚集，而自己的队伍将面临后勤补给方面的难题。考虑到这些情况，曹操决定放弃攻城，回师兖州。

六、后方的密谋

这时已经过了年，远在长安的汉献帝下诏改年号为兴平。兴平元年（194）春天，曹操结束了为期近半年的第一次远征徐州之战回师鄄城，陈留郡太守张邈亲自到州界迎接他们凯旋，想到出征时未卜生死、以家室相托付的情景，两位老战友不禁很动容，都流下了热泪。

看到这种情形的人，肯定会为两个人的深厚友谊所感动，但大家不知道的是，曹操的眼泪是真的，张邈的眼泪却很勉强。不久前，曹操还在徐州浴血奋战时张邈偷偷地见了吕布，在陈留郡吕布受到了张邈的热情款待，他们谈得很投机，但谈话内容谁也不清楚，只知道等到吕布要走的时候二人已经有点难分难舍了，还秘密约定了什么。作为知名度很高的敏感人物，吕布没有在张邈那里久留，他离开陈留郡后去了哪里也不太清楚，可能暂时投奔了张杨，也可能四处打游击，他在等待着和张邈约定的那件事。

哪件事？当时谁也不知道。曹操回到鄄城，还没有来得及好好休整一下，突然接到了袁绍的一道密令，让他杀了张邈。曹操、张邈都是一个阵营里的，袁绍是他们的首领，袁绍下达这道密令，不仅突然，而且很奇怪。表面上的原因可能是袁绍听说吕布来过张邈这里，二人有密谋，所以让曹操除掉他。

还有一点，张邈和袁绍之间最近关系也很紧张。张邈有侠士性格，比较仗义，曹操当年只身来到陈留郡，如果没有张邈的帮助什么都做不成，张邈待曹操很仗义，只要是朋友，帮人就帮到底，这与韩馥等人形成了鲜明对比。但张邈又是个直脾气，张邈很欣赏臧洪，原因就是在这方面二人脾气相投，都属于敢恨敢爱也敢说的人。袁绍当了盟主后流露出骄傲自满，张邈心直口快，说过他，让袁绍在众人面前下不了台，得罪了袁绍，袁绍很不高兴。基于以上两个原因，袁绍给曹操下达那样的密令也是可能的。

但这还不是更深层次的原因，袁绍要杀张邈，除了对张邈的不满，也有向曹操下手的意味，有一箭双雕的考虑。凡是同盟，一般都不希望对方太弱，但也不希望对方太强，太弱帮不上忙，太强则不好控制，袁绍看曹操和张邈，就是这样的心态。曹操和张邈替袁绍缓冲着南线袁术、陶谦造成的压力，让袁绍在北面可以放手与公孙瓒作战，这一点他很满意。但是近一段时间以来，曹操和张邈的势力发展得都很迅猛，尤其是曹操，先得了东郡，继而又得了几乎整个兖州刺史部，陶谦那样的猛人都被他打得抱头鼠窜，差点全军覆没，照这样发展下去，徐州刺史部迟早也是曹操的。还有张邈也不一般，他虽然只是个郡太守，地盘也只限陈留郡，但号召力很强，又善于找机会，别人都在大打出手时他一直埋头扩充实力，据陈宫在一次谈话中透露，此时张邈已拥有"十万之众"，这个数目可能有水分，但即使打个五折那也相当可观了。

按照这样的分析，袁绍突然密令曹操杀掉张邈，动机就不一般了，要解决张邈不是派几个人到张邈办公室亮一下逮捕证就能把人带走的，先得解决掉张邈的"十万之众"。袁绍的这道密令说白了就是让曹操和张邈火并，无论最终谁胜都将两败俱伤，两个人正在上升的势头都将中止。袁绍肯定想过曹操未必会接受他的这道命令，不是曹操不忍心下手，而是曹操识破了他的阴谋，也不会认为自己有吃掉张邈的把握，但没有关系，袁绍还有一手，他把给曹操的密令故意泄露出去，闹得社会上沸沸扬扬，目的是让张邈知道，这个直筒子不像曹操那么有城府，说不定会先动起手来。

如此狠毒的招数袁绍自己未必想得出来，但此时他手下云集了许攸、审配、逢纪、荀谌等策反专家兼忽悠高手，想出这样的计策来并不费劲。曹操果然置之不理，但不幸的是张邈中招了。

曹操对张邈的看法很单纯，张邈对曹操的感情却是复杂的。从朋友角度看，张邈跟曹操的关系处得不错，张邈讲义气、够朋友，对曹操也多有帮助，二人不说两肋插刀，至少也互相敬重。曹操嘱咐下夫人自己一旦出事就去投靠张邈，这种以家室相托的情谊不是假的。但曹操来到兖州后跟张邈在地位上出现了反差，过去曹操在张邈的帮助下才有了立足之地，在张邈眼里曹操不说是他的下属最少也是平级，但很快曹操就出任了兖州牧，成了他的顶头上司，张邈心里多少有些不是滋味。张邈与袁绍的矛盾逐渐公开，在张邈眼里曹操和袁绍的关系一直很铁，现在已经有了不少风言风语传到张邈耳朵里，张邈担心曹操顶不住袁绍的压力，迟早会向自己动手。张邈为了自保，产生了向曹操先动手的念头。

张邈的想法得到了陈宫的支持，作为兖州本土派人士的代表，陈宫当初力推曹操为兖州牧，想的是引进一个强人来保卫自己的家乡。曹操确实是一个强人，袁术被他打败，陶谦也不是他的对手，但陈宫并不喜欢，因为曹操不仅是强人，而且太招事。曹操就任兖州牧以来就战事不断，袁术打上门来当然该还击，但打跑就行了，干吗还要追？陶谦挑事，把他拒于州境之外也就行了，干吗要深入徐州上千里，打到陶谦的家门口？这样的战略不符合兖州本土派的利益，陈宫在心里坚决反对。前线一开打，后方就得供人、供粮，曹操让陈宫在后方搞后勤，陈宫感到给家乡人民造成的负担很重，思想压力很大。曹操打仗为的是他自己的事业，干吗让兖州人为他埋单？陈宫想不明白。

陈宫也逐渐坚定了一个决心，一定要把曹操赶走。张邈害怕袁绍和曹操加害自己，陈宫一心想把曹操赶走，二人一拍即合，他们的预谋或许开始的时间更早，甚至在曹操征徐州归来垂泣相对时已经有了，吕布的陈留郡之行就是这个预谋的一部分。

七、曹操再征徐州

兴平元年（194）春天，曹操再次南征徐州。鉴于上次征徐州时虽打到郯县城下，却没有力量组织攻城，致使整个行动没有达到预期目标，这次再征徐州曹操做了大量的准备工作，他不仅将能抽调出来的人马悉数带上，而且向冀州的袁绍请求增援。袁绍倒也爽快，派朱灵率部前来听曹操指挥。朱灵字文博，冀州刺史部清河郡人，后来成长为曹军中的名将，他这次带来的有三营人马。当时正规军编制一般有部、曲、屯、队、什、伍六级，没有营。朝廷中央军之一的北军有五营，每营大约有1000多人。如果袁绍派来的援军是参照北军进行编制的，三个营应该是四五千人吧。

曹操留下夏侯惇、荀彧、陈宫、程昱等人率不多的守军留在兖州，其他人都随他出征。曹操和手下大多数人的家眷都在鄄城，由荀彧、程昱留守；夏侯惇驻守在黄河上的重要渡口和战略要地濮阳；陈宫负责处理地方日常政务，并督办粮草，为前线提供后勤支持。在曹仁的建议下，曹操这次改变了主攻方向，派小部分人马由兖州刺史部的济阴郡、山阳郡向徐州刺史部的彭城国、下邳国方向佯攻，而主力部队绕道泰山郡，攻击徐州刺史部北面的两个郡国，即琅邪国和东海郡，陶谦的大本营郯县就在东海郡。

这个进攻路线和上次刚好相反，上次偏师在东、主力在南，这次偏师在南、主力在东。这样的进攻路线可以避开陶谦重兵把守的彭城防线和下邳防线，攻击其相对薄弱的北部地区，并且可以直捣其大本营，令陶谦措手不及。

曹军还会进攻，这一点陶谦想到了。但哪个方向是主攻，陶谦却猜不出来，上次搞错了敌人的主攻方向，结果吃了大亏。每遇大事陶谦都要先问问他手下的著名佛教徒笮融，陶谦把笮融找来，问他这次曹军会从哪个方向主攻，笮融煞有介事地说要问问佛，结果昏天黑地弄一通，告诉陶谦说，曹操会从北面来。陶谦深信不疑，把重兵摆在了徐州刺史部北部的彭城、下邳一线，结果又吃了亏。

曹军主力突然从东面的泰山郡杀出，防守在徐州刺史部北部的陶谦主力始料不及，琅邪国的五座城池先后被曹军攻占，曹军攻下这几个地方以后大搞破坏活动。陶谦赶忙调集人马，准备应战，同时派人给刘备送信，让他火速增援郯县。

上次保卫郯县的战斗结束后刘备没回青州，而是留了下来，陶谦表奏刘备为豫州刺史，增派了4000名丹杨兵给他，让他驻扎在小沛。小沛是汉代对沛县的别称，即今江苏省沛县，当时属豫州刺史部的沛国。这里虽然与徐州刺史部的彭城国近在咫尺，却是豫州刺史部的地盘，这让刘备这个豫州刺史倒也多少有些实至名归。陶谦对刘备如此优待，甚至不惜拿出自己最嫡系的家乡兵补充刘备的实力，做的不是亏本的买卖。陶谦看中的是刘备的能力，从而对他寄予了厚望，希望他能替自己抵挡曹操。

小沛的位置很微妙，它属于豫州刺史部的辖区，却远离豫州刺史部的中心地带，像一把剑插在了兖州刺史部和徐州刺史部的中间。陶谦又送官又送人，说白了就是想让刘备给他当盾牌，曹军一旦来攻，自己好有一个缓冲区。刘备屯驻小沛期间纳本地人甘氏为妾，他的正妻名字无考，只知道他的几任正妻都死了，并且他的生育能力好像也有问题，至少到现在也没有儿子，甘夫人后来到荆州后给刘备生下了后主刘禅，刘备称帝后封她为皇后。

现在，曹操率军从琅邪国攻入东海郡，直逼郯县城下，而刘备率所部也从小沛赶到了，陶谦命手下将领曹豹率军出城与刘备会合，在郯县东郊与曹军展开激战。战斗在郯县附近的沂水两岸展开，虽然对于这场战斗没有留下更多的文字记载，不过仍然可以推测出双方的参战阵容：曹操方面应该有曹仁、曹洪、曹纯、夏侯渊以及还是基层军官的史涣、典韦、乐进等人；刘陶联军方面，应该有关羽、张飞、赵云以及陶谦的部将曹豹等人。

曹操和刘备都亲自指挥了这场战斗，以后他们直接交手的战斗或战役还有很多场，像大多数情况那样，胜利的一方属于曹操，曹军占领了距郯县以东仅40里的襄贲。

有了落脚点，曹军攻打郯县更方便了。困守在郯县城里的陶谦日子很难过，让人找笮融来问问这是怎么回事，下面的人回来报告笮融早已不知去向。派人一查，发现笮融前几天已经领着手下人以及平时的信徒共1万多人逃往广陵郡。陶谦气得要命，却又无可奈何。眼见曹操大兵压境，陶谦也想一走了之，他想学笮融，撇下徐州不管了，溜回丹杨郡老家养老去。

八、老朋友的背叛

关键时刻，曹操那边却出了大事。曹操在前线和陶谦的人马打得难解难分，陈宫认为时机来了。曹操留荀彧、夏侯惇、陈宫等人守兖州，陈宫的主要工作是负责督办粮草，他找了个借口，亲自赶到了陈留郡。陈宫到陈留郡跟张邈一商量，决定马上动手，他们派人把吕布再次请来，商量如何行动。吕布再一次秘密潜回兖州，张邈看到吕布，灵机一动，想耍个花招，在正式起事前不费什么事把荀彧、夏侯惇解决掉。张邈派手下一个叫刘翊的人到鄄城，告诉荀彧说吕布将军听说曹将军攻打陶谦，特来帮忙，请提供粮草。如果城里的人信以为真，吕布大摇大摆地进了鄄城，那鄄城不攻自破，曹操的大本营就没了。

但这只能算小聪明，骗不过荀彧的眼睛。吕布的政治立场已基本明朗，他倾向于袁术一方，虽然帮袁绍打过仗，但目前是袁绍要抓的人，曹操是袁绍的盟友，吕布怎么能帮助曹操呢？张邈要想背后给曹操来一刀，最有效的方法是突然发动袭击，同时攻占鄄城、濮阳等战略要地，虏获曹操等人的家眷，生擒或杀死荀彧、夏侯惇等人，则兖州的其他地方可不攻自破。刘翊去了趟鄄城，目的没达到，反而给荀彧报了信。张邈和陈宫的异动让荀彧马上判断出情况有变，张邈可能已经反叛，吕布也来到了兖州，情况十分危险。

荀彧迅速做出两项部署：一是派人火速前往徐州前线给曹操报信，二是派人通知夏侯惇放弃濮阳，率所部到鄄城会合，固守待援。这两项对策都完全正确，曹操留在后方的人马有限，张邈、陈宫敢造反，肯定已经联络了兖州的各郡县，曹操虽然是兖州牧，但由于上任时间太短，大部分郡县不一定听他的，所以必须集中兵力，固守待援。

还有一点也很重要，荀彧虽然是留守后方的总负责人，但他来曹营时间还不长，正式职务不过是个司马，夏侯惇军职比他高，是个折冲校尉，还兼着东郡太守，夏侯惇到鄄城对统一号令留守的曹军十分重要。夏侯惇接到荀彧的情况通报大吃一惊，如鄄城丢失，怎么向大哥交代？夏侯惇立即点齐所部人马，放弃辎重，轻军前往鄄城。然而，半路上遇到了险情。

吕布到陈留郡后和张邈、陈宫商议下一步的行动，决定分兵两路，一路由张邈、陈宫率领攻打鄄城，一路由吕布率领去取濮阳。他们也想到了夏侯惇会和荀彧合兵，如果抢先拦住夏侯惇，让他进不了鄄城，那迅速攻下鄄城的把握就更大了，所以决定出兵阻挡夏侯惇。吕布手下有一些人马，张邈又给吕布增了兵，吕布率领这支人马往濮阳方向开来。他的人马来到濮阳和鄄城之间的地方，夏侯惇的人马还没有通过此地，吕布便在这里设下埋伏，准备给夏侯惇来个以逸待劳。

听说要打仗，大道上都是逃难的百姓，看到这种场景，吕布临时来了创意，他安排人想诈降夏侯惇。这个计策竟然得逞，正觉得人手不够的夏侯惇听说有人来投，很高兴，亲自跟他们说话，结果被吕布的手下趁机给劫持了。曹军将士完全没有防备，一下子傻了。主将被劫持，这种事还没遇到过，大家都不敢向前。眼看吕布的计策大功告成，可以不战而屈人之兵。这时曹军中出来一个人，样子像是一个头目，他让人守住四周，然后严词道："你等凶逆之徒，竟然敢劫持我家将军，你们还想不想活？我们受命讨贼，怎么能因为个人原因而废了军法，去纵容你们呢？"

这个人说完，又对夏侯惇流着泪说："这是国法，我等无可奈何！"说罢立即指挥人发动攻击，完全置夏侯惇的生死于不顾。这一个举动十分突然，吕布的手下没有思想准备，按照他们原来的计划，劫持夏侯惇后如果能让他下令放下武器最好，如果夏侯惇宁死不肯，就采取拖延的办法，装扮成打家劫舍的散兵，勒索钱物，实际目的是迷惑敌人，待吕布的大队人马赶到这里。万没料到曹军中还有更生猛的人，敢置长官的性命于不顾，危急时刻一点都不含糊。转眼一场乱战，夏侯惇竟然脱险，吕布的手下全部被杀。

曹军中那个临阵不乱的头领名叫韩浩，字元嗣，司隶校尉部河内郡人。天下大乱后，韩浩的家乡匪寇横行，他聚起百姓保卫乡县，被河内郡太守王匡召为从事，后来王匡死了，很多旧部各奔前程，韩浩辗转来到了兖州参加了曹军，被派到夏侯惇手下。

随后夏侯惇所部与吕布指挥的军队相遇，展开了一场厮杀。这场仗双方都没有用心打，因为他们心里都惦记着别的事。夏侯惇惦记着鄄城的安危，也不知道那里情况怎么样，只想早些脱身；吕布心里惦记着濮阳，因为那可是黄河沿线一个响当当的重镇啊！后世对长江更看重，长江可以通航，沿江的各大重镇都是天下举足轻重的要地。但至少在汉代以前，黄河沿线比长江沿线更繁盛，黄河中下游的河段基本上都能通航，沿线的重要城市，如洛阳、朝歌、怀县、濮阳、东武阳等，名气更大。濮阳一带历来市商繁荣、农事发达，是南北要津、中原屏障，也是兵家必争之地，晋文公在此退避三舍，春秋时期诸侯10多次在此会盟，被誉为战神的吴起就是濮阳人。占领濮阳就拥有了一块很有分量的地盘，对于到现在仍然四处流浪的吕布来说，这里充满了诱惑。吕布下令率先脱离了战斗，直奔濮阳，夏侯惇也趁机脱身，赶赴鄄城。

夏侯惇到了鄄城才知道，鄄城已经风雨飘摇，城里谣言四起，人心惶惶。鄄城也属东郡，陈宫在这里根基很深，城里有一部分人也参与了此次叛乱，或者暗中支持张邈、陈宫，这些人都在寻找机会里应外合。夏侯惇进入鄄城，跟荀彧等人一道连夜查获了想谋反的几十个人，全部处死，这才稍稍稳定了鄄城的局势。

这时，张邈、陈宫、吕布反叛的消息已经传到了兖州各地，不出意料的是，各郡县都给予了响应，全州一共有近80个县，仍支持曹操的只有三个，除了鄄城，还有东郡的范县和东阿县。这说明曹操入主兖州后重视发展军力，但在地方治理方面下的功夫还不够，打败黄巾军、打跑了袁术，保护了兖州，大家拥护，但此后发起了南征徐州的战役却不符合兖州地方人士的利益，张邈和陈宫正是看中了这一点才敢公开向曹操叫板。

鄄城城里加紧防守、积极备战，这时城外又来了一支人马，人数很多，有几万人。城里一下子紧张起来，荀彧和夏侯惇开始以为是张邈的人，或者是吕布从濮阳回击鄄城，后来城外的人主动通报，才知道他们是豫州刺史郭贡带领的人马，郭贡还点名要见荀彧。郭贡是袁术的人，他这个豫州刺史是袁术表奏的。孙坚死后袁术把发展的重点放在了东边的扬州刺史部，这里北有陶谦、曹操，西有刘表，虽然在各路豪强中间但又处于几股主要势力暂时都无法达到的地方，袁术又抓住了机会。袁术以寿春为基地拓展了扬州刺史部在江北的九江、庐江两个郡，手下实力大增，于是又不断向西北面的豫州刺史部方向发展。听说张邈、吕布反叛曹操，作为曹操的敌人，袁术大概觉得这件事可以利用一下，于是派郭贡横插一杠子，想趁机捞点儿便宜。

鉴于曹家军已威名在外，袁术给郭贡下达的命令肯定不是全力相助，能站在一边帮帮忙就可以了，瞅着机会上去捞上一把更好，千万不能动真家伙。所以郭贡带着人马来到鄄城不是立即展开攻城，而是点名要见荀彧面谈。荀彧决定出城与郭贡相见，大家都认为太危险劝他不要去，就连夏侯惇都不同意他去，荀彧看出郭贡和张邈等人并不同心，觉得出去见见郭贡正好可以劝他退兵，所以坚持要去。

最后荀彧只身出城，来见郭贡。正如荀彧所料，郭贡点名要见荀彧确实是一种试探，当他看到荀彧毫无惧意时，猜想城里早有准备，未必好攻。领导没有下达拼老本的命令，如果自己擅自做主攻城，打赢了还好说，一旦失利就无法回去交差。想到这里，郭贡带着所部人马从鄄城外撤走。

荀彧、夏侯惇分析了形势，认为鄄城要想守住，范县和东阿县两个据点也不能丢,这样才能形成呼应,让敌人不能集兵于一处。范县的县令名叫靳允,东阿县的县令名叫枣祗,由于联络中断了,也不知道他们那边的情况如何,荀彧和夏侯惇商量后,决定派一个得力的人到那边去,在荀彧眼里,目前能担当这项重任的只有程昱了。

程昱字仲德,老家就在东郡的东阿县,他的年纪比较大,今年52岁了,是曹营里的老大哥,比曹操还要大十几岁。黄巾军起事时,东阿县县丞王度响应黄巾军,烧掉县里的仓库,县令逃走,程昱劝说县里的大户薛房等人趁机夺下了县城。刘岱担任兖州刺史期间,想表奏程昱为骑都尉,但被他拒绝了。后来刘岱被青州黄巾军杀了,曹操来到了兖州,又一次征召程昱,大家认为程昱仍然会拒绝,没想到程昱一口答应了下来,大家问他为什么,程昱笑而不答。程昱这个人很有智慧,对形势的判断力也很强,他后来成为曹操身边重要的智囊之一,但在早期他是带兵的,像他这样能文能武的人,即使在人才济济的曹营也不是很多。

程昱到范县时,陈宫也派了个叫范嶷的人来了,目的是说服范县投降。在程昱的努力下,靳允表示仍站在曹操的一边,程昱和靳允埋下伏兵把范嶷杀了,稳定了范县的局面。范县东边有一条河,名叫瓠子河,是黄河的一条重要支流,陈宫的军队已经抵达河对岸,程昱派人抢占河上的重要渡口仓亭津,使敌军暂时过不来。敌人一时半刻攻不下范县,程昱又马不停蹄赶到了东阿县。东阿县令枣祗不是兖州本地人,他的祖籍是豫州刺史部颍川郡,跟荀彧是老乡,荀彧近来为曹操推荐了不少人才,推测一下枣祗很可能也是荀彧推荐的人才之一,他日后成为了曹魏著名的农业问题专家。枣祗的态度也很坚决,程昱赶到时他正率领军民做好了在城里坚守的准备。

由于荀彧和夏侯惇处置及时得当,加上程昱、枣祗、靳允等人的坚定支持,鄄城、范县、东阿县这三个最后的据点暂时守住了,为曹操回师反击赢得了时间。

九、艰难的时刻

接到后方的急报,曹操顾不上即将能打下来的郯县,赶紧集合人马回撤,为了抢时间,他们走的还是来时的东路,中途必须路过一个叫亢父城的地方,这是一处险地。亢父故城遗址在今山东省济宁市附近,微山湖的西岸,这里与泰山余脉的梁父山紧夹着东西之道，战国时齐国在其地居高临下修建了城池，苏秦形容这里"车不得方轨，骑不得并行"，还有的说"泰山在左，亢父在右，亢父知生，梁父主死"，是一夫当关、万夫莫开的极险峻之地。

曹操兵力有限，也没料到要突然回师，所以亢父城没有派兵把守，但如果绕道别处，就得多走很多路，太耽误时间。曹操特别担心吕布已派人占据了此处，所以督促大军日夜行进，等到了一看，发现这里并没有吕布的军队，才放下心来。

曹操很高兴地对大家说："吕布虽然占得一州，但没有乘机占领东平国，进而占据亢父、泰山之道，凭险地截击我们，而是屯踞在濮阳，从这一点看，我就知道他也成不了什么大事！"有人认为曹操说这番话是自嘲，或者是在给部下打气。其实不尽然，吕布真要有这样的战略眼光，占领濮阳之后迅速东进，趁着各地都在反叛曹操的有利时机，一举占领曹军回师的必经之地东平国，以亢父之险阻击曹操，迟滞曹军行动，然后由张邈全力攻击鄄城，那将是另外一个结果。万幸的是，吕布不了解兖州的战场环境，或者还沉浸在新得濮阳的兴奋中，没有走出这一步妙棋来。

按理说，曹操既然回来了，应该马不停蹄赶往鄄城，但他却没有这样做。曹操率主力直接奔了濮阳，到了那里也不打招呼，直接攻城，这么做要冒一定风险，鄄城危在旦夕，如果张邈组织猛攻，鄄城随时有被攻破的危险。但是曹操又不得不先解决濮阳，如果他此时直接回师鄄城，就要遭受张邈和吕布的东西夹击，战略上更加被动。这种置之死地而后生的打法这段时间里曹操经常使用，算是围魏救赵的一种，这是劣势之下化被动为主动的一种战法，曹操强大起来以后这种战法就很少用了。

濮阳城外，曹操大概想尽快结束战斗，所以从四个方向都发起了猛攻，吕布指挥人马守城，城上万箭齐发，曹军死伤惨重。正在曹操一筹莫展之际，有人从濮阳城里秘密潜出，给他带来一个好消息，濮阳城里的田氏愿做曹军内应，帮曹军攻城。

田氏是濮阳城大户，拥有大量庄园田产、佃户奴婢，这些人一定会向曹操解释说，吕布等人来到濮阳，把他们的财产粮食都征为军用，又强征他们的奴仆从军，引发他们强烈不满，所以愿意助曹刺史攻打吕贼，将其赶出濮阳，吕布或死或逃，他们别无所求，只愿发还所征财物以及奴仆就行。曹操很老练，应该能看出一些破绽，但他此时拿下濮阳的心情太迫切了，迫切到忽视了很多细节。如果濮阳之战变成了一场久拖不决的攻防战，鄄城一定不保，局面就太危险了，要破此危局，必须立即攻破濮阳，还军鄄城，于是曹操相信了来人，和他们约定了里应外合的信号。

入夜，濮阳城一片寂静。突然，东门方向发出了信号，城外的曹军见此从营中杀了出来，这正是吕布的计谋，他最近迷上了反间计，鄄城骗荀彧、诈降夏侯惇使的都是这一招。吕布看到曹操中计，让人悄悄把城门打开，曹军像潮水一样涌入城中，进城后他们不忙进攻，却干了一件很奇怪的事，放火。曹军士兵带着引火的东西，一杀进来就在城门处放起一堆大火，顿时火光冲天。吕布看了一定很纳闷，曹军这是在干什么，他有点儿看不懂。其实这是曹操故意让放的，目的是告诉将士们没有回头的路了，必须破釜沉舟。

曹操本人就在冲进城里的队伍中，这种冒险的仗他本来在城外坐镇指挥就行了，不过他实在太惦记着濮阳，这一仗输不起，让谁带队他都不放心，于是自己来了。这种事曹操之前干过，以后也干过很多次，经常把自己放到险境、绝境，尽管他的运气确实好，每一次都奇迹般地绝地重生，但这种做法并不可取，作为全军的统帅，安全不是个人的事。

曹操冲进濮阳城东门，后路却被吕布的人马迅速堵住，外面的人再也进不来，进来的人想突出去也不可能，双方打起了巷战。曹操这才发现上当了，于是折返回来，在东城门附近，双方展开了激战。这一战打得很惨烈，曹军进来的都是骑兵，在街巷中完全没有优势，吕布所部早有准备，又熟悉环境，所以曹军死伤惨重。

这一仗如果曹操战死，那一切都结束了。曹军士气本来就低落，又处于明显劣势，如果主帅死了，那将再无翻身的可能，兖州从此就会是张邈和吕布的天下，至于他们之间会不会打起来，都无关紧要了。好在曹操的好运还没有结束，曹操拼命杀到城门口，发现了很搞笑的事，吕布的兵马还好解决，但有一样东西很要命，那就是自己下令放的火，这一带成了火海，要想冲出去，必须从火海里穿行。无奈之下曹操带头冲进火中，结果被烧伤了左手，并且从马上掉了下来。

危急之中，曹操手下一个叫楼异的司马把曹操扶到马上，曹操才没有被奔驰的乱马踏成肉泥。这是继汴水之战后曹操第二次在激战中从马上掉下来，但还不是最后一次。楼异的情况不详，史书里以后也没有再提到他。曹操重新上马，但更惊险的一幕还在后面。曹操往外逃跑，遇到了吕布的人，他们把曹操拦住。大概没有想到这个小个子会是大名鼎鼎的曹操，吕布的手下问他曹操在哪里，曹操随便一指说："那个骑黄马的就是！"吕布的手下于是放下曹操去追骑黄马的，曹操才得以脱险。史书没有说明拦住曹操的人是谁，但应该不是吕布本人，原因很简单，吕布见过曹操，吕布后来曾亲口说过，他早年在洛阳的时候曾经在温氏园里与曹操见过面，如果拦住曹操的是吕布本人，他应该能认出来。

曹军在濮阳失利，主动将营垒后撤，双方陷入僵持。双方又在濮阳的外围地带展开了争夺，濮阳西面有一个县城叫白马，吕布分出一支人马守在这里形成掎角之势，令曹军再攻濮阳时不得不分兵去防。白马的这支人马也屡屡出击，给曹军连连制造出麻烦，让曹操头疼不已。

曹操忍无可忍，亲率主力夜袭白马。白马的城池不比濮阳，曹军顺利得手，天亮时就结束了战斗，但还在打扫战场之际，吕布亲自率领的援军赶到了，从北、东、南三个方向合围上来。吕布亲自率队冲锋，战斗进行得异常激烈。

曹操手下虽然有不少猛将，但打这种仗更是吕布的强项，吕布志在必得，不肯罢手，曹军陷入苦战。从早上一直打到中午，双方你来我往冲击了几十个回合，难分胜负，吕布的骑兵冲杀太猛，无法阻挡，让曹兵望而生畏。曹操发现步兵人数再多都是送死，于是在战场上临时招募敢死队，来破吕布的骑兵。典韦那时还是曹军里的一名中下级军官，自告奋勇应征，抢在了其他人前头。典韦挑了几十个人，身上都穿着两重铠甲，每人配备了长矛和撩戟两种武器。

吕布的骑兵冲过来，一边冲一边在马背上放箭，弓弩乱发，矢至如雨，典韦命人蹲伏下来，看都不看两边的箭，典韦对旁边的人说："敌人离我们十步时，再告诉我！"过了一会儿，手下人报告："只有十步了！"典韦仍然镇定从容，他高声道："五步再报告！"手下人大惧，大叫道："敌人到了！"典韦应声而起，他背着十多支戟，一边呼喊着一边刺向敌人的骑兵，顿时有几个人被刺倒。

被典韦的气概所激励，曹军士气恢复，再不像以前那样望风而逃。典韦因为此战而成名，事后曹操提拔他为都尉，正式成为曹军的高级将领，曹操以后给了典韦亲兵数百人，每次布阵时都安排他们防护在指挥所周围，担任自己的警卫部队。

然而双方势均力敌，曹军人马数量占优，吕布一方战斗力惊人，一直打到天黑，仍然难分胜负。曹操大概也不敢在此久留，于是撤回到濮阳城外，吕布命人又新占领了白马，之后率师也回到了濮阳。曹操和吕布在濮阳城外激战了至少三个多月，在一次交战中夏侯惇被箭射瞎了一只眼，军中从此送他外号"盲夏侯"。

这时已经到了兴平元年（194）四月。快到夏天了，天下发生了大旱，还闹起了蝗灾，粮价暴涨，谷子一斛50万钱，与太平年景相比涨了上万倍，豆麦一斛也要20万钱。各地都出现了人吃人的惨状，田野里、道路边白骨堆积。这场天灾波及面非常广，关中地区也一样，汉献帝命令侍御史侯汶调出太仓的米和豆子为难民熬粥，但杯水车薪，救不了那么多的人，饿死者仍然无数。汉献帝怀疑有人从中克扣粮食，就亲自坐在大锅边看着熬粥，但根本原因是粮食太少，灾民太多，无济于事。

在严重的天灾面前曹操和吕布同时陷入了粮食危机，兖州地区夏粮严重减产，秋粮还未跟上，双方都无力再打下去了，曹操从濮阳撤军。这次粮荒严重的程度超乎想象，程昱是本地人，他回到自己老家东阿县弄粮食。程昱弄粮食的方法不是向老百姓买，因为有钱也没人肯卖，程昱的办法是抢。但即使这样，把全县粮食抢光了，也仅够曹军三天的口粮。

粮食发分发到士兵手里，大家惊讶地发现里面有一种恐怖的东西：人脯。脯是晒干的某种东西，人脯是什么？一想便知。粮食不够，就连军中也到了人吃人的地步，普通百姓更不用说了。这件事情让程昱的个人形象大受影响，曹操建立魏国后以及曹丕称帝后程昱担任的职务都是卫尉，以他的资历和贡献早就应该再升一级，进入三公行列，但由于"人脯事件"，程昱至死都没有成为三公，只是在死后被追赠了一个车骑将军的头衔。

这场粮食危机让曹操和吕布之间的激烈对抗暂时得以缓和，这一年九月，兖州刺史部一带发生了一件不可思议的事，原本一年只结一次果实的桑树，在秋天又重新结了果。桑树一般春夏之季生桑葚，秋天桑葚又生出一茬来则十分罕见，它也因此救了很多人的命。

曹操和吕布一边嚼着桑葚一边想着下一步的打算。他们就像两个一流的拳击手，但每个人都打了几百个回合，体力已经严重透支，现在需要的是休整。但他们也都明白，对手不会给他们放大假，让他们缓过劲来再开打，曹操退军到鄄城，与这里负责守城的荀彧以及养伤的夏侯惇会合。

曹操和荀彧等人分析了形势，大家普遍觉得情况很严峻。迄今为止，曹军占据的地方仍然有限，虽然收复了一些地方，但兖州的大部分郡县还掌握在张邈、吕布联军手中。当秋粮收完，对手的后勤保障将更优于自己，长期拉锯下去，将使自己更被动。由于有强大的后勤支持，敌人可以动员更多的人参军，敌众我寡的局面将进一步突出。

对手能等，我们不能等，于今之计必须尽快发起进攻，决出胜负。曹操想来想去，没有别的办法，只能向袁绍求援了，曹操写信派人送到邺县，正式向袁绍请求支援。袁绍的回信很快到了，奇怪的是他在信里不谈如何出兵援助曹操的事，而是大谈兖州形势如何危险，不如把弟妹、侄子等人接到邺县来住。

这明显是趁火打劫，袁绍给出的交换条件，就是让曹操把家眷送到邺县当人质，曹操顿时觉得一种屈辱感涌上心头。袁绍可能有点后悔当初让曹操轻而易举把家眷接走，没有人质在手里，虽然名义上是领导，但心里还是不踏实。袁绍可能喜欢用这样的方法控制手下，多年以后当曹操的事业又一次陷入低谷时，他还提出过类似的要求。

十、曹军的冬季攻势

这一次曹操差点儿就答应了，不是他愿意，而是舍此已没有更好的办法。如果不是有个人恰好从外面办事回来听说了这件事，赶紧来劝他重新改变主意，夫人卞氏和几个儿子真要迁到邺县去了。

来劝曹操的这个人是程昱，张邈、陈宫叛乱以来，程昱成了最忙的人，作为曹操阵营中的东郡人，程昱利用自己在本地的影响力，一边忙着巩固最后的几个据点，一边替曹军搞后勤。最近，程昱被曹操任命为东平国相，一直在外地，刚回来就听说了这件事，他认为现在万万不可走此下策，就赶紧来见曹操。程昱一见面就问："听说您要把家眷送到袁绍那里以换取他的支持，有这样的事吗？"曹操如实相告："是的。"程昱提出了自己的看法："我猜想您大概是因为当前的困难太多而过于忧虑了，否则不会考虑问题这样不全面。袁绍占据燕赵之地，有吞并天下之心，但他的智谋不够，将军您能永远屈从于他吗？现在兖州虽然残破，但人马还有上万，依靠将军的神武，还有文若以及我等，一样可以成就霸业，希望您三思啊！"

程昱为说服曹操，还举了田横的例子："以前田横在齐地称王，与刘邦等人地位相当，后来刘邦得天下，田横成为败将，在这种情况下，他能够心甘吗？"秦末，陈胜、吴广大泽乡起义后，田横等兄弟三人也反秦自立，占据齐地为王。刘邦统一天下，田横不肯称臣，率500门客逃到海岛，刘邦派人招抚，田横被迫乘船去洛阳，在距洛阳30里的首阳山自杀，海岛上500部属听说后也全部自杀。田横五百士，尚能守义不辱，曹操当然不愿意屈从于别人之下："是呀，这的确是对大丈夫的一种羞辱！"程昱继续说："我很愚钝，不明白将军为何做出那样的决定。把家眷送到袁绍那里，就等于拥戴袁绍为主，我认为以将军这样的英武，不应该屈居袁绍之下，如果真是这样，我都为将军感到羞愧！"曹操听完程昱的话，打消了原来的念头。

这次谈话很重要，核心不是程昱说的这些道理，这些道理曹操怎能不知道？最终使曹操改变想法的是程昱的态度，以程昱为代表的一批东郡本地人关键时刻坚决支持曹操，这重新给了曹操以信心和决心，曹操决定对袁绍的要求置之不理。同时，曹操也考虑到现在自己需要袁绍，但袁绍何尝不同样需要自己？兖州刺史部处在南北对攻的要冲，自己在这里挡住了袁术的进攻，拖住了吕布、张邈，对袁绍而言这是相当重要的。

曹操决定跟袁绍赌一把，兖州如果真丢了，看谁更着急？袁绍没等来曹操的家眷有点生气，不过他是个聪明人，坐视兖州的局势不管那将会带来可怕的后果，吕布如果消灭了曹操，袁绍在南线将直接与吕布、袁术两个强大的对手照面。袁绍决定给曹操以支援，他命令青州刺史臧洪率部进入东郡，不久之后又任命其为东郡太守，治所设在东武阳，以黄河以北为基地，伺机进攻濮阳等方向的吕布主力。

原青州刺史焦和死后，袁绍和公孙瓒分别任命了臧洪和田楷为青州刺史，在今天的山东半岛一带展开争夺，臧洪率领他在青州的主力进入东郡，之后袁绍任命自己的儿子袁谭为青州刺史。从这项人事变动中可以看出，臧洪虽然投身于袁营，但他还算不上袁绍的嫡系，袁绍派臧洪支援曹操，想趁机把他排挤出青州。袁绍的这点小私心自以为得计，但他的这个决定马上就将使自己付出极为惨重的代价。除了臧洪，袁绍还派朱灵率领上次支援曹操的三营约5000人马直接归曹操指挥，协助曹军从鄄城、东阿一带向北攻击，对濮阳的守敌实施南北夹攻。

兴平元年（194）冬天，沉寂了一段时间后曹军发起了冬季攻势，虽然有袁绍的强力支援，但这一仗仍然打得艰难，吕布在濮阳又坚守了三个月。不过，在袁军和曹军的夹击下，吕布终于感到了不支。濮阳虽是战略要地，但它距张邈在陈留郡的主力太远，曹军的主力刚好位于吕布和张邈之间，将二人隔断，濮阳与黄河北岸的袁军主力又太近，地理位置十分不利，所以吕布决定放弃濮阳。

这或许是他迈出的第一步错误，吕布的正确选择应该是守住濮阳，由张邈从后面对曹军实施包抄，那将是一场混战，结果如何，很难料定。从兵法上讲，守和撤都蕴含着战机，但该守的时候撤了，或者该撤的时候还继续坚守，都是大忌。吕布要撤出濮阳是有机会的，他可以在当年夏天撤往济阴国、陈留郡一带与张邈会合，巩固出一块根据地来与曹操对峙，现在敌人围上来再撤，那不是战略转移，而是溃败。作为一支败军，往哪里撤就由不得你挑了，对手不会让你轻松前往你最想去的地方，有了第一步错误，就会有第二步，也会有第三步。

吕布由濮阳撤出，退到济阴郡的乘氏县一带，这就是吕布的第二步错误。因为这里靠近巨野泽，那时候这里是一处面积数千平方公里的天然湖泊，周围河网纵横，吕布擅长的骑兵突袭战术在此根本无法施展。而吕布在当地没有群众基础，乘氏当地人李进倾向于曹操，他指挥一支类似于民团的武装居然将吕布击败，吕布退到山阳郡，这成了吕布的第三步错误。吕布此时进军的方向仍然应选择陈留郡，山阳郡境内多山，泗水、济水等河流又在其间流过，擅长骑兵野战的吕布应该尽可能向平原地区转进。陈留郡辖区内地势平坦，面积广阔，曹军在这里很少活动，这里目前还在张邈的控制之中。吕布不往西进，而选择向东，离友军越来越远。

吕布难道不明白这些简单的道理吗？他当然是明白的，但他没办法，路是曹操给他定的，他决定不了。济阴郡太守名叫吴资，其人情况不详，但他不是吕布的人就是张邈的人，他守在济阴郡的治所定陶。吕布乘氏失利后即使不去陈留郡与张邈会合，至少也应该继续向定陶进军，而不应该去山阳郡。曹军的战略似乎更为明确，他们很快打到定陶城下，吴资奋力还击，曹军攻城不利。这时，已进入到山阳郡的吕布似乎才明白过来，向定陶回援。近年来曹操跟黑山军、袁术以及陶谦交战，多次使用围点打援的战法，收到了很好的效果。这一次，面对向定陶增援的吕布，曹操故伎重演，先置定陶于不攻，以坚定吕布驰援的决定，然后在吕布进军的路上设下埋伏，吕布钻进了曹军的埋伏圈，大败，曹军回过手来一举攻克定陶。

定陶战役后，曹军继续扩大战果。曹操命令曹仁、曹洪、夏侯渊、于禁以及典韦等人分别率兵,去平定兖州刺史部的各郡县,这些郡县原来都是支持张邈、吕布的,但他们更务实,看到张邈、吕布打不过曹操,于是很快转向,只要有不愿意归服曹操的,都被曹仁等人消灭了。

山阳郡最北面的巨野县是一个重要据点,已投奔曹操的李乾是巨野人,曹操之前派他回老家安抚民众,吕布抢先一步派薛兰、李封占领了巨野。薛兰、李封把李乾打败并抓了起来,他们试图招降李乾,李乾不从,于是被杀。曹操进攻巨野,把薛、李二人击破,全部斩杀,曹操收集李乾的旧部,让李乾的儿子李整继续率领。不多久,李整也死了,曹操又让李乾的侄子李典统领这支部队,提拔他当中郎将。李典字曼成,少时好学,曾拜名师读《春秋左氏传》,是曹军高级将领中文化程度比较高的一个。这支由山阳郡人为主组成的军队以后发展到数千人,一直由李典率领,立下不少战功。

在发动巨野战役期间,曹操估计吕布还会来救,于是又演了一回围城打援战法,在吕布进军的路上设伏,又将吕布击破,至此吕布完成了他的"错误三'步'曲",实现了四连败。吕布现在终于明白了,照这样打下去根本不行,他这才想起来要与张邈联合行动,他派陈宫前往陈留郡,向张邈求援。

这段时间最不可思议的人仍然是张邈这位仁兄,他坐视盟军被打得落花流水而不管,依然没有任何行动。张邈似乎认为守住陈留郡就可以高枕无忧了,他亲率主力守在陈留郡的治所陈留县,即今河南省开封市东南,让他的弟弟、前广陵郡太守张超守离陈留县不远的雍丘县,即今河南省杞县。

陈宫要去张邈那里必须经过济阴郡,这里目前已经被曹操控制,陈宫冒险穿越敌占区,到了陈留郡。陈宫说动了张邈,从他那里要到了1万人,由陈宫率领回援吕布。这时的主战场已经移到山阳郡,陈宫率军抵达山阳郡的东缗县与吕布会合。这支生力军的到来让战场局势发生了一些改变,但仍未能逆转形势,吕布仍处于下风,实在看不到前途,吕布、陈宫率残部最后逃出了兖州,向徐州方向逃去。

跟曹操打了将近一年,张邈有很多机会,但是张邈毫无作为,放任吕布的战略空间被曹操一步一步压缩,最后不得不退出兖州。历史经验多次证明,这种坐山观虎斗的人最终都很难看到自己的预期结果,坐视盟友被消灭,最后一定会轮到自己。果然,曹操看到吕布逃出了兖州,就不去管他了,立即挥师西进,冲着陈留郡来了。张邈如果打算这时候跟曹操拼一下,那也算是条汉子,可惜他却不敢一战了,放弃了自己经营多年的老巢陈留县,集中起本部人马,让他的弟弟张超守在雍丘。

张邈这时或许可以考虑放弃整个陈留郡去追随吕布,但他也没有那么做,他在陈留郡多年,乡亲、部下、家属、财产都在这里,弃之不顾,不是张邈下不了决心,而是即使他能下决心,手下的人也不干。

张邈走了,说是要去搬救兵,可能借给他兵的只有曹操的几个对手,但公孙瓒离得太远,陶谦又自身难保,现在唯一能向他伸出援手的只有袁术。张邈决定亲自走一趟,不过也只能碰碰运气了,但张邈连碰运气的运气都没有了,他没能见到老朋友袁术,因为他在半路上被自己的部下杀死了。

十一、东武阳的悲剧

兴平二年(195)八月,曹操率主力围住了雍丘。救兵迟迟不到,张超不断给大家鼓劲:"不要紧,很快就有人来救咱们了,别人不来,臧洪肯定会来。"张超当广陵郡太守时,是他发现了臧洪这个人才并延揽到自己手下,臧洪后来到袁绍那里发展。大家都认为臧洪现在是袁绍的手下,不可能来,张超不相信:"臧子元是个义士,我相信他一定会来的!"子元,是臧洪的字。臧洪被袁绍改任为东郡太守,他此时还驻扎在黄河北岸的东武阳,听到雍丘被曹操围住了,他大吃一惊,马上向袁绍提出请求,要袁绍给曹操下令停止进攻。这当然不可能,袁绍让他别管闲事,原地待命。

如此一来雍丘城真正成了一座孤城,内缺粮草,外无救兵,曹操亲自指挥大军攻城,非把它拿下来不可。应该说城里的这支孤军打得异常顽强,他们守了五个月,直到兴平二年(195)十二月雍丘城才被攻破,乐进立下头功,第一个登上城墙。张超在破城前夕自杀,曹操下令夷灭张邈、张超的三族,按照汉代刑法,三族包括父母、妻室儿女、同胞兄弟姐妹。

消息传到了东武阳,臧洪无比悲痛,他光着脚在地上走来走去,号啕大哭,一怒之下,臧洪在东武阳宣布与袁绍正式脱离关系,袁绍听了更生气,这什么意思?袁绍于是亲自率兵来攻打东武阳。但是奇迹又出现了,一个小小的东武阳城也硬生生打不下来,这一次坚守的时间更长,前后达一年之久,城里可吃的东西基本没了,开始还能挖个老鼠什么的,后来连弓上的牛筋都给煮了,最后全城只剩下三斗米,手下人想拿它煮点粥给臧洪吃,臧洪流着泪说:"我怎么能单独享用呢?"臧洪让大家一块吃。但是和雍丘城一样,东武阳最终还是被攻破了,袁军进城后发现城里饿死的就有七八千人,大家一个个互相枕着躺在那里。臧洪被抓,袁绍一直很喜欢他,有意留他一条生路,袁绍说:"臧洪,你为什么辜负我?到了这个地步,你现在服了吗?"臧洪虽然饿得发晕,但还是抖擞精神,当着众人的面痛斥袁绍,袁绍无奈,下令把臧洪杀了。

臧洪因为重节义历来受到推崇,陈寿评价他有"雄气壮节"。但客观地说,臧洪的行为也有很大问题。张超固然对臧洪有恩,但这似乎构不成反对袁绍的理由,臧洪的行为能不能完全算作忠义似乎存在疑问。明末清初学者王夫之在《读通鉴论》中指出:"张邈兄弟党吕布以夺曹操之兖州,其时天子蒙尘,超无能恤,彼于袁、曹均耳。洪以私恩,为一曲之义,奋不顾身。而一郡之生齿,为之并命,殆所谓任侠者与!于义未也。而食人之罪,不可逭矣。"王夫之将臧洪的侠义称为"任侠",其中有"任性"之意。站在袁绍的立场看,张邈、张超是对自己的背叛,臧洪要求袁绍派兵救张超,这又怎么可能呢?臧洪的想法恐怕有些天真了。

张超固然对臧洪有知遇之恩,但袁绍能把一个州交给臧洪,也算是臧洪的知己亲友,二人虽不是君臣关系,但袁绍是盟主,既然受命于他,也不应该再有二心。袁绍与曹操结盟,张邈、张超、吕布、陈宫背叛曹操,等于背叛了袁绍。曹操讨伐他们,袁绍不去救是合情合理的,臧洪向袁绍提出的请求有些过分。从这个意义上说,臧洪的悲剧在于他只认死理而不会变通。

东武阳之战规模不算太大,但对袁绍的打击是沉重的,长达一年的时间里袁军主力被拖在南线,在北线只好采取守势。假如没有这场攻城战,兴平二年(195)袁绍可以专心对付北面的公孙瓒,他解决幽州问题就会提前,仅仅在一年后汉献帝就回归了中原,袁绍也就不会因为受制于公孙瓒而无法分身了,抢得历史先机的或许应该是他。袁绍虽然最终消灭了臧洪和公孙瓒,但却打乱了他的发展节奏,使他在与曹操的竞赛中落后了一步。

现在曹操终于可以喘口气了,从兴平元年(194)下半年开始,曹操用了不到一年的时间重新收复了兖州,到次年的夏天,也就是雍丘战役结束时,整个兖州重新回到了自己的手中。曹操把精力放在对兖州的治理上,他多次向程昱、毛玠等兖州本土人士征求意见,毛玠提出要重视农业,发展经济。毛玠认为:"随着局势的进一步动荡，国家的经济将陷入更大的困难，决定战争胜负的关键因素就是物资装备，对此必须早做准备，为今之计应该鼓励农业生产，积蓄力量，成就霸业。"这是一项重要的政策建议，对曹操日后事业的发展起到了很大的作用。毛玠的看法体现出对战争后勤重要性的认识，仗打到这种程度已经不是拼人数了。甚至战略战术也退居到次要位置，决定战争胜败的首要因素变成了后勤。有吃的才有人，或者说有吃的就有人。有了人，手里要是还有武器，接下来才能打胜仗。

在当时的各路群雄中，没有人比曹操对此更有体会了，他跟吕布的这一仗，受过苦、挨过饿，更知道粮食的重要、后勤的重要。曹操接受毛玠的建议，下令在所控制的地区全面恢复农业生产，经过努力，第二年夏收时兖州刺史部的农业得到了很大的恢复，曹操的手里积累了足够的粮食。

第三章 浴血东归

一、两个女人闹长安

　　东面的事暂时告一段落，西边又有了情况。在东汉王朝临时国都长安，李傕、郭汜、樊稠等人执掌政权。兴平元年（194）新年刚过，14岁的汉献帝刘协在此举行了加冠礼，下诏大赦天下。董卓死后凉州军阀已不再单指董卓的旧部，新近被朝廷收编的征西将军马腾和镇西将军韩遂也应该属于这一阵营。马腾驻扎在关中地区的郿坞，韩遂驻扎在金城，他们和李傕等人没有任何联系，向前追溯，他们一个是官兵，一个是土匪。自古以来，官和匪就有不可调和的矛盾，马腾和李傕等人终于动起手来。

　　事情的缘起是，兴平元年（194）初马腾到长安公干，顺势率部移住到了长安东郊的灞桥。马腾因为私事想走一下李傕的后门，结果李傕不理，马腾觉得很丢面子，于是翻脸。这只是表面的，其实背后隐藏着更大的玄机，因为马腾此行不是出差，也不是来度假的，而是有一个阴谋，具体来说就是要发起一场秘密政变，参与的人除了马腾，还有此时正在长安任职的益州牧刘焉的儿子刘范、马腾的族人马宇、前凉州刺史种劭、中郎将杜禀等人，这是一场由几个高干子弟和年轻军官策划的政变，实力派军阀马腾是幕后推手。

　　李傕没给马腾面子，马腾便以此为由要和他翻脸，眼看矛盾升级，朝廷希望息事宁人，动员韩遂前来调解，狼和狐狸干架，不请老虎当裁判，却请来了一只狐狸。韩遂堂而皇之离开金城进入关中，一到这里，就公开和马腾站在了一起。

　　兴平元年（194）二月，马腾、韩遂的联军进军到长安以西50里的平乐观，他们的计划是，由马宇等人在长安城里做内应，一举把李傕等人赶出去，但不巧的是马宇等人的计谋败露，马宇、种劭，还有刘范等人逃了出来，带着一部分政变武装退守到槐里。李傕命令郭汜、樊稠和自己的侄子李利等人率兵与马腾交战，失去内应的马腾、韩遂不敢在长安周围久留，向凉州撤退。郭汜、樊稠进攻槐里，马宇、种劭等参与政变的人被杀。事情败露后，刘范先逃到了马腾的军营，之后又逃到了槐里，因为这两个地方在不同的方向，刘范此去可能是给槐里的政变武装传达马腾的某项命令。刘范同时还向父亲刘焉求救，刘焉派遣一个叫孙肇的校尉率领5000蜀兵前来助战。

　　但这一来一往肯定需要很长时间，孙肇还未到槐里，刘范跟马宇等人就一同被杀了，刘焉留在长安的另一个儿子刘诞随后也被杀。李傕等人既恨马腾和韩遂，又害怕他们卷土重来，于是以汉献帝的名义赦免了参与此次叛乱的人，重新任命马腾为安狄将军，任命韩遂为安降将军，二人的军职都比之前降了一格，算是惩戒。

此事暂告一个段落，这次行动虽然没能直接打败李傕、郭汜等人，但在与马腾、韩遂的交战中却发生了一些事，影响了李傕、郭汜、樊稠之间的关系。李傕的侄子李利参加了这场战斗，他仗着叔父撑腰，平时比较摆谱，不太听郭汜、樊稠的招呼，让郭汜和樊稠很看不惯。比如，一个职位空缺，首先要看李傕推荐的是谁，如果李傕没有推荐，再看郭汜的，最后看樊稠的，轮到三公说话也就不怎么顶用了。

李傕、郭汜、樊稠也逐渐有了矛盾，因为虽说共同执政，但李傕常以首席领导人自居，让樊稠、郭汜本来就心生不满，现在就连李傕的侄子都能在他们面前耀武扬威，他们更不能接受。郭汜没吱声，樊稠却忍不住了，当面教训李利道："现在天下人提起你老叔都恨不得杀了他，你这条狗还仗什么势？难道我不敢杀你吗？"

看到李傕与郭汜、樊稠之间发生了矛盾，韩遂在退回凉州之前又顺手使了一次离间计，让矛盾彻底爆发。马腾、韩遂失败后樊稠一直追杀到陈仓，即今陕西省宝鸡市，韩遂突然派人给樊稠送了一封密信，说你我都是凉州出来的，咱们又没有什么个人恩怨，虽然有一点小小的不和，但大的利益方面还是一致的，以后难免还要打交道，天下改朝换代的事谁能说得准，干吗不留条后路？樊稠想一想也是，就命令士兵撤退。樊稠还应邀与韩遂在战场上相见，他们各自催马来到阵前，靠得很近，别人只能看到他们言谈甚欢，却听不清说什么，他们一起说了很久才完事。李利也在场，目睹了整个过程，回来立即向叔父打了小报告。

李傕于是怀疑樊稠和韩遂之间有什么说不清楚的事，就通知樊稠来开会。樊稠和韩遂之间什么都没有，所以他毫无戒备地来开会了，结果被李傕手下一下骑都尉胡封刺死，一同被杀的还有与樊稠关系密切的凉州军将领李蒙。胡封是樊稠的外甥，两位高级将领一同被杀，凉州军的内讧开始了。

樊稠死得挺冤，真要密谋什么，有当着几万名将士面的吗？韩遂的离间计玩得漂亮。这样看来李傕是个蠢材，连这么明显的计谋都没识破。其实也未必，李傕大概也看出来这是敌人的一计，但他与樊稠之间的矛盾由来已久，加上樊稠打仗勇猛，爱护部下，很有威望，这让李傕早就心存不满了，一场火并早已在所难免，现在正好有一个借口，在宁可信其有不可信其无和宁可错杀也不能漏网思想的指导下，李傕还是下决心把樊稠干掉了。

　　但是李傕干这件事一定没有跟郭汜商量，郭汜素来跟樊稠关系不错，樊稠被杀，郭汜立刻有了兔死狐悲之感，二人表面相安无事，但私底下都在做着刀兵相见的准备。樊稠的死也让凉州将领们变得疑神疑鬼起来，大家都担心，说不定自己哪一天也会稀里糊涂地被人给算计了。凉州军真正的危机来了，但李傕仍然毫无察觉，依然挥霍着权力，当起了"董卓第二"，个人感觉相当良好。

　　兴平二年（195）前后的大饥荒也波及关中地区，为了筹集军粮，凉州兵在关中地区公开抢掠，他们本来军纪就糟糕，现在更成为民害，大量难民出逃，关中地区人口急骤下降。由此造成了物资的缺乏，就连汉献帝宫中的人以及文武百官穿衣服都成了问题，汉献帝想从御库里调一些布来做衣服，李傕不同意，说宫人们已经有衣服了，干吗还要再做？汉献帝只好自力更生，下令卖掉了100多匹马，又让大司农朱儁想办法弄了些绢绸，准备给大家做新衣服。李傕得到消息，说我们正缺这些东西呢，就把钱和绢绸给黑了。贾诩听说后，劝说李傕不要这样，李傕压根不听。

　　李傕和郭汜最终动了手，导火索是郭汜的夫人。郭夫人是个醋坛子，一天到晚总担心哪个女人把她丈夫从自己身边抢走。李傕经常留郭汜在家里过夜，这让郭太太头痛不已，总想找个机会离间他们，让丈夫不再夜不归宿。女人有这样的想法倒也无可厚非，一切缘于爱，爱是没错的。但是在目前这个阶段，在双方矛盾一触即发的情况下，这样的想法实在是太可怕了，弄不好就会血流成河、人头滚滚。

　　这些郭夫人哪里想过，她终于等来了机会，李傕派人送来一些食物，郭夫人提前弄了些毒药放到了里面，郭汜刚要吃，郭夫人突然说："从外面来的食物，还是检查一下为好。"于是查了一下，果然发现了毒药。郭夫人进一步挑拨说："一山难容二虎，对于李傕这个人，我早就怀疑了。"这件事来得很奇怪，郭汜的智商本来就很一般，不敢相信李傕真会害他，但也不敢不相信，整个人都被弄得疑神疑鬼起来。没过两天，李傕又请郭汜喝酒，郭汜因为有心事，没喝几杯就喝高了。这也是常有的事，平时八两的量，心情不佳时也许喝到半斤就醉了。

　　但郭汜不那么想，尽管喝得晕晕乎乎，他仍然保持了高度的警惕，自己酒量还可以，今天怎么这样不经喝？他怀疑又是李傕搞的鬼。于是，郭汜离席偷偷跑到厕所里，弄了点粪汁喝下去，把胃里的东西都吐了出来。看来二人确实已经到了貌合神离、只差动手的程度。

郭汜实在无法忍受这种煎熬，先动了手。李傕迅速展开还击，长安一带成了凉州军内斗的战场。恶人相斗，受难的还是百姓，汉献帝命令侍中、尚书等分别前往二人的军营展开调解。但这是两个任性的人，他们都表示不接受调解，非分出你高我低不可。

李傕接到报告，说郭汜密谋把天子及百官劫持到自己那边去，于是他先下手，命令另一个侄子李暹率领数千人包围了未央宫，要把天子及百官转移到自己的大营里。刚刚被提拔为太尉的杨彪上前分辩："自古以来天子就没有住到大臣家里的先例，你们怎么能如此行事？"李暹没好气地对他说："李将军的决定，任何人不能更改！"汉献帝无奈，只好跟着走。

李暹只带来了3辆车子，汉献帝及伏皇后各乘一辆，还有刚入选掖庭的董贵人也得单独乘一辆，这样宫人以及百官只好徒步跟随。天子一离开未央宫，李暹的手下就蜂拥而入，到皇宫里抢夺御用物品以及尚未离开的宫女。之后，将皇宫以及政府办事机构一把火烧成灰烬。李傕、李暹的思维跟董卓差不多，我把皇宫给你烧了，让你想回都回不来。可惜一座洛阳宫和一座长安宫，两汉近400年来的精华，先后毁于凉州军人之手。

汉献帝派百官到郭汜那边调停，郭汜趁机把大家扣下来当人质，被扣的人包括太尉杨彪、司空张喜、尚书王伟、光禄勋邓泉、卫尉士孙瑞、太仆韩融、廷尉宣播、大鸿胪荣邵、大司农朱儁、将作大匠梁邵、屯骑校尉姜宣，可以组成一个临时内阁了。大司农朱儁是员老将，也是帝国的功臣，从来没受过这样的窝囊气，一气之下死了。

郭汜召开大会，商议如何进攻李傕，杨彪当场质问："臣属互斗，一个劫持天子，一个劫持高官，你们这算什么事？"郭汜大怒，拔刀就要朝杨彪刹去。以董卓的生猛，当年杨先生顶撞时他也只是发发狠话，可见凉州军的素质一代不如一代了。幸好边上有人赶紧上来劝住，郭汜才愤愤不平地停下手。

为了对付李傕，郭汜秘密联系了李傕部下张苞，准备背后下手。李傕那边也没闲着，他招来了羌人、胡人充当雇佣军进攻郭汜，先赏给他们一些从皇宫里刚刚抢来的金银财宝，并承诺事成之后赏给他们宫女。

四月里的一天，郭汜首先发起进攻，一路杀到李傕大营的门口。一阵乱箭，就连汉献帝御帐的帷帘都被射中了，有一支箭还贯穿了李傕的左耳朵。混乱中张苞临阵反水，去烧李傕的营帐，但不知何故，死活点不着火，李傕指挥部将杨奉展开反击，打退了郭汜和张苞。

李傕看大营不安全，就把汉献帝一行转移到他在长安城北的另一处军营里，汉献帝与外界的联系完全隔绝。这里条件极差，正常的饮食都供应不上，汉献帝还好一点，一天勉强有两餐可吃，但其他人就有一顿没一顿的了，个个饿得一脸菜色。

汉献帝向李傕要5斛米、5具牛骨，打算赏赐给身边的人吃，李傕不给，反而教训道："已经给你早晚两顿饭了，还要米做什么？"汉献帝再要，李傕就让人送来几根已经发臭的牛骨头。汉献帝大怒，打算派人质问李傕，朝廷侍中杨琦在旁边，劝汉献帝说："我看陛下还是算了，这个李傕分明自知自己犯的错很多了，已经不在乎了，听说他还要把陛下送到黄白城，陛下还是能忍则忍吧！"黄白城在长安城的北面，今陕西省三原县。三公中唯一留在汉献帝身边的是司徒赵温，也听说了李傕想把汉献帝送到黄白城，写信质问李傕。李傕大怒，要杀赵温，李傕的弟弟李应等人劝了又劝，李傕才稍微消点气。

李傕似乎有点神经错乱的征兆，他找了一批巫士、神女作法，又在军营门口修建了一座董卓庙，经常用三牲进行祭祀。李傕见到汉献帝，一会儿称陛下，一会儿又称明帝，弄得汉献帝丈二和尚摸不着头脑，只好含糊其词地随便应和。

李傕经常在营门口以及朝廷各办事机构门外装神弄鬼，完事之后进去向汉献帝请安。只见李傕背着三把刀，手里还拎着一条长鞭和一把刀，大家为他要行凶，汉献帝身边的侍中、尚书也都抄起家伙围到汉献帝身边，以防不测。李傕挺纳闷，这些人要干吗？他有点不高兴。天子的尚书里有一个叫李祯的，跟李傕是老乡，平时挺熟，看出来李傕不高兴，赶忙上前打圆场，说了不少称赞李傕的好话，李傕才感到舒服点。

其实，李傕带的那些家伙都是刚才祭鬼神仪式用的，他来见天子的目的是告郭汜的状。李傕一说起郭汜的不是，立即滔滔不绝，说得义愤填膺，别人连话都插不上，汉献帝只好唯唯诺诺应付。如此这般，李傕隔三岔五必然要来上一回。

李傕这个人看来领导能力有问题，张苞反水的事刚过，他手下另一员大将杨奉也要反他，准备直接下手把他干掉。但是，这次又提前泄露，杨奉和另一名叫宋果的将领脱离李傕。李傕和郭汜在长安附近打"内战"，几个月里死了上万人。看到这种局面，凉州军里的另一位重量级人物坐不住了，这就是张济。当初，李傕、郭汜和樊稠把张济排斥在权力核心之外，让他驻守在弘农郡的陕县，即今河南省陕县。

眼看闹成这个样子，张济从陕县来到长安，进行调停。百官的调停，李、郭二人可以不理，但是老朋友、老同事出面他们不能不给面子，在张济的撮合下，李傕、郭汜同意和解，并愿意交换儿子互作人质。眼看和平的曙光不太远了，但还是出了问题，这一回问题出在李夫人身上。李傕的夫人非常喜欢儿子，听说要送到敌营里当人质就不干了，如此一来交换儿子互为人质的计划就搁浅了。一个郭夫人还不够，又来了一个李夫人，偏偏李傕和郭汜又都是"妻管严"。

二、浴血东归路

一天，汉献帝正一个人生闷气，忽然听到营门外人声嘈杂，喊声不断。汉献帝让人出去打听，才知道是李傕找的那些雇佣兵，一个个在营门外高喊："皇上是不是在里面？李将军答应我们的宫女，在什么地方啊？"汉献帝又气又怕，侍中刘艾出了个主意，说贾诩这个人还不错，在凉州军里也有一定威望，不如请他出面摆平此事。刘艾找到贾诩一说，贾诩表示没有问题，一切包在他身上。贾诩摆下酒宴，请雇佣军的头目们吃饭，代表天子允诺封给他们侯爵，又赏赐给他们不少东西，这些人心满意足后，开始打道回府。

失去雇佣兵的支持，李傕实力大减。张济趁势提出了新的调解方案，双方不再互换儿子为人质，改换女儿为人质，鉴于长安已经残破，粮食也极为匮乏，张济愿意把天子及百官接到他的弘农郡去。激战了数月，李傕和郭汜都有点打不动了，对于新的调解方案，他们表示同意。这样被扣压在郭汜军营里的百官重新见到了天子，大家都觉得必须趁着李傕、郭汜没有反悔，立即离开长安。

兴平二年（195）七月，汉献帝携文武百官离开长安，这个时间大约是在曹操把吕布赶出兖州的前后。赶快跑，慢了就来不及了，汉献帝一刻都不想在长安待了。汉献帝在长安一共待了6个年头，这6年里他每天过的都是心惊胆战的日子,这段时间可以说是东汉帝国最黑暗的时期。不过对于今天的古都西安来说这段经历又非常重要,西安现在被称为"十三朝古都",这13个朝代里就包括短暂迁都在此的汉献帝初年的东汉,如果没有这段经历,西安只能被称为"十二朝古都"了。

护送汉献帝一行的主要是张济所部,除此之外还有杨定、杨奉和董承所部,他们也都是凉州军将领,手里都有一定的人马,他们初步商定的目的地是弘农郡,之后再想办法回洛阳。弘农郡在今洛阳市以西,汉献帝一行行进的路线大约相当于出今西安市沿陇海铁路一直往东走。杨定在凉州军中的地位仅次于李傕,被封为安西将军,他跟樊稠十分要好,樊稠被杀后杨定一直心神不安,想尽快远离李傕,所以在汉献帝东迁的事情上他竭力支持,并愿意一同东进。

杨奉原是李傕的部将,临阵反水,自然不愿意留下来。董承是灵帝刘宏的母亲董太后的侄子,论起来是汉献帝的表舅,何进上台后侥幸没被清算,董卓掌权以后他时来运转,因为董卓一度跟董太后攀过亲戚,董承也就成了董卓的本家,因为这个缘故董卓对董承给予了特别关照,让他到自己女婿牛辅的军中带兵,是汉献帝目前唯一能扯上血缘关系又能和凉州军搭上话的人。汉献帝对董承很看重,董承对汉献帝也忠心耿耿,汉献帝纳董承的女儿为贵人,董承不仅是汉献帝的表舅还是岳父。为了保证东归的顺利,汉献帝下诏擢升杨定为后将军,杨奉为兴义将军,董承为安集将军,为了让郭汜痛快放行,还擢升他为车骑将军。

但是,汉献帝一行刚离开长安郭汜就反悔了。郭汜发现天子还有很高的利用价值,掌握天子就能发号施令、随意拜官封爵,跟自己当皇帝差不多,所以他不想失去对天子的控制,提出让汉献帝一行改去长安以北不远的高陵,那里是他的地盘。但是天子和百官都不愿意去这个鬼地方,他们只想尽快离开长安,所以一致坚持去弘农郡,张济等人也都表示支持,双方相持不下,论实力又旗鼓相当。

汉献帝使出了最后一招,绝食。郭汜担心事态恶化,同意汉献帝一行一边往前走一边再商量,就这样汉献帝一行到达了长安以东的新丰,即今西安市临潼区。郭汜还是不甘心,他表示不去高陵也行,但天子必须留在关中,他想让天子迁都郿坞。郿坞是董卓生前修筑的城堡,是打算自己养老的地方。郭汜的想法还没有提出,侍中种辑就提前得到了消息,他秘密通知杨定、杨奉、董承等人,把所部人马悄悄集结起来,准备跟郭汜硬拼。

离开了长安,郭汜的实力就不占优势了,他害怕出意外,就离开了军队仓皇逃到附近的终南山里，后来又回到了李傕的军营。郭汜的做法看来有些奇怪，即使目的没达到也不至于逃跑，更不至于逃向对手那里。史书上的另一条记载解释了原因，郭汜的迁都建议提出后遭到了众人的一致反对，郭汜动手，汉献帝一度被郭汜弄到了自己的军营里，但杨奉等人随后率兵攻打，又把天子抢了回来。郭汜看来是被打败逃走的，由于没了人马，最后只好依附李傕。虽然是仇家，但现在有了共同的敌人，李傕还是接纳了郭汜。

汉献帝一行在新丰一共待了2个月，到这一年的十月初才继续东进，来到了华山脚下的华阴，在此迎候的是凉州军将领段煨，他的军职是宁辑将军。段煨是前太尉段颎的族弟，后来成为董卓手下的重要将领之一，曾经是贾诩的老领导，此时驻扎在潼关附近，听说天子路过，特意到华阴来迎驾，段煨为汉献帝一行准备了充足的食物、衣服及各种器物。

作为东汉的名将之后，段煨对天子的感情较一般的凉州军将领深得多，所以迎驾的态度很积极。但杨定与段煨不和，他声称段煨要造反，联络了杨奉、董承等人向汉献帝请令，要求讨伐段煨。汉献帝说段煨还没有谋反的迹象，为什么要攻击他？杨定派去的人不甘心，仍然苦苦纠缠，一直到了半夜都不走，汉献帝仍然不松口。杨定、杨奉、董承不管，直接向段煨展开攻击，双方势均力敌，打了十多天没分出胜负来。段煨继续供应天子及百官饮食起居，毫无二心，汉献帝派人从中调解，杨定等人勉强接受，暂时休兵。

这一闹耽误了东进的时间，也提醒了长安的李傕和郭汜，这二位如今已尽释前嫌，和好如初。他们突然明白过来，当初是如此愚不可及，让天子脱离了自己的掌握，于是挥兵向华阴杀来，要重新夺回天子。李傕、郭汜打的旗号是援救段煨，这一招有点损，因为他们跟段煨本不是一伙的，通过造这个势，让段煨更加受到怀疑，把水搅得更浑。

杨定不仅跟段煨有怨，跟李傕也有仇，眼看李傕气势汹汹杀来，他有点害怕，干脆开溜，离开部队跑到荆州投靠刘表去了。杨奉、董承保护天子一行赶紧东进，张济不知何故与杨奉、董承起了矛盾，这时又站在了李傕、郭汜一边。杨奉、董承护卫天子一行在前面跑，李傕、郭汜、张济带兵在后面追。追到弘农郡内的一个山涧，终于追上，双方激战，董承、杨奉大败，文武百官和士兵又死伤不计其数，天子的御用品、符节、皇家档案丢得满山涧都是。最后，他们逃到了一个叫曹阳的地方，此地在今河南省陕县境内。

汉献帝一行只能在田野中露宿，董承、杨奉假装和李傕、郭汜、张济和解以争取时间，暗地里派人渡过黄河，向活跃在这一带的白波军首领李乐、韩暹、胡才以及南匈奴右贤王栾提去卑求援。这是东汉历史上最不堪回首的一幕了，堂堂一国之君，不得不向曾经被视为流寇、土匪、异族首领的人求救，但舍此也没有更好的办法了。

李乐、韩暹、胡才这些人有点类似黑山军的张燕、于毒、眭固，常年在潼关、中条山和太行山一带打游击，现在听说皇帝走投无路到了门口，立刻来了精神，赶紧带兵来接应。他们的想法很朴素，天子是奇货，先弄到手里再说。

李乐等人率数千人马渡过黄河，与李傕、郭汜和张济的联军交战，结果把李傕等人打败。董承提出边撤边往前赶路，李乐和董承护卫天子在前，杨奉、胡才等人断后，开始撤退。李傕等人重新整顿人马，又杀了上来，这一回杨奉等人大败，死伤惨重。光禄勋邓泉、廷尉宣播、少府田芬、大司农张义战死，司徒赵温、太常王伟、卫尉周忠、司隶校尉荣邵被俘，李傕本来打算把他们全部处死，经过贾诩的苦苦相劝才作罢。这里的周忠，祖籍扬州刺史部庐江郡，他是周瑜的堂叔父。

天子一行人狼狈不堪地逃到了离黄河更近的陕县，追兵紧跟着也到了。此时天子的虎贲、羽林卫士加起来还不到100人，李乐、董承的兵力损失也很大，凉州军日夜不停地在城外鼓噪，城里的人胆战心惊，只想早点逃出去。

商议如何逃，大部分人主张顺黄河滩东下，到黄河上著名的渡口孟津，由那里到达黄河以北的白波军控制区。从地图上看这倒是一条捷径，但实际上它是一条死路，因为里面充满了危险，幸亏太尉杨彪就是弘农郡本地人，对这里的地形很熟悉，他说：“从这里往东，有一个地方叫三十六滩，那里十分险要，根本无法通过。”侍中刘艾曾在陕县当过县令，他证实杨彪的话没错。

于是，决定直接在陕县附近强行渡河，命李乐先行探路，准备船只。随后汉献帝以及百官悄悄出城，开始向黄河边上徒步行进。大家行色匆匆，都怕走晚了命就没了，所以什么多余的东西都没带，只有皇后伏寿的哥哥伏德例外，他一手搀扶着妹妹，另外一边夹着十几匹绸缎。大家都有点纳闷，这哥们儿够贪财的，都什么时候了，还舍不下这点布？可很快大家都将明白过来，这些绸缎是如此重要，成为救了很多人命的稻草。

一行人向黄河边上奔命，一路上拥挤不堪。就连皇后的卫士们也只顾往前跑，大家把路都堵住了，符节令孙徽急了，在人群中挥着刀，一通乱剁，皇后伏寿衣服上都溅满了血。不过总算来到了黄河边，到了以后大家都傻眼了，黄河的大堤太高了，离下面足有十来丈，相当于好几层楼那么高，无法下去。这时候伏德把随身携带的绸缎拿了过来，董承又弄来几个马笼头，就用这些东西捆扎成一个简易坐辇。行军校尉尚弘劲大，由他背着汉献帝刘协坐在辇上，由上面的人拉着往下吊。其他人用伏德带的剩余绸缎结起来陆续往下滑，排不上号的索性跳了下去，有的当场摔死，有的摔伤。李乐弄来的船很有限，装不下那么多人，大家一拥而上，都想往上挤，董承、李乐只好用暴力阻止，有人仍然不愿意放弃，跳到水里死死抓住船帮不放，船上的人举刀乱剁，船舱里到处是砍断的手指。只有少数人上了船，保住了一条命。停留在岸边的人遭到了随后赶来的追兵的劫杀，侥幸没有被杀的，衣服也被乱兵给扒了。此时是十二月底，黄河中下游最冷的时候，这一段的河道虽然没结冰，但异常寒冷，有人活活被冻死。

从曹阳到陕县，这一路上是汉献帝东归以来最悲惨的一段，消息也很快传遍了全国，举国震惊。有人甚至传说汉献帝不仅遇险，而且已经遇难了，身在寿春的袁术第一次动了自立为皇帝的念头，就是在听到这个传言之后。

经历了惊险的一幕，汉献帝一行总算渡过河。李傕不甘心，派斥候去追赶，董承害怕他们放箭伤着汉献帝，就在船上找了条被褥当盾牌护在汉献帝周围。不管怎么样，汉献帝一行总算到达黄河北岸。这里距李乐的军营最近，汉献帝一行进驻军营，这个地方名叫大阳，在今山西省平陆县境内。黄河是一道天险，估计李傕的人一时半会儿不会发起渡河攻击，汉献帝一行暂时安全——不过吃饭却成了问题，李乐本来就不富裕，要供应汉献帝及百官的饮食，显得一筹莫展。

正在此时，送粮的人来了，来的是个老熟人，建义将军兼河内郡太守张杨。听说汉献帝东归渡过了黄河，正朝自己所在的方向行进，张杨赶紧派了一支人马前来接应，他是个细心人，估计汉献帝一行现在面临最大的问题是没吃的，于是让接应的这几千人每人都背上足够的粮食，这真是雪中送炭。张杨的地盘在河内郡，这里西邻河东郡，河东郡太守名叫王邑，是朝廷任命的，前太尉刘宽的学生，政治上没有倾向性，他也随后赶到，送来了一些布帛，正值冬季，这更是现在急需的物资。汉献帝下诏封王邑为列侯，拜韩暹为征东将军，李乐为征北将军，胡才为征西将军，张杨为安东将军。

王邑和张杨好歹都是朝廷任命的高官，而韩暹等人不过是东游西逛的流寇，仅仅因为关键时刻搭了把手，不仅身份洗白，而且一跃成为帝国的高级将领，真是来得早不如来得巧。就这样，汉献帝一行在董承、杨奉、李乐、胡才、韩暹、张杨、王邑等人的护卫下暂时停驻在黄河北岸的大阳。

在黄河南岸，李傕、郭汜和张济的联军还没有走，他们手里有在黄河岸边俘虏的百官、宫人，以及此前在弘农郡俘虏的司徒赵温等人，汉献帝惦记这些人的安危，派太仆韩融到对岸与李傕等人谈判。李傕接受和谈，把俘获的赵温等百官以及宫人们放了回来，并送还了一部分缴获的御用器物。李傕他们通过和谈得到了什么不清楚，但此后他们也没有再向这边发起进攻，说起来还是实力问题，折腾了这么长时间，他们现在已经实力大损，尤其后勤保障严重不足，汉献帝能宽恕他们的罪行，不把他们当逆臣，有个台阶下这伙人就撤了，他们陆续回到了关中。

大阳是个名不见经传的小地方，因为汉献帝的到来而充当了临时国都的角色，只是条件实在有限，汉献帝及百官的日常起居、办公只好因陋就简。张杨虽然送来不少粮食，但此时聚集在这一带的部队越来越多，后勤供应很快又成为一

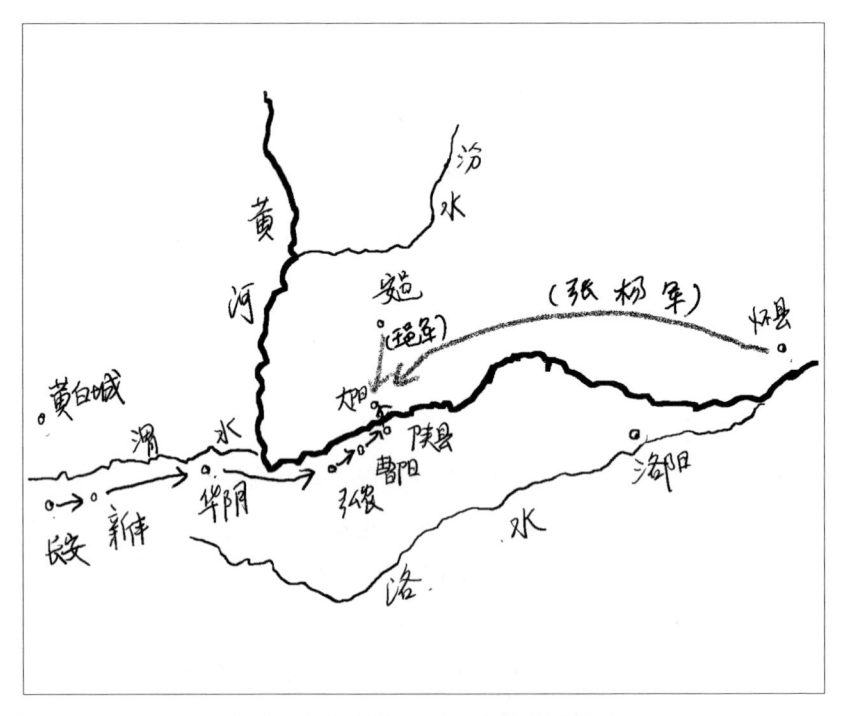

汉献帝东归（截至195年）路线示意图

大难题。汉献帝议事的地方外面只围着篱笆,他与大臣们议事时士兵们都挤在外面看,这些兵大部分不久前还是农民起义军,刚刚被收编,一点军纪都没有,一边看,一边嘻嘻哈哈。司隶校尉荣邵可能长得有点怪,成为被取乐的对象,每次他进去向汉献帝汇报工作,门口的人都向他扔东西,逗他开心。司隶校尉号称"三独坐",除了充当州牧的角色,还可以纠察百官,官员们见了都胆战心惊,何等威严,现在却沦落不堪。

大阳看来无法久留,汉献帝一心想早些回到洛阳。但是汉献帝的想法不是这些护驾首领的共同想法,这些人情况很复杂,各有盘算,没有多少人关心汉献帝的意志,他们每天都在琢磨的是如何利用这个千载难逢的好机会向汉献帝伸手要官。不仅给自己要,还给手下的人要,就连各位将领的私人医生、警卫员等一眨眼都成了校尉这样的高官,负责刻制公章的御史们忙得不可开交,最后只好改用锥子往上面画字。

这还不够,这些人整天琢磨如何斗法,如何把别人甩掉,让自己成为最终的受益者,终于又爆发了内讧。为平息纷争,河内郡太守张杨亲自来到大阳,提出迅速护送汉献帝到洛阳的计划,但得不到其他人的响应,张杨一怒之下走了。马上就要过年了,看来这个年只能在大阳过了。

三、"奉天子以令不臣"

过了年,正月初七,汉献帝下诏改年号为建安。自灵帝以来年号频繁更换,有时一年换三个年号,一般人很难记住,到了这时才算稳定下来,建安这个年号使用了20多年。建安元年(196)春天,汉献帝仍滞留在大阳。护驾的各位首领内讧继续扩大,韩暹攻击董承,董承不敌,逃到河内郡找张杨搬救兵去了。白波军另外一个首领胡才联合杨奉又来攻击韩暹,被汉献帝劝阻。

几路人马势均力敌,谁也不服谁,但谁也无法一口把对手吃掉,未来怎么办?个个面面相觑,不知如何是好。汉献帝能做的就是给各地有实力的人写诏书,让他们到大阳来迎驾。汉献帝现在能想到的有刘表、陶谦、刘虞、刘焉、袁术等人,汉献帝不喜欢袁绍,但他的势力最强,又离这边最近,想必也给他写了。还有一个人,汉献帝一直怀有好感,很想让他来,只是不知道他现在的情况怎么样，这个人就是吕布，吕布奉汉献帝的诏书亲手杀了董卓，给汉献帝留下了美好印象。汉献帝也给吕布写了诏书，诏书是汉献帝亲自写在一块木板上的，听说吕布在兖州、徐州一带，就派人前往那里试试。

都想到了，唯一漏掉的人是曹操，这是为什么呢？不是汉献帝对曹操的实力有怀疑，也不是他对曹操怀有敌意，朝廷已经任命曹操为兖州牧，承认了他的实力和合法身份，成见是不存在的。只是在当时很多人看来，曹操并不是一个独立的势力，他是袁绍集团的一部分。曹操这种身份上的尴尬存在了很多年，从起兵到现在，袁绍不仅表奏了曹操的职务，还给人给钱，曹操遭遇失败时都是找袁绍避难，遇到困难时也是向袁绍求援，从这一点上看，大家可能会觉得曹操的地位跟臧洪等人差了不太多。

诏书派人送到了各地，最先来到大阳的是袁绍的特使郭图。袁绍确实离这里最近，按说不等汉献帝送诏书他应该主动来，但他最近很忙，还有点闹心。袁绍现在不在邺县，还在东武阳，他目前处在南北两线同时作战的艰难局面。东武阳当时还在臧洪手中，袁绍不肯撤兵，非把臧洪抓起来不可，所以亲自在那里督阵。这段时间公孙瓒在北面也频频给袁绍制造麻烦，他大修易水防线，袁绍不敢等闲视之，命令麹义配合刘虞的儿子刘和及刘虞的旧部鲜于辅等攻击公孙瓒。袁绍的主力全部压在这两条战线上，没有富余人手。在对待汉献帝的感情上袁绍也大有问题，他对当今天子多有不恭，不仅多次试图另立他人，而且扬言天子的血统有问题，不是合法继承人。对于这些，汉献帝肯定早有耳闻，所以对郭图一行态度也较为冷淡。

双方没有商谈下一步如何行动，郭图到大阳看了看就走了。但是，在郭图看来汉献帝此时已走投无路，如果得不到妥善安置，就有可能落于他人之手，比如袁术，或者刘表，甚至是吕布和刘备，到那时候将对袁绍集团更加不利。所以郭图回到东武阳前线向袁绍报告此行情况时，建议把汉献帝一行迎接到邺县来，然而这个建议被袁绍否决了。

还有一种说法，认为提出迎接汉献帝来邺县建议的是冀州本土派人士沮授，他对袁绍说："将军一家几代人辅弼朝廷，累世倡导忠义。现在朝廷遇到困难，宗庙毁坏，各州郡嘴上说起兵为了行仁义，而内心里真实的打算是如何灭了别人，没有人考虑皇帝的安危和百姓的死活。现在冀州初定，可以迎请大驾，来邺县临时安都。"沮授还说了一句很有名的话："到那个时候，就能以天子为旗帜号令各地的实力派，再积蓄兵马，谁不服就收拾谁，谁还能打败我们？"但这个想法遭到了不少人的反对，前面说是主张迎请汉献帝的郭图就是其中一位，支持他的还有老将淳于琼，他们的理由是："汉室陵迟，为日已久，现在要重新振兴，那是多么困难！现在各路英雄据有州郡，个个人多势众，正所谓秦失其鹿先得者为王。如果迎接天子到自己身边来，以后干什么事都要先请示报告，如果听天子的就削弱了自身的权力，不听天子的就是违命，这实在不是什么好主意。"

一般都认为郭图、淳于琼这番谈论属于目光短浅，只看到眼前的一点，没有着眼于长远，结果让袁绍错失了一次"挟天子而令诸侯"的好机会。但是，如果真从更长远的眼光看，他们的观点也并非全无道理，"挟天子而令诸侯"固然风光，也会带来严重的副作用。大家都看到了天子是一个"奇货"，掌握天子就拥有了发号施令的权力，谁反对自己形同于反对朝廷。但问题在于，当今天子不是3岁孩童，已经举行过加冠礼，按道理应该亲政而不是当摆设。当今天子聪明睿智，经历了很多坎坷曲折，得到了历练，面对凶残的董卓和强悍的凉州军他都能无所畏惧，有勇有谋，这样的天子不是能轻易玩弄于股掌之上的。郭图、淳于琼的话没错，有事你向天子汇报不汇报？不汇报，说你专权。汇报了，天子一高兴，来个指示什么的，执行不执行？不执行，就会跟天子发生冲突，那奸臣的罪名就背定了。如果敢加以谋害，那就更惨了，不管你以前多么英名盖世，也不管你确实做了多少好事，你都将登上历史的恶人榜，子子孙孙都不能翻身。

所以，看着是妙手，却很容易下成臭棋。把天子接来之前，必须做好充分的思想准备，要么真心实意地拥戴天子，当一名汉室的忠臣；要么横下心去，甘背历史的骂名，否则天子这个烫手的山芋还是不碰为好。袁绍大概也想到了这些，他没有做好思想准备，也没有跟天子每天周旋的耐心，加上他对刘协在潜意识里不大接受，又有当前南北两线战事的困扰，所以放弃了迎接天子的打算。

还有刘表、刘焉、袁术等人，想法大致也差不多，接到汉献帝的诏书，要么找个借口拖着，要么干脆装聋作哑。吕布对汉献帝相对真诚，但他现在自顾不暇，要是有实力他倒是会去，但他打了败仗，自身难保，长途远行需要后勤保障，他也没有，所以遣使上书，向汉献帝做出解释。汉献帝理解吕布，虽然没有来，仍然晋升他为平东将军，爵位晋封为平陶侯。但吕布运气不好，汉献帝的使臣路过山阳国境内时，把任命书弄丢了。

汉献帝一行在河东郡一直待到了六月份。各路人马谁也说服不了谁，谁都不愿意放弃自己的利益，没人关心汉献帝是怎么想的。天慢慢热了，大家仍莫衷一是。不过到最后大家还是妥协了，张杨重新来到大阳进行调停，杨奉与韩暹和好，董承也回到了汉献帝的身边，四个人坐在一块开了个会，最后商定还是先离开大阳，护送汉献帝回洛阳再说。不是这些人突然觉悟提高了，而是他们都面临着同一个问题，那就是缺吃缺穿，物资越来越匮乏，不仅汉献帝及百官的供应不好办，他们自己也耗不下去了，本着"人挪活、树挪死"的精神，大家决定往前走一步看看吧。

建安元年（196）七月一日，汉献帝一行终于回到了洛阳，此时距上一次离开共5年4个月零15天，其间朝廷一直被凉州军人控制着，至此才算真正摆脱了他们。李傕、郭汜、张济等凉州军阀退出了政治舞台，汉献帝东归后盘踞在关中的各派势力继续陷入内斗，百姓大量外逃避难，汉献帝当年来的时候三辅一带还有数十万人口，到这时长安城竟然出现了40多天空无一人的奇景。

在生存危机面前，李傕、郭汜等实力派四散而去，到处打起了游击，哪里能弄到吃的就去哪里待一阵。三年后曹操经营关中，派裴茂到长安，联络当地将领把李傕杀了，夷灭三族。郭汜后来退守在郿坞，实现着董卓当年制定的"踞守郿坞以观天下"的夙愿，但他的部将五习背叛了他，把他杀死。张济率所部离开了关中，辗转来到了南阳郡，在转战途中被杀，所部由他的侄子张绣率领，张绣在贾诩的建议下南投刘表，刘表让张绣驻防在南阳郡一带，成为自己的北部屏障。白波军出身的李乐和胡才留在了河东郡，胡才以后被仇家杀死，李乐病死。

虽然回到了洛阳，但呈现在刘协眼中的是却满目疮痍。洛阳，这个当年世界上首屈一指的大都市此时到处是废墟，南、北二宫多成瓦砾堆，罕有人迹。城里只有已故宦官头目赵忠的住宅可住，汉献帝一行把这个地方作为临时行宫。赵忠这个人好像特别热衷于投资房地产项目，投资对象房产、地产、墓地都有，当初韩馥让位给袁绍后搬离位于邺县的州政府，住的也是赵忠的宅子，还有少帝刘辩被董卓杀害，也是临时借用赵忠生前为自己准备的墓地。

为庆祝重返旧都，七月十四日汉献帝下诏大赦天下。张杨等人在南、北二宫里寻找相对完整的宫殿，最后在南宫找到了一处，经过一番整修，汉献帝搬了进去，张杨认为自己在迎接汉献帝重返洛阳一事上功劳最大，将这座宫殿命名为杨安殿。

朝廷有制度，除了北军、中央禁卫军、守护皇城的卫尉、执金吾等部队外其余武装力量不得常驻京师，张杨比较自觉，主动撤退到他的大本营河内郡。杨奉无奈，也只好跟着撤了出去，驻扎在洛阳以南的梁县，今河南省临汝县一带，不是他高风亮节，而是没办法了，他的人马最多，所以吃饭的问题最严峻，手下没有吃的，快散伙了。

韩暹赖在洛阳不走，洛阳除他的人马外就是手里有些兵权的董承。汉献帝下诏擢升张杨为大司马，前面说过这是一个很崇高的职务，地位超过三公，擢升韩暹为大将军，同时兼任司隶校尉，擢升杨奉为车骑将军。他们三个人都享受持节的殊荣，可以代表天子视察工作，任命一定级别的官职，代表天子发布某些命令。

此时在洛阳除了天子、百官及守卫部队已经没有什么百姓了，也找不到吃的东西，为了解决吃饭问题，汉献帝不得不下令尚书台的尚书郎以下的官员都到洛阳郊外挖野菜充饥。人太多，野菜都没地方挖，有些人就在残垣断壁间饿死了，有的死于乱兵之手。如果再没人伸一把手的话，汉献帝和百官都得困死在这里了。但是有实力的人仍然都没有动静，袁绍不来，刘表不来，刘焉也在装聋作哑，再这样下去，汉献帝只得考虑带着百官离开洛阳去当乞丐了。

这时，终于有人主动伸出了援手。这个人就是曹操，他一直敏锐地注意着汉献帝东归事件。对于要不要迎请汉献帝，曹操的智囊团也有分歧，史书没有记载哪些人反对，但想必他们的理由跟郭图、淳于琼差不多，认为把天子接来得不到什么实质性好处，还会带来许多麻烦。朝廷现在成了一个包袱，单后勤保障就是个大问题，现在粮食比什么都紧缺，已经有价无市。

同时，大家认为兖州周边还有吕布、袁术这些敌人，而洛阳及周围的韩暹、杨奉、董承、张杨等人个个都不是省油的灯，插手洛阳的事务，没有特别的把握。但是，也有人主张应该迎请天子，持这种意见的以毛玠为代表，他认为："现今国家分裂，君主流离，民众饥饿流亡，朝廷缺乏储备，百姓没有安定的生活，这种状况难以持久。袁绍、刘表虽然人多兵强，但都没有长远的考虑。用兵之事合乎正义才能取胜，所以应当拥戴天子以命令那些不肯臣服的人，大力发展农业，积蓄军资，如此霸业就可以成功了！"

同样是把汉献帝接来，沮授的说法是"挟天子而令诸侯"，毛玠的说法是"奉天子以令不臣"，同样的意思，不同的表达，立场、感情鲜明立见，也看出了水平的高低。荀彧支持毛玠的看法，他认为："现在天子蒙难，百姓忧愁，如果奉主上以从民望，这是大顺；秉至公以服天下英雄，这是大略；扶持大义以招引天下俊杰，这是大德。天下虽然也会有不服的人，但必然成不了大气候，区区韩暹、杨奉又能怎样？我们如果不能早做决断，一旦其他人抢先一步，我们后悔都来不及了！"他们的意见也符合曹操的心意，曹操决定去迎接天子。

四、天道深远勿多问

然而，曹操迎天子的过程并不顺利。曹操的势力范围在兖州刺史部，与洛阳隔着豫州刺史部和司隶校尉部，要去迎接天子，他不如袁绍便利。曹操行动还是比较早的，在建安元年（196）春天汉献帝一行还困在大阳的时候曹操就动身了，他亲自率主力从兖州刺史部出发向西运动，首先来到豫州刺史部的陈国境内。

这里现在是袁术的地盘，但袁术在这一带的势力并不强，他任命的陈国相袁嗣投降。曹操继续西进，进入汝南郡和颍川郡，这两个郡都是天下知名的大郡，但目前都在黄巾军余部的控制之下，他们的主要头领有何仪、刘辟、黄邵、何曼等人，这些人过去曾依附过孙坚和袁术，算是袁术的盟友。曹操命于禁指挥青州兵与这部分黄巾军作战，青州兵也是出身于黄巾军余部，打起仗来路数都清楚，于禁的行动进展很顺利。黄邵想来个出奇制胜，他想夜袭曹操的大营，于禁率麾下人马将其击破，斩杀了刘辟和黄邵，何仪等人率众投降，汝南郡和颍川郡基本被曹操占领，于禁因为有功被曹操提拔为平虏校尉。

这时天子已经到了洛阳，曹操派曹洪为先头部队向洛阳进发，但快到洛阳时曹洪所部遭到了董承、杨奉等人的武力抵抗，不能前进。这说明直到现在汉献帝也没有把曹操当成未来的依靠，还把他看作不速之客。杨奉有一定战斗力，因为他手下有一个能打的猛人，此人名叫徐晃。徐晃字公明，司隶校尉部河东郡人，年轻时曾在本郡做一名小吏，后追随杨奉镇压黄巾军，因为战功逐步升至骑都尉，成为杨奉手下一名高级将领。

西行受阻，曹操心里有点郁闷，他的一片忠心换来的却是敌意，这让他多少有些无法接受。但由此打退堂鼓的话，不仅失去了一个机会，白跑一趟，而且从此会被贴上"不受朝廷欢迎的人"这样的标签，今后在政治上反而被动了。真是进退两难。就在曹操进退不得的时候，得到了贵人的暗中相助，这个人是董昭。董昭此时任议郎，也经历了千里大逃亡，并侥幸活着回到了洛阳。

董昭一向对曹操充满好感，认为曹操的前途不可限量，听说曹操来了洛阳，又在东面被阻，董昭决定用自己的智慧帮助曹操破解难题。董昭发现董承、杨奉、韩暹、张杨这些人互相都有矛盾，就利用他们的矛盾做文章，他觉得这些人里数杨奉最好忽悠，于是找到他，给杨奉拿出一封信，说是曹操专门写给他的。

杨奉打开信，看见上面写道："久闻将军大名，早就想表达敬意。现在将军率领军队，不怕万难，让天子能重返旧都，这样的功勋举世无双啊！"对杨奉大拍一顿后，信中表示愿意与杨奉结盟："现今群凶扰攘，四海不宁，天子和朝廷至尊至重，我们的责任就是保护和辅佐，必须依靠众位贤士来重建王朝秩序，这不是一个人能够独立完成的。心腹与四肢相互依赖，互为支持，缺一不可。将军您应当作为京城内的主要力量，我愿意做将军的外援。现在我有粮食，您有军队，可以互通有无，互相接济，同生死，共患难。"

曹操给杨奉写信，为什么要通过董昭代为转交呢？其实，这封信是董昭伪造的，他模仿了曹操的笔迹和口气给杨奉写的信，杨奉却信以为真，看完之后高兴不已，对手下人说："曹将军的人马就在附近，有兵有粮，正是国家现在要仰仗的呀！"杨奉于是向汉献帝上书，任命曹操为镇东将军，承袭其父曹嵩的封爵费亭侯。曹操接到诏书觉得很突然，他后来才知道是董昭暗地里帮了忙。曹操赶紧上表谢恩，董承对曹操的态度也发生了很大改变，他悄悄给曹操写了封信，让曹操带兵来洛阳。董承跟韩暹一向不和，还曾刀兵相见，为了扼制韩暹，董承也想拉曹操为外援。从被拒之门外到很抢手，曹操的地位一下子发生了反转，他立即率兵向洛阳进发。

建安元年（196）七月，曹操到了洛阳。洛阳曾是曹操的家，他上学和工作过的地方，但现在已经面目全非了。曹操在南宫旧址上新整修的杨安殿里见到了汉献帝，君臣正深受粮荒困扰，曹操不仅兵力充足，还带来许多粮食，汉献帝很高兴，宣布由曹操录尚书事，即主持朝廷的日常工作，并授予代表天子的节钺，拥有临时决断之权。

曹操一到洛阳，就马上想见到董昭，董昭已改任符节令，是少府属下的官员，尽管曹操从没有见过董昭，但可谓神交已久，一见面曹操就让董昭跟自己并肩而坐。洛阳周边目前还有董承、杨奉、韩暹、张杨四个实力派人物，不解决他们将来都是后患，曹操利用他们之间的矛盾给予分化瓦解，先联合董承和杨奉攻击张杨和韩暹。

曹操上书弹劾张杨、韩暹，韩暹势力较弱，以为曹操要对他下手，只身匹马跑到张杨营中躲了起来，汉献帝念在二人迎驾有功的分上，要曹操不再追究。八月，汉献帝下诏撤销韩暹司隶校尉的职务，改任曹操为司隶校尉。司隶校尉可以纠举百官，在曹操的主导下，诛杀了尚书冯硕、议郎侯祈、侍中台崇三人。这三个人是什么情况史书没有详细交代，曹操为何掌权伊始就大开杀戒，原因也不太清楚，也许这三个人早已恶名在外，诛杀他们既为自己立威，又顺应了民意。

汉献帝还下诏封13个人为侯，奖励他们一路上护卫天子的功劳。这13个人是卫将军董承、辅国将军伏完、侍中丁冲和种辑、尚书仆射钟繇、尚书郭溥、御史中丞董芬、彭城国相刘艾、冯翊郡太守韩斌、东郡太守杨众、议郎罗邵、议郎伏德、议郎赵蕤。一罚一赏，曹操进一步确定了自己的权威，加上兵力最强，有充足的后援保障，曹操对朝廷的控制力迅速增强。

但是，洛阳周围十分残破，没有老百姓，朝廷在这里落户下去十分困难。而且董承、杨奉、张杨等人都掌握一定实力，随时可能向曹操发起突然攻击，这样的局面让曹操始终有如履薄冰的感觉。如何摆脱这种被动局面？曹操问计于董昭，董昭向他建议："将军您兴义兵、诛暴乱，入朝天子，辅翼王室，建立了不朽功勋，然而洛阳诸将人殊意异，未必服您，您如果留在这里辅佐圣驾，很多事情会有所不利，不如迁都到许县。朝廷刚刚还都，上上下下都期望尽快安定，马上迁都的话可能大家不好接受，不过要做成非同寻常的大事，就得有超越常规的举措，希望将军您能果断行事！"

曹操很赞同这个建议，但也有顾虑："先生的建议很合我的想法，不过杨奉驻扎在梁县，听说他手下都是精兵，不会影响到迁都吧？"董昭说："杨奉这个人缺少外援，之前授予您镇东将军、承袭费亭侯都是杨奉决定的，听说最近他又写信约束部下，足见他没有太大野心。可以派人去向他表示感谢，以安其心。对他说京都缺粮，想让圣驾暂幸鲁阳，鲁阳那边粮食运输容易。杨奉这个人有勇无谋，他一定不会怀疑。"曹操听完董昭的话，茅塞顿开。

董昭提到的许县属豫州刺史部的颍川郡，曹操进军洛阳走的也是这条路线，在基本肃清了颍川郡内的黄巾军余部后,这里已经为曹操所掌握。颍川郡之所以人才辈出,与它独特的地理位置及自然条件有关。这里地处中原腹地,沃土千里,气候温和,雨量充足,生物茂繁,自旧石器时期以来,一直是人类文明的聚集区。颍川郡共有15个县,几乎每个县都有不少名人,如阳翟县的辛评、辛毗、赵俨、郭嘉,襄城县的李膺,颍阴县的荀氏诸杰,许县的陈寔父子,长社县的钟繇,阳城县的杜密等。许县位于颍川郡的东部,曾经是古代许国的国都,许国虽然不大,却前后传承了十九世,存在600多年。

曹操也看中了许县这个地方,一来这里在自己的控制下;二来有600多年作为国都的历史,城市建设有一定基础;三来这里物产丰富,颍川郡以及相邻的汝南郡、南阳郡一带是当时最重要的经济区,有利于长期的后勤保障供应;四来自己手下有许多谋士是这里的人,颍川郡乃至汝南郡的这些世家大族会站在自己这一边。

汉献帝本人可能也会倾向于迁都,原因很简单,再待在这里文武百官及宫人们恐怕都要饿死了,只要能提供粮食,迁到哪里去汉献帝都不会特别反对。只要汉献帝不反对,董承也不会反对。张杨驻扎在黄河以北,可以暂时不管他,韩暹已没有太大势力,反对不反对无所谓,几个实力派人物中关键是杨奉,他驻扎在洛阳以南的梁县,又和颍川郡紧邻。曹操于是派人去找杨奉,先对此前的事表达感谢之意,然后以洛阳残破、粮食不足为借口迁汉献帝到鲁阳。鲁阳这个地方属于荆州刺史部的南阳郡,和梁县很近,此时属杨奉的控制区,杨奉自然也乐意。

最近以来,杨奉对曹操确实印象颇佳。杨奉过去是李傕的部将,但再往前他也出身于白波军,跟董承、张杨这些人没有太深的渊源,目前虽然实力数他强,但总觉得别人会在背后算计自己。曹操到来后,杨奉潜意识中把曹操当成了知己,杨奉希望曹操的到来可以使洛阳的权力结构更加平衡。对曹操提出的迁汉献帝到鲁阳的建议,杨奉果然觉得挺不错,他举双手赞成。洛阳的残破有目共睹,后勤保障已经成了大问题,也只有离开洛阳一条路。与其让天子被张杨迎到黄河以北去,肯定不如弄到自己眼皮底下好哇。

杨奉支持,汉献帝愿意,董承不反对,曹操不再征求张杨、韩暹的意见,八月中旬护送汉献帝一行离开了洛阳,向南开进。汉献帝一行到达洛阳八关之一的轘辕关,再往前就出了司隶校尉部,如果往鲁阳,还要继续向南走。但大队人马却突然改变了行进的方向,向东面转进。杨奉接到报告大吃一惊,等他派人再探的时候,汉献帝一行已经到了许县。杨奉这才知道,原来上当了!杨奉大怒,立即联合韩暹率兵来抢汉献帝，但曹操早有准备，派兵在颍川郡的阳城一带设伏，把杨奉、韩暹击退。

　　曹操把天子一行迎到了许县，因为还要对县城进行重新修整，新建天子的行宫以及明堂等祭祖之所，所以先暂时让汉献帝住在自己城外的军营中。等大体上把许县的事安顿得差不多了，曹操亲自率军西征，进攻杨奉的基地梁县，杨奉不是对手，战败后投奔袁术去了。此战中，杨奉手下第一猛将徐晃归顺了曹操。但是杨奉似乎没有到达袁术那里，他后来又和韩暹联起手来。这二位，一个曾是天子正式任命的大将军，一个曾是车骑将军，居然又干起了老本行，成为一支流寇。

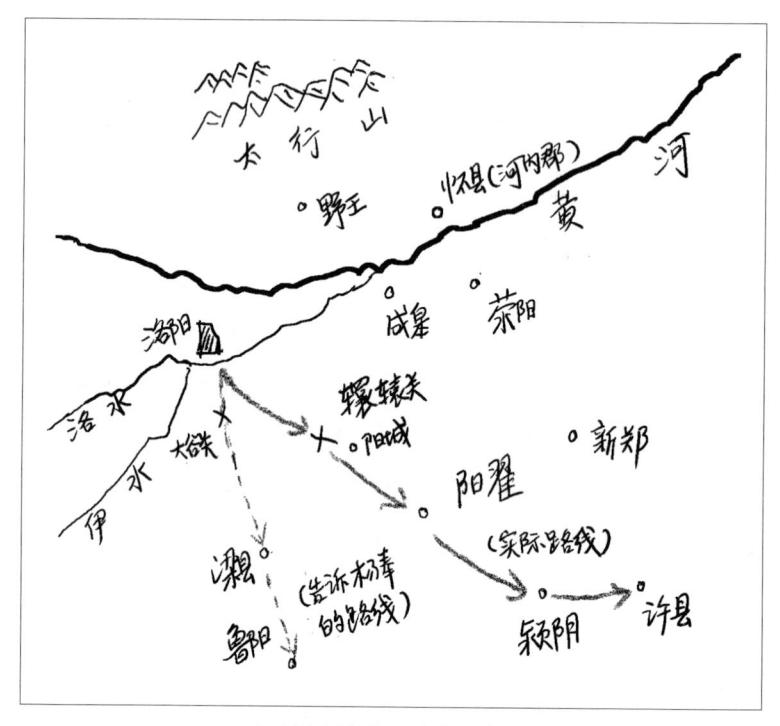

汉献帝迁都许县路线示意图

　　打败杨奉后曹操回师许县，着手朝廷内外的各项建设工作。许县这个小城因为汉献帝和朝廷的到来，迅速成为帝国现阶段的政治中心，天子的后宫、朝廷办事部门以及曹操的军事指挥机构一股脑儿地涌到这里，有些拥挤，但也只能因陋就简，先安顿下来再说。

　　百废待兴，一切都还没理出头绪来，曹操却先听说了一件事，让他吃惊不小，太史令王立不知出于什么动机，多次跑去找汉献帝，让汉献帝直接把皇位让给曹操。王立其人事迹不详，太史令在秦时和汉初掌修史，最著名的太史令是司马迁，东汉时修史的职责转到兰台和东观，太史令专掌天时星历，国祭、大丧、皇室娶嫁及时节禁忌都要听取他的意见，虽不算高官，但在一些国家大事上却有发言权。汉献帝搞不清他是什么来路，想训斥又怕他是曹操授意的，听完只好一言不发。王立又多次找汉献帝说这件事。曹操听说后，觉得得赶紧制止这个二杆子，他让人给王立捎话："知道你的心意，然而天道深远，请勿多言！"

汉献帝东归期间朝廷三公九卿等高级文官随驾同行，有好几个人死于战乱，目前已有不少缺员需要补充。此外，汉献帝一路上还封了不少将军，根据新形势，也要做出相应调整。汉献帝近一段时间以来任命过的高级将领，按军职自高到低共有：大将军韩暹、骠骑将军张济、车骑将军郭汜、征北将军李乐、征西将军胡才、前将军公孙瓒、后将军杨定、右将军袁绍、卫将军董承、镇西将军韩遂、平东将军吕布、安南将军刘表、安东将军张杨、宁辑将军段煨、辅国将军伏完等。曹操自己是镇东将军，和吕布的地位差不多。袁绍虽然自称车骑将军，但朝廷从来没有承认过，朝廷给他的正式军职是右将军，还是不久前郭图出使河东郡时由汉献帝正式任命的。

按照曹操的意思，汉献帝下诏重新明确了帝国高级将领，该撤的撤，该留的留。韩暹、张济、郭汜、马腾、韩遂、李乐、胡才、杨定、张杨、段煨这些人，多出自凉州军和白波军，彼一时，此一时，他们现在大多数人已经成为朝廷的敌人，对他们的任命全部撤销，没有合适的人继任就先空着。袁绍、吕布、刘表、公孙瓒等人属于地方实力派，虽然不在朝廷控制之中，但有个头衔在，名义上他们都归许县朝廷领导，还是保留着。董承和伏完二位都是汉献帝的老丈人，军职自然不能撤。韩暹空出来的大将军一职，汉献帝下诏授给了曹操。这个任命可能有点问题，因为大将军的地位很高，已经超过了三公，这样一来有人就会不服气，后来为了这个任命，有人差点要跟曹操翻脸。

随后曹操还对朝廷的文官体系进行了大幅度调整，现在的三公是太尉杨彪、司徒淳于嘉、司空张喜，他们倒是全都逃了出来，但对这几个位置曹操还想另作安排，在他的要求下，汉献帝下诏将这三个人同时免职。曹操把太尉一职送给了袁绍。毕竟，袁绍曾经是关东联军的总指挥，也是自己名义上的领导，现在曹操担任了大将军，为了安抚袁绍，就把太尉一职让给了他。司徒一职曹操给了名士赵温，司空一职暂空。近一年来，死在东归路上的高官包括：太常王伟，光禄勋邓泉，京师卫尉士孙瑞，廷尉宣播，大司农张义、朱儁，宫廷少府田芬等。在曹操的主持下，朝廷先后征召名士赵岐、张俭、桓典、徐璆、陈纪等人补充进来，加上还在位的韩融、荣邵、杨琦等人，基本上保证了朝廷的日常运转。

　　赵岐本年90多岁了，他是曾经出使过关东的老臣，当年是他与袁绍、曹操相约迎汉献帝回洛阳。张俭是个老党人，本年也已经83岁了。陈纪之前说过，本年也71岁了，不过他就是许县人，在这一带很有影响力。这些人不大可能再做什么实质性的工作了，比如像张俭，一到许县来就关起自家的门不出，把公家配的专车挂了起来，根本不问任何事。这倒正符合曹操的意思，把这些老前辈抬出来本来就只是个招牌，目的是扩大新朝廷的影响力。

　　对于朝廷日常办事机构尚书台曹操比较重视，这可不是一个虚设部门，内外沟通、随时掌握宫内动态都全靠它了，对于由谁来掌管这个要害部门，曹操心里早有了合适的人选。曹操属意的人就是荀彧，他曾在天子身边担任过守宫令，熟悉宫内事务，他性格沉稳，考虑问题周全，出身大族，容易与天子及各位老臣沟通，最重要的是，他对自己忠心耿耿，是可以信得过的人。汉献帝下诏任命荀彧为尚书令，负责处理朝廷日常事务。曹操出征在外，荀彧实际上成了后方的大管家。荀彧也不负期望，把各项事务处理得井井有条，为曹操分了不少忧。

　　曹操还把程昱调过来当尚书，协助荀彧工作。程昱的任命虽然下达，但兖州那边仍然离不开程昱，曹操让程昱以东中郎将、济阴郡太守的身份代替自己主持兖州的各项事务。曹洪、曹仁以及夏侯惇、夏侯渊等人负责掌握部队，没有进入朝廷任职。随着控制区范围的扩大，曹操还让他们兼任一些地方行政职务，如夏侯惇担任陈留郡太守，夏侯渊担任颍川郡太守，曹仁担任广阳郡太守。朝廷迁到许县后，洛阳方面也不能放弃，曹操此时兼任着司隶校尉一职，洛阳属于自己的辖区，他让为自己立下大功的董昭以洛阳令的身份留守在旧都。

五、慈者难带兵

　　就在曹操忙着收复兖州、迎接汉献帝东归的这段时间，天下还发生了许多大事，其中最重要的事情发生在北边的幽州刺史部和南面的扬州刺史部。

先来说说幽州刺史部的事，界桥失利后公孙瓒退回幽州刺史部，虽然他对袁绍的绝对优势已经不存在，但实力仍然相当可观，原有的地盘并未损失多少，仍然控制着幽州刺史部的大部分地区和冀州刺史部、青州刺史部的一部分，经过短时间动员，还可以征调起 10 万大军。袁绍则有些轻敌，想趁热打铁，一举灭掉公孙瓒。袁绍既没认真做准备，也没有仔细搜集对手的情报，派了几万人马就匆匆北伐了，用这点儿人马就想把公孙瓒消灭，基本上不可能。

更要命的是他派去带兵的这个人也很有问题，他的名字叫崔巨业，专业不是带兵打仗而是一名星工。袁绍这个人很迷信，干什么事都要问个吉凶，身边有好几位专门干这事的人，崔巨业就是其中一位。袁绍特别信任他，认为他很有本事，所以这次北伐他既没有亲自出征，也没有派麹义、张郃这样的猛将来，而是交给了崔巨业。事实证明，专业不对口是要害死人的。崔巨业率兵北上，攻入幽州刺史部的涿郡，一开始比较顺手，把公孙瓒的军事重镇故安围住了。公孙瓒的大本营在蓟县一带，其故址在今北京市宣武附近，汉末的故安县，今属河北省廊坊市，与北京市区紧邻，现在不少人白天工作在北京，晚上则住在廊坊等地。

星象学家马上就得手了，但是公孙瓒的地盘不是那么好抢的，他一边命令固守故安，一边带着三万精兵南下，要绕到袁军的后面彻底把他们消灭。崔巨业围城多日没有进展，晚上不知道偷偷跑出去看了多少回夜空，但脑子里仍然没有头绪，听说公孙瓒来了，他比较知趣，赶紧放弃攻城回撤。就这样还是让公孙瓒追上了，在巨马河双方展开激战，袁军大败，死了近万人。巨马河大捷让公孙瓒多少挽回了一些界桥失利的面子。公孙瓒趁势向南推进，田楷当青州刺史、刘备当平原国相大致就在这个时期，冀州刺史部和青州刺史部北面的几个郡国都成了公孙瓒的敌后根据地或游击区。

袁绍损兵折将，心疼不已，他不敢再大意，亲自率军北上，要与公孙瓒展开决战。双方又在龙河一带相遇，袁绍再摆迷魂阵，让老弱残兵在前面诱敌，等公孙瓒主力冲杀而来时袁军主力杀上，大败了公孙瓒。龙河之战可以看作是界桥之战的翻版，招数不在多么新鲜，好使就行，对付公孙瓒看来袁绍已经得心应手了。

一胜一负，双方打成平手。公孙瓒的主力不得不退回蓟县，田楷和刘备继续在山东半岛一带发展，袁绍则派长子袁谭与田楷、刘备等抢地盘，在其后的近两年时间里他们互相不分胜负，并且也都面临了严重的粮食危机，他们都去抢老百姓，田野里连青草都看不到了。

公孙瓒不敢放手与袁绍一搏，因为刘虞还在。公孙瓒和刘虞之间的矛盾越来越尖锐，公孙瓒这个人一向目无领导，自以为是，不执行上级决定，刘虞制定的民族政策是以怀柔为主，公孙瓒偏偏喜欢动武，刘虞为了搞统战，经常送给少数民族首领一些礼物，公孙瓒知道后半道上就给劫了，还在刘虞跟少数民族首领之间挑拨离间。

作为公孙瓒的顶头上司，刘虞对公孙瓒的愤怒到了无以复加的程度，刘虞通知公孙瓒来开会，公孙瓒每次都推说有病不来。刘虞一向待人谦逊，脾气也好，就这样经常也被气得要死。刘虞跟自己的心腹、东曹掾魏攸商量，想用武力解决公孙瓒，魏攸劝他不要这么做："现在天下人无不对您仰望，您手下也需要谋臣、爪牙，公孙瓒文武双全，是有用的人才。现在虽然有些小过错，应该对他迁就一下。"魏攸大概知道动起手来刘虞不是公孙瓒的对手，但为了给领导留面子没有直说，而是换了个说法。刘虞很信任魏攸，听他这么说也就算了。但魏攸不久就死了，公孙瓒还是一次次惹怒刘虞，刘虞再发火时没人劝了。

初平四年（193）冬天，刘虞调集10万人马攻打公孙瓒，单从实力对比看，双方可谓势均力敌。可是，刘虞也许被公孙瓒气糊涂了，准备工作明显不足，这时要收拾公孙瓒有两件事必须先做，一是派人知会朝廷，历诉公孙瓒的恶史，取得朝廷的支持，做到师出有名；二是联合袁绍共同行动，让公孙瓒首尾不能相顾。如果有这两手公孙瓒就死定了，但搞政治斗争和军事斗争都不是刘虞的强项，老实人又特别容易被激怒，盛怒之下的刘虞没有多想，直接单干了。

有人看出了问题，劝他说："公孙瓒虽然干了很多坏事，但还没有正式的罪名，明公不先晓示天下并让他改正就直接起兵，不是国家的幸事。另外，胜败也不好预料，不如先用武力给他施加压力，公孙瓒必然悔过谢罪，这样就不战而使人服了！"这个人名叫程绪，本来也是好意，公孙瓒虽然很坏，但你得让老百姓都知道，以朝廷的名义给他定罪，这样就合法了，也就更容易获得支持。但刘虞听了很生气，任何阻止用兵的话在他看来都是公孙瓒的同党，盛怒之下刘虞以扰乱军心的罪名，下令把程绪砍头示众。

公孙瓒不会料到刘虞敢向他先动手，要命的是他就在刘虞的眼皮子底下，刘虞要收拾他是相当容易的。公孙瓒常驻蓟县一带，却不是蓟县城内，蓟县是幽州刺史部的治所，是刘虞的办公所在地，公孙瓒为了跟刘虞置气，故意在蓟县的东南面新筑了一座小城，平时就住在那里，现在麻烦了。当时公孙瓒的人马都分散在各地，而对突然袭击，他再能打也逃不过这一劫了，关键时刻他在刘虞身边安排的卧底发挥了作用。这个卧底名叫公孙纪，因为跟公孙瓒同姓，二人以前来往就比较多，后来发展成公孙瓒的耳目，此时在刘虞身边担任参谋，刘虞发起攻击前公孙纪连夜跑出去，及时把情报送出，为公孙瓒防守反击赢得了时间。

刘虞向公孙瓒的小城发起进攻时，公孙瓒已经有了防备，他下令坚守不出。刘虞一向爱民如子，为减少百姓的死伤，总攻前特意发布命令："只杀公孙瓒一个人，不要伤及无辜！"他还命令士卒注意战场纪律，不要毁坏百姓的房屋。刘虞确实是个好人，一个有德之人，是幽州人民的好领导，但他不是一个好统帅。作为朝廷太傅和幽州牧的刘虞，理应爱民如子，行仁爱之心，但作为十几万大军的统帅，此时考虑的应该是如何取胜，为10多万条生命负责。刘虞的人马还没有开打先开展了一番仁爱教育，打起仗来果然畏首畏尾，攻了半天也拿公孙瓒的小城没办法。

公孙瓒瞅准时机，晚上派精锐数百人出击，一边攻击一边顺风放火，刘虞军大乱，10多万大军居然一战而溃。刘虞只好携带家属和一部分士兵退到上谷郡的居庸县，即今北京市延庆区一带，公孙瓒追击，围城三日将城攻破，把刘虞和家人抓回到蓟县。刘虞做了公孙瓒的阶下囚，如何处置刘虞让公孙瓒颇费心思，他知道刘虞在幽州百姓心中拥有崇高威望，所以没敢直接向他下手，甚至州政府的往来文件还让他批阅。当时朝廷还在长安，李傕等人还执掌着大权，他们不知道怎么又想起了刘虞，派段训为使臣前来幽州刺史部，增封刘虞的食邑，并任命刘虞一个督六州事的新职务，所督的六个州是幽州、并州、青州、冀州、兖州、凉州，简言之就是整个中国北部。刘虞拥有这个职务，理论上就将集这六个州的军政大权于一身，这是一个史无前例的职务。

朝廷把一半江山给了刘虞，可惜对刘虞而言不仅毫无用处，而且会害了他。北方这六个州目前被公孙瓒、袁绍、曹操、刘备、袁术这些人把持着，中间还有张杨、张燕、公孙度那样的二流角色，李傕等人抛出这项任命，打的还是分化瓦解各实力派的主意，想以党人来治党人，以诸侯来治诸侯。但是他们晚了一步，刘虞已经成了公孙瓒的阶下囚。李傕等人也升了公孙瓒的官，提拔他为前将军，封易侯，督幽州、并州、青州、冀州四州，范围不仅比刘虞小一些，而且这四个州都跟刘虞的六个州重复。

现在公孙瓒面临着选择，要么服从朝廷的任命承认刘虞仍然是自己的顶头上司，要么不服从朝廷的任命，但都要给个说法。公孙瓒于是旧事重提，向朝廷特使段训揭发刘虞曾与袁绍合谋造反，想自己称帝。这件事完全是袁绍、韩馥等人一厢情愿，和刘虞毫无关系，刘虞不仅没有参与，还断然与袁绍、韩馥划清了界限，并把韩馥派来的人杀了，把首级送往长安。公孙瓒不管，非说刘虞也参加了谋反，就以朝廷特使的名义把刘虞斩首于集市之上。临刑前公孙瓒还耍个了花招，他公开宣称："如果刘虞真有天子的命，上天就会刮风下雨来救他！"这是瞎扯，此时华北地区已经旱了很久，没有一丝下雨的意思。

刘虞于是被杀，刘虞的老部下、原常山国相孙瑾以及在州政府任职的张逸、张瓒等人忠义愤发，愿意伴随刘虞一块赴死，公孙瓒成全了他们，把他们一起杀了，孙瑾等人在临死前都大骂公孙瓒。作为刘氏宗亲的代表人物，刘虞有修养也有能力，他忠心为国，仁心爱民，更执行了正确的少数民族政策，在他执政期间保证了北部边疆的安定。但是他的仁爱拿到战场上就行不通了，战争就是战争，更何况面对公孙瓒这样强悍的对手。公孙瓒下令把刘虞的首级送往长安，中途被刘虞一个叫尾敦的故吏劫下，进行了安葬。刘虞在幽州多年，深得民望，有不少景仰者和追随者，公孙瓒杀了刘虞，在幽州的势力虽然有所扩大，但麻烦还没完。

六、公孙瓒的易京防线

公孙瓒杀了刘虞，势力一下子增强了不少。但此人打仗有一套，搞地方治理却不怎么行，尤其在用人上很失败。在公孙瓒手下世家大族出身的人都没有发展的机会，无论多么有才，都进步缓慢，不少人死于穷苦之地。有人问公孙瓒，为什么不用世家大族子弟，公孙瓒的回答是："对衣冠子弟以及品格高尚的人，你给他富贵他认为这是应该的，而不会感激你。"看来问题出在心态上，公孙瓒的心态像个小市民。

而公孙瓒确实喜欢小市民，他所宠信的大多是平庸之辈，其中尤其以算命先生刘纬台、布贩子李移子、商人乐何当三个人最受宠信，公孙瓒跟他们还结成了异姓兄弟。公孙瓒字伯圭，据说他原来的字不是这个，这个字是他后来改的。一家如果有四个兄弟，他们的字里应该分别有伯、仲、叔、季这几个字，公孙瓒为了表示跟刘纬台等几个异姓兄弟很亲,所以自己把字改成伯圭,其他几个人则分别改为仲、叔、季。有公孙瓒撑腰,这些人很快富了起来,都成了亿万富翁。公孙瓒还跟他们中的人结成儿女亲家,常把他们比作汉初的开国功臣曲周侯郦商、颍阴侯灌婴。用人不拘一格是对的,但过了头就是另类了,靠这帮人给他出谋划策能有多高的水平?

有件事就很雷人,是其他割据军阀做不出来的。公孙瓒手下如果有部将被敌人围困向他求援,公孙瓒一般不会出兵相救。他的理由是,如果救了这一个,以后将领们再遇到类似情况就有了依赖心理,就不会力战了,如果不救,大家肯定会奋力自救。这个说法貌似有理却不实用,因为人都有求生的本能,在生死考验面前有人选择玉石俱焚,也有人会选择投降以求活命,公孙瓒的想法未免理想化了。面对敌人的大军压境,公孙瓒手下的将领肯定会想,守是守不住,又没有救兵,干脆投降算了。公孙瓒的这个愚蠢决定不知道是他自己的创意还是刘纬台、李移子们的建议,但公孙瓒手下如果有荀彧、贾诩、程昱这样的智囊,绝不会让他干这种傻事。公孙瓒还重用了太原郡人关靖,此人一贯严刑峻法、虐待百姓,在公孙瓒面前一味逢迎拍马却没有什么才能。

一流的人才思想才是一流的,一流的思想才能开创一流的事业,庸人不可能提出一流的规划。群雄相争,人才是最稀缺的资源,大家都在拼命抢人才,尤其最优秀的人才更是让群雄心驰神往。公孙瓒靠一己之勇起家,也开创了不小的局面,发展到一定阶段时应该把人才战略放在最突出的位置,但他偏偏不重视人才,也不会识才、用才和留才,身边缺少顶尖人才,这是他最终失败的主要原因。由于他不识人,因此身边没有真正有水平的人才,即便有也纷纷离他而去,幽州刺史部被公孙瓒和他所亲信的这帮人弄得民怨沸腾,大家都思念刘虞,对公孙瓒颇有怨言,刘虞的旧部鲜于辅、齐周、鲜于银等人趁机反抗公孙瓒,当时广阳郡人阎柔在北方一带很有声望,他们就推举阎柔来挑头。

阎柔是一名汉人,自小被北方少数部族掳走,生活在乌桓人和鲜卑人中间,逐渐取得了他们的信任,鲜卑人后来帮助阎柔杀了朝廷任命的护乌桓校尉邢举,让阎柔来当这个司令。阎柔在少数部族那里很有号召力,由他出面征召乌桓、鲜卑等少数民族的军队,加上汉人组成联合军团,人数多达数万人,进攻公孙瓒所署的渔阳郡太守邹丹。

双方战于潞河,即今潮白河以北,邹丹不是对手,向公孙瓒求救。按照公孙瓒的习惯性思维，在这种情况下是不会发救兵的。公孙瓒让邹丹自己看着办，邹丹还不错，没投降，最后兵败被杀。阎柔、鲜于辅等人比刘虞聪明，他们及时联络了袁绍，袁绍派麹义和刘虞之子刘和领兵北上配合他们的行动。

公孙瓒腹背受敌，马上就将面临被消灭的危险。就在这时有个人救了公孙瓒一命，这个人就是之前提到的臧洪。袁绍任命的东郡太守臧洪因好友张超之死而和袁绍翻脸，袁绍一怒之下去攻东武阳，袁军主力在东武阳城下被臧洪牵制长达一年之久，北线只好暂时转入守势，让公孙瓒有了喘息之机。公孙瓒趁机把主力集结到易水一带，利用袁绍无力北上的空当，在这里修筑了一道闻名于世的防线。易水位于幽州刺史部与冀州刺史部的交界处，由上游的卢水、雹水、顺水、徐水等河流交汇而成，这是条古老的河流。战国时期燕国太子丹送荆轲刺秦王时就在此作别，高渐离击筑而歌，使此河名扬天下。公孙瓒不久前被封为易侯，封地易县位于易水之上，公孙瓒以易县为中心，沿着易水河两岸大修军事工事。

公孙瓒先下令在易水的北岸挖了10多重战壕，每隔一段又堆起五六丈高的土山，在土山上修起楼观，大大小小的楼观数以千计，公孙瓒手下的将领分别居住在这些楼观里。这道防线就是由密网交织的交通壕所联结的碉堡群构成，这种碉堡被称为京，京是甲骨文里的象形字，即筑起的高丘，上面有耸起的尖端。这上千个碉堡筑起了一道坚固的防线，其核心地带是公孙瓒居住的易京，其下的土山高达十多丈，足有十多层楼高，在上面修有楼观，下面用铁门封死，公孙瓒平时居住在楼上，楼里只有婢女和女官，有需要公孙瓒批阅的公文，都通过绳子吊上来，等公孙瓒批示完再用绳子吊下去。

公孙瓒在这些堡垒里囤积了300万斛粮食，他告诉手下："从前以为天下事可以挥手而定，现在看来不是那么回事。兵法上说'百楼不攻'，现在我有上千座楼观，等到这些粮食吃完，也就能把天下事弄明白了！"看来越是生猛的狠角色内心里越是柔软，也越是有逃避的一面，打了无数的仗，最后得出的结论竟然是躲起来才幸福，公孙瓒说的"百楼不攻"不知道出自哪部兵书，也许是公孙瓒个人的军事思想。汉代1斛约合如今20升，即约80斤。300万斛约合2.4亿斤、12万吨，载重8吨的卡车要拉15000车。这么多的粮食不大可能都囤积在公孙瓒住的易京一座碉堡里，应该是易水岸边上千座碉堡屯粮的总和。公孙瓒发明的易水河防线是对传统城池型防御工事的颠覆，它更注重立体作战和协同作战，一改拒敌于城外的战法，把敌人放进来打，凭借坚固的工事和充足的粮食，待敌军进入碉堡网后四处出击，将其击败。

在南线，袁绍费了九牛二虎之力，在付出了巨大牺牲之后终于将东武阳的臧洪解决了，等他缓过劲来重新审视北线战场时，吃惊地发现横亘在他眼前的是一道数百里长从未见过却牢不可破的超级防线。袁绍试图展开进攻，却遭到了沉重打击，进攻的部队好不容易攻到堡垒下面，却被占据有利地形的敌军以弓箭、乱石等武器打得抬不起头来。此后数年里，袁绍居然无法越过这道防线一步，他把主要精力都用在了如何攻破这道防线上，为此付出了惨重代价。易水河防线大大迟滞了袁绍统一北方的步伐，牵制了袁绍的行动，给曹操的发展壮大提供了战略机遇。公孙瓒待在他的坚不可摧的塔楼里再也不出去，在一大群婢女和女官的陪伴下过着逍遥的日子。

七、张纮的"江都对"

说完了幽州刺史部，再来说说扬州刺史部。扬州是古九州之一，到了东汉，扬州刺史部也是全国13个州之一，范围相当于今安徽省的淮河以南部分，江苏省的长江以南部分，上海市以及江西省、浙江省、福建省的全部，还有湖北省、河南省的一部分地区。论地盘十分大，放到现在，都是经济发达、人口稠密的好地方，但在当时大部分还属于欠发达地区，尤其长江以南的部分，很多地方还没有开发。扬州刺史部下辖六个郡，江北的庐江郡和九江郡，江南的丹杨郡、吴郡、会稽郡、豫章郡。在袁术到来前，扬州刺史名叫陈温，是朝廷任命的，各郡太守也大多数忠于朝廷，没有陷入群雄争霸的混战中。

初平四年（193），陈温死了，一个说法是病死的，一个说法是被袁术所杀。陈温死后，袁绍也想插手扬州刺史部，他表奏堂兄袁遗为扬州刺史，但袁绍的势力达不到这里，袁遗在扬州刺史部没有站住脚，被乱兵所杀。袁术也派了一个人当扬州刺史，名叫陈瑀，徐州刺史部下邳国人。当年袁术北上兖州刺史部被曹操打败，袁术于是南下，但是袁术刚刚任命的陈瑀看到他打了败仗，前途黯淡，不再接受袁术的领导，拒绝其入境。袁术恼了，攻击陈瑀，陈瑀败走，袁术于是到达九江郡的寿春，即今安徽省寿县。

扬州刺史部的州治原来在历阳，即今安徽省和县，袁术嫌这个地方过于靠南，不利于和北方列强周旋，于是把大本营放在了寿春，他在此自称扬州牧，同时兼管徐州刺史部。"徐州伯"这个职务有点儿不伦不类，当时徐州牧陶谦还没有死，袁术大概觉得陶谦毕竟是朝廷任命的老资格官员，自己再当徐州牧或徐州刺史都不太合适，干脆发明了一个"徐州伯"来盖住陶谦。袁术那时侵吞了孙坚的人马，有一定的基础，虽然打不过曹操，但在扬州刺史部却没有对手，势力发展得挺快。这时孙坚的儿子孙策找上门来，提出要回孙坚旧部的要求。

孙策字伯符，孙坚死时他年仅17岁，下面还有3个弟弟，分别是10岁的孙权、8岁的孙翊以及刚出生没多久的孙匡。孙坚当年辞去下邳丞加入朝廷的军队，为家眷的安全考虑，把妻子吴夫人和儿女们都放在了寿春，孙坚死时吴夫人领着儿女们刚离开寿春，来到庐江郡的舒县，即今安徽省庐江县。寿春靠近北面，离战乱地区较近，舒县距长江不远，相对安全些。举家迁往舒县是孙策的主意，他把母亲和弟弟们接到舒县居住，除了安全上的考虑，还因为这里有一个好朋友。

这个人就是周瑜，字公瑾，舒县本地人。周家在舒县是第一大户，周瑜祖父的兄弟周景当过朝廷三公之一的太尉，周景的儿子周忠此时正在长安的朝廷任职，先担任太尉，后改任卫尉。周瑜的父亲周异当过洛阳县令。周景在士人中名望很高，曾经提拔过李膺、陈蕃、杜密、荀绲、朱寓等著名人士。

孙策年纪不大，性格却很豪爽，喜欢结交朋友，当时在社会上已经有了一定的名气。周瑜和孙策同年，长得相貌英俊，才能出众而且早熟，听说孙策的名声，专程从舒县到寿春拜访，于是互相推让着结为异姓兄弟。周瑜劝孙策迁居舒县，孙策答应了，到舒县后周瑜把府里最好的南大宅让给他们住，两家成为通家之好。

孙坚死后孙策承担了家庭的重任，他把父亲的灵柩移送到老家吴郡的曲阿安葬。按规定孙策可以继续父亲乌程侯的爵位，但他却主动让给了四弟孙匡。处理好父亲的后事，孙策又带着母亲和兄弟们渡过长江，到了位于长江北岸的江都县，因为周瑜向他推荐了一个高人，说这个人很有眼光和头脑，建议他向此人当面请教。父亲死后，正在上升的孙氏事业突然中断，下一步何去何从孙策没有明确的打算。

周瑜推荐的这个高人名叫张纮，字子纲，徐州刺史部广陵郡人，早年上过太学，拜名师韩宗专习经学，成为一名学者。但他不读死书，喜欢把书本知识活学活用，视野开阔，看问题很有见解。孙策大老远跑去找张纮，正逢张纮因为母丧在家守孝，见到了张纮，说明来意后，却被张纮婉言拒绝了。孙策很着急，甚至流下了眼泪，对张纮说："久闻您的大名，今天的事只有您能给拿个主意，请您务必给出个主意，以不负我对您的高山之望。如果我能微志得展，血仇得报，这是您的功绩，也是我心中所望啊！"

孙策的真诚打动了张纮，张纮帮孙策对形势进行了分析，筹划了孙策下一步的行动方案。这是一次很重要的谈话，被认为是孙吴版的"隆中对"，因为这次谈话的地点在广陵郡的江都，也被称为"江都对"。张纮说："从前周朝国运衰落，但是有齐国、晋国一起来光复它，这是诸侯王应尽的职责。现在您继承了令尊的事业，又有骁勇善战的名望，如果现在投奔丹杨郡，在江南的吴郡、会稽郡一带发展，那么扬州、荆州日后也不在话下，您的家仇也可以得报。之后据守长江，奋威德，诛除郡秽，匡辅汉室，功业岂不跟当年的齐桓公、晋文公一样？如果是这样，我愿意结盟同好，渡江辅佐将军！"

孙策听完茅塞顿开，觉得前途一下子光明起来。张纮说得没错，不要在袁术跟前耽误时间了，应该及时向长江以南发展，开创新的事业。陈温死后朝廷派了个叫刘繇的人担任扬州刺史，袁术把他赶到了江南。当时江南四个郡的太守分别是吴景、许贡、王朗和华歆，他们多是朝廷任命的，政治上没有明显倾向性，现在朝廷鞭长莫及，他们便处在各自为政的局面，因为群龙无首，所以一团乱象。

袁术想一口吞下扬州，但他又有些力不从心，其他势力相距较远，暂时无法染指扬州，所以张纮劝孙策南渡长江，以条件较为成熟的丹杨郡为基地，统一江南，之后虎视荆、扬，成为一方霸主。孙策认为有理，于是把母亲和兄弟们安顿在了江都，托张纮照料，之后跑到寿春，见到袁术，想要回父亲留下来的旧部，再渡江南下。

八、孙策席卷江东

从感情上说，袁术很欣赏孙坚的这个儿子，他曾经对人说："假如我有孙伯符这样的儿子，死又何恨？"但是从理智上说，袁术压根不愿意归还孙坚的旧部。袁术不答应，就找些理由拖着，孙策不停地找他，找得多了，袁术就出了个主意，说丹杨郡是个出精兵的地方，你的舅舅在那里当太守，你不如到丹杨郡去募兵吧。

孙策无奈，渡江去了丹杨郡。丹杨郡太守吴景是孙策母亲吴夫人的弟弟，孙策的舅舅，孙坚起事后，孙氏族人也借势起家，吴景因为姐夫孙坚的带动逐渐成长为太守，推测起来，这个太守可能是袁术所表奏的。孙策在舅舅的帮助下很快募得几百人，但是他带着这支队伍到泾县一带时，遭到当地土匪祖郎的袭击，队伍被打散，孙策险些丧命。泾县就是后来皖南事变的发生地，看来这里地势险峻，自古以来行军至此就很容易遭遇埋伏。孙策只得再回到寿春，他还是隔三岔五去找袁术要父亲留下的队伍，袁术被弄烦了，就把孙坚当年队伍里还没有被拆散的1000多人还给了孙策，同时还开出了条件，让孙策带着这些人去平定九江郡，答应事成之后任命他为九江郡太守。

孙策给袁术出了力，拿下了九江郡，但到头来袁术却任命陈纪为九江郡太守。同时又让孙策帮他平定庐江郡，并且特别说明，上次食言是自己的不对，这回一定任命孙策为庐江郡太守。孙策又帮助袁术平定了庐江郡，但袁术像是得了失忆症，再也不记得当初说过的话，任命刘勋为庐江郡太守。摊上这种毫无信誉可言的领导，孙策真的觉得很受伤，但他也很无奈，他决心彻底离开袁术，按照张纮的建议到江南发展。孙策又找到袁术，对他说："我们孙家在江东一带还有一定号召力，我愿意到江南去，协助舅舅吴景平定江南各郡，到时候至少可以为您募得3万甲士，助您完成匡复汉室的大业。"袁术听了这些话很高兴，准许孙策渡江。

兴平二年（195）初孙策渡过长江，开始了拓疆之旅。长江是条自西向东流向的大河，但流到安徽境内时有一段向东北方向斜流，古人习惯以此段长江为标准确定东西和左右，把今天安徽省芜湖以下的长江下游南岸地区，即苏南、浙江北部、皖南部分地区以及今江西的赣东北称作江东。古人以东为左，以西为右，故江东又被称为江左，江西则被称为江右。

孙策准备渡江作战时手下兵马少得可怜，士卒仅1000多人，骑兵更少，不到百人，此外还有几百人愿意追随他。不过，正如张纮说的那样，孙氏在江东的确有不小的影响力，听说乌程侯的儿子回来了，许多人都跑来投奔，孙策渡江的地点在九江郡的历阳，即今安徽省和县，孙策到达那里时，手下已聚集起数千人。此时孙策的母亲以及孙权等诸弟已不在江都，他们又回到了曲阿，孙策派人把他们接到了历阳，后来安置在江北的阜陵，这样孙策在江东的行动就没有后顾之忧了。

精于盘算的袁术之所以答应孙策向江东发展,一方面缘于九江郡、庐江郡两个太守都让孙策落了空,袁术认为孙策心里必然不满;另一方面,袁术分析了江东的形势,认为江东现在也是诸侯割据的局面,吴郡有刘繇,会稽郡有王朗,孙策未必能战胜他们,所以才答应。当时的江东除了刘繇、王朗这些人,还有很多势力,形势相当复杂。朝廷任命的扬州刺史刘繇也是汉室宗亲,关东十一路联军中的兖州刺史刘岱是他的哥哥。刘繇打不过袁术,渡江来到丹杨郡,袁术命令丹杨郡太守吴景阻击刘繇,刘繇退到吴郡,在曲阿一带发展,他是货真价实的刺史,又是汉室宗亲,有一定号召力。

吴郡太守本是盛宪,许贡是他手下的都尉,后来盛宪因病离职,许贡接任。盛宪的太守是朝廷任命的,许贡的太守可能也是朝廷任命的,对孙策来说,与刘繇一样,许贡也是敌人。会稽郡在吴郡的南面,是一个大郡,太守王朗是北方人,曾在朝中为官,后弃官回到家乡徐州,陶谦推举他为茂才,王朗接受了陶谦的征辟,被任命为治中从事,主官员升迁考核,后来被朝廷正式任命为会稽郡太守,在政治版图中不属于袁术集团。豫章郡的郡治在南昌县,即今江西省南昌市,这个郡面积非常大,大体相当于现在整个江西省。名士华歆在这里当太守,他的情况有点像王朗,由朝廷所任命,袁术一直打着豫章郡的主意,表奏自己的好友诸葛玄到豫章郡任太守。

除了他们,扬州还有几股山贼,宗帅很有实力。一股是山贼严白虎,白虎是他的绰号,真名不详,他的祖籍就是孙氏的食邑地吴郡乌程县,他和弟弟严舆聚众万余人,屯聚于乌程等地。另一股是地方实力派邹他、钱铜、王晟,邹他和钱铜也是吴郡人,王晟是嘉兴人,担任过交州刺史部合浦郡太守,跟孙坚关系还挺好,这几个人分别聚众数千到一万多人,结成同盟,也盘踞于吴郡境内。还有一股是丹杨郡地方宗帅祖郎,祖郎是丹杨郡人,在地方上很有势力,拥兵自重,孙策之前到丹杨郡募兵在泾县附近被袭击,就是祖郎干的。

以上这些势力,或官或匪,或明或暗,势力都不容小觑,孙策所能依靠的,只有丹杨郡太守吴景和担任丹杨郡都尉的孙贲,不仅袁术不看好他,在当时大多数人眼里,也没有把他当回事。

孙策渡江后,首战目标选择的是扬州刺史刘繇。在数股势力中之所以从刘繇下手,主要考虑的是袁术一向不满刘繇,早有吞并之意,攻打刘繇可以获得袁术最大程度的支持。同时，在这些割据势力中，刘繇不仅官职最大而且影响力也很大，打败刘繇，可以迅速在江东立威。不过，刘繇并非等闲之辈，而且有两个盟友和一个帮手，并不好对付。两个盟友分别是彭城相薛礼和下邳相笮融，一个帮手是太史慈。彭城和下邳都属于江北的徐州刺史部，薛礼和笮融先后跟徐州刺史陶谦闹翻，分别率所部南下，薛礼所部此时屯扎在秣陵（今江苏省南京市江宁区），笮融所部此时屯扎在秣陵县以南，他们与曲阿的刘繇结成同盟，互成掎角之势。

孙策进攻刘繇设在牛渚的大营，取得胜利，得到许多粮谷、战具，刘繇退往曲阿。之后，孙策攻击秣陵附近的笮融，斩首数百级，笮融闭营不出。孙策又攻击秣陵的薛礼，薛礼突围而走。孙策于是回过头来再攻笮融。这场战斗进行得十分激烈，在作战中孙策被流矢击中，伤到大腿，不能骑马，被大家用步舆推着回了营。有人报告笮融说孙策中箭已死，笮融大喜，派部将于兹攻击孙策，孙策一面派人迎战，一面在敌人后面设伏，大破敌兵，又斩首千余级。

打败笮融和薛礼后，孙策率兵东进，进攻刘繇，先后攻克了刘繇控制的湖熟、江乘等地，刘繇无法立足，率余部从长江乘船逃往豫章郡辖下的彭泽。孙策不去追击，而重点肃清吴郡境内的大小势力。在发生于神亭的一场交战中，孙策与太史慈相遇，当时太史慈是一个人，而孙策身后有13个人，其中包括韩当、黄盖等人。太史慈毫不畏惧，上来便斗，孙策刺向太史慈的战马，二人互有胜负，孙策夺得太史慈挂在脖子上的手戟，而太史慈抢走了孙策的头盔。汉末三国时期较少发生主将之间的"单挑"，但也不是完全没有，特殊情况下也有过几次，孙策与太史慈之间的这场战斗就是典型的一次。

笮融后来也到了豫章郡，跟刘繇发生了矛盾，二人内讧。再后来刘繇病死，笮融被部下所杀。太史慈则到了芜湖山中，自称丹杨郡太守，驻扎在泾县，设屯立府，附近一带的山越纷纷归附。站稳脚跟后，经过丹徒等战役，孙策又一一消灭了盘踞在吴郡各地的许贡、严白虎以及邹他、钱铜、王晟等部，除王晟与孙坚有旧交，又有吴夫人帮助说话而免于一死外，其他诸人及其族人全都被杀。吴郡全境被孙策控制，孙策任命部将朱治为吴郡太守，下令整顿军纪，不得侵犯百姓，受到百姓的欢迎。

之后，孙策又率兵向南攻打会稽郡，会稽郡太守王朗的功曹虞翻建议避其锋锐，王朗不接纳，坚持守护城池到底，领兵对抗，最后被孙策击败，王朗从海上向南逃跑，打算去交州刺史部避难。但在东冶被孙策的人马截住，只得投降，孙策自兼会稽郡太守，任命虞翻为郡里的功曹。孙策在江东的进展让袁术大吃一惊，江南四郡转眼间孙策已据有其三，这更是袁术不愿意看到的，于是在背后搞了个小动作。袁术派人带上印绶秘密潜入丹杨郡境内，与宗帅祖郎等人接上头，让他们挑动山越与孙策对抗。

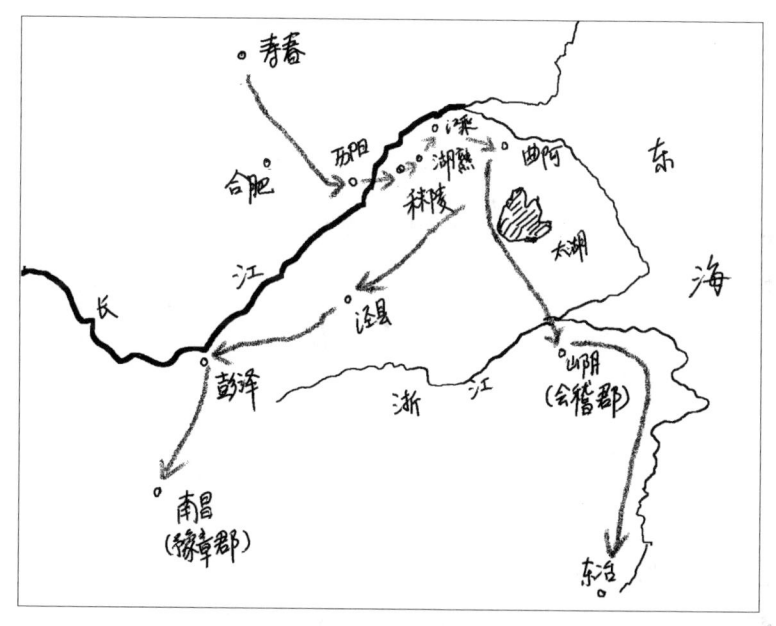

孙策开拓江东示意图

祖郎与太史慈联起手来，结成同盟。孙策率军来攻，先擒祖郎，后收服太史慈。豫章郡当时还是由华歆控制着，孙策先后派太史慈和虞翻前去游说，华歆投降，被孙策礼为上宾，孙策让丹杨郡都尉孙贲过来担任豫章郡太守。现在，丹杨郡太守是舅舅吴景，吴郡太守是部将朱治，豫章郡太守是堂兄孙贲，会稽郡太守由自己兼任，扬州刺史部的江南四郡尽归孙策掌握，实现这一切，孙策只用了四年多一点儿的时间。

第四章 大浪淘沙

一、陶谦"让徐州"

说完扬州刺史部，再回头说说徐州刺史部。曹操二征徐州，因为后方生变撤兵，徐州牧陶谦又惊又怕，一病不起。陶谦此时已经60多岁了，比曹操大了差不多20岁，比袁绍、袁术、刘表也大10多岁，比刘备更是大了将近30岁，在群雄中是一位不折不扣的老前辈。

陶谦年轻时很有才华，也很桀骜，属于愤青一类的人物，成为一路诸侯后性情大变，变得保守持重，也变得胆小怕事。陶谦有两个儿子，一个叫陶高，一个叫陶应，但陶谦不想让他们接班，这两个儿子也没有当官。陶谦并非淡泊名利，只是他经得多也看得多了，深知权力是诱惑也是陷阱，如果自己的儿子能力平平，把权力交给他们等于害了他们，所以陶谦是明智的。当前，徐州经过两次战火，已经成了一个烂摊子，曹操大军注定还会再来，陶谦更不会把这样的烂摊子交给儿子，陶谦在寻找更合适的接班人。

说起来陶谦手下倒是人才济济，孔融、张昭、许劭、赵昱、糜竺、陈登等一批汉末风云人物要么在陶谦手下任过职，要么在陶谦这里做过客。陶谦把以上这些人都打量一番，但觉得都不满意。论名气，许劭、孔融最大；论学问，张昭不低；论才干，赵昱、陈登不错。但是，名气大的能力差，学问好的缺实践，有实践的又不放心。总之，有雄才的无大略，有大略的却无雄才，而有的人既无大略也无雄才。交班不是件小事，也不是一交了之，如果所托非人，势必连累自己及后人。

最后陶谦想到了刘备，陶谦跟刘备交往倒不深，刘备来徐州也很晚，但据陶谦观察，刘备这个人雄才大略兼具，手下人马虽然不多但战斗力很强，让他主持徐州事务，陶谦觉得比交给其他人更放心。想好以后，陶谦把他的别驾叫来，告诉他自己可能不行了，徐州今后的大事，只能交给刘备了。

陶谦现在的副手名叫糜竺，徐州刺史部东海国人，是个大富商，他们家世代经营垦殖、贸易，家里有仆人、奴婢上万人，家产好几亿。做完这番政治交代陶谦就死了，那时候张昭还没有南下江东，尽管陶谦囚禁过他，但他还是为他写了祭文。办完陶谦的丧事，糜竺跟众人商量如何落实陶谦生前的交代，多数人拥护这个决定，不是大家对刘备多么有感情，而是除了刘备的确没有更合适的人，大家便推举糜竺率徐州官民代表团前往小沛迎接刘备。为了表示隆重，也担心刘备推辞，陈登、孔融特意同行。

刘备那时还驻扎在小沛，听说陶谦的死讯，刘备并没有太多在意，他关心的是谁会接替陶谦主政，听糜竺等人一说，刘备简直不敢相信，这个人竟然是自己。但刘备不敢贸然接受，他在徐州还没有左右时局的能力，目前手下也只有几千人马，活动范围仅限于小沛的周边。不说徐州内部如何，在徐州的外围，现在有袁绍、曹操、袁术等环伺着，水有多深实在摸不清。

在与迎接团座谈时刘备表示推让，无非说些才不足用、德未服人等，陈登劝他道："现在汉室陵迟，海内倾覆，立功立事在于今日，徐州户数超过百万，虽然有点委屈您，但仍然希望您能屈尊就任！"刘备跟陈登不熟，继续客气道："袁术先生在寿春，离这儿也不远，袁先生的家族四世五公，海内所归，这个位子应该由他来坐。"陈登看不上袁术，坚持劝道："袁术这个人既骄且豪，不是治乱之主，我们可以帮助阁下组织起十万军队，上可以匡主济民，成就春秋五霸那样的事业，下可以割地保境，在史册上留下英名！"

刘备仍然犹豫，陷入思考，这让一直没说话的孔融急了："袁术这个人不是忧国忘家的人，顶多是坟墓中的枯骨而已，又何足挂齿？现在百姓拥护的是有能力的人，天赐良机，您要不接受，将来后悔都来不及！"刘备一向敬重孔融，他们之前曾打过交道，见孔融发话，而且看到火候也差不多了，于是不再推辞，随同迎接团前往郯县，就任徐州刺史。

刘备到了徐州，去的应该是郯县。刘备就任的是徐州刺史而不是徐州牧，因为他的资历还差得远。就任的方式有点类似于曹操当年的兖州牧，属于官民推选的，还没有得到朝廷的确认。刚开始刘备应该还是挺激动的，不过这种激动的心情也保持不了几天，因为当他认真审视一下徐州的内外部情况时，他肯定高兴不起来了。徐州刺史部下辖二郡三国，从北到南依次是琅邪国、东海郡、彭城国、下邳国、广陵郡。琅邪国和东海郡的大部分地区目前被以臧霸为首的泰山帮实际控制着，在陶谦与曹操的两次战斗中都没有看到臧霸参战的记载，可能他负责驻防在外围地区。

陶谦手下的孙观、吴敦、尹礼等泰山帮成员抱成一团，他们又拉拢了陶谦任命的东海郡太守昌豨，表面服从陶谦领导，其实只听臧霸的，陶谦拿他们没有办法，只能睁只眼闭只眼。陶谦一死，臧霸领着孙观、吴敦、尹礼聚兵于琅邪国的开阳县，正式打出旗号，以臧霸为首领。一共只有五个郡国，琅邪国在臧霸手里，东海郡在昌豨手里，徐州没了一小半。这还不算，最南面的广陵郡也不在目前的控制中，这里先被笮融占着，笮融逃到江南后，广陵郡的大部分地区被袁术实际控制了起来。

说起来是堂堂的一州，其实手里能控制的，只有彭城国和下邳国而已。更严重的是徐州还隐藏着内乱的危险，陶谦虽然死了，但他手下还有这支嫡系队伍，陶谦是江东的丹杨郡人，那里素来出精兵，陶谦能在徐州立足，靠的就是这支丹杨兵，他死后这支人马由将军曹豹率领。曹豹出身不详，之前和刘备曾联手抗击过曹操，与糜竺、陈登等人不同，曹豹手里掌握着军队，是真正的实力派，在迎请刘备过程中，并没有看见他的身影，这让刘备很担心。

从外部形势看，徐州四周也是列强环伺，刘备一上任就面对着一个紧迫的问题，在天下总的格局中他要站在哪一边。从中平末年到现在五六年时间过去了，汉室天下已经完全不再是原来的那个天下，一批军事强人崛起，在各处据地称雄，天子和朝廷成了摆设。群雄之中，除了益州的刘焉、荆州的刘表以及凉州军阀，其他人几乎都被搅进了两大集团的争斗，一个是袁绍集团，一个是袁术集团。

袁绍集团里有曹操、刘虞，袁术集团里有公孙瓒、陶谦，现在刘虞和陶谦已成故人，吕布搅局，刘备、孙策异军突起，天下格局又发生了新变化。孙策是袁术的人，不管有多少恩怨，孙策暂时还到不了袁绍那边；吕布尽管已经残败，但仍然是一支力量，他是袁绍和曹操的死敌，未来跟袁术联手的机会很大。只有刘备的政治倾向仍不明朗，他会继承陶谦的政治传统站在袁术一边，还是另辟蹊径站在袁绍一边，很多人都在关心着这个问题。

从渊源上说，刘备似乎应该站在袁术的一边。一方面，刘备曾经是公孙瓒的人，是同学又是部下，自然应该跟公孙瓒、袁术保持一致；另一方面，刘备接手的是陶谦的徐州，陶谦生前一直跟袁术站在一个阵营。但是，如果继续与袁术、公孙瓒联盟，那就要和袁绍、曹操成为敌人，曹操发展的势头很猛，他已经两征徐州，如果政策没有什么改变，三征徐州一定会迫在眉睫，那时公孙瓒肯定指望不上，袁术这个老滑头也未必会帮忙，以徐州支离破碎的现状，去对抗曹操以及他背后的袁绍，刘备一定觉得没有任何取胜的可能。

对刘备来说最理想的状况是两边都不参与，都不得罪，你们打你们的，我只作壁上观。但这只是幻想，各方博弈渐深，已没有逍遥在外的空间。群雄逐鹿逐到了这个份上，没有朋友可以，没有敌人，是万万做不到的。退而求其次，那就只能与最强大的一方结盟，这是刘备面前的现实选择。

所以，刘备入主徐州刺史部后，马上授意陈登等徐州地方人士，以他们的名义给袁绍写了封信，信中写道："上天降下灾祸，这场灾祸横扫我们徐州，徐州主事的人已经不在了，生民无主。在这种情况下，我们担心一旦奸雄出现，趁隙袭取，那将有损盟主您的威名。所以，我们共同商议，推举前平原相刘备来主事徐州，使百姓有所依归。现在寇难纵横，我无法亲自登门解释，特派遣下吏奔告于您。"信里说的"奸雄出现"暗指的是袁术，解释了徐州士民推举刘备出来的紧迫性。信中还称袁绍为盟主，这有两种理解，一是袁绍是公认的关东联军盟主，是以习惯相称；二是徐州已决定投靠袁绍阵营，尊袁绍为盟主。

这是一种模糊语言，哪种理解是对的不明说，先把话递过去，就看袁绍本人的意思了。这封信之所以用陈登等人的名义，是因为刘备不清楚袁绍的想法，先来个投石问路，避免自己直接送上门被拒绝的尴尬。对刘备的好意袁绍当然不拒绝，马上给陈登等人回信："刘玄德宏量大度，又很有信义，现在你们徐州人士乐于拥戴他，这实在是众望所归啊！"袁绍的态度十分鲜明，他同意刘备当这个徐州刺史，也接受徐州加入他的阵营。刘备松了口气，这个问题解决了，如此一来北面之忧可以缓和，曹操应该不会马上来攻徐州，至于袁术和公孙瓒方面，走一步看一步吧。

外交方面取得了突破，内政也很顺利。刘备主动与臧霸等人缓和关系，承认臧霸、昌豨在琅邪国、东海郡的现实利益，臧霸、昌豨等人纷纷表态，他们会像拥戴陶谦一样继续拥戴刘备。为了换取臧霸、昌豨等人的支持，也为了有一个更加稳定、安全的后方，刘备把徐州刺史部治所由东海郡的郯县迁往下邳国的下邳县，即今江苏省邳州市的下邳故城。对陶谦的旧部，刘备能拉拢的就拉拢，能包容的就包容，平衡好各方面关系，让大家都满意，只要能站稳脚跟，就能慢慢扩充自己的实力。

刘备任命陶谦的老部下曹豹担任下邳国相，以换取陶谦旧部对自己的支持，陶谦的旧部许耽等人担任着中郎将一级的军职，而刘备原来的手下职务都普遍不高，关羽、张飞等人目前还只是在平原国时任命的别部司马。外部和内部都有了起色，刘备这个徐州刺史看起来似乎是站住了脚。

二、来了不速之客

就在这时，徐州迎来一位不速之客。兴平二年（195）春夏之交，正当刘备忙着徐州的内外部事务时，被曹操从兖州一路打出来的吕布来到了徐州。吕布、陈宫率残部从兖州出来无路可去，只得向南来到了徐州刺史部境内，听说徐州已经换了新主人，州治也搬到了下邳，于是前来提出面见刘备的请求。

吕布对刘备这个突然崛起的徐州刺史未必有太多了解，但刘备却很了解吕布，吕布当时已经是闻名天下的人物，大家对他的评价褒贬共存。从肯定的方面说，大家认为吕布是员猛将，称他为"飞将"，手下有一帮铁杆兄弟，战斗力很强，所以当时人人都在传颂着"马中赤兔，人中吕布"的话；从否定的方面说，吕布出道以来，先后杀了自己的上司丁原、董卓，又和袁术、袁绍等人闹翻，也许原因各不相同，吕布每一次也有自己的理由和苦衷，但一般人不会细究那些，大家只看结果，自然得出结论，觉得吕布这个人缺乏政治诚信，甚至没有基本的道德底线。

丁原、董卓、袁术、张杨、袁绍、张邈，个个都是英雄好汉，他们都跟吕布打过交道，但他们不是死于吕布之手，就是吃过吕布的亏，至少没捞到什么好处，大概有人已经做过总结，要想事业发达，必须远离吕布。

可是，对吕布的到来，刘备最后还是欣然相迎。吕布见到刘备时一副毕恭毕敬的样子，跟刘备还套起近乎："我跟您都是边地人，真是缘分哪。我杀董卓，本应该得到天下人的敬重，却没有人愿意接纳我，还都想杀我，所以来投奔您。"吕布的老家是并州刺史部五原郡，今河套一带，刘备的老家在幽州刺史部涿郡，今北京市以南，二人本来拉不上老乡关系，但吕布认为五原郡和涿郡都属于边地，也算老乡吧。

吕布还把刘备请到自己营帐中做客，喝完酒，邀请刘备到内帐中，请刘备坐在自己妻子的床上，然后把自己的妻子叫出来拜见，为刘备斟酒布菜。吕布的妻子叫什么名字史书没有记载，但应该不叫貂蝉，因为貂蝉只是文艺作品中的人物，正史里从未有过记载。吕布称刘备为老弟，刘备生于汉桓帝延熹四年（161），小曹操5岁，此时虚岁35岁。吕布生年不详，他称刘备为老弟，可能比刘备年长。在一般人的印象中，刘备是三缕长须飘在腮下，一副长者模样，而吕布则是英俊小生的打扮，看来是误解。

对于吕布的热情，刘备给予了积极回应，答应收留吕布，并交给吕布一项光荣任务。刘备能实际控制的地盘除了徐州刺史部的彭城国、下邳国，还有豫州刺史部沛国的一小部分，他头上还有豫州刺史的头衔，刘备表奏吕布为豫州刺史，让他驻扎在小沛。

事后证明，这是一项极其错误的决定。刘备做出这个决定前肯定没有征求袁绍的同意，即使征求了，袁绍也不可能同意，吕布是袁绍的敌人，恨不得派人四处追杀他，自然不希望吕布这条咸鱼还能翻身。刘备既然已承认袁绍盟主的地位，所作所为就不能损害袁绍的战略利益，否则，业已建立的良好关系将受损，甚至不复存在。

吕布同时是曹操的敌人，曹操没有追击吕布，一来当时还有雍丘之战没打完；二来也是希望刘备替他收拾吕布。如果那样，今后刘备自然跟曹操成为一条阵线，刘备遇到别人的攻击，曹操也会帮上一把。现在吕布在刘备的帮助下起死回生，等于向曹操宣布刘备并不是他可靠的盟友。刘备还应该从张邈的身上吸取教训，张邈、陈宫反叛曹操原来可以自己干，因为想借用吕布的名气所以把他拉来结伙，但最后一事无成，反受牵连。可见，吕布所谓的名气并不能当饭吃，他的野心和善变倒一次次把事情推向不可收拾的地步，这样的队友比对手更可怕。

一向精明的刘备没看到这些吗？为什么会做出这样的决定？一个原因，可能是刘备看中了吕布和他手下仍具有的战斗力。刘备入主徐州后，可依赖的只有关羽、张飞等人率领的有限兵马，徐州各路地方势力不会真心实意听他指挥，一旦有大的行动，防着敌人进攻的时候还得防内部人搞鬼，这是刘备焦心的事。可能在刘备看来，引入吕布可以平衡徐州的各路势力，让自己这个徐州刺史坐得更稳。另一个原因，与当初陶谦的想法一样，刘备觉得自己的头上也需要戴一项钢盔，这就是小沛。作为抵挡兖州方面的前沿阵地，让吕布去守小沛是再合适不过了，正因为吕布和曹操是势不共天的敌人，所以不用担心他会阵前反水，同时吕布有一定的战斗力，曹操真的南下，也能顶上一阵。

但是，如果刘备真有这样的想法，那也只是他的想法。事后证明，这样的想法有点儿太傻太天真，吕布不仅没有对徐州各路势力起到平衡作用，还与他们联合起来对付刘备；不仅没有跟曹操拼命，二人还一度和好，亲如一家。刘备的这个错误犯大了，说明直到现在他还只是政治和外交舞台上的一名新手。

三、吕布辕门射戟

刘备入主徐州惹怒了一个人，也就是袁术。听说刘备取代陶谦当了徐州刺史，并一改与自己结盟的现状转投袁绍，这让袁术无法释怀。袁术一向心高气傲，本来就瞧不起刘备，他曾对人说："我袁术生平从来没有听说过天下还有刘备这个人！"袁术说干就干，率兵挥师北上，直取徐州。刘备不敢怠慢，赶紧整顿人马南下迎击，双方在徐州刺史部南部的下邳国、广陵郡一带交战，这里就是如今的洪泽湖地区。

建安元年（196）春天，就在曹操把汉献帝接到许县的时候，刘备率关羽等南下迎击袁术，让张飞留守下邳。曹操听说刘备和袁术开战，对刘备给予了支持，以朝廷的名义任命刘备为平东将军，封宜城亭侯。曹操这么做是为了拉住刘备，坚定刘备与袁术斗争的信心。尽管刘备收容吕布让曹操不快，但为大局着眼，曹操还是把刘备当成自己人。对曹操来说，夺取徐州是上策，不战而把徐州由敌人转化为友军也是可以接受的。刘备已经取得了徐州刺史的职务，但他还没有新的军职，刘备的上一个军职是公孙瓒授予的别部司马，平东将军在杂号将军之上，相当于军区或兵团司令，刘备的军职一下子升了好多级。张飞此时的军职仍然是司马，在下邳城比他职务高的有曹豹，他是下邳国相，相当于郡太守。还有陶谦的旧部许耽，职务是中郎将，也比张飞高得多。

这样势必会产生矛盾，张飞是刘备的亲信，是后方的实际负责人，但职务却不高，更重要的是，刘备率嫡系南下后，下邳城的防务以陶谦的旧部为主，很容易出问题。张飞是一员猛将，打仗比较在行，但处理复杂微妙的局面可能不拿手。如果刘备此去很快获胜，徐州倒不会出现大的闪失，但如果打了败仗或者陷入长期僵持，那就不好说了。

而这一仗恰恰打成了拉锯战，刘备和袁术在淮阴的石亭一带交战，双方互有胜负，形成对峙的局面。从人数上说袁术占优，但从士气上看刘备更旺。袁术挺郁闷，连名不见经传的刘备都打不过，他一定觉得自己简直没法混世界了。

有人看到了这种局面，立即意识到机会来了。这个人是吕布，他见刘备主力南下，于是乘虚袭取了刘备的后方，曹豹偷偷迎接吕布，夺取了刘备的下邳城。吕布到了小沛，并不甘心给刘备站岗放哨，他曾偷偷地给袁术写过信，这封信里都写了些什么不详，袁术给他的回信却保存了下来，在信中袁术大大地夸奖了吕布，为拉拢吕布对抗刘备，袁术表态说愿意提供20万斛粮食给他。近年来除了兵荒还有天灾，粮食稀缺，吕布在兖州被曹操打败，一个重要的原因就是缺粮，吕布深知没饭吃是什么滋味，20万斛粮食对吕布来说是一个巨大的诱惑。

吕布也想干，袁术也想干，双方一拍即合，就干了。除此之外，想干的还有上面提到的曹豹，作为陶谦的旧部，刘备到徐州以后他心情有些郁闷，和张飞之间又有些矛盾，所以也想干一回，曹豹也派人秘密联络了吕布。吕布接到袁术的信很激动，又有曹豹主动投靠，愿意充当内应，就更不多想了，立即引兵由小沛杀往下邳，负责下邳城防务的中郎将许耽派一个叫章诳的司马来见吕布，报告了下邳城里的最新情况。

吕布这才得知下邳城发生了重大变化，张飞把曹豹杀了，城中已经大乱。章诳告诉吕布城里现在人心惶惶，大家互不信任，张飞根本控制不住局面。丹杨兵有1000人屯驻在下邳城的西门，听说吕将军要来大家都特别高兴，好像看到了生的希望，章诳建议吕布引兵向西门，丹杨兵自会开门相迎。

吕布于是连夜进兵，于清晨时分来到下邳城下，丹杨兵果然打开西门，吕布进城。吕布把临时指挥所设在下邳城西门城楼上，在这里指挥手下人马和丹杨兵四处放火，大破张飞。张飞逃出城，刘备的妻子甘氏以及刘备手下将士们的家眷，还有大量军用物资都落入吕布手中，吕布没费多大的代价就抄了刘备的老巢，夺取了下邳城。

在前线作战的刘备听到后方有变，如雷轰顶，顾不上袁术，立即回师。刘备手下将士知道家里出了事，眷属们都在吕布手里，心里面已经大乱。刘备心想这样子回下邳根本没有战胜吕布的希望，只好带着人马再次南下，试图寻求与袁术决战，但被击溃。前后都有强敌，刘备陷入绝境。今江苏省灌南县在东汉属徐州刺史部广陵郡的海西县，现在是个内陆县，东边还有响水等县，而在东汉，响水县和滨海县一带数千万平方公里的土地尚不存在，这里是一片大海，海西县是个典型的滨海县。在群雄争霸战中，这里并不是各路军阀争抢的要地，虽然经济比较落后，但还算安宁。

建安元年（196）秋天，这里突然来了一支人马，顿时制造出紧张的气氛。这支人马有数千人，像是在别的地方打了败仗退到这里的，人不齐、马不整，还有许多伤兵，士气十分低落。海西是个小县，一下子拥来了这么多人，吃饭都成了问题。这就是刘备率领的残兵败将。刘备一行来到这里，没吃的没喝的，不知道该往哪里去，饿极了，甚至发生了人吃人的惨剧。落到现在这个局面，刘备怪不了别人，要怪只能怪自己，他十分懊悔。但是后悔是没有用的，现在要考虑的是怎么办，不说下一步如何翻身，就说如何解决这几千人的吃饭问题，都够难的。没有吃的，缺少粮食，几天还能克服，时间再长，人马就得一哄而散。

在这个最艰难的时刻，随军出征的徐州别驾麋竺给了刘备以最大的支持。麋竺是亿万富豪，家底很厚，麋竺和兄弟麋芳散尽家财支持刘备，同时集合了仆人、宾客和族人共2000多人加入了刘备的队伍。甘夫人落入吕布手中，生死不详，麋竺便把自己的妹妹嫁给刘备当夫人。麋竺是汉末商人从政的成功代表，在刘备事业最低谷时倾全力支持，看得出他不仅会理财，还很有政治头脑。在麋氏兄弟的大力支持下，刘备暂时可以不用下海当渔民了，但前途仍然黯淡。

走投无路之下，刘备做出了一个让人不可思议的决定，他要向吕布投降。换成袁绍或袁术，事业从巅峰一下子落入低谷，肯定会一蹶不振，说不定直接气得吐血而死，让他们弯下腰来向对手低头，那怎么可能？这种事只有吕布能做出来，因为他脸皮厚，面子不值钱。刘备也能做出来，因为他没有别的办法。刘备率领手下的人马重新北上，来到下邳城外，让人报告吕布说，他想投降吕布。吕布刚进入下邳城，当了徐州刺史，听说刘备回来了，有些吃惊。听说刘备要投降自己，吕布更吃惊了。

但是，刘备的心思别人不好懂吕布却能读懂，吕布和刘备都出身于草根，都在底层奋斗挣扎过，知道人情冷暖、眉眼高低，遇到困境时身上也都有惊人的忍耐力。吕布想起自己走投无路来投奔刘备的情景，有些感同身受，所以刘备请降别人不理解，他完全理解。吕布手下有人反对，他们提醒吕布："刘备这个人反复无常，很难加以笼络，必须早点结果他！"说这个话的人，不知想没想过吕布听到这样的话会多心，这话简直就是在骂他们的领导吕布，要说反复无常，刘备比吕布差得远。

吕布没有接受手下人的意见，还把这些话告诉了刘备。刘备听完心里不安，他现在只想自保，别无他图，于是请人出面到吕布那里说情。刘备请的是谁史书没有记载，肯定不会是关羽等人，最有资格为他说话的人是孔融，如果孔融出面，吕布应该给个面子，还有许劭、陈登、陈群这些人，刘备对他们都很尊重，现在他们是吕布的座上客，请他们去说和一定不难。为了打消吕布的顾虑，刘备让人带话给吕布，只要接受他的投降，他愿意去小沛。这正符合吕布的想法，于是答应了刘备的请求。

吕布收留刘备也是一个错误，他的错误跟当初刘备一样。但是把徐州整个形势进行了一番梳理后，吕布也发现自己的力量并不强大，四周的形势仍然险恶，与其跟刘备拼命，不如把他收编。不久前吕布内部发生了一次叛乱，差点儿要了他的命。防曹操、防袁绍，还得防袁术，防徐州地方实力派和内部的叛徒，从里到外吕布都得提防，这是他不能再与刘备血拼到底的原因。吕布归还了刘备的妻子，古文中的"妻子"通常指的是妻子和儿女，但这里仅指妻子，因为刘备的第一个儿子尚未出生，史书也没有刘备有女儿的记载，这个"妻子"指的是甘氏。

吕布命令刘备回豫州，和自己一道抵抗袁术。史书上的这条记载一下子让人摸不着头脑，曹操、袁绍才是吕布当前主要的敌人，刘备到小沛的主要任务应该是对付他们，而且小沛的位置也不对，如果抵抗袁术，应该把刘备派到徐州南部才对。但这不是史书记载的错误，结合郝萌反叛事件对此就容易理解了。吕布这时已洞悉了袁术的居心，他们翻脸是迟早的事，所以已经把袁术当成了敌人，至于曹操，吕布正考虑如何与他消除之前的恩怨化敌为友。这段时间，袁绍、袁术、曹操、吕布、刘备等人一会儿是敌、一会儿是友，变化很快，让史学家们都凌乱了。

吕布按照刺史的规格为刘备准备了车马和仆役，在泗水河上举行了发还将士家眷的仪式，为刘备第二次担任豫州刺史饯行。对刘备来说，虽然面子不好看，但最难的一关总算过去了，张飞也回归了队伍。刘备率关羽、张飞等人再次来到小沛，这次待的时间比上一回要长得多。

听说刘备没被消灭，还去小沛当了豫州刺史，袁术不干了。袁术派纪灵率3万人马攻打刘备，刘备刚到小沛，手下充其量也就几千人，面对几乎十倍于己的敌人，刘备自知不敌，赶紧向吕布求援。接到刘备的请求，吕布手下众将都建议不要管这件事。但吕布不同意这么做，他的眼光更宏观："袁术如果消灭刘备，那就会北连泰山诸将，我就被袁术包围在其中，没什么前途出路了，刘备不得不救！"

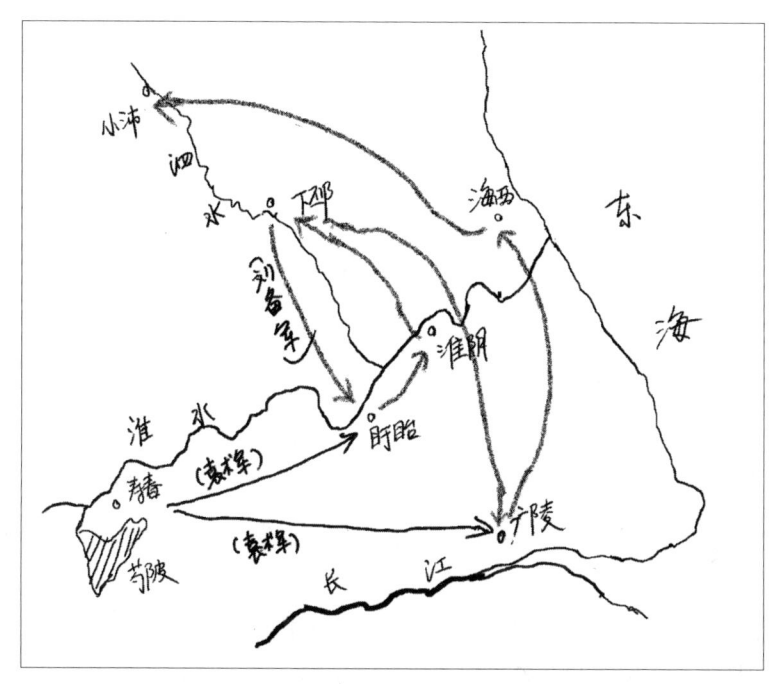

刘备败往小沛示意图

刘备在徐州时泰山帮的臧霸、昌豨等人还跑出来打个照面，表面上服从，但吕布当上徐州刺史后，这些人连面都不照了。前不久，吕布为扩大控制范围，想进攻琅邪国相萧建，给萧建写了封信，萧建畏惧吕布，派人带上礼物来见吕布，但吕布还是想把琅邪国收归自己管理，于是亲自率兵赶到了琅邪国。吕布的举动引起了臧霸的疑虑，臧霸和吕布开战。战斗中，臧霸所部使用了毒箭，射中吕布手下不少人马，吕布不能取胜，退回下邳。不过后来臧霸还是服软，表示愿意接受吕布的指挥，但进攻琅邪国一事也就不了了之。

吕布担心的是，刘备一旦被消灭，袁术将与臧霸等人联手，自己就处在袁术的包围之中了。所以，吕布决定亲自去帮刘备解围，但带去的人马并不多，只有1000名步兵和200名骑兵。纪灵听说吕布来了，于是停止了对小沛的进攻。吕布率部在小沛城西南方向扎营，之后发出请帖，宴请纪灵。宴席上，吕布对纪灵说："刘玄德是我兄弟，他现在被诸君围困，所以我来救他。我生性不喜欢跟人斗，只喜欢替人和解。"

吕布命人在营门外立上一支戟，对众人说："诸君请看，戟上有一小枝，我要一箭射中，诸君应当和解，不能再争斗；如果射不中，你们再斗我不管。"戟的头部是一个不对称的十字形,用来横击的一端刃部长而尖,为主刃,另一端与主刃垂直,短而粗,称小枝。吕布举弓射戟,正中小枝,众人皆惊,齐呼:"将军天威也!"第二天吕布再请大家喝酒,纪灵随后率军撤退。

四、解决吃饭问题

建安元年(196)也是曹操的元年,把汉献帝安顿到许县,事情刚一理顺,曹操就决定推行他的政治改革。曹操为此向汉献帝上了一份《陈损益表》,提出了他的政治改革措施,前后达14项之多,可惜的是这份体现曹操治国理念的重要文件现在仅存序言部分,具体内容已不可考,推测一下无外乎是富国强兵、选贤任能等。

在富国强兵方面,曹操后来推出的最重的要措施是屯田。当时曹操面临着很大的经济压力,他的根据地在兖州刺史部,出于战略考虑把新首都定在了豫州刺史部的许县,但这一带都是新占领区,他的基础还不够雄厚,在后勤保障方面的压力很大。近一两年,曹操采纳毛玠等人的建议,在兖州一带积极发展生产,基本保障了自身的粮食供应问题,从而让自己处处居于主动。许县以及周边的颍川郡、汝南郡虽然曾经是重要的农业区,但这些年来遭受战争的影响也最深,黄巾军在这里势力很大,有大量人口流失到了南面的荆州刺史部。

朝廷正常运转需要大量粮食、布匹等物资,军队也需要后勤保障,这些物资如果都依赖兖州刺史部的供应,浪费会很大,长期下去兖州刺史部那边也难以为继。军粮运输就是个很难解决的问题,从兖州运到这里来必须组织大量人力,还要考虑运输队伍途中的消耗,往往运一车粮食至少还得再准备一车粮食供路上吃,沿途安全又难以保证,这个办法基本上不可行。

许县的粮食供应问题必须立足于就地解决,曾在东郡任东阿县令的枣祗和夏侯惇的副将韩浩同时向曹操建议,在许县周边一带进行屯田。枣祗是颍川郡本地人,他在当年抵抗张邈、陈宫之叛中立下大功,随曹操来到许县后,曹操让他担任汉献帝近卫部队的指挥官(羽林监)。韩浩当年成功处置了夏侯惇被劫持事件,事后受到了曹操的表扬。他们二人建议曹操效仿汉初以来的经验,把流民组织起来,开展农业生产,实施屯田。屯田作为制度其起源可考的是汉文帝时期,当年著名改革家晁错分析了秦朝守塞北失败的教训，认为单纯以戍卒守边的制度有很大弊病，必须实行"且屯且守"的制度，把屯田与戍边结合起来。汉文帝前元十一年（前169），朝廷下令在边郡屯田，到了汉武帝时，经济专家桑弘羊又建议屯田西域，都收效明显。但是，晁错和桑弘羊所推行的屯田都与国防建设有关，属于半军半民性质，许县的情况和那时有很大不同，能不能参照前人的办法推行，还存在争议。

反对屯田的人也有不少，曹军收复了大量无主土地，曹操手下有相当一部分人认为应该赏给有功之人，有人甚至提出恢复古代的井田制，大力推行土地私有化。实行屯田实际上就是"国有化"，与私有化的呼声刚好相反，所以招致不少人的反对，这是曹操不得不考虑的问题。曹操让枣祗找荀彧等人商议，荀彧支持屯田，在当时特殊的情况下，只有实行特殊的经济政策，才能渡过危机。经过内部讨论并逐步统一了思想后，建安元年（196）曹操颁布了《置屯田令》，从定国安邦的战略高度充分肯定了秦皇汉武奖励耕战、实行屯田的历史经验，阐述了屯田积谷的重要意义，下令开始屯田，标志着这项"战时经济政策"正式实施。从建安元年（196）到魏元帝咸熙元年（264），这项制度推行了近70年，可以说它伴随着曹魏帝国兴衰的始终，成为曹魏势力崛起的经济基础。

屯田首先在许县附近试点，具体做法是，把已经找不到主人的土地收归国有，然后把丧失土地的流民组织起来，由国家提供耕牛、农具、种子，获得的收成由国家和农民分成。当时能集中起来的土地很多，流民也很多，土地资源和人力资源都不发愁，屯田很容易就搞了起来。农业工作本应由九卿之一的大司农管理，为了加大推行的力度，曹操决定亲自抓这件事，在许县试点期间，他任命枣祗为屯田都尉，任命自己的堂妹夫任峻为典农中郎将，具体管理屯田事务，直接向自己负责。

但是试点刚一推开就遇到了波折，因为被组织起来的农民不太适应，他们经常逃亡。一项好政策为什么农民不愿意接受呢？原因是租税太重。过去农民给地主扛长活，交租的标准一般是收成的一半，即五五分成。曹魏搞屯田，收租也按这个比例，国家就变成了地主。如果连耕牛一块租，交租的比例更是提高到60%。如此一来，大家积极性自然不高。

汉代农业税的比例大部分时候是三十税一，即3.3%，现在屯田农民的税务负担是此前朝廷标准的十来倍。在农业生产技术很落后、生产效率不高的情况下，这么重的税率农民生活之艰辛可想而知。但不这样又不行，军事斗争每天都需要巨大的财富保障，曹魏所能聚集的财富十分有限，屯田这一块是相对有保障的，课以重税既是循前朝惯例，也有不得已之处。有地方官员建议，农民都有安土重迁的传统，不能一下子改变，必须因势利导，要让他自愿，不能搞强迫。曹操采纳了这个建议，对屯田政策尽可能予以改进，包括合理安置劳力、分配生产资料、取消屯田户的徭役等，保证屯田制的健康发展。

对于屯田以外的普通农户，曹操下令重新清查户籍和财产，据此确定缴纳赋税的额度。这有点像划分成分，又像是核定收入申报纳税。这项工作在曹操势力范围内全面铺开，包括曹操本人在内都要评定"成分"，然后决定纳税标准。曹操家乡的谯县令给曹操、曹洪二人评为同一等级，曹操对人说："我家哪里有子廉家富有哇！"

建安元年（196）许县屯田开始试点，次年就获得了好收成，积余粮达百万斛。曹操下令将这一制度全面推广，在曹操势力范围内掀起了一场规模浩大的运动，自力更生，丰衣足食。以后曹魏立国，屯田又成为一项基本的经济制度。根据所在地区的不同情况，曹魏的屯田分民屯和军屯两种，民屯在曹魏的腹地，军屯在边境地区，配备的屯田官级别都很高，郡国配品秩二千石的典农中郎将或比二千石的典农校尉，县配品秩六百石的典农都尉。品秩二千石相当于朝廷的部长和地方上的郡太守，品秩六百石相当于县令，这些屯田官单独设署治事，不隶属于所在的郡县。

以后，曹魏最兴盛的时候控制区涉及了天下13个州的11个州，共91个郡国，据现存史料统计，有17个郡国有民屯，8个郡国有军屯，3个郡国既有民屯也有军屯，共计郡国28个，占总数的三分之一，当然实际比例肯定比这个高得多。曹操亲自抓这项工作，他身体力行，亲自过问屯田事务，尤其对大型水利工程建设很关心。中国古代以农立国，素有"重农抑商"的传统，但具体到官员体系中，农业等经济领域又是个容易被忽视的部门，这种状况到了汉献帝建安年间发生了改变，一大批优秀的"农业干部"在曹操手下脱颖而出。曹魏"屯田系统"人才济济，他们有的专门从事农业工作，有的从农业领域起步后来担任了更重要的职务，相比于其他朝代，这一时期是"农业干部"最吃香的时代。

五、人才纷至沓来

在选贤任能方面,曹操也不遗余力地大力推进。曹操的首席智囊荀彧转任尚书令后,曹操深感身边像荀彧那样能出谋划策的人才太少,有一次问荀彧:"谁能代替先生为我出谋划策?"荀彧向曹操推荐了两个人,一个是荀攸,一个是钟繇。

荀攸当年因策划刺杀董卓而被关进了监狱,董卓死后他恢复了自由,作为反董斗士,王允主持下的朝廷对他很重视,准备任命他为任城国相,但荀攸考虑到益州刺史部更容易躲避战乱,所以请求到那里为官,朝廷重新任命他为蜀郡太守。荀攸去益州刺史部上任,他跟当年刘焉走的路线一样,先到了荆州刺史部,想溯长江而上进入益州,但是到了荆州后才发现路途艰险,很难到达,于是暂留在了荆州。而且,益州当时是刘焉的地盘,非亲非故,毫无渊源,荀攸拿着一张任命书就想到益州去上任,结果很难预料。就在这时荀彧把他推荐给了曹操,曹操很重视,亲自给荀攸写了封信邀请他来许县。荀攸到来后,曹操以朝廷的名义征召他为汝南郡太守,但没有去上任,随即改任他为尚书,在他叔父荀彧手下任职。曹操跟荀攸进行了长谈,深感荀攸不是一般的人才,特别高兴,对荀彧说:"公达真是个奇才,能够与他共商大事,天下还有什么可以忧虑的!"于是,重新任命荀攸为军师,到自己身边工作。荀彧推荐的另一个人钟繇,他不仅与荀彧相识,也是曹操早年的老朋友,曹操让钟繇暂时在尚书台担任荀彧的尚书仆射。

此前,荀彧在曹操身边的实际地位相当于参谋长,在这个参谋班子里还有程昱、戏志才等人。戏志才也是荀彧推荐给曹操的,但是前不久不幸病故,由于他在曹操身边待的时间较短,关于他的事记载下来的不多。荀彧去了尚书台,程昱还远在兖州,虽然身边有了荀攸,但曹操仍然觉得他的参谋班子力量太弱,就让荀彧再推荐几个像戏志才那样的人。

荀彧想到了一个人,认为让他来给曹操当参谋长,是再合适不过了,这个人就是郭嘉。郭嘉字奉孝,比荀彧小7岁,此时27岁左右,也是颍川郡人,跟韩馥是同一个县的。与荀彧不同,郭嘉出身寒门,但他从小就有远大的志向,喜欢暗中交结有识之士,这其中就包括同乡荀彧、辛评、郭图等人,在他们的影响下,郭嘉当初也到了冀州刺史部,先在韩馥手下,后来转到袁绍那里。荀彧看不上袁绍,郭嘉对袁绍的评价更差,他劝辛评、郭图离开袁绍另寻明主,辛评和郭图不太同意这样做，他们认为袁氏的恩德和威风布于天下，现在人们都来归顺，力量越来越强，在这么有前途的地方干，为什么要离开？郭嘉知道他们听不进去，不再多说，就自己离开，找了个地方闲居起来了。

郭嘉回到了家乡颍川郡阳翟县，在家赋闲了六年。这六年时间里郭嘉都做了些什么不得而知，大家看到的是他喜欢结交天下英俊，不愿意与俗人打交道，一般的人不知道他的才能，只有了解他的人才知道他是个奇才。阳翟县离许县很近，汉献帝到了许县，朝廷各部门都在招聘人才，郭嘉被司徒赵温征辟，在司徒府任职。荀彧对郭嘉很了解，让他在赵温手下抄抄写写太屈才了，于是推荐给曹操。曹操把郭嘉找来谈论天下大事，谈完之后曹操高兴地说："让我能成就大事的，必然是此人哪！"郭嘉也很高兴，在与曹操的谈话中他对曹操也有了进一步了解，深切感受到这是一个胸怀理想、想成就一番大事业的人，对时局的认识也很独到和深刻，是一个值得为之效命的人，他也对人说："这正是我要找的主人呀！"

曹操直接任命郭嘉担任军师祭酒，"祭酒"本指古代飨宴时醑酒祭神的长者，具体到一个部门，就是"部门长"，比如太学博士相当于大学教授，博士祭酒就是大学校长。军师祭酒相当于参谋长，对于一个不满30岁、个人履历几乎还是一张白纸的人，直接破格提拔到如此重要的岗位上，说明曹操用人确实不拘一格，把能力作为选人用人的最重要标准，郭嘉也不负众望，成为一代传奇谋主。

除得到了郭嘉、荀攸外，在曹操主持下，还以朝廷的名义多方延揽人才，这一时期来到许县朝廷或曹操身边任职的各路人才络绎不绝，重要的有国渊、刘馥、杜袭、赵俨、华歆、王朗、郗虑、刘晔、司马朗、荀悦、徐奕、何夔、蒋济、梁习、张既、贾逵、郑浑、卫觊、陈矫、徐宣、卫臻、胡质、杨阜、孔融等，武将方面有李通、许褚。这些人里大部分是听说朝廷来到了许县而主动跑来效命的，也有个别人是朝廷点名征召来的，如孔融、华歆、王朗等人，原因是他们的名气比较大，朝廷在用人之际，需要他们来扩大朝廷的影响。

孔融近年来一直寄寓于徐州，先后依附陶谦、刘备、吕布，听说朝廷点名要他，他自然高高兴兴地来了，被任命为将作大匠。华歆和王朗都是朝廷之前任命的郡太守，又都受困于江东，现在江东是孙策的地盘，他们的日子都不好过，听说朝廷征召，也都乐意前来。华歆后来担任了朝廷议郎，王朗担任了谏议大夫。这一时期来许县的人太多了，这就是天子这块招牌的力量，对于大多数人来说，并不是冲着曹操来的，而是冲着朝廷来的，"挟天子"开始发挥效应了。

六、一场名位之争

曹操迎接到汉献帝后一切进展还算顺利，甚至有些风风火火。看到这种情况有个人后悔了，那就是袁绍，当初经过他的内部评估，认为插手现在的朝廷事务是弊大于利，所以他躲了。但现在看来这个判断似乎错了，袁绍觉得让曹操占了便宜，心里不是滋味。

袁绍一直没拿曹操当外人，在他眼里曹操就是自己的手下，没有他就没有曹操的一切，尤其在曹操几乎走投无路的时候，是他出手相救才化解了危机。在袁绍看来，自己是因为腾不出手来去迎接汉献帝，曹操既然去了，那就应该是代表自己去的，事情办完了，曹操理应向自己汇报汇报情况吧。

袁绍在邺县等着曹操来汇报工作，但曹操没有来。甚至也没有派个人来，完全不把他这个领导和老大哥当回事，袁绍感到很不舒服。终于有人来了，还带着汉献帝的诏书，袁绍接到一看，当时就气炸了，诏书是批评他的，措辞相当严厉，等于把他臭骂了一顿。

在这份诏书里汉献帝责备他虽然地广兵多，但只顾培植自己的势力，擅自征伐，不来勤王。诏书虽然是以汉献帝名义下达的，但幕后指使一定是曹操。袁绍大怒，也有些窝火，但既然是诏书，当然不能不理，袁绍马上很认真地给汉献帝上了一份奏疏，对汉献帝的批评给予回应。这份奏疏有1300多字，挺长，一看就是下了不少功夫写的。袁绍一再申明，自己对帝室忠贞不贰，一直以来都在做着匡扶汉室的努力，丝毫不敢懈怠。

这份奏疏送到了许县，不知是否与此有关，袁绍很快接到了第二份诏书，朝廷任命他为太尉。太尉名列三公，以袁绍的年龄和资历能担任太尉一职无疑是件荣耀的事，数十年来，三公已经快要成了袁家的专利，从他父辈往上数一共四代人，出了五位三公，而他这辈人里还没有这个荣耀，如今能当上三公，且是朝廷正式任命而非自己表奏的，在家族的三公榜上再续一笔，那将是多么值得骄傲的事。

而且太尉是三公之首，等于是百官的领袖，袁绍比较满意。但袁绍多了个心眼，他得打听清楚再接受这个任命，等他仔细一打听，马上就火了，袁绍得知曹操也有了新职务，是大将军。

大将军位在三公之上，太尉要成为文武百官的首领，前提是不设大将军，有了大将军，三公的地位就矮了一截。袁绍立即上表天子，表示不接受这项任命。

袁绍还给汉献帝推荐了一个人，认为他是太尉的合适人选，此人就是陈群的父亲、刚被任命为大鸿胪的陈纪。当然，袁绍这样做只是闹情绪，表达自己的不满。

曹操这才发现在处理这个问题上自己考虑得有些不周。曹操原本以为，袁绍无论担任什么职务都是名义上的，没有实质意义，对袁绍来说太尉已经是很不错的安排了，没费一兵一卒就白得了这个职务，应该满意。没想到袁绍丝毫不领情，双方的隔阂反而因此进一步加深了。曹操虽然明白他跟袁绍迟早会有一场决战，但不是现在。不仅如此，袁绍还是他现阶段要利用的力量，跟袁绍过早摊牌是极不明智、极不划算的做法，曹操越想越后悔，决定辞去大将军一职，让给袁绍，自己担任司空。这是很伤威望的事，换成别人，宁可错下去也不会轻易低头，但曹操是个务实的人，他宁愿损失一些个人威望，也要把与袁绍的同盟关系继续维持下来。

这项任命很快以汉献帝诏书的形式下达，曹操辞去大将军，改任司空。可是袁绍那边却毫无反应，接到诏书后，如果接受应该立即上书谢恩；如果不接受，也应该有所表示呀。曹操明白，袁绍在面子上还有些下不来。过了年，曹操决定派个有分量的人到邺县走一趟，帮袁绍找回面子，让他消消气，把大将军的任命接下来。

建安二年（197）三月，孔融来到邺县，汉献帝不仅拜袁绍为大将军，而且封他为邺侯，这是一个县侯，较袁绍此前的伉乡侯高一级。赐给袁绍天子的节钺，以及只有天子才能拥有的虎贲卫士百名。这还不算，汉献帝还给了袁绍一个新的行政职务，督四州事。这四个州指的是冀州、青州、幽州和并州。汉献帝下达这项任命时一定没有查阅过近几年的皇家档案，也许皇家档案已经全丢在了逃亡的路上，总之这项任命很有问题，因为几年前汉献帝也曾颁发过同样的任命，就连所督的这四个州也丝毫不差，不过那是颁给另外一个人的，这个人是公孙瓒。公孙瓒仍然健在，而且没被免职，这边又重新任命了新人，如果不是技术性错误，那就只有一个解释，让旧人和新人斗。这可能是曹操故意安排的，当年李傕等人能想出来的主意曹操更不在话下，袁绍和公孙瓒已经势如水火，给他们加把柴，让火烧得更猛些。

失去大将军职务的曹操也没有什么实质性损失，官位是死的，规定是活的，他担任了司空一职，同时代理车骑将军。曹操在任命自己为司空时顺便搞了一次职务改革，规定司空在三公中地位最高，是朝官的首领，照样把政权和军权牢牢掌握在手中。这里说的"百官"如果从字面上理解自然也包含大将军，你想要我给你，但我规定你还是不如我，因为我有解释权。一场名位之争谁是最后赢家，看来还不好说。

七、刻骨铭心的一战

定都许县也有不利之处，许县的位置恰在天下的中央，四面都是强敌：北面是袁绍，一个老大哥，表面是盟友实际是劲敌；东面是吕布和刘备，一个是宿敌，一个是不可等闲视之的新秀；东南面是袁术，一个老朋友更是一个老对手；正南面是刘表，一个修炼得差不多了的老滑头，也是一个真正的实力派；西面是关中，此时已进入了"后董卓时代"，目前被一大群大大小小的割据势力所控制。这还只是直接照面的，还有虽然照不上面却同样强大的公孙瓒、公孙度、孙策、刘焉、张鲁等人，这些人都拥兵自重，不解决他们，许县的朝廷就只能是个摆设。可是，先解决谁呢？

还没等曹操对东面和西面做出部署，南面先出了情况。许县往南就是荆州刺史部的南阳郡，该郡治所在宛县，即今河南省南阳市，袁术曾经在这里盘踞过，后来受刘表挤压转向扬州刺史部发展。袁术走后这里的情况比较复杂，刘表派兵北上，也占领了一部分地区，但是没能把整个南阳郡控制起来，原因是这一带黄巾军的余部势力也很强大。豫州刺史部的颍川郡、汝南郡以及荆州刺史部的南阳郡是黄巾军一向比较活跃的地区，近年来黄巾军余部又纷纷起事，声势十分浩大，动不动就能拉起几千几万人，但他们缺少统一领导，各自为战，使南阳郡的局面呈现出混乱的状态。

这时一支人马来到了南阳郡，情况发生了改变。这是张济的人马，凉州军将领张济是与昔日凉州军李傕等人齐名的人，在凉州军里素有威望，不过他的政治态度经常发生变化，先是支持汉献帝东归，后又改变主意倒向了反对东归的李傕、郭汜一方。

张济曾担任过骠骑将军，不过汉献帝到许县后这个职务应该被撤销了，张济的人马成为一支流寇，他们先在弘农郡，但那一带经过一系列内战和自然灾害，经济已完全崩溃，人口大量外流，张济面临着严重的生存危机。不得已，张济率部离开弘农郡，向南发展。凉州军素以凶悍而闻名，刘表听说凉州军悍将张济冲着他来了，大吃一惊，赶紧下令在南阳郡、南郡一带的部队做好迎击敌人的准备。张济的人马进入南阳郡后一路烧杀抢掠，可能也真是饿急了，有点不择手段，激起了南阳郡人民的反抗。凉州军攻打南阳郡的穰城，张济的命不好，被冷箭射死。刘表松了口气，手下的官员都来向他道贺。刘表心里也挺高兴，但嘴上却说："张济穷途末路而来，作为主人咱们有失礼之处，双方交锋实非本意，我接受你们的吊唁，不接受你们来祝贺。"

刘表比较会装，不过他也的确没有乘人之危对这支凉州军斩尽杀绝，而是派人跟他们联系，希望收编这支队伍。张济死后这支人马由他的侄子张绣统领，这也是一员猛将，早年在老家武威郡时就是出名的侠士，他当时在县里是一名县吏，有个叫麴胜的人造反，袭杀县长，张绣不久就找个机会刺杀了麴胜，从而名声大振，张绣干脆聚合一帮年轻人，成为当地的豪杰。

刘表派人找到张绣时，张绣正不知何去何从，出于生存的考虑，张绣接受了刘表的建议，但不是投降，也不是被收编，而是结盟。刘表同意了，结盟也不错，等于在他与曹操之间增加了一个中间地带，可以有效缓冲来自北方的压力。双方达成协议，刘表支持张绣在南阳郡一带发展，张绣替刘表守住北大门。得到了刘表的支持，张绣势力大增，迅速在南阳郡站住了脚，他占领了宛县，并把大本营放在了这里。

张绣是一员猛将，但他觉得自己打仗还行，谋划大事就力不从心了，手下也没有这样的人才，在斗智斗勇、弱肉强食的世道里，如果没有高人经常指点自己，轻了会吃亏上当，重则全军覆没。论凉州军里谁最有头脑，张绣觉得非贾诩莫属。张绣一打听，得知贾诩这时在段煨那里。

凉州军阀段煨驻守在华山脚下的华阴，汉献帝东归路过他的防区时，段煨曾出面给予保护，引起其他凉州军阀的不满。长安大乱，贾诩没有跟汉献帝走，他留在了长安。之所以做出这样的选择，或许贾诩考虑到正是他的一个主意搅乱了时局吧。后来贾诩发现长安也不能再待，于是到了段煨这里，段煨知道贾诩在凉州军里素来名望很高，担心被他夺了权，特别提防他，但表面上尊礼有加，这让贾诩觉得不自在。这时张绣悄悄派人来联络贾诩，贾诩便到了张绣那里。贾诩已经50岁了，张绣年龄不详，大概要小得多。作为自己叔父的同事，张绣把贾诩当作长辈看待。段煨后来被曹操以朝廷的名义召去，任命为大鸿胪，于赤壁之战后的第二年故去，在凉州军将领中，他算是结局最好的一个。

张绣在南阳郡的快速崛起给曹操出了道难题，本来他打算在许县稍加安顿之后便向东边的吕布、刘备发起进攻，但现在南面有了一个强大的敌人，好比在卧榻之侧来了只猛虎，这让他怎能安心劳师远征？凉州军向来是不太好对付的敌人，曹操起事以来败得最惨的一仗就是跟凉州军打的，至今记忆犹新。张绣得到贾诩的辅佐，更是如虎添翼，背后又有刘表的支持，南阳郡的这只虎，可不是关在笼子里供人欣赏的，它是随时会吃人的。如果曹操率主力东征，难保张绣、刘表不趁机袭取许县。在这种情况下，东征吕布之事只能先放下了，当务之急，先得打掉南边的这只虎。

建安二年（197）新年刚过，曹操决定南征张绣。准确地说宛县在许县的西南方向，南阳郡最北边有两个重要据点，一个是鲁阳，一个是叶县，已被曹军控制。曹操命曹仁所部留守在鲁阳、叶县一带，自己继续率主力向宛县方向进发，他的儿子曹昂今年刚好20岁，也在南下的队伍中。

曹军主力很快抵达淯水附近。淯水即今白河，与唐河汇合后称唐白河，在襄阳注入汉水，是汉水的一级支流，长江的二级支流，宛县就在这条河上，从宛县顺河南下就可以到达襄阳，这条河上还有一个著名的地方，就是新野。曹军近在咫尺了，张绣当然很紧张，曹操是什么人物？袁术、陶谦、吕布这些人都不是他的对手，自己根本不值一提。张绣除了硬拼还有两个选择，一是向刘表求援，作为同盟，刘表理应帮他一把，这同样也是帮刘表自己；二是干脆一走了之，打不赢就跑，到别的地方打游击去。

前一阵张绣派贾诩到襄阳走了一趟，见了见刘表，目的就是探探路，看看刘表那边的反应。这一趟看来效果不好，贾诩回来后对张绣说："刘表这个人，倒是有一些才能，和平年代做个三公应该称职。现在他看不到形势的变化，多疑少断，不会有什么大的作为。"听贾诩这么一说，张绣打消了依靠刘表抵抗曹操的想法。但他也没有跑，不是因为逃跑很丢人，而是现在已经不像过去，能打游击的地方实在也没什么了。想来想去，张绣决定投降，这是不是贾诩的建议不得而知，但贾诩至少没有反对。

一场恶战看起来已经不存在了，曹操很高兴，在淯水河畔扎下军营，设宴招待张绣及其手下。酒席宴前，张绣等人看到有一个大汉站在曹操左右，威武异常，不禁暗暗吃惊，他们不认识，这个武士就是典韦。在曹操行酒时，典韦手持大斧一直跟着，斧刃有一尺多长，曹操走到谁跟前典韦不仅站在后面，而且使劲拿眼睛直盯着人家看，弄得客人根本没有心思吃好喝好。

直到酒宴终了，张绣及其部将都不敢仰视。本来这次南征就可以圆满收场了，但发生了意外。张绣有个亲信将领叫胡车儿，勇冠三军，曹操对像典韦、许褚这样的猛士历来见一个喜欢一个，总想弄到自己手下。这个胡车儿大概也是典韦那样的猛人，曹操看到胡车儿后特别喜欢，想笼络一下感情，于是亲自接见，并赠给他不少钱。曹操此时应该没有通过胡车儿解决张绣的意思，因为此行目的已经达到，不需要把张绣彻底消灭，他拉拢胡车儿最大的目的恐怕也只是挖人。但张绣知道了这件事却不这么想，他认为曹操此举用心不良，是要收买胡车儿谋害自己。

此前还发生了一件事，曹操看到张绣的婶娘、已故骠骑将军张济的遗孀长得很漂亮，就纳其为妾，张绣觉得受到了侮辱，心里很不满。

两件事结合起来，张绣认为曹操肯定正在设计除掉自己，张绣决定先动手。贾诩也同意张绣这么干，他出主意，让张绣向曹操报告，说部队想移防到地势高一点的地方，中间要经过曹营，并特意说："车辆太少，士兵得背负着很多物资，请求允许士兵们披甲而过。"曹操没多想，答应了，结果，张绣趁自己人进到曹营之际突然发起攻击，打了曹军一个措手不及。张绣降而复叛，多少有些不可理解。对张绣来说，此举确认太冒险，以他的力量对付曹操实在没有太大把握，仅仅因为觉得受到了屈辱和疑心就冒这么大的险，也许符合他的性格，却不像贾诩的作风。所以也有记载认为，曹操纳张绣的婶子为妾后张绣深以为恨，曹操知道了，于是设计想除掉张绣，但计谋泄露，张绣才不得不放手一搏。

张绣趁曹军不备攻打淯水河畔的曹营，双方展开了混战。在此之前曹操至少经历过三次十分危险的战斗，一次在龙亢，一次在汴水，一次在濮阳，这三次都很惊险，但这一次曹军的狼狈样超过了前几次。混战中，曹操坐下的马被乱箭射中面部和腿部，曹操自己的右臂也中了箭。曹操现在骑的这匹马名叫绝影，是继白鹄之后的又一匹名马，此刻光荣就义于淯水河畔。

混战中失去战马，十分危险。危急关头，有个小伙子从马上下来，把自己的马让给曹操骑。曹操一看，是儿子曹昂。打仗亲兄弟，上阵父子兵，关键时刻能舍身相救的还得是自己家的父子兄弟，当年汴水之战如果没有曹洪让马，曹操可能早就没命了，现在曹昂又把马让给了曹操。但曹昂没有曹洪那样幸运，他战死在乱军之中。曹昂是曹操的长子，曹丕只是次子，曹昂的母亲也不是卞氏，而是刘氏。曹操的正妻是丁氏，没有生育，曹操后来娶了刘氏，并生下了曹昂，但刘氏死得早，曹昂一直由丁氏抚养，形同亲生母子。

这一仗对曹操而言不仅丢了面子，而且损失相当惨重，曹丕后来写过一篇文章追记了淯水之战，提到他的大哥子修和从兄安民都死于此战。子修是曹昂的字，而安民是谁不得而知，史书记载时都把他称为曹安民，认为是曹操的侄子。一战之中，死了儿子和侄子，对曹操而言还从来没有过。

这还没有完，曹操的心腹爱将典韦也死于此战，而且死得极为悲壮。当时曹操率轻骑逃走，典韦为了掩护曹操撤退，留下来在营门口与敌兵激战。由于典韦勇猛异常，敌人无法前进，但他们分散从其他地方进入曹营。这时典韦周围只有十多个人，这些人都是曹操精挑细选出来的勇士，平时主要职责就是保护中军的安全，现在无不以一当十，殊死恶战。但是，敌兵越来越多，他们渐渐不支，陷入重围。

典韦手持长戟，左冲右突，一戟刺过去，敌兵10多支长矛都能被折断。最后典韦的左右全部阵亡，他本人也数十处受伤，但他仍然与敌兵近距离格斗。典韦一把抓过两个敌兵，徒手就把他们给杀了，其余敌兵吃惊不小，都不敢再靠近。典韦又上前冲杀，杀了几个敌人，然而伤势严重，失血过多，最后怒目大骂而死。敌兵确信典韦已死，才胆战心惊地上前把他的头割下，互相传看，想观察一下这个奇人到底为什么如此生猛。

曹军从淯水河边一路惨败，一口气退到了宛县以东百里之外的舞阴。曹军士气十分低落，这里还是敌占区，很不安全。好在留守在鲁阳、叶县一带的曹仁率部及时赶来，局面稍稍有些稳定。离这里比较近的其他各路曹军听说后，也都纷纷抄小道赶来救驾，结果路上拥挤无序，狼狈不堪。时任平虏校尉的于禁率数百人负责为曹军主力断后，他们且战且退，迟滞了敌人的进攻，敌人见无法继续扩大战果，慢慢退去。

于禁下令整顿人马，敲着战鼓回营。走在半道上，遇到十多个伤兵，一个个

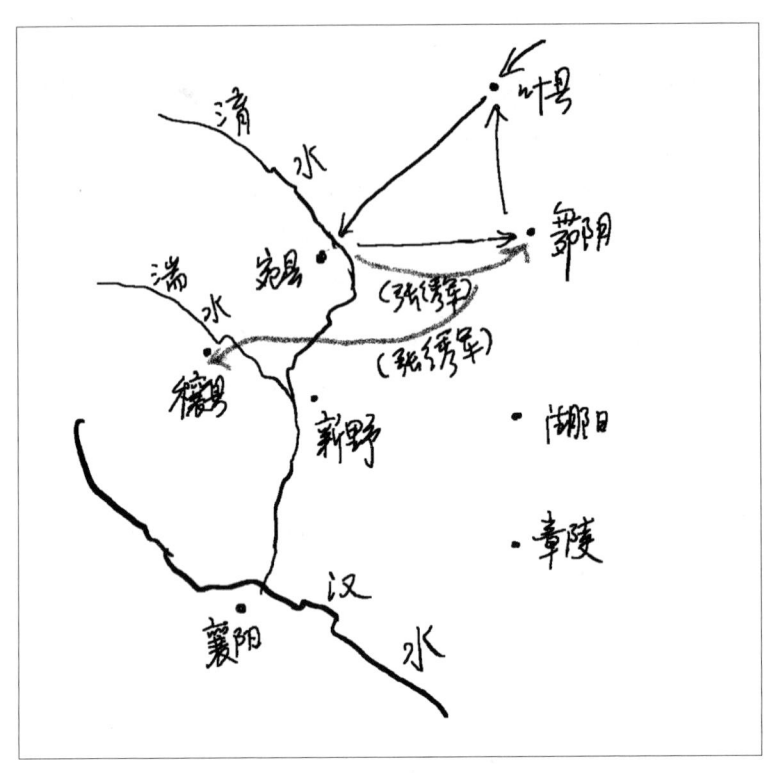

曹操第一次征张绣示意图

赤身裸体，惨不忍睹。于禁问他们怎么了，这些人说被青州兵趁乱打劫，于禁大怒。这个青州兵就是曹操当年打败青州黄巾军后收编的部队，这支部队作战勇猛，很能打，但军纪一向很差，曹操对他们平时颇为关照，反而让他们更认为自己不得了，这次趁败军之际，公然抢劫到自己人头上。于禁对青州兵很熟悉，曹操曾让于禁多次指挥他们打过仗，在汝南郡征讨黄巾军余部的战斗中还立过功，于禁这个平虏校尉就是在那时被提拔的。虽然是熟人，但违反了军纪，于禁也不客气，他下令追讨青州兵，把他们收拾了一顿，之后于禁指挥所部安下营垒，防备敌军再来。

这时手下人劝他先不忙安营扎寨的事，应该先到曹公那里报告情况，防备青州兵恶人先告状，于禁不以为然："现在敌人在后，很快就会追到这里来，不做好准备，何以对敌？曹公明察秋毫，不必申辩！"青州兵果然抢先跑到曹操那里告状，曹操也果然没听信他们。见到于禁，听了汇报，曹操很高兴，对于禁说："淯水之难，我方危急，将军能乱而不乱，整治所部，惩治暴行，高筑坚垒，实在有不可撼动之节，虽古代的名将，也难以超过你呀！"曹操依据于禁前后立下的功劳，上表天子封于禁为益寿亭侯，此时曹军的将领被封侯的还只是极少数。

在舞阴，曹操为典韦盛大发丧。曹操命人设法找回了典韦的遗体，送回老家安葬，在仪式上流下了眼泪。曹操后来拜典韦的儿子典满为郎中，作为自己的近侍。典韦是陈留郡襄邑县人，以后曹操每次经过陈留郡一带，都要专门绕道襄邑县，亲自祭祀典韦。将士们看到曹操没有为儿子、侄子发丧，反而这么痛惜典韦之死，无不深受感动。之后，曹操从舞阴退回到许县，留下曹洪驻防于南阳郡境内，与张绣对峙。

张绣打退曹操之后，迅速扩大战果，在刘表的支持下，他将曹军曾经占领过的舞阴等地重新收回，把曹洪压缩到南阳郡最北面的叶县一带，曹洪在南阳郡处境艰难，只能勉强守住最北面的防线。曹操知道曹洪在南边很吃力，但此时他却无法迅速支援。就在回师许县不久，又发生了一件大事，曹操不得不亲自去处理。

八、袁术的伪朝廷

还在曹操转战于南阳郡时，袁术那边有了大动作。建安二年（197）春天，袁术在寿春突然称帝，震动全国。袁术想当皇帝，这已经不是秘密，早在两年前汉献帝曹阳遇险时他就动过这个念头，但当时就连他手下的人都反对，只好作罢。

但是袁术很像他的哥哥袁绍，非常固执，一直没有放弃这个打算。从性格上分析，袁术是个典型的小事看不上、大事做不来的人，一般来说对小事不感兴趣的人常常会对大事发生错误的兴趣，这也许是他执意称帝的内在原因。还有一个原因，袁术是个高傲且敏感的人。高傲使人脆弱，敏感使人自卑，袁术想称帝，大概就是纠缠在脆弱和自卑的情结里无法自拔，他才执意去做一些匪夷所思的事。

当时社会上流行着许多神秘预言，基本上都是一些不知所云的东西或者是别有用心之人编出来的无稽之谈，但有很多人相信，有人还深信不疑，袁术就是其中的一位。在这些神秘预言里有一句话很知名，叫"代汉者当涂高"。这一句话的前四个字好理解，就是接续汉朝国祚的人、灭亡汉朝的人。后面两个字却十分费解。"涂高"是什么，谁也说不清楚。但袁术认为这很好理解，这个"涂高"就是指他自己。袁术字公路，"术"是城邑内的道路，"公路"指的也是路，而"涂"被他理解为"途"，也是路的意思。这种解释连东拉西扯都算不上，但袁术认为一定是这样的。而且，根据"五行终始论"，汉朝属于火德，取代汉朝的一定属于土德，袁姓就属于土德，是有资格取代刘汉统治的姓氏。这一条，又成为上一条的佐证。这时候河内郡一个叫张炯的人，又帮袁术弄出来一个符命，以兆袁术的天子之应，袁术更觉得皇帝非他莫属了。张炯的这个符命具体不知为何物，估计跟河里挖出个写字的石头、鱼肚子里发现一条写字的绸子差不多。有了上面这些"理论基础"，袁术觉得自己再不出来当皇帝实在对不起上天的眷顾。孙坚当年在洛阳宫里得到了传国玉玺，后由孙坚的妻子吴夫人保管，吴夫人曾居住在寿春，袁术当时曾把吴夫人软禁起来，逼她交出了玉玺。

这一年春天，袁术不顾众人的反对正式称帝。袁术的这个皇帝很奇怪，既没有宣布国号，也没有下诏改元，他也不自称天子，而称"仲家"。后世有人认为，"仲家"就是袁术新王朝的国号或年号，也有把袁术称为"仲家皇帝"的，但这些都是推测，"仲家"并不像个国号，更没有"仲家"作为年号的记载。

两年后，袁术走投无路之际，曾对自己称帝的行为进行过辩解，说他当时看到天下大乱，已经到了周朝末年诸国分势的局面，自己出于一片责任心，出来替汉室管管事，自称"仲家"，仲是第二的意思，在他心里还是把刘氏当老大，并没有真的想当皇帝。一般认为，这是袁术给自己的辩解，但对照实际情况看一下，也许并不完全是虚言，袁术想当皇帝是确定无疑的，但他也知道自己实力有限，于是留了条后路，先跨出一步称"仲家"，弄出来了一个不伦不类的东西。但是，无论当时还是后世，所有人都不怀疑袁术这个伪皇帝确实当了，因为除国号、年号以外，其他一切袁术都是按照真皇帝样子做的。

袁术改九江郡太守为淮南尹，类似于西汉的京兆尹和东汉的河南尹，寿春自然成了"京师"，他在这里任命公卿，建皇宫，设祠庙、明堂。袁术大封百官，但大家似乎都不太给面子，主动来应征的并不积极踊跃。袁术有点犯愁，因为无论如何得找几位天下名士来撑撑门面，不能三公九卿尽是阿猫阿狗之辈。

三公的人选袁术想到了两个人，一个是陈珪，一个是金尚，袁术想请他们出山。陈珪是陈登的父亲，他自己的父亲陈球当过太尉，袁术和陈珪年轻时在洛阳就是哥们儿，此时陈珪和陈登都在吕布那里，因为上次合作对付刘备，袁术把吕布看作自己的盟友，跟他要个人应该没问题。袁术给陈珪写了封信，但陈珪却没有来，不是吕布不放人，而是陈珪压根不愿意。陈珪不仅没来，还给袁术写了封措辞严厉的信，把袁术批评了一通，信中说，让我去阿附你干那些非正义的事，就是死我也不能去，袁术看完信气得牙痛。金尚是个老党人，有一定名望，当年被朝廷任命为兖州刺史，被曹操赶跑后没地方待，来依附袁术。袁术任命金尚为太尉，但金尚死活也不干，并且准备逃跑，袁术把他抓住，一怒之下把他杀了。

袁术又让徐璆当三公甚至上公，徐璆同样誓死不干。徐璆字孟玉，徐州刺史部广陵郡人，是一个老臣，跟着名将朱儁打过黄巾军，因为得罪宦官被免官，后又被起用，担任汝南郡太守、东海国相。汉献帝在许县征召各地有名望的旧臣补充朝廷缺员，徐璆也在征召之列，打算任命他为朝廷的九卿。徐璆应召，在前往许县的途中被袁术扣留，袁术给他连升两级，授以上公之位。徐璆坚决不从，以死相抗，袁术不敢再逼。

袁术的称帝行为曹操不能不管，这不仅是对汉室的叛逆，更是对他的挑战，许县新朝廷运转不到一年袁术就公然分庭抗礼，不给他点教训，势必会有第二个、第三个"袁术"冒出来。在曹操的战略规划里解决袁术本来没有排在前面，他现在最需要解决的是南阳郡问题，其次是吕布和刘备，然后是关中的凉州军阀。现在袁术自己跳了出来，曹操的战略规划必须相应做出调整。

要收拾袁术，还得考虑袁术的盟友，一个是吕布，一个是孙策。说起来孙策也算是袁术的部下，只是现在的孙策已非当年可比，他在江东发展得很快，听说袁术称帝，孙策给予毫不含糊的反对。孙策马上写来一封信对袁术进行强烈谴责并断绝关系。这封信有1100多字，写得洋洋洒洒，一个说法是张纮代的笔；另一个说法代笔的人是曾经给陶谦写过祭文的张昭，他已离开徐州南下，受到孙策的重用。这封信里提到，早在去年冬天就听到了一些传言，说袁术想当皇帝，听到的人无不惊悚，后来袁术向朝廷献纳进贡，大家的疑虑才消除一些，但不承想现在果然做出了这种大逆不道的事。对于袁术的称帝行为，这封信一口气谈了9点看法，都是反对他称帝的，在孙策写给袁术的这封信里最后说："以上这九条想必阁下都有所考虑，这里不过再提醒一下，仅供参考罢了，忠言逆耳，如能听进去，实在是万幸！"这封信写得毫不客气，放在几年前，这是不可想象的事。但现在的孙策已非昔日可比，他在江东已渐成气候，跟袁术翻脸是迟早的事，袁术称帝无疑给了孙策一个最合适的翻脸理由，加上此前袁术为得到传国玉玺而扣押了吴夫人，孙策索性这次来了个彻底了断。跟袁术决裂以后，孙策转而投向许县的朝廷，他主动派刘由、高承为特使到许县朝拜进贡。

尽管在孙策写给袁术的信里点了曹操的名，把曹操与公孙瓒、刘备这些人视为朝廷的"逆臣"，但不可否认的是，曹操现在控制着朝廷，孙策想表明自己是拥戴朝廷的就必须跟曹操合作。曹操见到孙策派来的使者更是高兴，拉拢孙策可以瓦解袁术的联盟，孙策如能从背后夹击袁术，那袁术岂不死得更快？为此，曹操以汉献帝的名义，立即派议郎王誧为特使前往江东，对孙策勇于同逆臣做斗争的行为给予表彰，并任命孙策为骑都尉，封吴侯。

看来曹操得到的江东方面的情报也有限，只知道孙策成了气候，不知道具体气候有多大，人家在江东的势力已跨有数郡，手下有数万人马。骑都尉只相当于现在的一名旅长，这怎么行？即使孙策低调肯接受，他手下的人也不干啊，总不能让程普、朱治去当司马，让周瑜当下层军吏吧？孙策派人私下游说王誧，想直接要个杂号将军当。这个王誧倒挺不简单，在来不及请示汇报的情况下当机立断，自己做了回主，现场改任孙策为代理明汉将军一职。

当时袁术手下的陈瑀屯驻在长江以北的海西一带，曹操让孙策讨伐这股敌人。孙策领命，准备率军渡江作战。孙策刚要出动，陈瑀那边先下了手，派人悄悄来到江东，结交祖郎、焦已以及严白虎等割据势力，准备趁孙策主力渡江之际从背后下手。这件事幸亏被孙策察觉，他派吕范、徐逸攻打海西的陈瑀，自己留在江东对付敌人。陈瑀最后被打败，只身一人逃走，跑到了袁绍那里。吕范、徐逸大败陈瑀，俘获包括陈瑀妻子在内的4000多人。

袁术的两大盟友，一个算是翻脸了。而另一个盟友吕布，此时的态度却有些犹豫。吕布从刘备手里抢到了徐州，这一阵日子过得还不错，势力也在迅速上升之中。他能夺来徐州袁术帮了大忙，所以在吕布的心里也一直把袁术当盟友看。袁术称帝后派韩胤为特使专程到徐州去了一趟，除了向吕布通报情况，还提出一个要求，想与吕布结亲，娶吕布的女儿为儿媳。袁术至少有一个儿子和两个女儿，儿子名叫袁燿，两个女儿后来一个嫁给了孙权，一个嫁给了黄猗，袁术提出与吕布联姻，指的应该是袁燿。

对于袁术的请求，吕布开始倾向于答应，甚至把女儿交给了韩胤，让他带走。听到这个消息，有个人特别紧张，这就是陈珪，陈珪拒绝袁术的征召，还把袁术谴责了一番，吕布跟袁术如果站到一块，将来对自己很不利。这倒还是其次，在陈珪看来，如果扬州、徐州结成一体，袁术的这个伪朝廷势力就更不得了，天下就要受难了。陈珪是汉室名臣的后代，正统观念一向很强，在大是大非面前没有丝毫含糊，他急忙来劝吕布："曹公奉迎天子，辅助国政，将军您应当同他合作，共图大计。现在反而与袁术结亲，必受不义之名，将来恐怕会大祸临头啊！"吕布也一向对袁术有些意见，尤其是在之前的合作中，袁术向来说话不算数，让吕布很伤心，对结亲的事他本来就不太坚决，经陈珪一说，吕布反悔，马上派人追上韩胤一行，把女儿抢回来，并且把韩胤押送到许县，交给曹操处置。

不久，吕布即迎来了朝廷的使者，为表彰他对朝廷的忠心，朝廷升他为左将军。吕布大喜，让陈珪的儿子陈登再去许县奉章谢恩。陈珪、陈登父子虽然屈身事奉吕布，但一直心存不满，所以陈登一见到曹操就劝他除掉吕布。曹操也发现陈登是个人才，将来会有大用，跟他交了底："吕布这个人狼子野心，轻与去就，难以久养，你看得很准！"曹操以朝廷的名义拜陈登为广陵郡太守，增品秩为中二千石。临别，曹操拉住陈登的手说："东方之事，全都托付给你了！"

陈登回到徐州汇报此行的情况，吕布听完却不高兴。原来，陈登临出发前吕布还交给他一个任务，让他替自己求一个徐州牧的任命，朝廷却没有表示。吕布生气地问陈登："州牧这样的小事曹操为何不答应？"陈登早知道吕布会问，已经想好了怎么回答："我向曹公转达了您的请求，曹公说州牧确实是区区小事，但别人能给，唯独吕奉先不能给。"吕布听了很惊讶："这是为何？"陈登不急不忙地说："我也这样问，我对曹公说，奉先将军是一只虎，只有让他吃饱肉，他才能为己所用，如果吃不饱，就会去咬人。曹公却说，非也，吕奉先不是一只虎，他是一只苍鹰，养鹰的人都有经验，饿着它才能为己所用，如果吃饱了，就会振翅高飞。"

这些话曹操是不是说过很难讲，更有可能是陈登临时编的，不过吕布的确头脑比较简单，听了不仅没有怀疑，反而挺舒服。陈登拿出曹操写给吕布的信，信里曹操对吕布加以慰问，并让吕布按照天子的诏书追捕公孙瓒、袁术、韩暹、杨奉等人，吕布又派使者上书天子，表达自己的忠心。

吕布同时也给曹操写了一封信，说自己本是个获罪之人，承蒙曹操亲自写信慰劳，十分感谢，自己一定按照曹操前面所说，努力追捕袁术等人。接到吕布的信，曹操再次派人来到徐州，又带来一封亲笔信，信中说："当年朝廷给将军的印绶不幸丢在了山阳郡，现在补上，但朝廷没有上好的金子，我就拿自己家里存的好金子给将军制了这枚印；朝廷没有紫色的绶带，我就把自己印绶上的紫带取下来给将军，这些都是聊表心意。"吕布看到曹操的信很受感动，又派使者前往许县谢恩，并捎给曹操一副上好的绶带。

袁术听说吕布与曹操交好，不仅不送来女儿，还把自己的使者押送到许县，不禁勃然大怒，立即分兵七路直扑吕布的大本营下邳而来。

袁术的这七路大军中，最重要的有四路：张勋、桥蕤、韩暹和杨奉。单这四路人马就有近十万之众。张勋和桥蕤是袁术手下的大将，韩暹是前白波军首领，杨奉是凉州军旧部，汉献帝东归，他们被曹操打跑后到处流浪，后来转投袁术。韩暹、杨奉形同流寇，战斗力虽然不强，但号召力很厉害，每逢哪里有大仗，他们一声号召，总能马上聚集起很多人马，遮天蔽日，不明就里的人一看场面都得被吓住。

吕布手里有三四万人，把刘备的几千人马都算上，也凑不够人家的一半，吕布有点儿傻了，他有点后悔，埋怨陈珪说："都是你们父子弄的好事，现在该怎么办？"陈珪不着急，帮吕布分析说："韩暹、杨奉跟袁术是仓促之间联合到一块的，同盟难以稳定，我派犬子陈登前去，一定可以把他们拆散。"吕布将信将疑，但也没有更好的办法，就派陈登去搞策反工作，还专门给韩暹、杨奉写了封信让陈登带上。很快便从前面传来消息，说不知发生了什么事，韩暹和杨奉突然掉转头，反而向张勋和桥蕤发起进攻。吕布既惊且喜，决定抓住战机，立即集全力向张勋和桥蕤发起进攻。

张勋、桥蕤猝不及防，迅速败下阵来，吕布下令追击。韩暹和杨奉表现得也不错，按说他们的任务已完成，可以坐等收钱了，但他们一直和吕布的人马配合，紧追敌人不放。袁军败得一塌涂地，被追到了淮水边上，进入到扬州刺史部辖区。吕布大概这时才发现韩暹和杨奉为什么愿意跟着追了，他们名义上一路上配合行动，其实是一路抢，所到之处被他们抢得十室九空。一口气过了淮水，拿下了袁术淮水南岸的重镇钟离，此地离袁术的"京师"寿春已经不远了。袁术急眼了，亲率大军前来迎战。吕布看看也差不多了，袁术新败但实力犹存，这根又臭又硬的骨头还是留给曹操啃吧，于是下令大军返回淮水北岸。袁术率领的大军到达淮水南岸，双方隔河相望。

为了再挫袁术的锐气，吕布下令先不走，在北岸列阵，他给袁术写了封信，让人送过河去，信里写道："足下常吹嘘自己的人马多么强盛，吕布我虽然无勇，但虎步淮南，一时之间，足下鼠窜寿春，不敢露头，你的猛将武士都在哪里？足下一向喜欢说大话，用以欺骗天下，可天下之人又怎么那样容易被欺骗？古者交兵都是有原因的，现在首先挑事的不是我，咱们现在相去不远，你有什么说的可随时答复。"吕布特意让人把这封信誊抄两份送到许县，一份上报天子，一份呈给曹操。双方就这样夹河对峙了好几天，袁术既不敢过河，也不敢撤兵，弄得很难受。吕布这边的将士在北岸还大声嘲笑袁术，好不痛快。

有孙策和吕布的配合，曹操这边就好办多了。等袁术被这两位兄弟弄得顾头难顾尾之时，曹操抓住时机亲自东征。这时是建安二年（197）九月，袁术听说老对手曹操亲自来了，倒也干脆，留下部将桥蕤、李丰、梁纲、乐就等人驻守蕲阳抗拒曹操，自己开溜了。曹操指挥于禁等部进击，把桥蕤等四人包围在苦县，全部斩杀。袁术跑到了淮河以南，彻底不敢迎战。曹操无意对袁术穷追不舍，因为南阳郡的问题还没有解决，曹洪被张绣压得喘不过气来，他得尽快回师，再战南阳郡。曹操于是撤兵，回到许县，准备第二次征讨张绣。

九、安众突围战

建安二年（197）十一月，曹操率军再征南阳郡。这次军事行动前，荀攸曾劝曹操暂时不要在南面用兵，他的理由是："张绣与刘表相恃为强，然而张绣只是一股游军，处处要仰仗刘表的接济，刘表一旦不给他提供资助，二人势必分离。不如暂时缓兵，让他们自动分开；如果我们攻得急，刘表对张绣肯定不能不管，要全力相救。"事后证明，荀攸的这个分析是有远见的，但曹操考虑到南面的事不能拖下去，必须尽快解决，好让自己无后顾之忧，可以腾出手来对付东面的吕布和刘备。所以曹操没有采纳荀攸的建议，继续进兵。

大军首先抵达南阳郡最北边的叶县，与驻守在那里的曹洪会合。如果曹操再不来，曹洪可能真守不住了，张绣的部队以凉州军为老底子，战斗力很强，刘表又派邓济等人支援张绣，南阳郡呈现一边倒的态势。曹操首先进军湖阳，那里是由刘表的人马驻守，曹军攻克湖阳，生擒了刘表的部将邓济。之后，曹军转攻舞阴，将其攻克。在肃清了宛县这些外围后，曹操率军攻打张绣的大本营宛县，又一次进军到淯水河畔。这里是曹操的伤心之地，去年，他的长子曹昂、侄子曹安民以及心爱的将领典韦都战死在这里。

在曹军的强大攻势下，张绣的主力离开宛县南撤，退到距宛县100多里的穰县，即今河南省邓州市附近。曹军占领了宛县，取得了此次南征的最大胜利。或许可以考虑就此收手，以宛县、舞阴一线为分界与张绣、刘表形成对峙，将南阳郡一分为二，压缩张绣所部的生存空间。

但曹操彻底解决张绣的心情很迫切，不仅因为有仇要报，而且不把卧榻旁边的这只虎除掉，他睡觉都不觉得安心，所以曹操亲自率军继续追击，对穰县发起了进攻。张绣顶不住，急忙向刘表求援。正如荀攸分析的那样，刘表可以坐视张绣被消耗，却无法置其被消灭于不管，刘表立即派兵北上驰援张绣。没有确切记载刘表派了多少人马前来，但一定不少，动了老本。

刘表的人马不仅有来驰援穰县的，还分出一些去占领穰县周围的一些战略要地，其中有支人马占领了一个叫安众的地方。当时没有多少人关注这个细节，因为穰县才是焦点。穰县城里的张绣迎来了刘表的援军，士气大振，曹操攻城遇阻。张绣在城里做着长期守城的准备，按照眼下的阵势，曹军想攻破穰县，一时半会儿做不到。果然，张绣接到报告，说曹军退兵了。

张绣害怕曹操使诈，下令先不要贸然去追。但曹军撤得很迅速，一路向北而去，张绣看看不像有诈，于是大着胆子追了上来。这的确不是曹操使的诈，曹操下令回师是真的，因为许县大后方出了问题。听说曹军主力南下，田丰劝袁绍趁机袭击许县，将汉献帝抢到自己这里来，袁绍那边有人叛逃到曹营，提供了上述情报。曹操接到情报后认为事关重大，不敢有丝毫迟疑，即刻北撤。这件事很蹊跷，可以猜测的是，要么田丰真有此议，而袁绍确实准备发兵袭取许县，要么是袁绍造的谣，目的是不让曹操太顺手。当然还有一种可能，这是贾诩的计策，为了解穰县之围故意制造谣言。不过曹操在做出回师决定时一定是有充分依据的，如果这样看，第一种可能性应该最大。

曹军要回师许县，最快速的推进方式是走南方大道。东汉的南方大道跟东方大道、东北方大道一样，是全国交通网里的骨干线路，它起自洛阳，联结鲁阳、宛县、穰县、襄阳以及南郡的治所江陵、武陵郡的治所汉寿，走这条道就好比上了高速公路，路也最平坦宽阔。曹操现在只想火速回师以解许县之危，因此想都没有想，指挥人马沿着南方大道向北疾行，要走这条路必须路过安众，这里目前也掌握在刘表手中。

穰县以北仅20多里处是一片山地，地势很险要，南方大道在此穿山而过，形成了一处要塞，这就是安众。曹操包围穰县时没有想过这么快就会撤军，所以忽视了背后的这处要点。刘表的援军恰恰发现了这里很重要，于是分重兵占领，实际上断了曹军的后路。刘表的人马进入安众后立即整修防御工事，以南方大道为轴线，以山地为依托很快建成了一条东西连绵数十里的防线。曹操率军抵达安众，突然发现过不去了，如果绕道而行，无论向西还是向东都是山区，道路不畅，费时费力不说，敌军依托有利地形更容易袭击自己。

安众防线就像一条铁链，牢牢地缚住了急于回师的曹军。张绣也指挥穰县的人马从后面杀来，曹军面临前后被夹击的不利处境，局面一时陷入僵持。情况显然对曹军很不利，虽然人数占优势，但在有限的区域内兵力难以全部展开，在这种情况下，守着有利地形的一方更占优势，曹军陷入了所谓的死地。在此关键时刻，曹操发挥了军事上的天才想象力，指挥人马神不知鬼不觉地突破了看似牢不可破的安众防线，并且基本上没有什么损失。

曹操是怎么做到的？这一点史书没有详细解释。曹操此前曾给荀彧写了封信，说只要到了安众，必然能打败张绣，后来果然把张绣打败了。回师后荀彧见到曹操，讨教破敌的办法，曹操的回答是："兵法说'归师勿遏'，而敌人非要阻挡我们的归师，并且跟我们争夺死地，我所以知道他们必败。"但这番话等于没说，不是所有的归师都能打胜仗，也不是在所有的死地里都能起死回生。其实，曹军之所以化险为夷，是因为他们采取了敌人想象不出的作战方式，这就是地道战。

曹操白天与敌人对阵，晚上悄悄地在最险要的地段挖掘地道，这项巨大工程估计颇费时日，绝不是一夜之间可以完成的。曹军到达安众时是五月，回师到许县荀彧向曹操讨教破敌秘密的时候已经是七月了，这从侧面印证了安众地道挖掘工程量的巨大。最后，曹军的工兵部队以顽强的毅力挖通了安众防线，曹操指挥人马趁夜遁去。

天亮后，张绣吃惊地发现数万曹军一夜之间不见了踪影。侦察之后才发现，曹军已从地道里越过了他们精心构筑的防线，张绣立即下令追击。贾诩过来劝张绣不要追，否则必然失败。张绣不听，指挥所部人马以及刘表的参战部队全军压上，沿着曹军撤退的路线追击，但是吃了败仗。

他们还没有追上撤退的曹军，却先后迎面遇上了曹军新投入战场的两支生力军，这两支人马不约而同挡住张绣、刘表联军，上来一顿猛打，把张绣、刘表联军打得大败而回。这两支人马，一支由曹仁带队，一支由李通率领，他们倒不是商量好的统一行动，而是碰巧遇到了一起。曹仁没有随曹军主力行动，曹操派他肃清宛县附近几个县的残敌，而李通驻守在南阳郡以东的汝南郡，是曹军距此最近的部队。这两支人马都是得知曹军主力被阻于安众防线而前来解围的。赶到时，正好遇着曹操率大队人马从地道里钻出来仓促北撤，所以当张绣的人马杀过来时，正好与他们相遇。

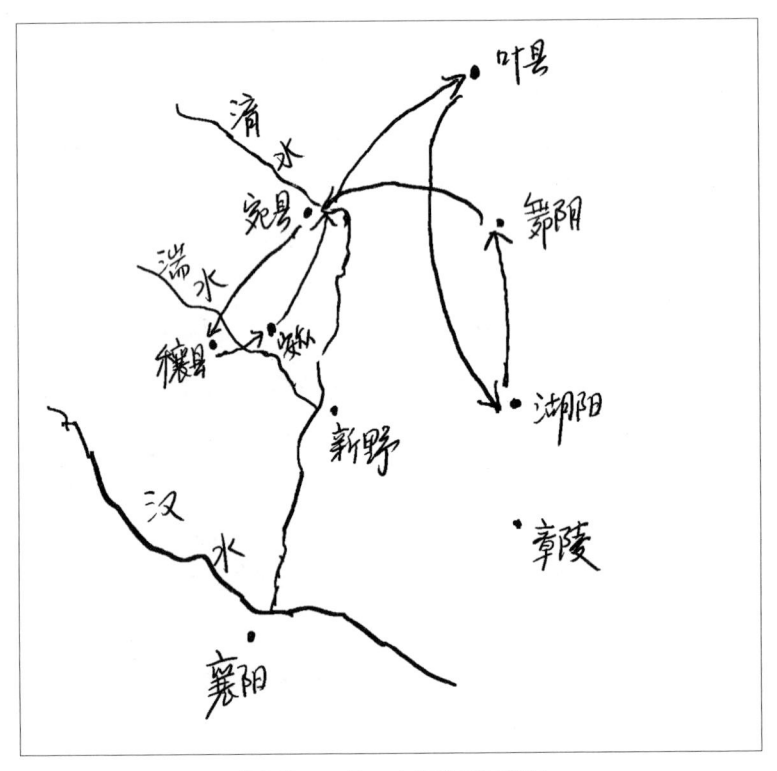

曹操第二、第三次征张绣示意图

追击不成损失不小，张绣很后悔。谁知贾诩这时又过来，力劝张绣立即再追，张绣以为听错了："当初没听您的话，结果打了败仗，现在都这样了，为什么还要追？"贾诩分析说："现在敌情出现了新变化，去追一定能取胜。"张绣抱着将信将疑的想法派人追击，这一次竟然打了胜仗。事后张绣请教贾诩胜败的原因，贾诩说："曹军开始退却，但曹操必然会派精兵断后，我们追击肯定失败。打败了我们的追击，他们又会轻军前进，没有料到我们会再来，所以我们就能取胜。"张绣听了，简直佩服得要命。

曹操再征张绣，居然又遭失败，在曹操的军事生涯中，这还是绝无仅有的事。曹操回到许县，对荀攸感慨地说："没有听先生的话，才造成今天的结果呀！"言语之间，对一再败于南阳郡十分后悔和无奈。曹操从南阳郡回师，并没有看到袁绍来袭。这有两种可能，一是袁绍压根没有这样的打算，前面放出的风声只是虚晃一枪；二是曹操的迅速回师让袁绍失去了最佳进攻时间，所以放弃了奇袭许县的计划。但是连一个名不见经传的张绣都打不过，曹操的心情很沮丧。更为要命的是，这种情况滋长了某些人的骄傲情绪，认为曹操不过如此，比如袁绍。

袁绍一直对曹操把汉献帝接到许县一事耿耿于怀，去年他曾给曹操写过一封信，以许县地理位置偏僻、地势低湿为由，要求曹操把汉献帝迁到兖州刺史部的鄄城，这里虽然还属于曹操的控制区，但距袁绍的控制区只隔一条黄河，袁绍的用心很明显。曹操当然拒绝了袁绍的提议，这次南征回来，他又接到了袁绍的信，不仅旧事重提，而且流露出对曹操的不尊重。曹操看了大怒，以至于行为都有些失常。

当时大家不知道原因，还以为是因征讨张绣失利造成的，所以都觉得着急，老朋友钟繇就此事去问荀彧，荀彧说："曹公是一个深谋远虑的人，对于既往之事不会过于放在心上，现在必然是因为别的事。"荀彧于是来见曹操，询问缘由，曹操出示了袁绍的来信："我真想讨伐这个不义的人，但是力量不够，你说该怎么办？"针对曹操提出的问题，荀彧其实早有考虑，他说了一段很长的话，认为曹操在用人、度量、谋略、法令等方面都超过袁绍，袁绍再强大也没有用。曹操不是一个爱听奉承话的人，但荀彧所说的都不是虚言，荀彧在袁绍身边待过，对袁绍的了解还是比较准确的，郭嘉后来也向曹操谈了相似的看法，曹操心里的阴云散去了一大半。

落实到具体对策上，荀彧和郭嘉的意见非常一致，他们都认为应当把南阳郡的事放一放，先取吕布。荀彧认为如果不先取吕布，那么以后要解决袁绍就会相当困难。郭嘉认为袁绍正北击公孙瓒，可以趁着他主力远征时东取吕布。如果失去这个机会，等到袁绍发起进攻时以吕布为外援，那就太危险了。

曹操同意他们的看法，但心里有一些顾虑："我比较担忧关中方面，如果关中处理不好，羌人、胡人加上南面的益州就会与袁绍、吕布等人联合起来，到那时我们将四面都是敌人，虽然据有兖、豫二州，却也顶多只占天下的六分之一而已呀！"就此荀彧有自己的看法："关中地区目前大的割据势力有十几支，彼此互相不服，其中韩遂和马腾最强。他们看见关内相争，必然各自拥兵自保。现在如果主动联合他们，示以恩德，和平的局面虽然不能维持太久，但也可以坚持到整个关东地区平定之后。"荀彧的分析正切中要害，很有说服力，让曹操心中顿时亮堂起来。

荀彧推荐钟繇出镇关中，曹操同意，于是辞去自己兼任的司隶校尉一职，让钟繇以侍中的身份兼任司隶校尉，持节督关中各军，授予钟繇遇到有些问题可以先处理再上报的权力。钟繇不仅是个书法家，而且属于实干型人才，他有胆有识，沉着勇毅，他到达关中时，当时活跃在关中一带的割据势力除段煨、李傕外还有很多股，其中马腾、韩遂的势力最为强大，钟繇给他们写信，表明利害，劝他们忠于朝廷。经过对形势的分析，马腾、韩遂选择了向许县朝廷靠拢，他们各送一名儿子到许县作为人质，以表明自己的忠心。

十、杀此一人失英雄

就在曹操准备向吕布动手时，吕布那边的形势也发生了变化。这两年，刘备一直驻守在小沛，但他并不甘心给吕布当盾牌，刘备趁着别人都在忙活的时候，自己一直悄悄埋头扩充势力，他对外宣称只有几千人马，其实至少发展到了万人以上。这还不是最让吕布担心的，据情报说，刘备私下里跟袁绍和曹操来往密切，当时袁绍和曹操的关系已经由微妙转为紧张，但刘备跟他们都保持着来往，刘备给袁绍秘密写信，又派人到许县跟曹操拉关系。

这些情况很快得到了证实，汉献帝的诏书下达，把刘备之前的平东将军升为镇东将军，这个职务此前一直由曹操担任，说明曹操对刘备很看重，当然也是对吕布的牵制。吕布和刘备之间虽然没有明确的上下级关系，但小沛是吕布让给刘备的，豫州刺史也是吕布让的，刘备的架势是想撇开吕布独立发展，这让吕布极为不快。但仅就这一点还不能跟刘备翻脸，因为这等于给曹操难看，吕布现在需要曹操的支持。

可是，随后又发生了更让吕布不快的事。在讨伐袁术时被吕布临阵策反的韩暹、杨奉二人自恃有功，在吕布的地盘上总闹事，为了打发他们，吕布让二人向豫州、兖州和青州方向发展，打下地盘都归他们。这二位便率领部下离开了徐州一路向北连杀带抢，激起了不少民愤。抢着抢着，就到了刘备的地盘上。刘备原来只驻扎在小沛，但近来已经悄悄地把手伸得很长，不仅豫州刺史部沛国北部几乎尽归其所有，而且还伸向了相邻的地区，韩暹和杨奉大概没打听清楚，或者明知是刘备但没把他放在眼里，所以来到这里照抢不误。

刘备没去找吕布告状，他想自己解决。刘备假意约杨奉相见，杨奉还以为请他喝酒，就去了，结果让刘备抓了起来。刘备用杨奉作人质很快瓦解了杨奉的人马，韩暹失去杨奉的支援成为孤军，他想带着残余武装回并州老家，结果走到一个叫杼秋的地方，被当地一个叫张宣的屯帅所杀。这说明，有组织有纪律叫团队，有组织没纪律只能叫团伙。

刘备没费太大力气就解决了韩暹和杨奉，得到了很大实惠，为了给吕布一个交代，刘备主动给吕布写了封信，信中对吕布说白波军头领韩暹、杨奉二人流窜至豫州，沿途烧杀抢掠，民愤极大，更为可气的是，他们干了那么多坏事，还打着您的旗号，说是您让他们干的，这是公然对您的造谣污蔑，为此我就把他们收拾了，既为民除害，又帮您洗刷了清白。得了便宜没啥，还要卖乖，就可气了。这件事情还没完，又发生了一件事，更气人。

建安三年（198）春天，吕布派人到河内郡一带买马，吕布擅长骑兵作战，但兖州、徐州一带不产良马，无法在当地补充，他只有派人到外地买马。吕布派去买马的人回来时路过刘备的防区，结果让人抢了。在吕布看来，这件事不用动脑子就知道是谁干的，敢抢飞将军的马，只有刘备有这个胆。吕布决定对刘备不再忍耐，直接惩罚。吕布命张辽和高顺带队出征，他在下邳做后援，但战事并不顺利，刘备一不认错，二不投降，坚守小沛，一时难以攻克。

这个时候，二人大概都会第一时间给曹操写信，刘备是求援，吕布则解释为什么要收拾刘备。曹操如果接到他们二人的信，只会扔到一边，是非曲直不重要，重要的是两个对手自己先干起来了。吕布亲自率军增援张辽和高顺，小沛城里的刘备有点儿吃不消了。正在这时，刘备接到报告说有一支曹军向小沛开来，顿时感到了希望。

可能在刘备看来，曹操一定会救自己，因为他刚被曹操任命为镇东将军就被吕布消灭了，这种"打狗不看主人"的做法如果视而不见，将会产生对曹操不利的连锁反应。刘备的判断是正确的，眼看刘备快要被吕布消灭，曹操决定派一支人马过来增援他。吕布有点儿紧张,但随后探明来的不是曹操本人,而是他的老对手、"独目将军"夏侯惇,而且只有几千人,吕布才松口气。吕布命高顺在半道伏击夏侯惇,夏侯惇战败,退回。

刘备彻底失望,趁夜突围,小沛被攻克。刘备逃得很狼狈,只带着关羽、张飞、赵云以及麋竺等人和少量人马,自己的两位妻子甘氏和麋氏都没来得及带上。

建安三年(198)十月,曹操亲自率大军赶来了。曹操行进到与沛国西面相邻的梁国时,遇到了刘备。刘备这才见到了真正的救星,一见到曹操,就力劝他一鼓作气杀往徐州,把吕某人彻底消灭。曹操既然出动,也不会空手而归,他在南阳郡连输了两次,需要来一场胜利提振士气。但是如何处理刘备,曹操有些犹豫。当时劝曹操借机杀了刘备的大有人在,比如负责兖州刺史部事务的大胡子将军程昱就劝他:"刘备此人有雄才,而且很会赢得民心,终究不会甘居人下,应该早点消灭他。"曹操想了想,没同意:"方今正是收天下英雄之时,杀一个人而失天下英雄之心,不能这样做呀!"曹操不仅接纳了刘备,还以汉献帝的名义正式任命刘备为豫州刺史。

对刘备而言这项任命来得太迟了,因为他已先后两次就任该职,但对朝廷而言,做出这项任命已经算破例了。汉献帝东归以来,对这些年各地自行任命的官职一直采取不承认态度,当初曹操握有整个兖州,朝廷可以承认他的实力,拜他为镇东将军,但对于他希望得到的兖州牧一职,朝廷拖了很久才给。

曹操命刘备率领他的残部随军行动。对于曹操下一步的进攻重点,吕布的判断是下邳而不是小沛,所以下令把主力快速南撤。梁国与下邳国之间隔着一个彭城国,吕布把主力分成两部,一部分部署在下邳城周围,一部分部署在彭城国境内。吕布亲临前线,动员大家誓死保卫彭城。但是曹军似乎更有信心,打起仗来也很有章法,根本不跟吕布硬拼,而是在运动中寻找战机,曹操人多势众,吕布处于被动挨打的局面。

吕布产生了撤退的想法,想依托下邳城的坚固,放曹操来攻。吕布大概想,曹操不敢在徐州停留时间太长,南面的张绣、刘表,北面的袁绍,还有近旁的袁术,对曹操来说哪一个都比他重要,只要守得住,曹操必撤军。但陈宫认为应该把防御重心放在彭城,理由是彭城境内地势更有利,便于同曹操大军周旋,他建议应当改变固守挨打的局面,分出多路奇兵袭扰曹军两翼,尤其是他的后勤补给线，曹军人马数万，拼人多是他的优势，但后勤保障就是他的劣势，一旦粮草供应不上，曹军只能不战而退。

应该说，陈宫是对的，吕布应该学学张绣，论名气张绣顶多是个小字辈，因为吕布跟他叔叔张济可以称兄道弟，论实力张绣还不如吕布，但张绣能把曹操打败两次，而且败得一次比一次惨。吕布似乎忽略了这些，忽略了张绣以弱胜强靠的是什么，固执地认为坚守才对自己有利。吕布下令主力撤回下邳一线，彭城随即被曹军攻克。

撤回下邳后，吕布方面士气十分低落。陈宫提出拒敌于外，在运动中歼敌，他认为曹操的大军必须经过泗水，可以依托泗水河组织防线，阻击曹军的进攻。吕布不同意这个看法，泗水那么长，如何在沿线都组织起有效防线来？待敌兵渡河至一半时发起攻击岂不更有效？大概吕布也经常研究兵法，《吴子》讲到有13种最佳的进攻状况，敌人渡河到一半时就是其中一种。《孙子兵法》也讲"敌人渡河来攻，不要在水里跟他打，等他们渡河到河中时再攻击"，所以吕布没听陈宫的建议，而是集重兵于泗水河边曹军必经之处，待曹军主力渡河时先不对其发起攻击，待其渡至一半再突然攻击。

可是，吕布又错了。曹军来了，开始渡河，吕布下令攻击，千弩怒射，万箭齐发，曹军纷纷中箭，有被射死的，有溺水而死的，曹军大败。但是所谓大胜必经大忍、大败常因心切，吕布还没来得及庆祝，突然接到报告说曹军主力已经从南边过了河，正朝下邳杀去。吕布大惊，才知道上当了，这里的曹军只是诱饵，敌军主攻方向不在这里。兵法是一门高深的学问，相对于公认的兵法研究权威曹操，吕布只能算兵法爱好者，知其一不知其二，不如不知。吕布赶紧下令撤军，拼命往下邳城赶。还算好，吕布先一步进了城。

十一、相见白门楼

喘息未定，让吕布更闹心的事传来：陈登反叛了。上次出使许县，陈登被朝廷任命为广陵郡太守，陈珪后来也应朝廷之召去了许县。没有负担，才好反叛，吕布如果认真想一想，对陈登就该防一手。陈登是个能干的人，他虽然到广陵郡才不到一年，但却发展了一支自己的势力，他明申赏罚，建立了威信。郡内有一支海贼，首领名叫薛州，手下控制着一万多户人，也投降了陈登。郡中百姓对陈登都很拥戴，既喜欢他，又敬畏他。曹军围下邳，陈登立即率人马从广陵郡来了，说是支援吕布，到阵前才亮明卧底的身份，回马一枪，吕布损失很大。

吕布恨得牙疼，盛怒之下，亲率人马冒险出城，寻找陈登的踪迹，想将他抓住。但陈登很狡猾，逃得比泥鳅还快，转眼到了曹军的背后。吕布一番苦战，才勉强脱身回到城内。陈登的三弟还在城中，吕布把他抓了起来，想以此为条件与陈登谈判，遭到陈登的断然拒绝，攻城反而更急。困守孤城，吕布手下一些人信心被动摇，吕布的刺奸张弘也在给自己找出路，陈登的三弟掌握在他的手里，张弘趁夜将其护送出城，交给陈登。

曹军围住下邳城，却没有发起进攻。曹操给吕布写了封信射进城里劝吕布投降，这让吕布有所动摇。一天，吕布、陈宫在城楼上观察敌情，见城外曹军连营密集，阵形整齐，敌兵士气正旺，吕布心中投降的念头更强了，他冲着城外的曹军喊："诸位围得别这么紧，我会自动到曹公那里投降！"吕布话音未落，陈宫急了，对吕布说："只有逆贼曹操，哪里来的曹公！"陈宫劝吕布放弃幻想，这个时候投降已经晚了，无法保全自己。吕布是个特别没主意的人，经陈宫一说，就真的放弃了投降的打算。

应该说，这是吕布的最后一次机会。吕布如果真的投降了，曹操杀他的可能性很小，吕布忽略了陈宫竭力反对投降的真实原因。在曹操眼中陈宫跟吕布不一样，吕布顶多是个降将，而陈宫则是叛徒，曹操一向爱才，对于降将很少杀害，而对于叛徒，必杀无疑。吕布如果有九分活路的话，陈宫大概仅有一分，陈宫坚决反对投降，为的是保他自己的命。可惜吕布没有想到这些，反而认为陈宫说得对。

为提高士气，陈宫提出了一个反败为胜的计划，他建议派兵出城偷袭曹军的粮道。曹军远途作战，粮食供应很困难，一旦粮食被劫，军心必乱。吕布认为有道理，决定自己亲自率队出城。出城前，吕布想回家给妻子交代一下，听说丈夫要出城，吕布的妻子顿时没了安全感，她想反对，又怕丈夫不听，于是换了个理由："高顺和陈宫素来不和，将军一出城，他们必然不能同心协力守城，如果发生了什么意外，将军怎么能自保呢？"吕布的妻子还哭诉说，当年在长安李傕、郭汜之乱时，吕布只顾自己逃命，已经把她扔下不管了一回，现在再也不能那样了。这位吕夫人，让人想起李傕的妻子和郭汜的妻子，看来武将都容易患"妻管严"。

听完妻子这番话，吕布闷闷不乐，不再提劫粮道的事。陈宫很失望，不过他很快又提出了一个计划，建议把人马分出一半出城，在城外寻一立足之处，不断向曹军发起袭扰，与城内形成配合。敌人原来对付的是一个目标，可以倾全力来围城，如果目标变成两个，他们不得不分兵来攻，攻城的力量也就减少了一半。敌人如果弃城外部队不顾，那他就会不断受到袭扰。这当然是上策，一半人马出城，还可以减轻城中的粮草压力，是目前打破僵局的一着好棋。

吕布也认为好，同意了。和上次一样，吕布又回到家跟妻子交代这件事，吕布的妻子仍然反对："陈宫是怎样的人将军可以再细想一下，当初曹操待陈宫那么好，事事听他的，对他十分器重，可陈宫仍然背弃曹操。将军想想看，现在将军待陈宫有没有曹操那样好？陈宫在这里的前途有没有比在曹操那里更远大？如果想清楚了，也就知道该不该冒险了。将军把守城的大任付于他，孤军远出，一旦情况有变，我岂能再为将军之妻呢？"吕布听完，心里更乱，陈宫新的计划又不提了。

曹军开始攻城，在攻城战方面曹军已经积累了一定的经验，他们打过雍丘那样艰巨的攻城战，所以攻势一上来就很猛，四门同时猛攻。好在下邳城很坚固，城里准备的弓弩等守城器具很充足，曹军一时不能得手。吕布想也不能坐以待毙，好歹也得去找找援兵。现在有可能给予支援的只有两个人：一个是袁术，一个是张杨。张杨现在仍活跃于河东郡、河内郡一带，他的实力虽然有限，但若能出兵来救，至少能提振一下士气，于是吕布给他写了封信，派人潜出城去，送往河内郡。

对于袁术，吕布跟此人矛盾太多，拒绝了人家和亲的请求，又杀了他的特使，之后刀兵相见，目前已是仇人。但是曹操是吕布的敌人，也是袁术的敌人，敌人的敌人其实是朋友，根据这个说法，向袁术求援并非不可能。

吕布于是率领1000多人杀出下邳城，主动向曹军发起挑战，双方混战一气，但吕布并不恋战，杀了一阵，主动撤回城里。吕布的目的达到了，他此次军事行动为的是掩护特使出城。吕布的特使是许汜和王楷，他们的具体情况不详。吕布集团失败后手下很多武将和谋士只留下了名字，而没有详细的个人事迹。这并不奇怪，历史往往是成功者的舞台，如果吕布成功了，想必许汜、王楷也是荀攸、郭嘉甚至诸葛亮那样的人物吧。

许汜和王楷在吕布的亲自掩护下出了下邳城，来到寿春，见到了袁术。袁术还在生吕布的气，对许汜和王楷说："吕布不愿意联姻，失败是必然的，干吗还要来告诉我？"许汜和王楷赶忙为吕布解释："明上现在不救吕将军，自己最后也得失败。吕将军不在了，曹操的下一个目标就是明上。"许汜和王楷不称袁术为"明公"，而是一口一个"明上"，实际上就是承认袁术这个皇上，这让袁术听了很舒服。同时，袁术也想到自己与吕布再闹得不痛快也是唇齿相依的关系，吕布如果被消灭，曹操收拾自己就更加容易，所以袁术决定还是得管管。

下邳城里的吕布此时心里更着急，许汜和王楷走后不见回音，吕布为当初不送女儿到寿春去而特别后悔。当初都是陈登劝吕布与袁术反目投靠了曹操，如今看来曹操不可信，陈登更不可靠，还是袁术算是一伙的。现在陈登正在曹操指挥下攻城呢。吕布越想越生气，越生气心里越着急。吕布决定不再坐等，为了争取袁术的支援，他决定亲自送女儿到寿春，向袁术求救。吕布的女儿年龄不详，吕布也不再管妻子是否愿意，他把女儿用丝绵裹在自己背上，准备亲自护送出城。吕布刚一出城，外面的曹军发现拼死抵挡，同时乱箭齐发，吕布虽然是一世名将，但也无可奈何，又害怕女儿受伤，只好退进城内。城里的守军士气更加低迷，他们虽然是一支能征惯战的队伍，但此时被困在下邳城内，擅长的战法施展不出来，粮草消耗得很快，外面又没有援兵的消息，个个人心惶惶。

其实攻城的一方也不顺利，下邳城久攻不下曹操也很头痛，大军长期滞留在徐州一带，南阳郡的张绣，荆州的刘表，冀州的袁绍，关中的马腾、韩遂，这些人此刻都在盯着徐州的战局，会不会趁乱打劫，真的很难说。如果出现那样的情况，自己仓促回军，岂不是兴平元年兖州之叛的重演？

曹操人在徐州，心里一直惦记着许县，这时又传来情报说张杨在东市起兵，打出支援吕布的旗号，向下邳杀过来，这让曹操对许县的局势更加担忧。曹操不怕张杨杀过来，他怕张杨杀到许县去，张杨虽然构不成致命的威胁，但他带头一闹，四周的实力派更要蠢蠢欲动了。张杨起兵的东市不知何地，应该在河内郡，有人认为是下邳城的东市，那肯定是不对的，张杨此刻应该距这里还很远。

曹操想撤军，这时郭嘉和荀攸都来劝他，现在已经到了节骨眼上，一定不能松气，如果让吕布缓过这口气，日后再解决他就更困难了，郭嘉认为："当年项籍有70余城，从来没有打过败仗，但一朝失势导致身死国亡，这是他恃勇无谋造成的。现在吕布每战必败，已经气衰力尽，内外皆困。吕布的势力比项籍差得远，而现在的情况比项籍还不如，如果乘势攻之，一定可以将其擒获！"荀攸也分析说："吕布自彭城以来连战皆败，锐气已衰。三军以将为主，将衰则军队没有斗志。陈宫虽然有些智谋，但现在他的计谋已来不及施展，趁着这股劲猛攻，一定可以拿下吕布！"既然郭嘉、荀攸都认为不能放弃，曹操坚定了攻城的信心。郭嘉给曹操出了个以水灌城的主意，将下邳城附近的泗水、沂水引向城里，弄得城内一片汪洋，吕布守起来更加困难了。

袁术那边虽然愿意支援一下，但动作很慢，他想等吕布被消灭得差不多了再出手。而张杨那边更不顺利，刚一起兵就被手下将领杨丑杀了，杨丑转而投降曹操。不过，没有多久张杨手下另一个将领眭固把杨丑杀了，率部投降了袁绍。不管怎么说，吕布做梦都在渴盼着的两个人都来不了了，一个人还不想动身，另一个已经永远没法动身。

突围无望，外无援军，下邳成为一座死城。吕布心情抑郁到极点，不是唉声叹气，就是训这个训那个，言行都有点失常了。陈宫竭尽全力想办法解围，但仍然无计可施，这种情况下很容易出问题。

果然问题就出现了，吕布手下的将领侯成有15匹好马让人喂养，但喂养的人却偷偷把马弄走，想出城交给刘备。侯成亲自追赶，把马夺了回来。侯成觉得这也是个小胜利，想摆几桌酒席庆贺一下。侯成搬出来自家酿的酒，又杀了几头猪，诸将都来祝贺。侯成一向很敬重吕布，他拿了半头猪和五斗酒送给吕布，跪禀道："承蒙将军的恩德，让我把马追了回来，这些酒和肉我没敢先吃，特地奉上聊表寸心。"

吕布看来也不失人格魅力，手下的人不管什么时候都对他尊敬有加，侯成这么做纯粹是出于敬意，可吕布一听就火了："城里被围，粮食匮乏，我正在禁酒，你难道不知道吗？你们又吃又喝，称兄道弟，想结伙谋杀我吗？"侯成吓坏了，赶紧赔罪求饶，回到家，把诸将送的礼都退了，把酒和肉都扔了，心里仍然惴惴不安。吕布的不近人情让侯成有点寒心，侯成守城时就不像原来那么卖命了。终于侯成决定投降曹操，这成为压垮吕布的最后一根稻草。城外攻城仍在继续，城内的军心彻底动摇，除了侯成，宋宪、魏续等人也有反水的想法。宋宪、魏续把陈宫抓了起来，打开城门，投降了曹操。吕布带着一部分手下登上最后一处据点白门楼，也就是下邳城的西城门。吕布看到回天无力，于是走下城楼投降。

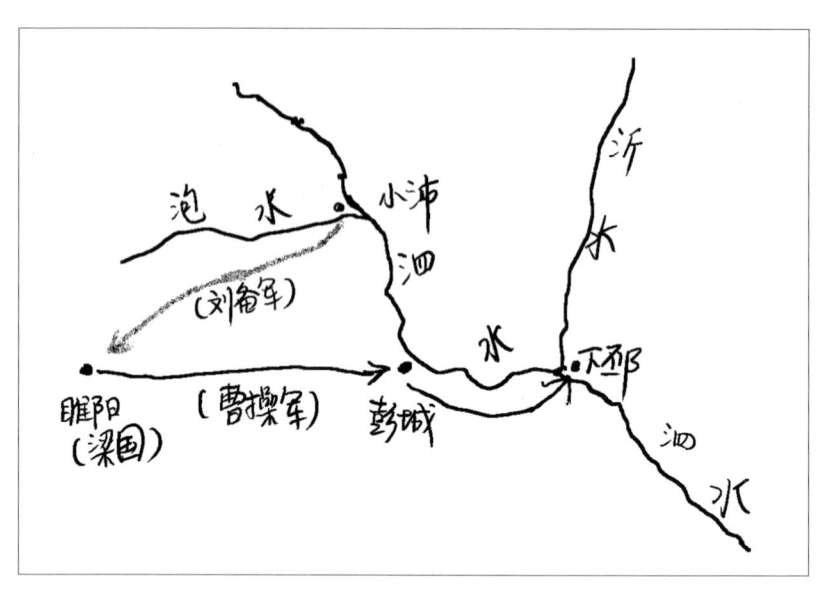

曹操消灭吕布之战示意图

吕布投降后，被人捆了起来。曹操携刘备等人随后登上白门楼，在此建立临时指挥所，手下人把吕布等带了上来。吕布虽然被五花大绑，但神态还很轻松，见到曹操主动打招呼："绑得太紧了，能不能松松？"曹操走到吕布跟前，这大概是曹操第一次如此近距离接触吕布，看到闻名天下的飞将被捆着向自己恳求，笑道："绑的是老虎，不能不紧啊！"吕布更放松了，没话找话地说："明公好像瘦了，怎么回事？"曹操听了有点惊讶："咱们以前见过面吗？"吕布说当年在洛阳，在温氏园中见过曹操。

当年吕布相当于董卓的贴身警卫，曹操担任骑都尉，要说二人见过面，很有可能。所以曹操很认真地想了想："有可能，我全忘了。现在是有点瘦了，那是因为一直抓不到你呀！"谈话的气氛出人意料地有些轻松，曹操和吕布又探讨起他失败的原因，吕布认为："我待诸将不薄，但他们都叛我而去，这是失败的原因。"谁知曹操不给面子，当面揭丑："你背着你的妻子跟手下将领们的妻子私通，还说很厚道？"吕布怕老婆，这个有记载，说他跟别人的老婆私通，情况不详，吕布听了半天不说话，看来曹操说的也不假。

这时，陈宫被人押了上来，见到老熟人，曹操很直接，问陈宫想不想让老母亲和女儿活命。陈宫的母亲和女儿都在下邳，看来已在曹操手中。陈宫慷慨激昂地说道："我听说以孝治天下的人不会绝别人之亲，以仁义施于四海的人不会断绝别人家的祭祀。老母亲能不能活命，取决于曹公，不取决于陈宫！"曹操又问："公台，你平生计谋过人，现在怎会这样？"陈宫看了看旁边的吕布："都是这个人不听我的，才至于此。"陈宫自请一死，态度很坚决，他直接往外走，拉都拉不住，曹操无奈，只好命人把他杀了。

吕布还在找生的机会，看到了一旁的刘备，对他说："你现在是座上客，我是阶下囚，能不能帮忙说句话，给我松松绑？"曹操听了，笑道："干吗不跟我说，还麻烦刘使君？"曹操的意思，是要给吕布松绑。刘备急了，对曹操说："明公，难道您忘了丁建阳和董太师吗？"见刘备落井下石，吕布大骂："你这小子，是最不值得信赖的！"曹操随后下令把吕布杀了，叱咤风云的一代飞将，就这样悲剧地谢幕了，吕布死得挺窝囊，是被勒死的。一同被杀的还有高顺，他一生跟随吕布，为人清白有威严，不饮酒，不受贿，训练出一支数百人的陷阵营，攻无不克，战无不胜。但吕布更信任魏续等人，经常把高顺调教好的兵交给魏续带，让高顺带魏续的兵，即使如此，高顺仍然毫无怨言。像高顺这样品才皆优的将领实在难找，吕布被杀后，曹操不应该再杀高顺，但最终还是杀了，一定是因为高顺执意要陪吕布一死，曹操没有办法，高顺的死法跟吕布一样。至此，吕布集团彻底灰飞烟灭。

吕布是汉末三国一位匆匆过客，是乱世里的一个搅局者，对他个人而言一生是短暂的，对历史而言，吕布所留下的东西看着虽令人眼花缭乱，但有价值的东西、值得称道的东西不多，人们在他身上总结出来的更多是教训而非经验，从这个意义上说，吕布更像是一个反面教材，提醒我们不要去犯他曾经犯过的错误。吕布犯过哪些错误呢？总结一下，至少有以下三点：

一是吕布不注重政治信誉，致使四面皆敌。一部三国史也是一部"忠""义"的历史，无论世道多乱，这两面大旗都始终高扬。后世看中三国人物的，往往也在这一点，凡是被后世褒扬和肯定的，在"忠""义"的问题上一定没有亏欠，有不少人还成为后世楷模。而那些不忠或者不义者，无论本事多大、有过多么了不起的成就，也难以被大家所认同。强调"忠""义"，不是说不能投奔别人再离开别人，在三国这样的乱世中，一生即使委身于很多人、又离开了他们并不算什么，刘备先后依靠过的人跟吕布差不多，但大家说吕布"轻狡反覆"，却没有人这样说刘备。事情或许相同，但做法完全两样，吕布或降或叛，看中的只是个人利益，投靠人家时卑躬屈膝，翻脸时挥刀相向，刘备做得就比较周全，迫于形势离开时从不恶语相加。吕布缺乏信誉，这是他"善变"的一面，由于善变，吕布也就失去了根基，注定干不成大事。

二是吕布只搞"短线操作"，没有长远规划。吕布人生中最活跃的十年基本都是在颠沛流离中度过的，他也很辛苦，但经常白忙活半天最终一无所获，原因就在于他缺乏长远规划，这是他"少谋"的一面。乱世争雄，说到底就是创业，创业要有基础、有团队、有起码的资本，但比这些更重要的是要有规划。吕布缺乏曹操、刘备、孙权那样的雄才大略，手下也没有荀彧、诸葛亮、鲁肃那样的规划师，他的奋斗历程看起来总是起伏不定，没有方向、没有目标，这也是吕布干不成大事的原因之一。

三是吕布只知道"用人不疑"，不懂得"疑人不用"。除了"善变""少谋"，吕布在用人上也有问题。吕布其实还是有一定的人格魅力的，他手下有不少将领一路追随他，有的"三国迷"把他们总结为吕布的"八健将"，包括高顺、张辽、臧霸、侯成、宋宪、魏续、郝萌、曹性，这是吕布带队伍长处的一面。但与此同时，吕布还存在识人不明的问题，吕布走向失败，与两个人有很大关系，一个是陈登，一个是陈宫，吕布其实对他们都怀疑过，尤其陈宫，前面提到过，吕布手下曾发生过一场叛乱，吕布差点送命，吕布追查，有人亲口向吕布揭发，说陈宫也参加了叛乱，当时陈宫恰好在场，听到这话脸色都变了，但不知何故吕布听完竟不再提了，就当没发生过一样。"疑人不用"是用人的原则，吕布不懂这个道理，所以吃了大亏。吕布被俘前是有机会向曹操投降的，至少能保住性命，但陈宫百般阻止，使吕布失去了最后的机会。吕布败于陈登、陈宫，显示他在用人上还不成熟，如果说袁绍最终败给了为人太世故，那吕布就是败给了人情。

十二、曹操感到一阵眩晕

下邳之战，吕布死了，刘备投降，曹操收获巨大。此战不仅消灭了两个重要对手，而且基本上占领了徐州刺史部的全境，豫州刺史部也更加巩固。沿黄河一线，西起关中，东到大海，司隶校尉部、豫州刺史部、兖州刺史部、徐州刺史部连成了一线，曹操控制区的范围至少扩大了三分之一。取得这样的成绩最大的功臣是陈登，正是他临阵倒戈给了致命一击，吕布才死得这么快，曹操立刻宣布提拔陈登为伏波将军，让他继续以广陵郡太守的身份主持徐州一带的军政事务，陈登此后便在江淮地区与袁术周旋，不断拓展势力，成为曹操在华东地区的重要支柱。

曹操在下邳还见到了滞留在吕布军中的陈纪和陈群，作为颍川郡陈氏家族的重要成员，曹操一定早就听荀彧等人讲过他们的事，所以见到陈氏父子特别高兴。陈氏父子见到曹操时，都行叩拜之礼，曹操以汉献帝的名义征陈纪为朝廷的九卿，任命陈群为自己的司空西曹掾属，陈群从此进入曹魏阵营。

吕布手下最有名的将领是张辽，论资历一点都不比吕布差，曹操提拔张辽为中郎将，把吕布集团保留下来的力量经过整编后交由张辽来统率，这支队伍在张辽手里继续保持了很强的战斗力，在其后的历次大战中均有出色表现，张辽逐渐成长为曹魏阵营里的一流大将。现在曹操手下至少有两位有名降将，一个是徐晃，一个是张辽。曹操对他们很信任，他们也很忠于曹操。这得益于曹操不同一般的识人智慧和用人胆略，曹操善于发现人才，善于辨别人才的品行和节操，一旦认定就用人不疑，让各种人才发挥最大的潜能。

张辽与关羽一见如故，成为好朋友。对于如何安排刘备，曹操有点儿踌躇。刘备现在是朝廷正式任命的豫州刺史，还是镇东将军，豫州刺史部现在大部分已在曹操控制之下，治所是曹操的老家谯县，今安徽省亳州市，按照制度的话，让刘备到那里上任就行了。但曹操不会这么做，豫州刺史连颍川郡和许县都管，相当于昔日的司隶校尉，也就是清代的直隶总督，这么重要的职务怎能交给刘备？同样的道理，徐州也不能给刘备，刘备这样的人，论危险指数比吕布差不了多少，只能待在自己的身边，待在能看得见的地方。曹操任命的徐州刺史是一个叫车胄的人，史书基本上没有关于他的其他记载，要么他在曹操阵营里的地位不高，要么因为后来死得早，事迹失传了。

最后，曹操以汉献帝的名义拜刘备为左将军，这是所谓的四方将军之一，比镇东将军还要高一级。此前，袁术担任过左将军，那是董卓主持朝廷时任命的，曹操主持朝政后又曾把左将军给过吕布，吕布刚死，曹操又把它给了刘备。张飞和关羽也都升了职，他们原来一直是司马，曹操提拔他们为中郎将。

这时已到了建安三年（198）年底，许县方面事情很多，南面的张绣未平，北面的袁绍正在向公孙瓒发起最后总攻，一旦消灭公孙瓒，北方局势将发生彻底改变，到那时袁绍就会率兵南下。对曹操来说，南北两边的形势都很急迫。可是曹操还没有从下邳回师的意思。曹操很了解徐州的情况，他知道回去之前必须见到一个人，不管多难找也得把他找来，不见到他，曹操走了心里也不踏实。

这个人就是泰山帮首领臧霸，下邳城破后臧霸便躲了起来，怎么都找不着，曹操下令悬赏搜寻，最后还是把臧霸找到了。曹操特别高兴，说服臧霸归顺了自己，并通过臧霸先后找来了昌豨、吴敦、尹礼、孙观以及孙观的哥哥孙康等人。曹操很慷慨，一次任命了六个郡太守、国相，其中任命臧霸为琅邪国相，昌豨为东海郡太守，吴敦为利城郡太守，孙礼为东莞郡太守，孙观为北海国相，孙康为城阳郡太守。这些地方处于徐州、青州交界地带，他们以臧霸为核心，形成了一个更加紧密的团体。

曹操不怕这样的团体存在，鉴于目前的总体局势，他在徐州的战略是，以陈登在南线牵制袁术、孙策，以臧霸等人在北线牵制袁绍、公孙瓒，这样他才能腾出手来，优先解决南阳郡的张绣。臧霸等人据守在青州、徐州之间，使这里成为曹魏势力的边缘地带，虽然他们服从曹操的领导，在历次战事中也始终站在了曹操的一边，但他们保持了相当的独立性，他们不具备与曹操分庭抗礼的实力，但曹操也不能以武力解决他们，因为这里不是曹操的主战场。

处理完这些事，已经是建安四年（199）的春天了。曹操班师回许县，路上还办了一件事，渡过黄河占领了北岸的重镇射犬。射犬属河内郡的野王县，今河南省沁阳市境内，这里多年来一直是前河内郡太守张杨的地盘，眭固杀了杨丑，率张杨旧部投奔了袁绍，袁绍命其驻扎在射犬。从今河南省孟津到新乡这一段的黄河有200多公里，河的北岸是河内郡，河的南岸是河南尹，都属司隶校尉部，未来要与袁绍争胜，河内郡、河南尹都将是主战场，所以曹操没有直接从徐州回许县，而是先到了昌邑，在那里稍作休整，之后率主力来到河南尹境内。

河南尹既是官职名，也是地名，作为官职相当于郡太守，作为地名相当于一个郡，此时的河南尹是董昭。眭固大感紧张，他跟曹操也是老熟人了，曹操刚当上东郡太守时眭固还是黑山军的一个首领，他们进攻曹操的后方东武阳，曹操来个了围魏救赵，直接挥师太行山，进攻黑山军的老巢，黑山军仓促回兵，在半路上遭到曹操的伏击，眭固吃了一个大败仗。眭固直叫命苦，盼望着曹军不会渡河，他字白兔，杀了杨丑，又屯驻于射犬，有个算命先生劝他说："将军字兔而此城名犬，兔见犬，其势必惊，应该赶紧离开！"眭固将信将疑，心里害怕，但又舍不得轻易就把地盘丢了。

四月，曹操命曹仁、史涣率兵渡河，围攻射犬。眭固急了，让薛洪、缪尚留守射犬，自己亲自北上找袁绍求援。薛洪是张杨的前长史，缪尚是袁绍新近任命的河内郡太守，眭固说是搬兵，其实是想开溜。但眭固运气不好，走到犬城这个地方正遇到曹仁、史涣的人马，一番交战，眭固被杀。曹操于是也渡过黄河，亲自指挥围攻射犬。董昭当年曾在袁绍和张杨手下都待过，跟薛洪、缪尚有交往，董昭单身入城，劝说薛洪和缪尚率众投降。二人无奈，只得献城，曹操以汉献帝的名义封他们为列侯，这可能是董昭说服薛、缪二人投降的条件。

曹操随后撤回黄河南岸，屯兵于敖仓，在这里发布命令，任命董昭为冀州牧，这只是个象征性职务，即使占领了河内郡的一部分地区，但整个冀州刺史部仍完全掌握在袁绍手中。曹操还任命魏种为河内郡太守，让他负责黄河以北占领区的事务。之后，曹操回到了许县，同行的还有刘备、关羽、张飞等人。曹操对刘备给予了充分礼遇，出去就坐一辆车，进屋就坐在一张席上，但事实上刘备等人是被曹操软禁在了许县。

论规模，射犬之战不是一场大仗，但意义非凡。首先，这是曹操与袁绍之间第一次直接交手，而且是小兄弟和"下级"曹操先动的手，标志着"袁曹联盟"彻底不存在了；其次，此战之后曹操占有了河内郡的一部分，把势力伸入到了黄河北岸，曹操控制区与袁绍控制区直接对接了，曹操明知袁绍一直以冀州牧自居，但又任命董昭为冀州牧，摆明了要翻脸。

看来这是重要的一仗，但奇怪的是袁绍对此战却不那么上心，看着曹操如此大张旗鼓又毫不避讳地来抢地盘，袁绍似乎抱着事不关己、高高挂起的态度，没有主动派一兵一卒，最后坐视眭固被消灭。这当然不像袁绍的作风，其中的原因很快就有了答案。曹操回到了许县，立即遇到了袁绍派来的人，曹操原以为是为眭固被杀来讨说法的，但袁绍对此只字未提，反而给曹操送来一个礼物。这个礼物盛放在一只木匣内，曹操让人打开木匣凑近一看，竟然是一个人的首级，把曹操吓了一跳。当曹操听说这是谁的首级时，更感到了窒息和不安，以至于脑子突然有些眩晕，看东西都模糊起来。

这是公孙瓒的人头！就在曹操对吕布大打出手的同时，袁绍也对公孙瓒发起了最后猛攻，他的全部精力都用在了这上面，曹操进攻眭固时他这边的战斗也进行到了最后关头,所以顾北面顾不了南面。袁绍向公孙瓒盘踞的易京发起总攻,就在吕布被杀仅三个月后,终于将易京攻破,公孙瓒被杀,之后袁绍特意将公孙瓒的首级送往许县,一来公孙瓒杀过大司马刘虞,是朝廷的罪人,袁绍把他杀了结案;二来袁绍借机向曹操炫耀和示威。曹操擒杀吕布威震中原,袁绍杀公孙瓒也足以威震华夏,从此以后,北方的幽州、冀州全部以及并州、青州、司隶校尉部的一部分尽入袁绍的掌握中。

十三、袁术想喝蜂蜜

吕布死了,公孙瓒死了,也就几个月之间的事,这还没有完,因为再过几个月袁术也死了。最近一段时间,袁术这个伪皇帝的日子一点儿都不比公孙瓒强,到哪里都被声讨,别说"九五之尊",就是想睡几天安稳觉都难。1700多年后也有个姓袁的军阀,势头比袁术还猛,也想过把皇帝瘾,结果也称了帝,这就是袁世凯,他们的祖籍地也相同,有人考证说他们是同宗。袁世凯跟袁术差不多,没当皇帝时还是个人物,一旦宣布当皇帝就迅速走向灭亡,袁世凯当了80多天的皇帝,袁术比他强一点,好歹当了一年多。

官职可以表奏,皇帝却不是谁都能自封的,现在有好多人想打架正愁找不着对手,你当了皇帝,就等于给人家送上一个揍你的理由。大家一哄而上,这些人里既有曹操那样本来就想打你的人,也有孙策那样的聪明人,同时也有吕布那样本不想打但也不得不跟着打的人。当皇帝不仅要有政治资本、军事资本,还要有经济实力。皇宫、百官、后宫嫔妃、羽林卫队,光是备齐这些家当也得有相当的实力。袁术的地盘并不大,核心区域仅是扬州刺史部六郡里的江北两个郡,再加上豫州刺史部的一些游击区而已,以这点实力不用别人打上门来,就是自己关起门来过日子都难。袁术这个反面教材无疑给袁绍、曹操、刘备这些人上了生动的一课,袁绍也动过当皇帝的念头,试探了一下就不敢往下进行了,曹操终其一生都坚决反对称帝,并且一再声明谁敢称帝就收拾谁。

曹操从徐州撤退前,起用陈登主持徐州南部以及扬州一带的军务,陈登很有两下子,在江淮一带干得有声有色,整天扬言说不用曹公亲自来他就能打下寿春。袁术待不下去了,下令一把火烧了寿春的宫室,前往大别山区的灊山,投靠他的部将陈兰、雷薄。皇帝当到这个份上，简直生不如死。不幸的是，陈兰、雷薄二人翻脸，拒绝接纳老领导率领的流亡伪朝廷。袁术很愤怒，但又无奈，身边的人看到此情此景，有些干脆溜之大吉，袁术又恨又忧，不知道下一步如何办。

走投无路之际，袁术想到了哥哥袁绍。虽然是势不两立的敌人，虽然这些年中原一带的乱仗大多数都与他们兄弟俩有关，但毕竟是同宗兄弟，别人都不管他，自家亲人不能不管吧？袁术给袁绍写了一封信，表示愿意将帝号让给他，袁术摸准了袁绍的脉，知道这个老兄当皇帝的瘾一点都不比自己小，于是专从这方面下手。他现在虽然没落了，但手里还有两大法宝，一是他建立的新王朝，一是传国玉玺。有这两样东西，称帝路上的障碍会小得多，对于既要面子又要里子的袁绍来说，这两样东西都相当有价值。

果然，袁绍接到这封信，动心了。事情就是这样，看别人往火坑里跳都会觉得人家太傻，可轮到自己站在火坑边上的时候脑子又常常犯迷糊。袁绍立即派长子袁谭从青州刺史部动身去迎接袁术。袁术自己已没有能力一路打到黄河以北，只能等侄子来接。袁谭南下，必须经过已是曹操控制区的兖州刺史部和徐州刺史部。曹操已和袁绍公开翻脸，自然不会放袁谭过去，他命朱灵、刘备率兵拦截，袁谭南下受阻。

袁术还想冒险试试，可到了徐州刺史部境内就再也过不去了，只得折返回来，又来到了寿春。寿春城里的皇宫已被袁术自己烧得一塌糊涂，这里也待不下去了。袁术只得继续往南，走了80来里，于建安四年（199）六月到达一个叫江亭的地方。寿春往南有淝水，连通著名的水利工程芍陂，这个江亭应该是淝水上的一个渡口。此时袁术身边已经没有多少人了，粮食也吃完了，袁术问他的"御厨"还有多少吃的，回答说只有30斛麦屑。这些本来是喂马的，袁术怎能咽得下去？

这时正是盛夏，天气闷热，袁术身体有些不舒服，想喝点蜜浆，手下人说找不到蜂蜜。英雄一世的袁公路，就这样穷困潦倒地坐在江亭边的草席上回顾着自己的一生。刚出道时的前途无量，刚起兵反董卓时的叱咤风云，当了皇帝以后的锦衣玉食，想想这些，看看眼前，袁术不禁老泪纵横。袁术一生都颇为自负，他也是个有血性的人，他大叫道："我袁术怎么混到了这个地步！"喊罢，瘫倒在草席上，呕血不止，足足吐了一斗多。

袁术就这样死了。在汉末三国，袁术也是一个重量级人物。袁术出身高贵，

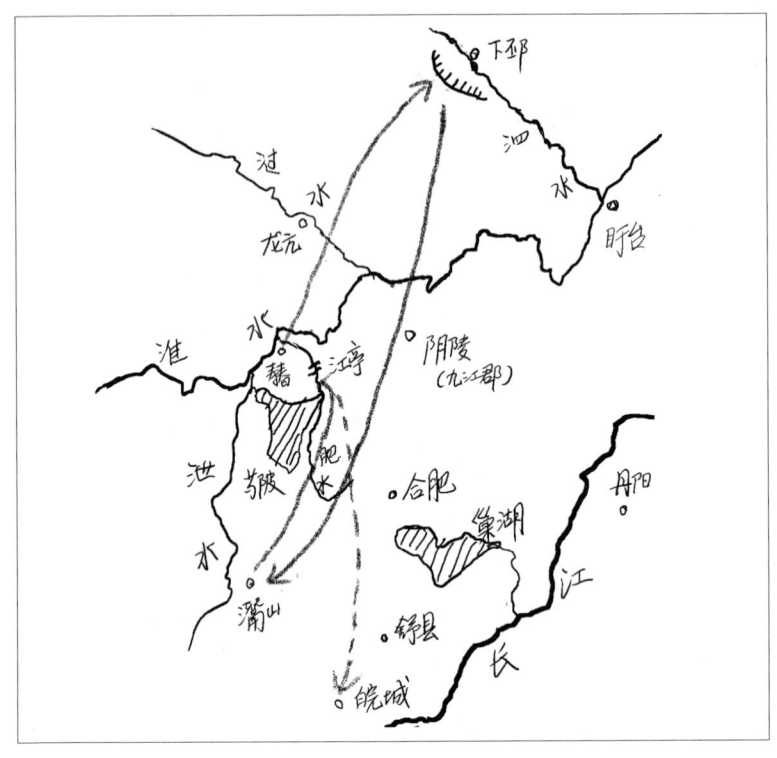

袁术败亡路线示意图

志向也很高，自视能力很强，从来不愿意居于人后。但他奢侈、荒淫、放纵，使事业在还没有达成的时候人就死了，这实在是咎由自取。曹操手下名臣何夔曾经评论说："天之所助者顺，人之所助者信。术无信顺之实，而望天人之助，此不可以得志于天下。"袁术不具备当皇帝的素质和实力，但一味迷信权力，妄窥神器，又被周围的邪佞之徒包围，结果自入歧途。西晋的司马伦、十六国时期的石虎、金朝的海陵王完颜亮等也都是这样的人，他们一门心思在乱世夺权，也不看看自己有没有那个斤两，贸然宣布荣登大位，结果落得个被人唾弃、被历史嘲笑的结局。

袁术的自信从心理学上分析是"优越感过盛"，心理学家认为有些人有狂妄的优越感，这种人经常不加掩饰地表现出他们的优越感目标，他们希望成为整个世界注意的中心，成为四面八方景仰膜拜的对象，成为掌握有超自然力量的主宰，并且能预言未来，能以无线电和整个世界联络并聆听他人所有的对话。心理学家还认为，人类无时无刻不在面临自卑的压力与挑战，为了消除这种压力，个人会发展出各种补偿机制来战胜自卑感，而其过分补偿有可能导致优越感过剩，具体表现为自我感觉良好、自以为是、自命不凡，表现为目中无人、虚荣心强、不能反省自己，漠视他人。

对照袁术的一生，他刚好符合心理学揭示的这一切。他就是一个自信心和优越感过盛的人，一个狂妄的自大者，一个集矫情与骄傲于一身的人，他不自量力，无法正确分析现在、把握未来，他的虚荣心极强，总想炫耀自己的门第出身，但又总显得外强中干。优越感过剩就会产生寡恩刻薄、嫉贤妒能、相互拆台的情况，袁术的性格也如此，包括自己的哥哥袁绍在内，为了达到相互拆台的目的无所不用其极，对于孙坚、孙策这些为他的事业立下大功的人，他表现得寡恩而冷酷，对自己做出的承诺一变再变，让人寒心。

袁术死时只有堂弟袁胤在身边，袁术的后事便由袁胤来料理。袁胤害怕曹操，不敢回寿春，就率领剩下的人护送着袁术的老婆、儿女投奔袁术的旧部庐江郡太守刘勋。袁胤不清楚的是，这个刘勋虽然是袁术任命的，但跟曹操关系相当亲密，推测起来他们应该在年轻时便相识，那时候刘勋似乎也认识袁术，袁术待刘勋也不错，不惜得罪孙策，让刘勋当上了庐江郡太守。袁术的另外一批旧部，在杨弘、张勋等人的带领下准备渡江投奔孙策，随身还带着袁术积攒下来的大量珍宝。刘勋得知，在半道上对他们进行了伏击，把他们全部俘虏，缴获了许多珍宝。

孙策大怒，密谋除掉刘勋，他假装与刘勋结好，并且向刘勋提供情报，说豫章郡有一块地盘，与庐江郡隔江相望，有当地土著居民结伙聚守，孙策表示刘勋如果能打下来，这里就归他。刘勋刚刚兼并了袁术不少旧部，人马骤增，正要干一番大事业，没有看出来孙策动机不纯，还以为他是个好人呢，于是按照孙策提供的情报渡江作战。孙策待刘勋到了江南，亲率一支快速机动部队趁夜来到江北，到达刘勋的大本营庐江郡治所皖城。孙策没怎么费劲就打下了皖城，刘勋的部下全部投降。刘勋这才发现上当了，但无计可施，身边只有几百个人，在庐江郡一带无法立足，只好跑到许县投奔老朋友曹操去了。

袁术的妻子和孩子此时也在皖城，孙策把袁术的女儿许给了自己的弟弟孙权。而袁术的儿子袁燿后来入仕吴国，担任过郎中等职。但是，袁术逼吴夫人交出的传国玉玺却没能找着，这件被袁术夺去的东西后来辗转到了誓死不当袁术的上公的徐璆手上，具体过程不详。徐璆后来也辗转来到了许县，成为九卿之一，他献上玉玺，使这件本该属于汉室的东西重新回到了主人手里。

第五章 官渡之战

一、刘备的许县时光

配角们先一步退了场，相对于他们来说，刘备才是未来的主角之一。刘备跟着曹操来到许县，开始了新的生活。许县是个是非之地，虽然在曹操的严密控制下，但各种势力在此暗流涌动，还有一些所谓名士，经常聚会，品评人物，时不时给曹操捣乱。

刘备知道自己目前的处境，所以一到许县就闭门不出，老朋友孔融也在许县，刘备连他都不见，避免曹操对自己起疑。实在不好打发时间，刘备就领着仆役在住处开出一片园子种菜。曹操对手下人历来防范很严，经常派遣心腹暗中刺探下属的私生活，看大家有没有暗中交结，一旦发现，就会严厉惩处。

有一天，刘备在自家院子里指挥人种菜，种的是一种叫芜菁的菜，曹操派的密探来了，从门缝往里看。刘备很老到，发现门外有人，但装着没察觉，该干什么干什么。密探走后，刘备对张飞和关羽说："我岂是干种菜这种活的？曹操必会生疑，这里不能再待了！"与此类似的记载还有，说曹操派手下人偷偷监视刘备，发现刘备在园子里整理葱，刘备指挥仆役干活，仆役干得不好，刘备生气，拿着棍杖打那个仆役。情况报告到曹操那里，曹操说："看来这个大耳朵家伙还没有察觉。"其实，这也是刘备在演戏，他已发现有人监视，所以故意做给监视的人看，监视的人一走，刘备感觉不妙，连夜出走了。按照这些记载，刘备担心曹操进一步迫害，所以主动逃出了许县。

刘备确实在许县没待多久就离开了，但不是逃走的，而是向曹操请示后经过批准才离开的。刘备急于离开许县的原因，不全因为曹操对他的监视，而是他牵涉进一桩大案，在事情暴露前，必须赶紧脱身。这是一场预谋中的政变，发起人是董承。作为汉献帝的岳父，董承现在的职务是车骑将军。

刚到许县时汉献帝对曹操充满了好感，在别人都往后退缩的情况下曹操挺身而出，使朝廷不至于陷入困顿或离散。但随后曹操大权独揽的做法让汉献帝产生了反感，他现在虽然还不到20岁，但经受过的磨难已经很多了，他是个有远大志向的青年，从地狱般的长安逃出来，在他的心中越来越强烈地渴望刘汉江山能在他的手中重新振兴。

不久前，还在曹操从徐州回师的途中，汉献帝突然发布了一项人事任命，将董承由卫将军擢升为车骑将军。曹操把大将军让给袁绍后，自己一直代理车骑将军的职务，汉献帝把车骑将军正式授给自己的老丈人，意味着曹操代理的这个职务被免除了。曹操此前有三项重要职务：一个是司空，抓行政权；一个是车骑将军，抓军权；还有一个算是兼职，录尚书事，抓朝廷的日常事务。车骑将军的职务对曹操来说并不是摆设，没有这个职务，曹操直接指挥军队就有点儿名不正言不顺了。所以，汉献帝的这项决定肯定出于自己的想法，没有跟曹操商量过。他这样做，可能是跟曹操置气，表达对曹操独揽大权的不满，也可能另有打算。

汉献帝的打算是除掉曹操！这不是耸人听闻，而确有此事，董承就是这个密谋的核心人物。董承为此曾经找到刘备，拿出一份汉献帝亲笔书写的密诏，让刘备诛杀曹操。汉献帝和董承找到刘备，一来基于刘备和曹操并不一心，二来刘备手里尚有一定实力。刘备在小沛被打散，但收拾残卒手下还有一些人马，目前应该在关羽、张飞等人的指挥下，曹操想必对这些人马看得很紧，也可能被分编于各部，可一旦有事，把这些人发动起来就是一股力量。

现在刘备面临着选择，刘备不难看出董承密谋的胜算很小，许县是个小地方，上上下下、里里外外都是曹操的人，周边也都是曹操的嫡系重兵，曹操的情报工作做得很细，可谓无孔不入，一旦泄密，参与的人都将在劫难逃。刘备此时也可以选择向曹操告密，以换取曹操对自己的信任。但是刘备实在做不出来，一来他对曹操并无好感，如果能除掉曹操他也乐意为之；二来选择告密就等于和汉献帝作对，如果曹操一怒之下来个废帝弑君，之后顺势把"功劳"往自己身上一推，那刘备可就成了千古罪人遗臭万年了，这个刘备也不能做。所以，刘备选择了暂时不动。这可以理解为刘备答应了董承，但没有任何行动，既没有去告发，也没有再去联络他人，这大概也是刘备唯一能做的。

可以拖一拖，但也拖不了太久，刘备不行动，董承还会联络其他人，一旦败露，曹操会追查下去，结果还是一样，为了这件事刘备恐怕每天都有如坐针毡的感觉。董承确实有了新行动，他又找到了三个人，一个叫种辑，是个越骑校尉；一个叫王子服，是个偏将；还有一个叫吴硕，担任朝廷议郎。关于他们的背景史书没有太多记载，根据职务判断，种辑和王子服手里多少有些兵权，董承劝王子服："郭汜当年只有几百人，但也打败了李傕的几万人，现在就看你我敢不敢干了。过去吕不韦有了子楚之后得以富贵，现在我和你正是这样。"子楚是秦始皇的父亲秦庄襄王，曾在赵国做人质，后来在吕不韦的帮助下成为秦国国君，秦始皇统一天下，追封其为太上皇。这是一项高回报的投资，但有极高的风险，王子服比较犹豫："这事非同小可，而且兵力也不够啊！"董承给他打气："如果能杀死曹操，就能得到他的人马，怎么不够？"

董承的计划是给曹操来个斩首行动，曹操伏诛或被擒，他手里人马再多也群龙无首，再由汉献帝出面征调曹操的人马，完全可行。董承敢这么想并不是他的脑子进了水，汉末发生过多次政变，有宦官发起的，有外戚发起的，也有皇帝本人亲自发起的，经常是以弱胜强，以不可能打败可能，只要出其不意，强大到坚不可摧的堡垒瞬间也会轰然垮掉。王子服于是答应下来，双方定下密谋。

有一个流传很广的说法，说在此期间汉献帝打猎，曹操携刘备、关羽、张飞等人同行，曹操轻慢汉献帝，惹恼关羽，关羽要杀曹操，被刘备拦住。这件事没有记录在史书中，推测一下也不可能发生，因为刘备在许县只待了三个多月，各方面正面临着巨大压力的曹操没有时间更没有心情去打猎，陪汉献帝去打猎也不可能。而且，刘备来许县是春末夏初，离开时夏天还没有结束，狩猎一般在秋冬进行，很少有大夏天出去打猎的。即使有这么一场狩猎活动，刘备和关羽等人也参加了，在戒备森严的环境里，仅凭关羽一己之勇就想当场诛杀曹操，那也是开玩笑。对刘备来说，这段时间的心情想必比王子服等人紧张多了，许县不能久留，尽快脱身是唯一的出路。

正在刘备忐忑不安时来了一次机会，这就是之前说过的，袁术要率伪朝廷北上，曹操要派人去拦截。刘备知道了这个信息，主动向曹操提出，由他率兵执行这一任务。按理说曹操是不会答应的，然而曹操答应了，还给刘备摆酒送行。几杯酒下肚，曹操意气风发起来，对刘备说了一番很有名的话："当今天下的英雄，依我看只有玄德你和我曹操罢了。袁绍那些人，根本排不上号！"这是夸人的话，刘备听了却心惊胆战，手不由一抖，勺子、筷子掉到了地上。

刘备是个聪明人，知道曹操最不放心什么样的人。笨不怕，傻不怕，怕的是聪明过了头，被曹操视为英雄的。危险系数显然比傻子大得多。刘备到许县后一直低调做人，遇事装傻，种瓜种菜，目的就是不引起曹操的怀疑和防范。刘备的失常行为曹操看在眼里，好在这时外面响起了震雷，刘备打圆场道："圣人说'迅雷风烈必变'，看来确实如此呀，一震之威，居然这么厉害啊！"

不过，刘备还是如愿地领到了任务，率部前往袁术北上的路上展开阻击，随他前往的有关羽、张飞、陈到等率领的人马，这些都是多年追随刘备的旧部，刘备率领他们赶到了下邳。曹操并不完全放心，所以又派了一支人马跟着刘备前来，由朱灵和路招率领。朱灵是袁绍的旧部，曹操在兖州期间朱灵曾奉袁绍之命率兵支援过曹操，一来二去就留在了曹营，路招的情况不清楚。曹操明确，此次行动由刘备统一指挥，这是因为刘备的职务已经是左将军，比朱灵、路招高得多。

程昱、董昭等人听说曹操派刘备去下邳执行任务，赶紧跑来劝曹操收回命令，或者干脆把刘备杀了，程昱说："主公之前没有解决刘备，考虑得很正确也很全面，是我们不能及的。但现在再让他拥有兵权，他必然会生出异心。"新任冀州牧的董昭也劝曹操："刘备有大志，又有关羽、张飞为羽翼，他心里到底怎么想的很难说。"听完他们的话，一个说法是曹操也后悔了，派人去追，结果没追上；另一个说法是，曹操没有采纳他们的建议，而是说："可是我已经答应他了。"

分析一下，后面一个说法或许更合理。如果曹操后悔，怎么都能追回成命，他派刘备去执行任务有着成熟的考虑。一个考虑是刘备对徐州、豫州一带的情况最熟悉，对袁术也熟悉，去执行这项任务，是最合适的人选；另一个考虑是，目前自己人手比较紧张，袁绍那边消灭公孙瓒以后已开始了行动，袁绍还派人去联络刘表和张绣，想给曹操来个两面夹击，情报显示孙策的主力也有北上的意图，在曹操眼里到处都是敌人，他都得分兵应对，相对来说阻击袁术的任务次要一些，能挡住最好，挡不住也坏不了大局，在派不出太多人马的情况下，让刘备去，利用他的名气弥补人马的不足，也是一个恰当的安排。

阻击任务不复杂，很快完成了。按理说刘备应该率部返回许县，但刘备没走。这时董承、王子服、种辑、吴硕等人密谋叛乱的事情败露，所有参与此事的人都被诛三族，其中包括董承的女儿董贵人。消息传到徐州，刘备知道自己没退路了，曹操一定会继续追查，迟早查出自己也是这场政变的参与者之一，刘备觉得只能跟曹操彻底撕破脸了。

建安四年（199）年底刘备在下邳突然动手，杀了曹操任命的徐州刺史车胄，宣布与曹操决裂。朱灵、路招没有阻止，推测起来刘备可能在行动之前已经把他们打发走了，刘备可以假称任务完成而后回军，让朱灵、路招先行，待他们离开徐州后就动手。曹操怒火中烧，终于被刘备算计，让他又恼又愧。曹操迅速做出部署，派出一支人马去征讨刘备。但他派出去的人很奇怪，一个是刘岱，一个是王忠，结果刘备没费多大劲儿就把刘岱、王忠打败了，之后还教训他们："像你们这样的，来上几十个、上百个又能把我怎么样？就是曹操亲自来，结果怎么样也说不好！"之后刘备立即做出几项决定，以左将军的身份表奏关羽代理下邳国相，让他守下邳，自己率张飞等人驻守小沛，做好与曹军进一步周旋的准备。同时，派孙乾前往袁绍那里联络，再次表明支持袁绍的态度，联络泰山帮以及徐州、兖州、青州一带的反曹力量，结成联盟。

袁绍此时正准备倾尽全力南下，志在必得，孙乾见到袁绍，表明来意，袁绍自然求之不得。联络泰山帮方面也有收获，虽然臧霸仍然支持曹操，不愿和刘备结盟，但泰山帮的二号人物东海郡太守昌豨被争取了过来，响应刘备。有了昌豨的支持，刘备在下邳、小沛一带的势力迅速壮大，手下有了几万人马。曹操决定亲自率兵征讨徐州，对此大多数智囊和将领都表示反对，曹操则坚持要去，他认为："刘备是天下豪杰，现在不打败他，日后必是大患。袁绍虽然有大志，但他优柔寡断，不会立即采取行动。"曹操的想法得到了郭嘉的支持，郭嘉认为只要此次行动速度快，可以做到两边不耽误。

曹操于是亲率一支人马直扑徐州，刘备没有料到局势到了这种程度曹操还有精力"照顾"他一下，当侦察兵向他报告说曹操亲自来了，刘备大吃一惊，但还是不太相信。刘备亲自带着几十名骑兵到前面察看情况，看见了曹操的旗帜，于是连打一仗的信心都没有，不战而逃。刘备手下大部分人马都做了曹军的俘虏，其中包括刘备的两位夫人和关羽。对甘氏、麋氏来说，做俘虏快成家常便饭了，而关羽的被俘让刘备损失巨大。曹操很喜欢关羽，升他为偏将，待他很好。刘备率张飞等残部向北逃走，幸好之前联络过袁绍，现在只有去那里了。

解决完东边的事，曹操重新回到了前线，这时已经到了建安五年（200）年初，全部目光都集中在了黄河南边一个叫官渡的地方，一场规模空前的大战即将在这里发生。

二、五千万买曹操的人头

官渡，从字面上看，是一个渡口。这个地方确实是渡口，具体来说位于鸿沟之上。北方有两大水系，一个是黄河水系，一个是淮河水系，自古以来这两大水系便是人口的主要聚集区和主要经济区。为方便交通,自战国起人们就在两河之间挖了很多人工运河,最后形成以鸿沟、汴渠、狼荡渠等组成的运河体系,将南北水域联结在一起,成为沟通南北经济和人员往来的水路交通要道。袁绍的大本营是冀州刺史部魏郡的邺县,由此南下赴许县有一条陆路交通大通道,它与鸿沟的交汇处就是官渡,具体位置在今河南省中牟县境内。

汉献帝建安五年(200)年初,曹操亲自率兵东征刘备,很快得手,之后曹操不敢怠慢,立即回师,以防备袁绍即将发起的进攻,而刘备被打败后无路可走,只得投奔了袁绍。在曹操闪击徐州时,袁绍有一次绝佳的进攻机会,曹操嘴上说不怕袁绍趁机进攻,但心里还是发虚的,所以顾不上追击刘备赶紧回来了。袁绍手下自然也有人看出了其中的机会,谋士田丰就力劝袁绍立即出击许县,打曹操一个措手不及。

奇怪的是,袁绍对田丰的建议不说行,也没说不行,就是没行动。田丰多次催促,袁绍仍然不动,他还给出了一个奇怪的理由,说儿子有病,再等等看。袁绍有三个儿子,袁谭是长子,次子叫袁熙,三子叫袁尚。袁绍消灭公孙瓒后任命三个儿子以及外甥高幹各负责一个州,袁谭为青州刺史,袁熙为幽州刺史,袁尚为兖州刺史,高幹为并州刺史。

按照嫡长子继承制,袁谭应该是袁绍的接班人,但袁绍和他的妻子刘氏更喜欢最小的儿子袁尚,所以接班人问题一直没有明确下来。袁绍的说法是,给这几个孩子提供一个平等竞争的机会,看看他们的才能谁更强,对此大部分人表示反对。袁绍已经是一方诸侯,所以他的家事已不再是普通人的家事,而与这几个州的数百万人的前途命运息息相关,所以沮授那么着急。可惜的是,袁绍看不到这一点,以为家事就是自己家里的事,与外人无关。

袁绍打破常规的举动果然在部下中造成了混乱,审配、逢纪等人看到袁绍偏爱袁尚,就开始聚拢到袁尚周围,而辛评、郭图支持袁谭,派系就此形成,并愈演愈烈。田丰建议袁绍抓住机会南下,虽然是一个高明的谋略,但没有得到其他人的支持,袁绍以儿子有病为借口把田丰的建议搁置了,田丰很生气,用手杖敲着地说:"这么好的机会,却因为小儿子生病而失去了,真可惜呀!"

其实袁绍并不愚蠢,否则他早就被公孙瓒消灭了。他之所以没有采纳田丰的建议,儿子生病恐怕并不是主要原因,有没有胜算才是关键。大概在袁绍看来,这一仗是实力的较量，作为明显占优势的一方，没有必要通过突袭这种冒险的方式打乱整个战役部署。就在这时，刘备北上到了冀州，袁绍大喜，命令袁谭护送刘备速来与他会合。袁绍对刘备很重视，派人一路相迎。这时袁军终于完成了集结，已经开始向南进发。为了节约时间，也为了表示对刘备到来的隆重欢迎，袁绍让大军一边南下，自己则由邺县向东去迎刘备，一口气走出了200里。此前他们二人并不相识，但早已互闻大名，所以格外亲热，袁尚、袁谭对刘备也十分敬重。

之后，袁绍携刘备等一行由元城返回邺县，未作太多停留，立即南下。为做好此次南征，袁绍他还让大笔杆子陈琳撰写了一篇檄文，向天下发布。这篇檄文约1300字，陈琳下了很大功夫，痛揭曹操的黑史，从曹操的爷爷曹腾开始写起，罗列了曹操的数条罪状，大肆爆料，专抖曹操的黑史，包括曹操设盗墓机构、秘密联络公孙瓒谋反、杀名士边让、派700名精兵包围皇宫、拘禁皇上等，最有趣的是，袁绍悬赏求购曹操的人头，价码是5000万钱，相当于现在一亿多元人民币。檄文中的那些或真或假的材料经过陈琳这个大笔杆子的加工，曹操的黑史立即传布四方，在当时就已造成了极为广泛的影响。曹操在后代常被人诟病，很多素材也出自这里。曹操当时正为眼前的战事伤神，偏头疼的毛病又犯了，看了老朋友陈琳写的痛骂自己的文章，脊背上开始冒冷汗，脑袋居然一下子不疼了。

袁绍不仅组成了南下兵团向黄河一带开进，还做了很多战争准备，其中最重要的就是连续派出多路使者，拉拢同盟军，从而建立起一个统一战线，给曹操搞出一个包围圈。袁绍拉拢的人主要是南阳郡的张绣、荆州的刘表和江东的孙策。派往南阳郡的使者最先到达，见到了张绣，陈述了袁绍的主张。袁绍深知贾诩在张绣面前的分量，所以专门给贾诩写了信，派使者暗中去做贾诩的工作。张绣看到袁曹大战一触即发的形势，在他看来，也许想都不用想就应该站在袁绍这一边，不仅因为袁绍的势头更猛，而且因为他与曹操是敌人，曹操已视自己不共戴天。所以袁绍的使者说明来意，张绣当场就准备答应，但就在这时，贾诩说话了。

贾诩当着张绣的面对袁绍的使者说："请回去转告袁本初，兄弟尚不能相容，又怎么能容天下人呢？"张绣闻言大吃一惊，不由得脱口而出："这话怎么说的呀！"但张绣一向听贾诩的，知道凡是听了贾先生的话准没错，不听准吃亏，所以这一次仍然按贾诩的意见办了。

打发走袁绍的使者，张绣心中的疑问仍没有消失，问贾诩："既然这样了，下一步该怎么办？"贾诩的回答让张绣十分吃惊："投降曹操！"张绣以为是自己听错了，问贾诩："袁绍强大曹操弱小，我们又与曹操互为敌人，怎么能归顺他呢？"贾诩说出了其中的理由："曹操奉天子以令天下，这是第一条理由；袁绍强大，我们弱小，在这种情况下归顺他，必然不会重视我们，曹操弱小，得到我们必须欣喜，这是第二条理由；有霸王之志的人，肯定会把个人恩怨放在一边，而让普天之下都知道他的宽容，这是第三条理由。希望将军不要再迟疑！"

经过贾诩一分析，张绣认为也有道理，于是决定投降曹操。这是一个非常大胆的决定，曹操只有如贾诩分析的那样，是一个胸怀远大志向、把个人恩怨抛于脑后的人，这项决定才不会后悔。张绣投降袁绍，基本上不用担什么风险，而投降曹操，则面临着生死考验。所幸的是，一向料事如神的贾诩在这个重大问题上依旧保持了他的一贯正确，曹操在官渡前线听说张绣投降自己，惊讶之余，顿时感到欣喜若狂。

为了表达诚意，张绣亲自携贾诩到前线面见曹操。在官渡，曹操拉着张绣的手不放，这个人曾经差点要了他的命，而且欠他一个儿子、一个侄子加一员爱将的命，是一个他做梦都想诛灭的敌人，现在就站在他的面前，只要他愿意，可以轻而易举地完成复仇的想法。但是，现在曹操已经不那么想了，所有的仇恨顷刻间瓦解，因为他真的很高兴。曹操设宴款待张绣和贾诩，任命张绣为扬武将军，封列侯，将张绣带来的人马就地编入官渡前线兵团。为了打消张绣的顾虑，曹操主动提出两家结为儿女亲家，让自己的儿子曹均娶张绣的女儿为妻。

对于贾诩，曹操更喜欢。虽然这是一个可怕的对手，让自己连吃了三次苦头，但今天终于得到了他，曹操有如获至宝的感觉，曹操也拉着贾诩的手说："是先生您让我在天下人面前增添了信誉呀！"曹操以汉献帝的名义封贾诩为都亭侯，给他安排的职务更高，委任他为执金吾，这是高官，负责宫外的安全保卫工作。但这只是个虚职，曹操不会让贾诩在许县给汉献帝站岗，委任贾诩一个很高的荣誉性职务，目的是先把他从张绣身边挖过来，他要把贾诩留在自己身边。董昭已经改任徐州牧，原任的冀州牧一职空缺，曹操于是又任命贾诩为冀州牧。

不费一兵一卒，居然解决了悬在心头很久的一道难题，但是对南边的形势曹操仍然不敢松气，因为还有一个刘表。襄阳城里，刘表也在紧张地盯着地图看。如果按实力进行排名，袁绍是老大，曹操勉强算个老二，刘表就是当之无愧的老三，至于刘焉、孙策、公孙度，实力还稍逊一筹，现在老大跟老二斗，如果老大联合了老三，老二当然没法玩了；如果老三跟老二联合，老大也有被干掉的可能。

所以，刘表的态度至关重要。但是，对即将发生的袁曹决战，刘表的内心却很紧张，二虎相斗虽然必有一伤，但也必有一胜，谁打赢了这一仗，谁就是北方的霸主，也是天下实力最强的人，到那时不管愿意不愿意，自己都得跟他打交道。尽管现在与谁联合决定权在他，但这是一场赌博，一旦押错了宝，今后就被动了。支持谁不支持谁，刘表心里一直犹豫不决。袁绍派人也来到了襄阳，向刘表表达了希望结成同盟共同对付曹操的想法，刘表没有拒绝，口头上答应了，但并不做任何实际行动。他虽然更看好袁绍一些，但也不敢十分确定，万一最后赢的是曹操呢？现在，他只准备坐山观虎斗，保存实力要紧。

这反映出刘表在战略上的游移，更反映出刘表的私心。但是这个策略受到一些部下的反对，刘表的别驾刘先以及原来在朝廷里担任过天子从事中郎的韩嵩都劝刘表说："豪杰并争，两雄相持，天下之重在于将军。将军如果想有所作为，可以乘此机会崛起；如果不然，也应该选择其中的一方给予支持。将军拥有十万之众，怎么能坐而观望呢？"而且，榜样的力量是无穷的，曹操善待了一个张绣，马上引起了后续效应，刘表的手下大都认为应该走张绣的路，除了刘先、韩嵩等人，刘表事业上的重要支持者、老朋友蒯越也持这种观点，他也建议刘表率部投降曹操，这让刘表很犹豫。

为什么刘表的手下大多是"亲曹派"？从实力上看，袁绍已经占有黄河以北的四个州，手下人才济济，人马众多，论地盘、论实力都胜过曹操，这是不难看出的事，但蒯越、刘先、韩嵩等人还是看好曹操。与其说曹操更有魅力，不如说天子更有号召力。刘先的履历不详，但他对汉室的典籍制度非常熟悉，韩嵩、蒯越曾在朝廷任职，对汉室怀有深厚的感情。他们这些人未必多么喜欢曹操，但对汉献帝是拥戴的。袁绍兴兵讨伐曹操，在他们看来讨伐的是汉室，当然反对。

在这种情况下，刘表决定派韩嵩到曹操那里走一趟，观察一下那里的情况，之后再做决定。建安五年（200）年初，韩嵩一行北上，在官渡见到了曹操。曹操对韩嵩一行十分热情，给予了盛情接待。韩嵩对曹操和曹军也有了深刻的印象，之后他又去许县拜见了天子，在曹操的授意下，汉献帝拜韩嵩为侍中，韩嵩大概不愿意接受，表示想回荆州，汉献帝于是改任他为荆州刺史部零陵郡太守。韩嵩回到襄阳，向刘表汇报所见所闻，对曹操大加赞扬，并劝说刘表送儿子到许县做人质，以证明自己的诚意，这引起了刘表的猜疑，他本意仍想中立，派人考察曹操更多的是做个样子看看，所以对韩嵩的话很反感，甚至想找个借口把他杀了，后来经大家劝解，韩嵩才保住一命。刘表决定继续执行他原先的策略，对袁绍那边尽量敷衍，答应结成同盟却不做任何实质性的动作，对曹操则不和不战，继续保持中立。

三、孙策之死

除了刘表，袁绍还想拉拢关中诸将、徐州的泰山帮等实力派，甚至在曹操的部将、防守汝南郡的李通那里都派了人，但都没有取得进展，他们要么明确表态支持曹操，要么态度暧昧。还有一路，路途比较远，袁绍或许也派人去了，或许没有派，但这一路却主动来了。这就是江东的孙策，论起凑热闹，他的热情一点儿不比父亲孙坚差，袁曹决战，这么大一场战斗，怎么能少得了他这个看客呢？

孙策的自信来自实力的增长，经过几年的拓展，他在江东的势力越来越大，不仅占有了江南的丹杨郡、吴郡、会稽郡等地，还发展到江北的庐江郡和庐陵郡。曹操不断接到报告，说孙策又打了胜仗，地盘又在不断地扩张，听得多了，曹操终于忍不住说了一句话："难以与这小子再争锋了啊！"曹操当前首要的对手是袁绍，所以对孙策只能拉拢，通过结亲、任命官职、封爵等手段先把孙策拉到自己这一边，孙策表面上也乐于接受，双方的关系看起来还不错。曹操给了孙策一个任务，让他打刘表，孙策执行了，不是孙策愿意给曹操当枪使，而是他要报仇。

孙坚死于刘表之手，实际上死于黄祖之手，黄祖目前担任着荆州刺史部所属江夏郡的太守，守着荆州的东大门，孙策既要报仇，又要向西扩张，所以内部事务理顺之后，即开始了西征黄祖之战。孙策一举打败了黄祖，他本想乘胜追击，但考虑到庐江郡新下，江东也不稳固，征讨黄祖的时机还不成熟，于是回师吴郡。在后方，孙策有一个心腹之患，那就是曹操任命的广陵郡太守陈登，近一段时间以来不断出击，给孙策制造麻烦，这说明曹操和孙策之间表面和好，下面早已动起了刀枪。

这时已经到了建安五年（200）年初，袁曹对决已经拉开序幕。对形势的判断孙策跟刘表的不一样，他认为这是一次难得的机会，想趁曹军主力北上对抗袁绍之机对许县发动突然袭击，把天子抢到自己的手中。有的记载还更具体，说孙策看到曹操在北面脱不开身，便聚集江东所有兵马，自称大司马，准备偷袭许县。这就不是当看客了，而是也要上台演一把，大有把主角轰下台的意思。这个行动相当突然，无异于公开谋反，但对照一下孙氏的性格基因，不难发现做出这样的行动也并不意外。只是主力要想北上，还必须先做一件事，那就是要先解决后方的问题，陈登已经堵在了家门口，这是一匹咬人的狼，要么把他消灭，要么把他赶到远远的地方。

建安五年（200）春天，孙策亲自率军来到丹徒，准备向陈登发起总攻。孙策已经到了，但军粮还没有运齐，需要再等几天。在这几天里孙策没事干，有点儿闷慌，他喜欢打猎，想利用这难得的几天空闲时间去打猎。孙策喜欢轻出微行，这是一种冒险行为，他手下的名士虞翻曾经规劝过他，孙策嘴上表示接受，但总难改掉老毛病，这一回就出事了。

孙策只带了几个随从去山中打猎，他们发现了一只鹿，孙策领人去追，他骑的是好马，手下人的马追不上。孙策一个人在前面跑，正在这时，突然从林中冒出来三个人。敌方间谍时常在这一带活动，孙策十分警觉，厉声喝道："你们是什么人？"这几个人回答："我们是韩当将军的士兵，在此射鹿。"孙策看了看，不认识："韩将军手下的人我都认识，从没有见过你们！"孙策意识到有危险，取弓便射，其中一个人应弦而倒。剩下两个人害怕了，举弓与孙策对射，结果有一箭射中了孙策的面颊。孙策手下的人随后赶到，把这两个人都杀了。事后得知，这几个人是吴郡前太守许贡的旧部，等在这里就是为了刺杀孙策。

许贡曾经担任过吴郡太守，一度依附于朝廷任命的扬州刺史刘繇。孙策消灭了刘繇，许贡内心不满，多次向朝廷秘密上报，反映孙策的恶行，建议朝廷征孙策入京，借以削弱孙氏的势力。许贡的上书被孙策截获，孙策下令把许贡处死，这几个人是许贡的旧部，他们的暗杀行动已策划了多时。

众人将孙策护送回营帐，请随行军医来看，发现伤势很重。孙策自知难过这一劫，于是忍住伤痛，把弟弟孙权以及随行的张昭、程普等人找来，指着孙权对众人说："现在天下大乱，我们以吴越之众、三江之固，足以成就大业，希望诸位能善待我的弟弟！"孙策还对张昭说："如果仲谋不堪大任，请先生取代他自任。"孙策让人取来自己的印绶亲手交给孙权，对他说："举江东之众，决策于两阵之间，与天下争衡，你不如我；举贤任能，各尽其心，以保江东，我不如你呀！"

建安五年（200）四月里的一天，孙策死了，年仅26岁。从孙坚到孙策，他们身上有着共同的基因，结局也很相似。史学家评论孙坚勇挚刚毅，评论孙策英气杰济，都不是一般人物。但同时指出，他们父子二人做事不够谨慎，这是他们殒身致败的原因。这或许与他们的出身有关。说到底，孙氏出身于社会的底层，也可以说是草根和寒门，与儒学世族崇尚礼法、家教严正不同，寒门较少受拘束，所以他们好驰猎，喜欢滑稽与酗酒，有时候这些成为他们的魅力和凝聚部下的特长，有时候又成了致命的缺点。

曹操得知孙策死了，兴奋之情难以言表，相对刘表，孙策才是南面的一只猛虎，现在孙策死了，短时间内江东方面难以对他构成威胁。曹操迅速以汉献帝的名义任命孙权为讨虏将军，兼任会稽郡太守，但是指定他必须屯驻于吴县，也就是今江苏省苏州市。对曹操来说，压力虽然巨大，但几个月以来得到的全是好消息。

四、关羽刺颜良

邺县与许县两地间直线距离约500里，中间隔着黄河、汴水等河流，沿线有黎阳、白马、延津、官渡等战略要地。为迎击敌人的进攻，曹操沿着这条中轴线安排了三道防线：第一道防线是黄河以北的黎阳，即今河南省浚县；第二道防线是黄河南岸的白马、延津，即今河南省滑县到延津县一带；第三道防线是官渡。前两道防线目的是迟滞敌人的进攻，挫败其锐气，而曹军主力都收缩在官渡一带。在第一道防线黎阳，曹军只有一小部分人马；在第二道防线上，守延津的是于禁，手里也只有2000人，守白马的是东郡太守刘延，人马也不多。

建安五年（200）二月，袁军兵指黎阳，曹军稍作抵抗后迅速撤到黄河以南。袁绍占领黎阳，暂时以此为基地进行休整，进一步集结部队，同时派部将颜良为先遣军，渡过黄河攻击南岸的军事要地白马，但是这项决定却遭到了沮授的反对："颜良这个人生性偏狭，虽然骁勇，但不能独立担当大任。"颜良的情况不详，却很有威名，当时在军中的地位和名望远远超过关羽、张飞等人。袁绍曾经对沮授很倚重，几乎言听计从，可这次却不接受沮授的建议。沮授现在以奋威将军的名义任监军，相当于袁绍的军长兼兵团司令，论军职是袁军中最高的。但这次南征，沮授、田丰等本土派很有意见，惹得袁绍不高兴，前几天还把极力反对南征的田丰下了狱。

仗还没打起来，身居要职的沮授已经到处散播"亡国论"，袁绍十分厌恶，沮授在冀州的影响力让袁绍不至于立即有所发难，但对沮授的信任大为降低。所以，当沮授对于重要的人事安排再指手画脚之时，袁绍出于对沮授渐渐生出的反感，想都没想就驳回了。袁绍一生气，做出了一项决定，把沮授的监军之权一分为三，分别由沮授、郭图和老将淳于琼担任。这是一项重要的人事调整，和临阵换帅差不多，是兵家大忌。

四月，颜良率部渡过黄河，直指白马。曹操决定亲自北上解救白马之围，军师荀攸提出了不同意见："现在我们兵力不足，敌不过袁绍，只有分散他们的兵力才能取胜。您到延津，做出要渡过黄河袭击他们的样子，袁绍必然调集重兵前来应战，然后我们再轻兵疾进去取白马，掩其不备，颜良可擒！"荀攸的意思是先置白马于不顾，把主力开赴延津，这是黄河上重要的渡口之一，给袁军一种要从这里渡河包抄黎阳的架势，诱使袁军主力向延津对岸一带转进，袁军被调动后，再迅速出击白马。这个计划具有一定的冒险性，一是袁绍看破曹军的企图，不分兵西进；二是袁军虽然分兵，但他们兵力足够多，既能迎击延津之敌，又能加强白马的攻势。如果上面两种情况出现，对曹军来说结果都是白马丢失，曹军大败。但是曹操认真考虑了荀攸的建议，他肯定也看到了敌强我弱的现实情况，在这种情况下如果中规中矩地跟敌人打正面战，肯定会处于下风。用兵之法，奇正相辅，尤其在被动的情况下，出奇才能制胜。曹操接受了荀攸的建议，放弃驰援白马的方案，亲自率一支人马向延津方向开来。袁绍果然中招，将进攻白马的一部分人马调往延津。曹操看到计策成功，命张辽为主将，率一支轻骑兵疾驰白马。张辽领命，请求让关羽同行，曹操同意。

在白马前线的颜良，一直以为主战场在百余里之外的延津，没有想到突然有一支劲旅向自己杀来，仓促应战，结果打了败仗。此战关羽立下大功，"策马刺良于万众之中，斩其首还"。如前所述，汉末三国时代的战争通常体现为阵法、计谋的较量，主将间一对一"单挑"其实很少发生，但也并非完全没有，关羽亲手杀颜良就是其中之一，这是一件了不起的战绩，关羽在后世扬名，与此战关系甚大。

这里有一个细节，关羽不是"斩良"而是"刺良"，说明所用武器不是刀，更不是所谓的"青龙偃月刀"。在人们的印象中，关羽常用的兵器是"青龙偃月刀"，又名"冷艳锯"，有82斤重。"偃"的意思是仰面倒下、放倒，有个成语叫偃旗息鼓，指的就是把旗子放倒、让鼓声停下。"偃月"的意思是把一弯残月"放倒"，也就是弧面在下方、缺口向上，用这个来形容刀的形状。刀身再刻上青龙的图案，在护手与刀身连接的地方用龙头作为装饰，这样的刀就称为"青龙偃月刀"。但是，史书没有关羽使用"青龙偃月刀"的记载，汉末三国时代也无人曾经使用过"青龙偃月刀"，虽然《三国志·典韦传》有"韦好使大双戟与长刀"的记载，但当时将士们最常用的兵器是矛，吕布杀董卓、关羽杀颜良用的应该都是矛，唐朝以后长柄大刀才逐渐成为交战中的重要武器之一。

曹军虽然取得白马大捷，但曹操深知袁绍依然强大，所以不敢冒进，而是命张辽、关羽等部迅速回防，准备迎接袁军下一轮进攻。袁绍丢了面子，盛怒之下命令主力立即渡河，此举又遭到沮授的反对，沮授认为："曹军不仅人数不如我们，而且他们的后勤保障也不如我们。敌人想急战，而缓战对我们更有利。正确的做法应该是打持久战，把战事拖长。"沮授的建议有一定道理，打仗不仅拼人马数量，还要拼经济实力，有北方4个州做后盾，袁绍的经济实力是曹操所不能比的。

但袁绍的耐心已经用完，毫不客气地把沮授的意见驳回。沮授当即以健康为由请求辞职，袁绍批准，把沮授所部交由郭图统率。曹操知道袁军下一个进攻的目标将是白马，于是下令白马军民全部随军撤离，但向哪个方向撤却颇费思量。白马属兖州刺史部的东郡，沿黄河向东不远就是另一个军事要地濮阳，此时它还在曹军手中，但驻军不多，再往东就是曹操在兖州刺史部的中心城市鄄城，现在只有程昱率700人在那里防守。

鉴于东部防守的薄弱，曹操不敢向东撤，但他也不敢轻易撤向南面的官渡，那样正面的压力太大，弄不好就容易被袁军一鼓作气来个中心突破。曹操做出了一项大胆决定，他亲自率领白马的人马沿黄河向西撤，并且带上所有辎重和白马一带的老百姓。这有点儿出乎袁绍的意料，袁绍此时应该弃曹操不顾，直接向南进攻，那里才是中心战场。但袁绍新败，心里不服，有点儿置气，正急于找到曹操本人打一仗，挽回白马失利的面子，于是命令已渡过黄河的主力部队，一部由郭图率领驻守刚刚到手的白马，另一部由文丑率领顺着曹军撤退的方向追击。

刘备参加了追击曹操的行动，虽然他的军职很高，但此次行动应以文丑为主，刘备和手下只是唱配角。刘备现在手里多少有一些实力，但人马不会太多，这是他投奔袁绍后的首次行动，袁绍可能鉴于刘备和曹操打过很多交道，对曹操比较了解，所以做出这样的安排。当然也可能是刘备主动请缨，关羽在阵前亲斩颜良，这个情况瞒不住任何人，这让刘备又喜又惊，喜的是知道了关羽的下落，惊的是此举恐怕将加深袁绍对自己的疑虑，所以他主动请战，表明自己和曹操势不两立的态度，打消袁绍的疑心。

文丑、刘备率部追上了曹操，地点在延津以南，当时袁军都是骑兵，总兵力近6000人，而曹操身边的骑兵不到600人，形势异常危险。如果文丑和刘备此战一举生擒或者杀了曹操，后面的事就简单了。那样一来，袁绍就可以一鼓作气打到许县，今后的天下就真的姓袁了，文丑将一战成名，刘备也将一雪前耻。

然而，结果却不是这样的。在以一比十的悬殊对比下，曹操居然打了一场漂亮的大胜仗。看到袁军来了，曹操不慌不忙，居然有工夫命人扎了营，并派人登高侦察。不一会儿侦察兵向曹操报告："敌兵来了，大概有五六百人！"曹操没有动，让其继续观察。过了一会儿，侦察兵又报告："骑兵更多了，步兵不计其数！"曹操镇定地说："知道了，不用再报告了！"曹操没有下令撤退，反而下达了一个奇怪的命令，让大家出营解鞍下马，同时把从白马带来的辎重摆在道路上。随行的将领们都认为敌人骑兵多，不如退到营寨里坚守，待援军到来。曹操胸有成竹，他把目光移向荀攸。荀攸早已会意，微微一笑："这正可以作为诱饵，怎么能撤呢？"文丑、刘备率领的骑兵转眼就杀到了，众将都说该上马了，曹操让大家先别急。又过了一会儿，袁军越来越多，看到路上的辎重，有一部分人开始忙着清理这些战利品。曹操命令大家："可以了！"曹军全部上马，纵兵杀出。文丑、刘备没有防备，大败。此战文丑被杀，袁军没战死的大部分成了俘虏，刘备跑得快，侥幸逃脱。

从史书记载来看，此战是曹操创造的一个如神话般的经典战例，不仅以一抵十，而且打得从容不迫，在敌众我寡的情况下，一开始就胸有成竹、稳操胜券，打得不慌不忙，相当从容，这极不容易。相比而言，文丑、刘备水平也太差了，文丑徒负虚名，刘备也愧为一名老军人，在优势明显的情况下被打得落花流水，打乱了袁绍的总体布局，说他们最终影响到官渡决战的胜败也不过分。但是，以区区600人能一举打败近6000人，并斩敌方主将于阵前，这又让人十分不解，因为这违背了冷兵器时代战争的一些最基本常识。除非文丑晕了头，除非刘备在战场上睡着了，否则这样的结果不会出现。

表面看曹操以辎重为诱饵使敌军大乱是取胜的关键，但这只是一个方面，因为它改变不了双方兵力悬殊的总体态势。袁军即使开始有些慌乱，但对一支训练有素的劲旅而言，临阵应变是基本能力，他们很快就可以组织起反击，到那时兵力多寡才是胜负的决定因素。袁军追击而来，人数想必还在不断增加，6000人还不是它的全部，曹军600人如果退到营寨里固守待援，打败敌人几次进攻尚可理解，将敌兵全歼，并将没有打死的敌兵全部俘虏那就有点儿天方夜谭了。

对于上面的疑问，史书没有做出解释，文丑、刘备就这么稀里糊涂地败了。不过，分析一下当时的情况，似乎可以看出一些问题来，关于此次延津之战的记载有几个问题值得思考：一是曹操为什么非要向已经被敌兵占领的延津方向撤退？二是为什么曹操身边只有600人？三是随曹操撤退的辎重都在，而老百姓上哪里去了？如果把这些问题联系在一起考虑，似乎可以看出曹操撤向延津是一个精心构思的计划，带上辎重和老百姓是这个计划的重要部分，袁军看到大批辎重于是下马抢占而没有提防后面的曹军，是因为辎重里混杂着大量的老百姓，场面很混乱，像是赶大集，这为曹军突然发起攻击提供了最佳时机。所以做诱饵的不仅是这些辎重，还有老百姓。

这样的场面十分复杂，袁军再彪悍，也不能见到老百姓就剁，曹军将士甚至可以混到老百姓里，穿上老百姓的衣服，让袁军防不胜防。刘备目睹了这一切，想必留下了深刻的印象。多年后，刘备被曹操追击，为了脱身他也使出了这一招，用老百姓做掩护抵挡追兵。在白马向延津撤退的路上，曹操应该有时间进行兵力部署，调集周围的部队向预设的战场机动。曹军趁袁军抢夺辎重突然发起攻击时，投入的兵力绝不是600人，而要多得多，如果短时间内能全歼袁军，人数恐怕也不比袁军少。史书没有这方面的详细记载，因为它不便回答随军行进的老百姓在此战中的作用，所以炮制出600人全歼近6000人、又临阵斩杀名将文丑的神话。

当然曹操这项计划也有很大风险，那就是袁绍变得聪明起来，他不向西追，而直接进军正前方的官渡。但曹操对袁绍太了解了，他们自青年时代便相识、相惜，如今在战场上相见，曹操知道心高气傲的袁绍首战挫败后急于报复的心情，所以只带600人亲自当诱饵，把袁军主力吸引到延津一带，集中优势兵力迅速将其歼灭。颜良、文丑都是河北名将，短短几天内被曹军打败并战死，极大地鼓舞了曹军士气，也深深震撼了袁军士兵。

五、虎豹骑的闪电战

一败再败，袁绍被彻底激怒了。袁绍亲自率主力推进到阳武县，此地在今河南原阳县东南。曹军不敌，阳武县被占领，曹军三道防线中的前两道全面失守。

关羽杀了颜良后，曹操立即以天子的名义拜关羽为汉寿亭侯，曹操很欣赏关羽，有意把他永远留在自己身边，所以特别怕关羽离他而去。不久前，曹操曾密派与关羽交好的张辽去摸底，看看关羽愿不愿意长期待在他这里。张辽说明意图，关羽叹息道："我知道曹公厚待我，然而我受刘将军厚恩，我们在一块起过誓，要同生共死，我不可能背叛他。我不会永远留在这里，但我会报答曹公以后再走。"关羽向张辽说完那番话后，张辽心里犯了嘀咕，原话转告，怕曹操生气杀了关羽，不如实转告，又觉得对不起曹操对自己的信任，最后张辽还是如实说了。曹操没生气，反而觉得关羽很仗义。现在关羽力斩颜良，兑现了当初的承诺，曹操预感关羽有可能走，立即对关羽给予厚赏，想留住他。但关羽去意已定，他把曹操赏赐给自己的东西全部封存起来，留下一封信，前往袁军大营找刘备去了。有人想追，曹操制止了，对大家说："他也是各为其主，不要追了。"

关羽受到后世的追捧，被称为武圣，其实不是他的勇猛无人能比，而是他为人做事方面很到位，他不为利所动，所有的事都以义为先，做事很讲究，即使离开也让人挑不出理来。曹操对这件事的处理也得到后世的高度评价，他明知关羽去心已定，仍然激赏其志向，等关羽离开时也不去追赶，以成全其忠义，这种胸襟没有相当气度无法做到。

刘备此时应该在距离官渡并不远的阳武，所以关羽要从官渡前线出发去找刘备不用走太远。《三国演义》描写关羽此行很不容易，是连闯曹军若干关隘、连杀若干曹军守将才得以通过的，先过东岭关杀孔秀，此关在何处不详，应介于洛阳与许县之间。之后，关羽过洛阳城杀韩福、孟坦，过汜水关杀卞喜，过荥阳杀王植，过渭首界首黄河渡口时杀秦琪，这就是"过五关，斩六将"，以及"千里走单骑"的由来。之后，关羽又南下汝南，最后在古城与张飞相会。以上这些地名所勾勒出的是一条较为混乱的轨迹，甚至包括距离官渡前线数百里远的洛阳，远远脱离了当时的主战场。刘备那时就在对面的袁军大营，关羽要找刘备不需要"过五关，斩六将"，只要事先把路线搞清楚，一天之内就足以到达。

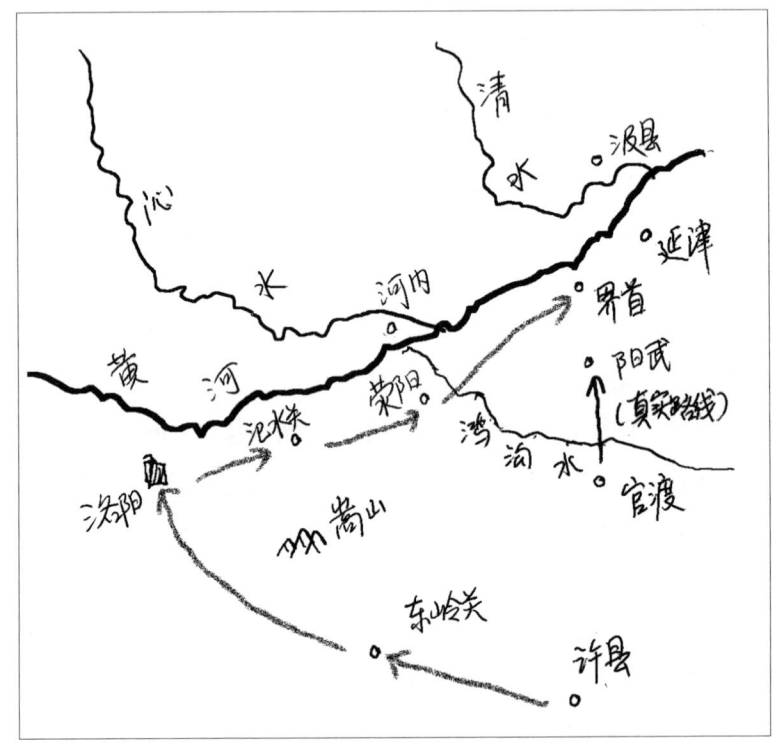

关羽"过五关，斩六将"与史实对照示意图

关羽一行顺利来到袁军控制的地区。关羽刚杀了袁绍的大将，这边恐怕正在给颜良开追悼会呢，这时候关羽送上门来，袁绍想必是既爱又恨，但也不好说什么，如果追究关羽把他杀了，不仅逼着刘备造反，而且得让曹操笑掉大牙。

刘备见到关羽以及失散的两位夫人，自然喜出望外。此时在刘备身边的，除了张飞还有赵云，赵云早年在公孙瓒手下任职，与刘备关系很好，后来赵云因故离开了公孙瓒，与刘备失去了联系。刘备到冀州投袁绍后，赵云打听到刘备的行踪，主动来找他，刘备又见到赵云特别高兴，一刻都舍不得离开赵云，刘备交给赵云一项任务，让他招募人马，现在刘备最头疼的是手下没人，袁绍很贼，尊你敬你但不给你一兵一卒，如果刘备自己出面募兵，袁绍必然会有警觉和疑虑，赵云是个新人，目标不大，悄悄做这项工作很合适。赵云做得很好，没用多长时间就招募到几百人，赵云私下告诉他们是刘备将军在招人，他们都是刘将军的手下。也许是赵云保密工作做得好，也许是袁绍太忙顾不过来，袁绍对这些事一概不知。

虽然连破曹军两道防线，但袁绍自己也连失了两阵，而且败得很惨，这个时候他应该先冷静冷静，总结一下教训，调整一下思路，就像篮球比赛，一连让对手得分，自己毫无招架之力，那就得叫暂停了，最少也要把对手连胜的气势给挡住。但袁绍没有，曹操在他心目中只是个"小兄弟"，昔日一个拎包的、跟班的，被曹操打败，袁绍觉得很丢面子，而且他不认为自己在指挥上有什么失误，他觉得曹操能赢纯粹是运气好。运气，不能总是你一个人有好吧？黄河边上的阳武县秦代称博浪沙，因张良在此刺杀嬴政而闻名天下。现在该地处在黄河以南，北距黄河数十里，但在汉末黄河经过敖仓后不是向东北方向流去，而是流向东南，阳武县在黄河的北岸。袁绍把指挥部由黎阳推进到阳武县，由此渡过黄河就是中牟县，汉末到现在中牟县的位置变化不大，今天的官渡镇就在中牟县城的东郊。

曹操不能退了，官渡必须守住。曹操这边形势相当紧张，大家都认为双方的力量仍然悬殊，一部分人产生了动摇，还有一小部分人甚至暗中与袁绍联络，随时有叛乱的可能。就在这个节骨眼上，更为不利的事情发生了，后方的汝南郡一带出了问题。曹操安排部将李通驻守在汝南郡，但毕竟力量有些薄弱，袁绍派人到处拉拢收买，李通不为所动，袁绍又去策动活跃在这一带的黄巾军余部，结果黄巾军余部在刘辟等人的带领下在汝南郡起兵，公开响应袁绍。袁绍得知后大喜，刘表、孙策没有指望上，天上却掉下来一个来帮忙的刘辟，袁绍决定派人前去支援，壮大刘辟的力量，也给曹操的背后来一刀。

袁绍决定派刘备领兵前往，执行这项特殊任务。这个决定有点儿出乎意料，正如当初曹操派刘备去执行拦截袁术的任务一样，都不太好理解。到曹操背后发展势力，的确是当前的一着好棋，这样的机会对袁绍来讲是很重要的，不能轻易浪费，基于这种考虑，派谁去执行这项任务必须慎之又慎。袁绍手下本来最不缺能独当一面的将领，但是短短几天时间，颜良、文丑这两位最出色的将领先后丧命在军前，袁绍的手头一下紧张起来，再调一员与颜良、文丑相当的将领去执行这项新任务，袁绍还真不好派。这大概是袁绍让刘备去的主要原因，如果换成曹操，再难也不会派刘备去，曹操吃过亏。

还有一种更大的可能，这项任务是刘备竭力争取来的，袁绍可能开始也有疑虑，但看到刘备的积极性这么高，而自己的人手也不富裕，于是就答应了。在袁绍眼里，刘备是货真价实的豫州刺史，长期在豫州、徐州一带活动，熟悉那里的情况，也有一定的影响力，他去倒也挺合适。

这样，刘备便率部离开阳武前往汝南郡，此行按现在里程直线距离也有200公里，是一趟远差。而且不能从中间走，必须绕开中间的官渡、许县等曹操重兵把守的地方。不走中间，走西边还是东边都要越过曹操控制区。如果从西边绕行，要经过新郑、阳城、昆阳等地，如果从东边绕行，要经过陈留郡、陈国。最后刘备率部顺利到达了汝南郡与刘辟等人会合，声势大增，刘备指挥人马自南向北攻击许县，前锋一度到达濦强县，该县位于许县以南30公里的地方，再往前，马跑得快点儿，小半天就到许县了。许县是曹操的后方基地，汉献帝以及包括曹操本人在内的所有高级将领、智囊们的家眷几乎都在这里，拿下许县，把这些家眷俘虏在手，对曹军的杀伤力将是巨大的，刘备对此深有体会。

此时曹军的主力都在前线，曹操只派荀彧、王必、满宠等人留守许县，他们都是文官出身，曹操的后院眼看要燃起一把大火。好在尚书令荀彧处理这样的危机很有经验，当初张邈、吕布突然起事，情况与现在有点儿类似，正是荀彧等人临危不乱才渡过了危机。荀彧一面加紧备战，一面派人火速前往官渡前线，向曹操报告情况。

官渡前线，袁军的进攻势头正猛。曹操压力很大，正在这时却接到荀彧的报告，想必曹操的头疼病一下子加重了好几倍。曹操现在面临着根本无兵可抽、无将可派的局面，但许县也不能丢失，曹操深知其中的利害。曹仁看到这种情况，向曹操建议："南面情势危急，不能不救。刘备手下大都是新从袁绍那里招来的兵，他刚带这些兵指挥起来未必顺手，刘辟等人向来见风使舵，不会苦战。所以，如果快速出击，一定能很快把他们击破。"

曹仁现在正式的职务是议郎兼广阳郡太守，但曹操给他的实际任务是训练和指挥骑兵。这支骑兵，是曹军嫡系中的嫡系、主力中的主力，它有一个响亮的名字：虎豹骑。有人认为汉末三国有"四大王牌部队"，分别是公孙瓒的白马义从、吕布的陷阵营、曹操的虎豹骑和刘备的无当飞军，白马义从、陷阵营前面介绍过，他们已随公孙瓒和吕布而消失，无当飞军纵横沙场还是多年以后的事，当下能被称为第一劲旅的,只有这支虎豹骑。曹操本人对骑兵作战一向十分偏爱,在之前与陶谦、吕布、袁术等人的作战中可以看出,他擅长使用骑兵,关键时刻往往能收到出奇制胜的效果,所以他组建了这支战斗力超强的虎豹骑。虎豹骑也是曹操的近卫部队之一,先后由曹仁、曹纯等人指挥,曹休、曹真等曹家下一代青年将领也曾在这支军队服役。这支人马数量不多,大约5000人,但个个都是千挑万选,每有一个缺员,就从上百人里挑选一个补上。

曹仁的建议启发了曹操,在无力抽调正面战场兵力的情况下,可以让曹仁率虎豹骑快速出击,得手后迅速回师,还没等袁绍弄清情况,问题就解决了,打一个时间差。这就是拿速度弥补兵力的不足,但这样做比较冒险,如果曹仁此行不顺利,不能很快结束战斗,或者袁绍得到消息趁机发起正面强攻,后果都不堪设想。但曹操最后还是向曹仁下达了率虎豹骑奔赴汝南郡的作战命令,原因是舍此已没有更好的办法。

曹仁率虎豹骑悄悄地出发了,他们只带了少量干粮,不带辎重,从官渡前线隐蔽撤下,之后向南,直扑汝南郡。200公里对虎豹骑来说是一天加一夜的行军路程,面对这样一支快速机动部队,刘备即使在沿途安排有侦察人员也毫无作用,因为刘备的便衣侦察员根本跑不过虎豹骑。所以当曹仁突然出现在刘备面前时,刘备吃了一惊。

刘备没想到的是,前来支援的竟然是曹军最精锐的主力,也没有想到曹仁亲自来,自己手下虽然有关羽、张飞、赵云这样的勇将,但能打硬仗的人马不多,至于刘辟等人,不要看他们嘴上多么慷慨激昂,一到打硬仗,肯定第一时间开溜。刘备并没有为袁绍的事业牺牲自己的打算,所以他指挥的人马一触即退。曹仁得手后不敢停留,立即由汝南郡回师,回到官渡前线时已是建安五年(200)八月,此时袁军主力又向前推进了一些。

在曹军官渡大营的正面,双方展开对决,袁绍下令用沙土堆成土丘,在曹营前面呈东西方向展开,长达数十里,以此为依托构筑营寨。为了对抗袁军,曹操也分兵筑营,但如此一来,兵力不足的问题就更加突出了。有的史书认为此时在官渡前线对阵的双方兵力,袁绍有10多万人,曹操不足1万,且伤兵占到十分之二三。这显然不准确,袁军人数估计得差不多,但曹军人数明显低估了,推测起来曹军在此的兵力应该在3万人左右,甚至更多一些。

双方陷入艰苦的对峙之中，为了取胜，都想了不少办法。袁绍下令在曹军营外堆起土山，支起高高的瞭望楼，凭借制空权向曹营射箭。曹营暴露在敌人弓箭手的射程之内，营里的人想来回走动，只能蒙着盾牌慢慢走。为了对付高处的弓箭手，曹军将攻城用的抛石车进行了改良，使之射程更远、力量更大，号称霹雳车，抛掷石块，专打袁军瞭望楼和土山上的弓箭手，瞭望楼纷纷被打倒，袁军的弓箭手也轻易不敢再到土山上来。袁绍见弓箭兵没有发挥威力，又调来了工兵，向着曹营方向开始隧道作业，曹军的对策是以地道对地道，在营中横向挖出又长又深的壕堑，袁军的地道挖到这里时就暴露了出来。双方斗智斗勇，使出了浑身解数，打得异常艰苦。

六、老将军的鼻子没了

对峙时间一长，后勤问题很快暴露出来，最先感受到压力的是曹操，曹军的粮食眼看接济不上了。这是一个严重的问题，一旦不能给士兵开饭，即使思想政治工作做得再好，部队也没有战斗力，更何况曹军这边士气本来就成问题，士卒叛逃事件时有发生，如果再没有饭吃，定会不战而败。

面对这种严峻形势，曹操产生了退兵回许县的想法，为此他给后方的荀彧写了封信，征求他的意见。荀彧很快回信，不赞成曹操的想法，荀彧分析道："现在军粮虽然很少，但还没有到楚汉在荥阳、成皋争胜时那样，当时刘邦和项羽都很艰难，但都不肯先退，因为先退的一方气势必然会受到打击。现在我们用很少的人阻挡袁军的进攻，扼其咽喉使其不能前进，已经好几个月了，现在正是关键时刻，形势必将发生变化，一定能等来出奇制胜的机会。"曹操认为荀彧说得有理，他又问计于贾诩，贾诩认为："曹公您贤明胜于袁绍，勇力胜于袁绍，用人胜于袁绍，决断胜于袁绍，有此四胜然而将近半年之久仍不能决胜，是考虑问题太求万全而造成的，应该抓住机会奋力一击，大局必然可定。"

荀彧和贾诩都不主张撤退，认为局势已经到了关键时刻，现在需要的是一次出奇制胜的机会，道理是对的，只是这样的机会可遇不可求，它能出现吗？在荀彧和贾诩等人的鼓励下曹操决定暂不撤兵，但他找不出更好的破敌之策。后方的荀彧以及夏侯惇、钟繇、李通、任峻等人想方设法筹集军粮，但这些粮食要安全运到前线却比较困难。

因为双方一边在前线相持，一边都睁大眼睛盯着对方的运粮队，袁绍三番五次派人打劫曹军的运输线，让曹操苦不堪言。终于，曹操也抓住一次机会，给袁绍的运粮队一次痛击。曹操得到情报，说袁绍有一支运输队由部将韩猛带领正向前线开来，运粮车有数千辆之多。曹操问军师荀攸谁能担负突袭袁军运粮队的任务，荀攸说偏将徐晃可以。

徐晃脱离杨奉进入曹营后屡立战功，在攻打吕布以及东征刘备的战斗中表现突出，在不久前进行的白马之战和延津之战中也充当主力。徐晃的临阵谋略和战斗力让曹操很欣赏，深入敌后攻击袁军的粮道是一件难度很大的任务，仅有勇力不行，还要随机应变，果断处置各种突发事件，在这一点上徐晃完全可以胜任。曹操命令徐晃率队出发，同时派史涣为副将随行，这个安排体现了曹操对这项任务的高度重视。史涣日后的名气虽然不如张辽、于禁、徐晃等人那么大，但曹操对史涣的信任却超过一般人，不仅因为史涣是他的老乡，从己吾起兵就追随他，更主要的是史涣做事稳当，对曹操忠贞不贰，曹操以后多次派史涣为监军。徐晃和史涣率部出击，劫了袁军的运输队，但所获物资无法运回，只得一把火烧了。

曹军人数不占优势，粮食快吃完了。辛苦的不仅是阵前厮杀的部队，负责运粮的人也同样很难，为了保证供应，不分昼夜地从后方紧急运粮上前线。为了给他们鼓劲，曹操专门向他们训话："再过15天我就给你们打败袁绍，到时候就不再烦劳你们了！"曹操说这话的时候心里未必有把握，为了稳定军心，他必须装出胜券在握的样子。曹操的压力实在太大了，加上头疼，弄得他常常睡不着觉。现在他满脑子装的都是粮食问题，整天愁眉不展，虽然夸下15天破敌的海口，但他知道除非奇迹发生，否则那是不可能的。

一天晚上，当他一个人还在指挥帐里沉思的时候，奇迹来了。当时曹操正在洗脚，准备不去想那些烦心事，先睡觉再说。卫士进来禀报，说外面有个自称是他老朋友的人要见他，来人自报名字叫许攸。听到这个名字，曹操脑子里灵光一闪，许攸是袁绍的高级参谋，深夜至此极不寻常。曹操是个极其聪明的人，马上明白了大概，不禁脱口而出："子远来了，我的大事要成功了！"曹操来不及擦脚穿鞋，竟然光着脚跑了出来迎接许攸。曹操与许攸也是老朋友了，当时在洛阳与宦官斗争时，许攸就是袁绍身边的骨干成员，曹操是他们联络的主要对象之一，经常有来往。既然是朋友，多余的话也就不说了，谈话直奔主题，许攸问曹操："袁绍强盛，你如何破他？还有没有军粮？"

果然是老江湖，一开口就击中要害。曹操也正想谈谈粮食问题，但他对许攸此行的目的还没有把握，是献计来了还是摸底来了搞不清楚，于是说："还可以吃一年。"许攸一听，毫不客气地说："不对，请重新回答！"曹操只得说："可以吃半年。"还玩虚的，许攸有点儿不高兴："足下不想破袁绍吗，为什么不据实回答呢？"曹操这才笑道："刚才是开个玩笑，其实粮食只够吃一个月的了，怎么办呢？"

其实这也是虚数，曹操之前说15天可以破敌的时候已经传达出了实情，他的粮食不是可以吃一年或半年，甚至也不是一个月，而是只有10多天了。许攸替曹操分析道："您孤军独守，外无救援而粮草将尽，这是非常危险的。现在袁绍有一万多车辎重粮草在故市、乌巢一带，守卫的士兵警备不足，如果以一支奇兵发起突然袭击，出其不意把粮草烧了，用不了三天，袁绍必然大败！"曹操一听大喜过望，这难道就是冥冥之中上天赐给自己的那个机会？

许攸说出了一件极其重要的军事机密，那就是袁绍后勤基地的位置及防守情况。乌巢位于今河南省延津县境内，故市地名不详，也应该在这附近，这里位于黄河之南、官渡以北，在袁绍军营的背后。如果真能一把火将这些粮食烧了，短时间内袁军粮草接续不上，军心必然动摇，这真是一招制胜的绝好机会。曹操立即连夜主持召开军事会议，与诸将以及各位高级参谋商议此事。出乎曹操的意料，大多数人反对去劫粮。大家认为许攸此时来投很可疑，弄不好是袁绍使的反间计，还是慎重为好。

的确，许攸为什么从袁绍那里叛逃呢？原来，许攸曾向袁绍建议分兵进攻曹军，具体方案是，以主力的一部在正面吸引曹军主力，然后分另一部主力悄悄绕到曹军背后直接进攻许县，把汉献帝掌握在自己手中，奉迎天子反过来讨伐曹操，曹操即使不溃败，也会首尾难顾。许攸的这项建议本来很有价值，但刘备、韩猛已经两次分兵出击都以失败而告终，所以袁绍不再考虑类似方案，就没有听从。

按说这也没啥，更不会因此跟领导反目成仇，但恰在此时许攸家里出了点事，让他动了叛逃的念头。袁绍手下文武失和是一个公开的秘密，许攸一向说话口气大、脾气臭，不注意团结同事，平时人际关系一般，他跟审配不仅有矛盾，而且矛盾很深。田丰、沮授失势后审配现在是袁绍身边的头号红人，审配一旦得势就想找机会收拾许攸。许攸家里的什么人正好这时候犯了法，审配把他抓了起来,并且扬言要挖后台,许攸又气又怕,干脆叛逃到曹营。

这件事来得太突然,所以很可疑,对于曹军的将领们来说,他们宁可信其无,也不愿信其有。如果许攸唱的是反间计,那么偷袭乌巢就是袁绍布下的一个陷阱。但是许攸带来的这个情报也太有价值了,太具有诱惑力了。作为弱势的一方,打正规战看来取胜的希望越来越小了,只能利用机会出奇制胜,打对手一个冷不防。出击袁军的后勤基地,的确是目前的最佳作战方案。机会来了,关键是能不能抓住,敢不敢去抓。在不可能详细核实情报真伪的情况下,只有荀攸、贾诩认为许攸的情报可信,应该抓住机会,毕其功于一役,彻底扭转战局。有他们的支持,曹操最终拍了板,决定抓住这个稍纵即逝的机会偷袭乌巢。

不是曹操喜欢冒险,而是他对许攸很了解。作为20多年的老朋友,他知道许攸的秉性,这位仁兄的确智谋过人,但一向唯我独尊,不太合群,跟郭图势不两立的情况也早有耳闻。而且,许攸生性自私自利,做事情处处替自己着想,冒死跑到敌人那里献上一条让人生疑的假情报,这种事许攸干不了。

曹操决定亲自带队完成这项任务,众人大吃一惊,都不赞成。但曹操意志很坚决,他既然决定了偷袭的计划,就必须保证此行的成功,他可以派其他将领去,但是又不放心。虎豹骑已经从南阳郡回到官渡前线,曹操把大营临时交由曹洪负责,由荀攸协助曹洪,曹操率5000人马趁夜悄悄出发了。这支人马里有张辽、徐晃所部,肯定还会有虎豹骑的一部分,都是精锐。

乌巢的具体位置在袁军大营东北方约40里处,曹军此去必须经过袁军的防地,为了顺利通过,曹操让人准备了袁军的旗帜,令士兵嘴里衔上小木棍,用布裹住马蹄,以防夜行途中马匹发出声响暴露行踪。曹操命令士兵还抱了很多柴火,这些都是有专门用途的。路上遇到袁军,但他们根本没有料到这是敌人,询问是哪部分的,曹军士兵回答:"袁公担心曹军包抄后路,派我们增加防备。"一路上多次遇到这种情况,居然都顺利通过。袁军士兵戒备心有如此之差吗?那倒未必,一切缘于许攸送来的绝密情报中最有价值的部分除了袁军屯粮的位置,应该还有袁军的暗语口令等行军机密,所以曹军才能一路畅行无阻。

甚至可以推测,许攸也一路同行。有许攸这个袁军的高级参谋在,行军路线、敌军守备情况、敌将姓名、暗语口令等都不成问题,所以曹军在夜里很快便推进到乌巢附近。袁军在乌巢的指挥官是淳于琼,他手里有一万多人,袁绍交给他的任务是负责囤粮基地乌巢的安全，这批粮食是袁绍刚从后方调运来的，由袁谭亲自送来，有了这批粮食，袁绍料定曹操必败无疑。

曹军出其不意地出现在乌巢袁军营外，曹操下达攻击命令，将士们奋力拼杀，袁军没有防备，顿时陷入慌乱。曹军攻入袁军大营，带来的柴火派上了用场，他们四处点火，袁军大营顷刻间变成火海。如果放在平时，曹军未必能得手，但此时是夜里，袁军士兵毫无防备，大部分人还在睡觉，被惊醒后根本摸不清情况，也不知道敌人有多少，只见各处都在起火，到处都是喊杀声，哪里还有战斗力。

袁军为什么如此麻痹大意？因为他们远在后方，前面全是友军，根本没有料到曹军大队人马能从天而降。但老将淳于琼毕竟很有经验，加上袁军的总人数是曹军的一倍以上，在短暂的慌乱之后迅速组织反击，双方展开了激战，淳于琼同时派人向大本营求救。

其实，许攸不见了，袁绍就应该有所警觉，袁绍应该想到，许攸负气出走，最有可能去的地方就是曹营。许攸是高级参谋，掌握这边很多军事机密，他如果反水，后果十分严重。但袁绍没有过于在意，直到接到了淳于琼的求救，他才意识到问题有些严重。袁绍立即召集儿子袁谭以及审配、张郃、高览等人商议对策。袁绍认为曹操攻击乌巢，他的大本营必然空虚，此时不如置乌巢于不顾，直接进攻官渡正面的曹军，让曹操有出无回。袁绍下令张郃和高览率所部立即对曹军大营发起攻击，但张郃却认为不妥："曹操敢攻乌巢，率领的必然都是精兵，淳于琼将军肯定会被攻破，如果是那样的话就大势已去了，不如先去救他。"张郃的意见遭到郭图的反对，他支持袁绍的想法，坚持要张郃先攻曹营，张郃跟他辩论起来："曹营很坚固，之前已经打了很久也没有攻破，现在仓促之间能不能拿下实在没有把握。而淳于琼将军如果被曹操俘虏，我们也都得当俘虏啊！"

按理说，袁绍此时真应该慎重考虑一下了，要么重新部署让张郃等人先救乌巢，要么继续坚持他的方案，但最好派别人执行这项任务，因为作为主将的张郃思想已经不统一。可是袁绍仍然坚持要张郃发起正面进攻，只以少部分轻骑驰援乌巢。

乌巢这边，双方打得都很艰苦。曹操亲自督战，张辽、徐晃等人率部拼命厮杀，但始终未能攻破淳于琼的指挥部，正在这时，侦察兵报告说袁绍的援军快到了，左右赶紧向曹操建议："敌兵很近了，请分兵以拒！"曹操头也不回地说："敌人到了背后，再来报告！"

曹军将士拼死殊战，终于在敌人援军到来前的一刻将淳于琼的指挥部攻破，俘虏了包括淳于琼在内的袁军1000多人。之后曹操组织人马回击袁军的援兵，将其打退。曹军临阵斩杀的袁军将领有眭元进、韩莒子、吕威璜、赵叡等人，这些人可能是淳于琼手下的将领，而淳于琼本人则是被活捉的。曹操为了震慑敌兵，下令把俘虏的鼻子割去，把牛马的唇舌也割了，拿出来展览。

这种残忍的办法是一种心理战，目的是让敌人害怕。果然，凡是看到过这一堆战利品的袁军士兵无不惊恐万分。在这些被割去鼻子的俘虏里居然也包括淳于琼，这未必是曹操的命令，可能是乱军之中老将军被抓，大家不认识他，跟其他俘虏一样挨了刀。淳于琼被带到曹操面前时已经血流满面了，他是一员老将，跟曹操早年就相识，当年他们二人名列朝廷的"西园八校尉"之中。淳于琼字仲简，曹操吃惊地说："仲简，怎么会到这个地步啊？"淳于琼忍着痛回答道："胜负自有天意，还有什么好问的！"曹操念及都是老朋友，有点不想杀他，但在一旁的许攸插话说："明天他若照着镜子看，一定不会忘了这件事。"许攸看到老同事遇难，不来搭把手就算了，还在背后补上一刀，看来袁绍真没有把队伍带好，手下净是落井下石之辈。曹操想了想许攸说的话也有道理，还是下令把淳于琼杀了。

乌巢一仗曹军艰难取胜，成为扭转全局的关键点。袁军的大溃败开始了，官渡曹军大营前，袁军急攻，却未能得手。虽然张郃、高览也都是宿将，打仗很有两下子，但也没能攻破曹营，不是他们没本事，也不是他们不尽力，而是几个月都打不下来的曹营，的确不是几个时辰能得手的。袁绍也许这时才清醒过来，没有听张郃的建议全力增援乌巢是多么失策。即使曹军的一部分主力离开大营，但一定会留下足够的人马防守，并且会做好充分准备。

袁绍的指挥水平看来不怎么样，而郭图那样的"高参"也空有其名。郭图竭力劝袁绍发起正面进攻，看到自己判断错误，于是开始乱找理由给自己开脱，他向袁绍报告说："进攻曹营失利，张郃反而很高兴。"郭图的潜台词是张郃对自己判断正确而沾沾自喜。明智的领导一定会从失败中总结教训，勇于承认错误，不会掩饰决策失误而会想办法进行弥补。可惜袁绍不是那样的好领导，他就爱吃郭图这一套。

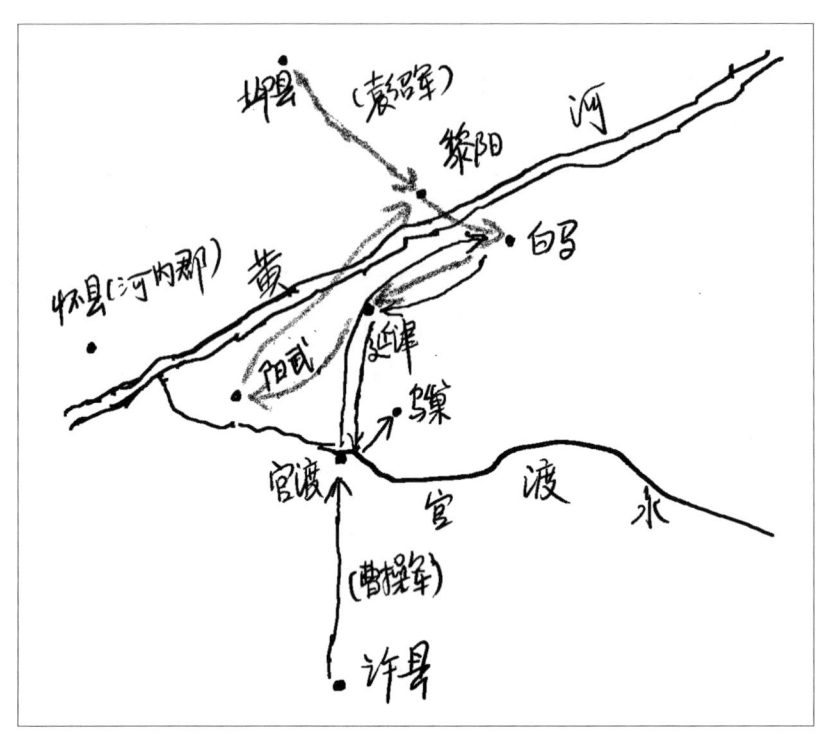

官渡之战示意图

郭图这个人其实有些本事，当初是他凭借三寸不烂之舌忽悠韩馥让了位，给袁绍立了大功。但他本质上是一名策士，在袁绍集团内部既不属于田丰、沮授那样的本土实力派，也不是颜良、张郃那样带兵出身的将领。他要往上爬，必须有一些特别手段。郭图的特别手段就是踩着别人的肩膀往上走，他攻击沮授，混上了带兵权；又攻击许攸，赶跑了一个强劲的对手；现在又攻击张郃，也不考虑是什么时候了，会不会把张郃逼反。

消息传出来，张郃又生气，又害怕，他跟高览一商量，干脆临阵起义得了，于是焚烧攻城器具，来到曹营前投降。张郃看来很有经验，他可能考虑到了对方是否接受他的投降，于是先烧毁了攻城的器具，在当时那种情况下，这一点很重要。这时曹操还没回来，负责守营的曹洪居然不敢相信张郃是真投降，荀攸对他说："张郃的计策不被采纳，生气来投奔，不用怀疑！"这也许是史家之言，张郃的计策是什么，袁绍有没有采纳，以及张郃为什么生气这些情况当时的荀攸是来不及掌握的，但荀攸仍然能判断出张郃是真降还是假降，因为张郃把攻城的器具全都烧了。曹洪、荀攸于是接受了张郃、高览投降。

七、袁绍抑郁而终

这一下，袁军彻底垮了。袁军不再抵抗，慌不择路地展开了大逃亡。袁绍和儿子袁谭来不及穿戴整齐，仓皇出逃，带了800名骑兵一口气跑到黄河边才甩掉了曹军的追兵，渡过河去。没有跑掉的就做了俘虏，事后统计，曹军光俘虏就抓了好几万。郭图打仗不行，跑路比较有眼色，此时紧跟领导不掉队，侥幸保住了一命。而沮授没有那么幸运，做了曹军的俘虏，被杀。官渡之战就此基本结束了，袁绍战败后退回黄河以北，曹操没有立即渡河追击，做出这项决定是冷静的，因为此时仍然要考虑自己的后勤保障问题，在这个问题得到解决之前，贸然进攻可能会使局面翻盘。

曹操在豫州一带休整了几个月，到了第二年即建安六年（201）春天，他率一部分人马东进，来到兖州刺史部东平国，驻扎在安民，此行的目的是征调兖州刺史部、徐州刺史部一带的粮食，为后面的战事做准备。曹操在东平召开了军事会议，研究下一步行动计划，这次会议很重要，就连一向留守在许县的荀彧也参加了。曹操在这次会议上提出了自己的想法，他想趁袁绍新败，暂时无力南下，这时正好可以出兵荆州，解决刘表。荀彧不同意这个计划，他认为："袁绍新败，其众离心，应该继续对他保持高压，直到完全打败他。如果我们远征江汉，袁绍趁机收拾残众，从我们后面发起攻击，后果不堪设想。"

荀彧在河北待过，他知道袁绍的实力，别看他们现在士气很低落，但要是露出了自己的破绽，一定会被对手牢牢抓住。此时攻击荆州，如果一切顺利，荆州一战可下，那还好说；如果形成胶着不下的局面，袁绍怎会放弃找回面子的好机会？对袁绍必须保持足够的压力，让他没有翻身的希望。曹操觉得荀彧说得有理，于是重新将主力部署到黄河沿岸。

四月，曹操亲自赶到东郡，这东阿县附近还有一些地方被袁军占领着，这是袁军在黄河以南唯一的占领区，曹操在这里指挥了仓亭之战，再次将袁军击溃，袁绍所部完全退到黄河以北。这时曹操有了一次渡河作战的机会，他可以由东郡渡河，东郡境内的濮阳是战略要地，一直在曹军掌握之中，东郡在黄河以北的地区曾经是曹操的地盘，他在这里多少有一定基础，先以此为基地，可以趁袁绍再败之机徐图冀州。但是曹操却下令撤兵，并且一直撤回到许县，原因是许县那边又出现了危机。

这次来找事的还是刘备，刘备上次在汝南郡被曹仁率领的虎豹骑打败，本可以一走了之，但他却回到了袁绍那里，究其原因，也许当时刘备也看好袁绍，认为曹操必败。但后来的情况也许让刘备觉得不妙，他还是想离开袁绍那里。刘备建议袁绍南联刘表，以打破目前僵持的战局。这个建议毫无新意，之前的尝试均以失败而告终，但这次袁绍却同意了。那时候的战事虽然让曹操倍感压力，但更感到吃惊的是袁绍，他原以为这场战斗容易得多，他有绝对优势，对付曹操这个小兄弟和曾经的部下，他认为自己没问题，曹操要么知趣投降，要么被一举荡平，可结果大出意外。

对峙时间一长，袁绍先烦了，在阵地战不能马上取胜的情况下，刘备的建议显示了价值，袁绍命刘备再次深入敌后，去南阳郡一带联络刘表。袁绍仍然没有给刘备调拨人马，只是让他率本部前往，大概袁绍也考虑到了，刘备此行有一去不返的可能，加之这次的任务很明确，是去联络刘表，也就是个联络员的角色，人马多少关系不大。

这时刘备手里已经没有多少人了，好在骨干成员都还在，接到袁绍的命令，刘备立即率部再次绕行深入曹军之后。联络刘表应该去南阳郡，南阳郡是荆州刺史部最北面的一个郡，一部分地盘掌握在刘表手中，一部分掌握在已归附了曹操的张绣手中。但刘备没去那里，走到汝南郡时，停下了，刘辟被打散后黄巾军余部在龚都的带领下继续起事，已经发展到数千人，对于急需扩充实力的刘备来说，如果能收编这支队伍，那就再好不过了。

由于跟黄巾军有过良好合作，刘备这次也没费太大的事，龚都等人表示愿意听从他的指挥，刘备的势力一下子壮大起来。但刘备学聪明了，不急于进攻许县，先站稳再说。曹操听说后挺着急，但这时官渡之战还没有结束，他已派不出人马来支援汝南郡了，曹操命令一个叫蔡阳的部将组织地方武装进攻刘备。蔡阳情况不详，不在曹军一流将领行列，一战下来，蔡阳大败被杀。

还没等刘备思考下一步应如何行动，从官渡前线传来了一个让人不敢相信的消息，袁绍的十万大军几乎在一夜之间被曹军打败，袁绍率残兵败将已经逃回了冀州。这有点儿太戏剧性了，说起来袁绍被打败似乎也算不上新奇，但这种败法却让人措手不及。刘备不知道该怎么办了，待在汝南郡考虑着出路问题，现在听说曹操要亲自来收拾他，刘备急了，没等跟曹操照面，先跑了。刘备去了荆州，真的投奔刘表去了，这时已经是建安六年（201）下半年。

在北边，袁绍也没有发起进攻，一来他的实力大损，官兵士气低落，内部纷争不断，没有力量重新组织进攻；二来袁绍自官渡大败以后好像换了个人，过去是意气风发、藐视一切，现在却灰心失望、毫无斗志，整天唉声叹气。袁绍又忧又气，健康状况每况愈下，住在邺县城里不再出来。曾经号令天下、威名远扬的袁本初，居然落到这般模样。到了第二年，曹操准备好了粮草，将士也得到了充分休养，准备发起夏季攻势。曹操刚把各项部署安排好，就等着发起进攻，却传来消息说，袁绍死了。这个消息是真的，建安七年（202）五月抑郁中的袁绍发病呕血而死，享年约58岁。

在荆州方面，袁曹大战突然间结束，刘表才突然觉得好像失去了什么。袁绍当初派人到荆州联络他，希望结成同盟共同对付曹操，刘表口头上答应袁绍，但没有实际行动。袁绍败得这么迅速和彻底，却让刘表感到吃惊，他才看清了北方的局势，看来很难抵挡曹操前进的步伐了。刘表希望曹操此时发起北征战役，让袁曹再斗几年，但曹操没有。曹操反而挥师南下，表面看是讨伐汝南郡的刘备，但刘表比刘备还紧张，担心曹操来个搂草打兔子，顺道来攻荆州。

就在这时，刘备派部下糜竺和孙乾来到了荆州，荆州现在的治所是南郡的襄阳，即今湖北省襄阳市，糜竺和孙乾在这里见到刘表，表达了刘备想归附的想法。刘表很高兴，对刘备一行的到来表示欢迎。刘表早就知道刘备的名字，这个跟公孙瓒同过学、跟陶谦共过事、跟吕布搭过伙、跟袁术交过手、跟曹操喝过酒、跟袁绍结过盟的人，早已不是一般人物，头上有左将军、豫州刺史的头衔，手下有关羽、张飞几员猛将，虽然现在人马不多，但谁也不敢小瞧他。曹操迟早要南下，在用人之际，单就刘备的名望，就很值钱。糜竺和孙乾回去复命，刘备正在走投无路，听到报告，他一刻不敢耽误地率部赶往荆州。

为了表示热情，刘表亲自到襄阳郊外相迎。如何安排刘备，刘表做了认真思考，不知是不是受到陶谦的启发，刘表也给刘备找了一个好去处：新野。新野是一个县，隶属于荆州刺史部南阳郡，此时南阳郡的治所宛县已在曹军控制之中，新野刚好处在宛县与襄阳中间，是敌我对攻的要冲。刘表给刘备增加了人马，让他驻扎在新野。如今的新野正如当年的小沛，都是当盾牌用的，刘备折腾了这么多年，又一次被人作为钢盔套在头上。

但刘备别无选择，这次的情况连上一回还不如，属于没人、没钱、没地盘、没前途，已经走投无路，刘表能收留他已是很不错了，地盘虽然小点但总算有个立足的地方，不能挑挑拣拣了。新野北距宛县50来里，南距襄阳不足100里，实际上每天都生活在敌人的鼻子尖底下，形势一紧张，睡觉都不敢脱衣服。

刘表给刘备增了兵，让他来指挥这些人马，看起来很大方，其实除了增加防卫力量，这些人还有一项重要任务就是监视他。到关键时候，他的话对这些人并不好使。面对如此复杂的内外部情况，换成别人说不定得愁死，但对刘备来说这点事算不了什么，风风雨雨经过了太多，他习惯了这种东奔西跑、在刀尖上行走的生活。

八、小青年挑起重担

对曹操来说，官渡之战后可以稍微喘口气了，趁着这个空当，再来说说江东的事。孙策死后，年仅18岁的孙权接班，成为孙氏基业的第二位继承人，对孙权来说，失去最倚重最亲近的人，这种痛苦十年间竟然让他连尝两遍，上一次是父亲，这一次是长兄。哥哥孙策临终前让他来挑起重担，但这是多么沉重的一副担子，他甚至无心多想，他的心里只有哀伤，连觉都睡不着。但当时的形势十分严峻，如果陈登、黄祖这些敌人知道这里发生了变故，就会趁势偷袭，还有那些虽已臣服但一直不稳定的地区，如果感觉到孙策死后群龙无首，也一定会蠢蠢欲动。

作为孙策临终前寄予重望的"托孤重臣"，张昭看在眼里急在心里，他对孙权说："孝廉，这是哭的时候吗？现在是奸宄竞逐，豺狼满道，请先把礼制放到一边，节哀振作精神。"孙权被举过孝廉，所以张昭这么称呼他。但孙权还是振作不起来，张昭不管，硬是让人给孙权换了衣服，扶着他上马，亲自陪着孙权出巡各军，形势才稍稍安定。

孙策平时最为信赖的人有四位，分别是张昭、程普、周瑜、张纮。张昭负责文事，程普在武将中资格最老，周瑜当时的身份是中护军，同时兼任江夏郡太守，江夏郡还是黄祖的地盘，周瑜最重要的任务是继续攻打黄祖，他驻军在巴丘，即今江西省峡江县，距离孙策去世的地方有上千里，孙权让人送信给周瑜，让他火速前来。

另一位张纮，就是向孙策提出"江都对"的那位，目前离得最远，在许县。孙策去世前的一年，派张纮出使许县，结果被曹操留了下来，曹操看中张纮的才干，以朝廷的名义任命他为侍御史，还让张纮兼任九江郡太守，但不让他赴任，希望他留下来帮自己，被张纮以身体有病拒绝。后来，朝廷任命孙权为讨虏将军，仍兼任孙策生前的会稽郡太守一职，承认了孙权作为孙策事业继承人的地位。但诏令特别强调，孙权平时须驻扎在吴县。这是曹操的主意，是对孙权的警告。

而在内部孙权的地位也并不稳固，这个不到20岁的小伙子能不能领导整个江东的事业，很多人都在观望。孙坚和孙策实行强人统治，手下固然有不少精兵强将，大家都以他们二人为核心，一旦风云有变，核心没了，这支队伍就有瞬间分崩离析的可能，孙坚死后数万人马顷刻间被袁术轻易吞并，就是前例。

江东各郡县虽然初步平定，但很多地方的统治并不稳固，州郡遍布英豪，个个不是省油的灯，一部分已经归顺的人此刻也在思量着另起炉灶，和孙权并没有形成稳固的君臣关系。孙策给孙权留下的地盘大约是五个郡，分别是会稽郡、吴郡、丹杨郡、豫章郡、庐陵郡，前四个郡原来就有，庐陵郡是由豫章郡中分出的一部分新成立的郡。会稽郡太守由孙权兼任，丹杨郡太守是孙权的舅舅吴景，豫章郡太守是孙权的堂兄孙贲，庐江郡太守名叫李术。

此外，还有一个郡目前也正在纳入孙氏集团控制内，这就是江北的庐江郡，孙策生前发动了皖城之战，取胜后任命孙权的堂兄弟孙辅为太守。吴景、孙贲还好，对孙坚、孙策一直很忠诚，孙辅就不太好说了，对孙权并不太服气，还有李术，野心很大。

论地盘，确实现在已经不小了，但孙策依靠武力手段平定江东，杀伐无数，被杀者中不乏地方大族、豪强，这些人也有相当大的影响力，他们的支持者有的隐没于民间，暂不发声，但复仇之心未死；有的表面合作，可内心并不情愿。孙策遭遇意外虽然有一定偶然性，但树敌太多也隐含着这个意外实出必然。

外部形势就更不用说了，曹操、陈登、刘表、黄祖等外部强敌此时也无不想趁隙相攻，曹操虽然无法分身，但他不会毫无作为，只要这边有一线机会，曹操就会抓住大做文章。刘表、黄祖的总体实力不亚于曹操，如果主动发难，江东的西面将面临巨大压力。现在，不管外部敌人还是江东的内部，不少人都在盯着孙权看，如果头几脚踢不好，恐怕就会有失去控制的危险。

按照朝廷诏书的要求，办完兄长的丧事孙权便留在吴县，周瑜、张纮也先后到了这里，周瑜不仅自己来了，还带来了所部人马。张昭和周瑜给了孙权极大的帮助，作为孙策临终前指定的"辅臣"，他们二人都真心实意地愿意帮助孙权渡过难关。

张昭以讨逆将军府长史的身份向各郡下发文告，要求大家奉令行事，不得妄动，维护地方的稳定。张昭年纪比孙权大得多，孙策生前以师友之礼待之，孙权就把张昭看成自己的师傅，称呼他为张公。周瑜以中护军的身份留在了吴县，他手下有一支从巴丘带来的人马，在当前的形势下，这一点显得格外重要。

在张昭、周瑜的倾力相助下，各郡县基本保持了平静，没有发生大的动乱。张纮主动要求回到江东，回来后成为孙权最重要的助手。张纮回来后，有些人劝孙权说他曾经接受过曹操的任命，不一定可靠，孙权对此毫不介意。张纮的职务是会稽郡东部尉，上任不久便被孙权召回，孙权认为会稽郡东部没有多少事，张纮在那里纯属浪费，于是让他回来协助自己处理军政事务，会稽郡东部事务采取远程办公的方式解决。

孙权刚刚接班，年龄还小，而外方多难，母亲吴夫人感到很忧心，她多次以谦逊、感激的言辞嘱咐张纮对孙权尽心辅佐，张纮每次都以书面形式给予答谢回复，并不断反省自己。张纮参与孙权的重要决策，遇到特殊事情和秘密决议，需要章表信函，或者与四方人士交结，孙权都让张纮和张昭来撰写。孙权称张昭为张公，称部下其他人都呼其字，对张纮则是另一个例外，每次称呼他都叫东部，显示出亲切和尊重。

百事待举，让孙权常感到人才的重要，尤其是一流的人才，这时周瑜给他推荐了一个人，让孙权大为满意，这个人就是鲁肃。鲁肃字子敬，史书上说他是临淮东城人，东汉没有临淮郡或临淮国，此处的临淮不知何指，不过却有东城县，属徐州刺史部广陵郡，一般认为此地在今安徽省定远县附近。

鲁肃小的时候父亲去世，由祖母养大，他们家很富有，是当地有名的大财主。鲁肃乐善好施，经常大散家财，甚至把地卖了来赈济穷人，他好结交朋友，在地方上很有影响力。周瑜刚被孙策任命为居巢县长时，有一次带数百人远赴九江郡一带执行任务，军粮成了问题，听说鲁肃家富有，于是来找鲁肃，要求支援点粮食。鲁肃家有两个大粮仓，每个粮仓存米3000斛，合三万斗，是一个大数目。鲁肃随便指着其中一个送给了周瑜，周瑜大为惊奇，和他结成好友。

孙权在一次宴会上见到鲁肃，与他交谈后十分高兴，认为他是难得的人才。宴会散去，宾客们都走了，鲁肃也要告辞，孙权却把他留下，引至密室，面对面进行交谈。

这次谈话也十分著名，其重要性不亚于当年孙策和张纮在江都的对话。在谈话中，孙权问鲁肃："如今汉室倾危，四方纷扰，我继承父兄余业，想建立像齐桓公、晋文公那样的功勋，先生既然惠顾于我，如何来帮助我呢？"鲁肃想了想，回答道："当年汉高祖刘邦想尊崇义帝却不能够，因为有项羽的缘故。现在的曹操就像当年的项羽，将军为什么还要当齐桓公和晋文公呢？据我看来汉室不可复兴，曹操不可能马上灭亡，为将军考虑，只有鼎足于江东，以观天下之变。这样的计划是现实可行的，因为北方多事，趁着多事，我们剿除黄祖，进伐刘表，占据整个长江流域，然后建号称帝以图天下，这是汉高祖的事业呀，岂是齐桓、晋文所可比的？"

鲁肃的这番谈话与后来诸葛亮隆中对策中提出的天下三分异曲同工，曹操如果大败袁绍，中原局势渐趋明朗，在鲁肃、诸葛亮等有识之士看来，"汉室不可复兴，曹操不可卒除"成为一种共同看法，不与曹操争锋是他们立论的基点，故此分别提出了三国鼎立的构想，事后证明都是很有远见的。这番话让孙权心里豁然开朗，更加清晰了下一步的发展战略，孙权对鲁肃说："现在倾尽我们全部力量，也只能辅佐汉室罢了，您所说的，还远远达不到啊！"孙权没有马上任命鲁肃职务，而是以宾友的身份让鲁肃在自己身边出谋划策。

建安七年（202），曹操突然以天子的名义下诏批评孙权，让他送质子。质子就是人质，一方向另一方臣服，表明自己忠心的最好办法就是把儿子送过去当人质，历史上最著名的质子是秦始皇的父亲，在称帝前他就被送到外地当了很久的人质。曹操让孙权送质子也不过分，朝廷改刺史为州牧时向下面派了一些地方大员，像益州牧刘焉、幽州牧刘虞等人，为了加强对他们的控制，就让他们把儿子留在朝廷，名义上给个职务，实际上就是人质，现在主事益州的刘璋当初就是以质子的身份被扣留在朝廷的。

孙权不是州牧，但现在是讨虏将军兼会稽郡太守，事实上掌握了扬州的绝大部分地区，按照当年州牧的标准让他送质子，也是说得通的。唯一的问题是孙权现在还没有儿子，他的长子孙登出生在7年之后，要送质子，只能在孙权的弟弟中挑选，最有可能的是孙匡，他是吴夫人最小的儿子，又是乌程侯的合法继承人。

但是，对孙权来说这又是极不愿意接受的事。一旦送质子入朝，就多了一层考虑，今后在战略决策上就受到了限制，即使可以不管质子的安危，但因为双方摊牌而引起质子丧命，就会背上不仁不义的名声。但是，不送人质又难过曹操这一关，现在公然与曹操决裂，显然还没到时候。

孙权心里没底，就召集大家讨论，张昭等人意见不能统一，只有周瑜态度鲜明地反对送质子，最后由孙权的母亲吴夫人亲自拍板，决定不送质子。这件事最后不了了之了，曹操那边也没了下文，也许送质子只是个试探，见江东方面很强硬，他也没法深究，双方仍然保持表面上的合作。吴夫人对孙权给予了大力支持，帮助他治军治政，使孙权收获不小，不幸的是就在这一年吴夫人因病去世了，临终前，吴夫人召张昭等人嘱托后事。孙权将母亲归葬于曲阿，与父亲孙坚同葬。

第六章 统一北方

一、袁氏兄弟内斗

说完江东，再回过头来说说河北的袁氏兄弟。袁绍死了，留下了未竟的事业，留下了深深的遗憾，要命的是留下了一个烂摊子。虽然经过官渡之战的惨败，但袁绍一手缔造的袁氏集团仍然有很强大的实力，只是袁绍没有能力解决好集团内部的纷争，随着他的死去袁氏集团开始了严重的内讧。

袁绍的原配夫人姓氏不详，刘氏是续弦，这是个厉害的女人，在很多方面都能当袁绍的家。在袁绍的三个儿子中，刘氏喜欢小儿子袁尚，经常在袁绍面前说他的好话，而对老大袁谭抱有成见。手心手背都是肉，对亲生儿子为什么还会反感？推测起来也许作为长子的袁谭不是刘氏所生，而是袁绍原配的儿子，但这一点没有史料依据，只是猜测。

袁绍迟迟不明确继承人的问题，不仅制造了家庭内部的分歧，而且让袁氏集团的政治前景蒙上了一层阴影，沮授、田丰这样有责任感的人看到后会向袁绍苦谏，而逢纪、审配、辛评、郭图这些投机分子看到的则是机会。逢纪、审配依附于袁尚，辛评、郭图依附于袁谭，形成了两大派系。逢纪和审配原来并不和，但官渡之战后二人的关系发生了戏剧性改变，他们都支持袁尚。

袁绍大概也没想到自己会死得那么早，一直到闭眼的那一刻还没有给大家一个明确的政治交代。袁绍死后，大多数人认为袁谭是老大，应该推举他做接班人。但此时袁谭在外地，逢纪、审配等人在刘氏的帮助下掌握了先机，伪造袁绍的遗嘱，抢先让袁尚接班。

刘氏是个生性嫉妒、为人凶残的女人，袁绍刚死还未来得及入殓，她就把袁绍生前宠爱的五个小老婆全部杀死。刘氏很迷信，她怕这几个人到阴间见到袁绍告状，于是把她们的头发剃了，用墨涂黑她们的脸，把她们全部毁容。她心爱的小儿子袁尚倒也挺孝顺，帮助老妈把她们的家人全部杀光。史书对袁谭的评价较袁尚好，认为袁谭颇为仁爱聪慧，而袁尚仅仅是长得英俊而已。袁谭此前担任青州刺史，虽然说不上有什么特别建树，倒也基本称职，在实践中锻炼了才干。袁绍吐血而死的时候袁谭估计在青州刺史部，他听到消息赶到邺县时袁尚已经宣布继位。大势已去，他于是在辛评、郭图等人跟随下移驻黄河边上的战略要地黎阳，自称车骑将军。

一开始，兄弟二人还没有完全翻脸。逢纪、审配拥戴袁尚对外宣称只是暂代袁绍生前的职位，袁绍死前是朝廷正式任命的大将军，袁尚暂代的应该是这个职位，朝廷已经不大可能重新给袁尚发一份新的任命诏书，袁尚比较方便的做法就是把他老爹的印绶拿过来自己用，反正上面也没刻名字。而袁谭自称车骑将军，是大将军的副手，意在表明他仍然愿服从袁尚的领导，黎阳是与曹军对峙的前线，他在替兄弟袁尚看大门。

可是，袁谭负责干活，袁尚却不给支援，还把逢纪派过去监视他的行动。袁谭请求增兵，审配鼓动袁尚不答应，袁谭忍无可忍，就把逢纪杀了，兄弟俩这才正式翻脸。曹操接到报告，认为这是个机会，于是在建安五年（200）九月渡过黄河进攻黎阳，袁谭告急，再次向袁尚求援。"兄弟阋于墙，外御其侮"，这是《诗经》里的一句话。兄弟们虽然在家里争吵，但一有外面的人来欺负便能立刻团结起来对付敌人。袁尚再笨，也知道哪是敌我矛盾，哪是兄弟之间的内部矛盾，在曹军的进攻面前，他决定亲自率兵支援大哥。袁尚之所以亲自来，不是出于对敌情的重视，而是害怕派别人来镇不住大哥，让袁谭趁机把他的人给夺去了，袁尚让审配守邺县，自己率部到达黎阳。

事实证明，袁绍即使死了，他留下来的军队仍然拥有很强的战斗力，从这一年的九月一直到次年二月，曹操亲自指挥围攻黎阳，却没能打下来。后来，袁谭、袁尚估计实在守不住了，突然率部趁夜逃出黎阳，退还邺县。曹操率军追击，袁尚终于找着了露脸的机会，在路上打了曹军一个埋伏，曹军败退。之后曹军放弃了追击，也放弃了黎阳，直接退回到黄河南岸。曹操此举让人不解，但这是明智的，或许曹操也想到了《诗经》里的那句话，对于随时会反目成仇的袁氏兄弟来说，加强进攻只能让他们更团结，而一旦外界压力减轻他们就会陷入内斗。

事实果然如此，看到曹军撤退，袁谭对袁尚说："我部铠甲不精，所以前面让曹操打败了。现在曹操退兵，将士都盼着回家，等他们还没有渡过黄河时，突然发起进攻，可以让他们大败，这个好机会千万不能错过呀！"袁谭自愿为前部，请求更换将士铠甲并派兵进行支援。对于袁谭的建议袁尚犹豫不决，既不增兵，也不给袁谭换装备。袁谭大怒，郭图、辛评趁机对袁谭说："当初挑拨你们父子兄弟关系的是审配，都是这小子进的谗言。"袁谭相信，于是率兵攻打袁尚，双方交战于邺县城外，结果袁谭打不过袁尚，退到了渤海郡的南皮，即今河北省南皮县。

这正是曹操想看到的结果，也是他主动撤兵的目的。袁绍的这两个儿子，论实力袁谭处于下风，袁尚被立为继承人后，袁绍的大部分政治遗产和军队都让袁尚拿去了，袁熙和高干在他们争斗中虽然还没有明确表态支持袁尚，但他们都想观望，更不会表态支持袁谭。袁谭退到南皮后，处境更加不利，袁尚亲自率军来攻，袁谭再次大败，退到廮城。袁尚又围攻廮城，袁谭逃往青州刺史部的平原郡。

这时郭图给袁谭出了个主意，把袁谭吓了一跳。郭图对袁谭说："如今将军地盘小、人马少，粮食匮乏，显甫若再来攻，时间长了我们无法抵挡。我以为可以联络曹操来抗拒显甫。曹操到，必先攻击邺县，显甫回救，将军再率兵出击，如此邺县以北的地区都可以归将军。如果显甫不是曹操的对手而失败，他必然奔亡，将军可以收留他以拒曹操。曹军远道而来，粮饷不继，打上一阵必然退去，到那时，整个燕赵之地尽归我们所有，足以与曹操相抗衡！"显甫，是袁尚的字。

这个主意实在太过卑下了，放在之前袁谭想都不愿意想，不过事到如今，不听，看来也不行了。袁谭问郭图谁可以出使曹操，郭图推荐了辛评的弟弟辛毗。辛毗字佐治，豫州刺史部颍川郡人，跟荀彧、郭嘉等人既是同乡又是熟人，曹操刚当上司空时四处搜罗人才，经荀彧推荐曾打算征辟辛毗，但是辛毗当时在袁绍手下而未能成行。在派系斗争中，郭图和辛评是同盟，所以郭图推荐辛毗跑一趟。

黎阳战役后，曹营的大部分人都主张趁机扩大战果。不过，郭嘉不同意这种看法："袁绍对这两个儿子，不知道让谁继位好，结果让郭图、逢纪等人做他们的谋士，他们必然会争夺权力。现在，如果进攻太急他们就会团结在一起，进攻稍缓他们就会内讧，不如做出南征刘表的样子，让他们内讧，然后趁机出击，一举攻占河北。"曹操认为这个意见很好，于是回师黄河以南，就在袁氏兄弟闹内讧的这段时间里他亲自带队到汝南郡的西平一带，做出一副远征荆州的姿态。所以辛毗到许县没找着曹操，于是南下西平，在这里见到了曹操，转达袁谭的问候，曹操十分高兴。

不战而屈人之兵，坐收渔人之利，而且是对方主动送上门来的，哪有这么好的事？曹操召集内部会议研究对策，但出乎意料的是，大多数人认为刘表势力强大，应该先平定刘表，袁谭和袁尚反正已经内斗，不用有什么顾虑，别管他们，抓紧时间把刘表解决掉。表面来看也是这样，河北那边两位小袁内斗，曹操正好腾出手来解决南面的老刘。但是，这只看到了眼前的一步，而没有看到下一步。荀攸就持不同意见，他认为："现在四方都有战事，而刘表坐拥江汉之间没有什么作为，说明他缺乏雄才大智。袁氏仍然有四个州的地盘，十万之众，在河北一带有一定的群众基础，如果他们兄弟二人联合起来，那是很难攻破的，现在他们内斗，正是各个击破的难得机会，这个机会千万不能错过。"

这两种意见让曹操有些犹豫，荀攸说得也有道理，但从另外一个方面来看，现在也正是解决荆州问题的最佳时机，到底先解决哪一边，曹操有点举棋不定。经过思考，曹操决定还是抓住现在的时机把南面的问题先解决了，至于黄河以北的事，既然二袁相攻正急，不妨让他们多打一阵再说。

辛毗得到消息，心急如焚。辛毗此行显然不只是转达袁谭对曹操的良好祝愿来的，他肩负着搬救兵的重任，袁谭那边还眼巴巴地等着呢。辛毗找到老朋友郭嘉，向郭嘉求助，想让郭嘉从中帮忙。郭嘉本来就支持荀攸的看法，在他的帮助下，曹操再次召见了辛毗。曹操问辛毗："袁谭可靠吗？袁尚是否一定能被打败？"辛毗回答说："明公其实不用管袁谭可靠还是不可靠，只需要分析现在的形势就行了。袁氏兄弟相伐，是他们自愿的，也不是谁能从中间挑拨得了的，这就是天命。现在袁谭能向明公求救，明公就应该知道这里面的事情了。二袁眼光不能长远而自相残杀，弄得河北士者无食、行者无粮，已经到了灭亡的地步。四方之难莫大于河北，河北平则天下震动啊！"辛毗这番话提醒了曹操，现在袁尚强而袁谭弱，如果坐视袁谭灭亡，袁尚的力量便会迅速强大起来，这显然不符合曹操的战略利益。曹操于是决定挥师北上，援救袁谭。

建安八年（203）十月，曹操率军北渡黄河，再次来到黎阳。曹操摆出了大打一仗的架势，当时袁尚正率主力在平原国围攻袁谭，听到消息，立刻回师邺县。袁尚的部将吕旷、吕翔二人对前途灰心失望，投奔曹操。平原之围解除，袁谭暂时化解了危机，他悄悄拉拢吕旷和吕翔，刻了将军的大印给他们送去。这不是挖袁尚的墙脚，而是在挖曹操的墙脚了，曹操知道了这件事，但他没有声张，看到袁谭暂时不会被消灭，他决定回师。

能在高处随心所欲地走钢丝的人，必须有时刻保持两边力量均衡的本领，要做到这一点，除了艺高胆大，手中还要有一根木杆，以此调节平衡。当这个木杆要向一边落下时，及时出手把它抬起来，一旦恢复了平衡，就可以悠闲地在一边看热闹了。曹操明白这个道理，所以他决定收手。为了稳住袁谭，让他坚定不移地跟袁尚打到底，曹操主动提出跟袁谭结成了儿女亲家，让儿子曹整娶了袁谭之女。曹整是李姬所生，年龄不详，应不超过10岁，这桩婚事不仅是政治婚姻，而且属于典型的早婚。同时这门亲事也很有意思，曹操的儿子娶了袁绍的孙女，意味着曹操自愿比袁绍降低了一辈。后来曹操的儿子曹丕又娶了袁绍的儿媳妇，曹操又跟袁绍变成了同辈。有了这门亲事，曹操觉得差不多了，于是撤退。

这边一撤，袁尚那边果然又行动起来。建安九年（204）二月，袁尚让审配、苏由守邺县，自己再次率大军攻打平原国的袁谭。袁尚走后，留守邺县的苏由就打起了战场起义的主意，他悄悄跟曹军联络，准备杀了审配献出邺县，结果情报泄露，审配发觉，双方战于城中。此时袁尚的主力在洹水附近，距邺县并不太远，只有50来里，苏由不敌，闯出邺县投奔曹军。曹操得到苏由为内应的情报后，立即率军向邺县杀来，但晚了一步，苏由已经败逃出邺县，曹军随后把邺县围了起来。

二、攻占袁氏的大本营

建安九年（204）二月，曹军完成了对邺县的合围。指挥守城的是审配，经过苏由反叛事件，袁军士气非常低落。但是，这一仗也没那么好打，袁绍在这里经营了多年，城防坚固，曹军一时无法得手，又成了一次艰难的攻城作战，堆土山、挖地道，把所有攻城的办法都使上了，就是迟迟攻不下来。

但曹操不想撤军，如果把邺县攻下了，黄河以北大局可定，所以这一次围则必打、打则必胜。曹操索性沉下心来，从肃清外围之敌入手打起了持久战。邺县的左翼是并州刺史部，这里是袁军目前最重要的后勤供应来源，其后援基地集中在上党郡一带，由上党郡到邺县必须经过太行山区的毛城，袁尚的部下武安县长尹楷驻扎在此。

四月，曹操留曹洪主持围攻邺县，自己亲自率军攻打毛城的尹楷，将其击破而还。此后，曹操又率军绕到邺县的北面，击破了袁尚驻守在邯郸的部将沮鹄，攻占了邯郸，袁尚任命的易阳县令韩范、涉县县长梁岐投降。徐晃向曹操提出建议："二袁未破，他们手下其他诸城都在观望，应该重赏这两个县给大家看。"曹操认为有理，将韩范、梁岐这两个县长直接赐爵为关内侯。这一招果然奏效，引起了多米诺骨牌效应，不仅又有多位袁尚任命的地方官员投降，而且还招来一位重量级人物。这个人就是老牌的实力派人物、黑山军首领张燕。张燕一直是袁绍的劲敌，多年以来也是袁氏集团挥之不去的梦魇。在袁绍与公孙瓒的对抗中张燕坚定地支持公孙瓒，公孙瓒失败后张燕被袁绍打散，后来趁着袁绍忙于官渡之战，张燕慢慢恢复了元气，又卷土重来。张燕看到曹军势大，于是主动联络要求投降曹操。在此前的战史中，张燕跟曹操虽然在大多数情况下是战略上的敌人，他们彼此分属于不同阵营，但他们之间却很少有直接交手的记录。张燕的投奔进一步鼓舞了曹军的士气，加速了袁氏集团的灭亡。

但是，邺县仍然未能攻下，这也考验着曹军将士的耐心，最后他们使出了一计狠招。一天，站在邺县城墙上的审配看到曹军的工兵们围着城墙开始挖战壕，整个战壕联结起来长达40里，但是又浅又窄，一使劲都能跨过去。审配看到以后微微一笑，心想这样的东西是没有任何实际作用的，他也不派人出击搞破坏，曹军有劲没处使就让他们挖吧。岂料，入夜之后曹操下令全体将士都投入挖战壕的工作中，大家排着队，前面的人挖累了后面的人赶紧替换，人歇活不歇。经过高强度的工兵作业，一夜之间这条40里长的战壕全部扩充到两丈深、两丈宽，这一回审配不笑了，他大为吃惊，但一时间闹不清曹操搞出这种超级工事做什么用。

审配的好奇心马上就有了答案，这些战壕里神奇般的灌满了水，这些水借着设计好的地势一路前奔，直扑城内。原来，曹军挖的不是战壕，而是人工运河，把附近漳河里的水引来灌城。河北省临漳县的三台遗址据说并不是铜雀台，而是它附近的金凤台，真正的铜雀台已被改道的漳河给冲毁了。金凤台遗址在一个镇子边上，镇子的另一侧就是漳河，现在大多数时候河里都没有什么水，站在桥上就可以看到金凤台。所以漳河就在邺县跟前，虽然方便了生活和生产，但也暴露出一个隐患，那就是邺县很容易被水攻。

用水攻城对曹军来说并不陌生，之前在下邳之战中最后也是引河水灌城，彻底击垮了守城敌军的意志。城里本来都快撑不住了，现在又泡在了水中，更是雪上加霜。好在现在是夏天，要是换成冬天，不知道情况会怎样。即便如此，城里的人也饿死了一半以上。但是袁军仍拼命死守，看来其战斗力并非不堪一击。

转眼间，就到了秋天。在冀州北部一带活动的袁尚也拼了，率领一万多人马前来救援，曹军大部分将领认为不如放过他们，避开锋芒，然后再寻找机会歼灭。这样的想法是有依据的，《孙子兵法》里说"归师勿遏"，意思是说正在撤退回来的敌人不要去拦阻，因为这些人回家心切，个个都会死战。曹操才是研究《孙子兵法》的翘楚，对这部兵书比任何人都熟悉，他说："那倒也未必，这要看袁尚从哪里来，如果是从北面的大道而来，应当避开他；如果是从西面的山道而来，我料定可以擒获他了。"曹操说得挺有把握，根本不像说着玩，弄得大家一头雾水。

曹操派出多路候者在这两个方向随时打探情况，后来接到报告，说敌人走的是西边的山道，大部队已经到了邯郸一带。曹操大喜，对诸将说："我已经得到冀州了，诸君知道不知道？"大伙不知道领导卖的是什么关子，都说不知道，曹操说："诸君马上就能看到了！"

曹操并不会算卦，他依据的是心理战的原理。袁尚如果是从北面的大道而来，说明他们没有给自己留退路，来了就会决一死战。袁尚之所以专程绕到西面再向这里进攻，说明他想的是打得赢就打，打不赢就退到太行山里打游击，有了这种心理，曹操料定袁尚必败。

袁尚的主力进到了邺县以西70里的阳平亭，在滏水边扎营。夜里，袁尚派人向邺县城里举火报信，城里也举火回应，这是双方约定的共同行动信号。审配率兵从城里杀出，想跟袁尚会合，曹操早有准备，在这两个方向都派出阻击部队，城里和城外两路敌兵均被击败，审配退回城里，袁尚被曹军顺势围在了漳河边。袁尚实在没有信心打下去了，向曹操请求投降。

现在才想起来投降，可见袁尚没有他哥哥机灵，但此时曹操已经不需要他投降了，曹操只想尽快消灭他们。袁尚无奈，趁夜突围，还不错，逃了出去，到达附近的太行山中，袁尚的部将马延、张顗等人临阵投降，袁尚在太行山里也待不下去了，只好逃往中山国。曹军缴获了大量辎重，还缴获了袁尚的印绶、节钺、衣物等，曹操命人拿着这些东西到邺县外面搞展览，故意让城里的人看，城内守军看到，信心和斗志完全瓦解。

但即使到了这种情况，邺县仍未被攻克。审配不光会耍嘴皮子，看来还真有两下子，他下令坚守死战，并不断给大家打气："曹军也疲惫不堪了，二公子袁熙就要来救我们了！"老大和老三打，老二袁熙还在幽州没动，手里有一定实力。但是有人撑不住了，守城的部将冯礼叛变，他打开城门放曹军进城。曹军一下子涌进来300多人，但被审配及时发觉，在城上指挥人扔下大石块堵门，门被堵住，冲进城里的300多名曹兵全部被杀。

还有一次，曹操在城外巡视，让审配看见了，命令弓箭手悄悄埋伏，找到机会突然放箭，差点射中曹操。不过审配再死撑也挽救不了邺县内无粮草、外无救兵的绝境，对于袁军的处境，城里有些将领看得很清楚，他们不想跟审配一块送死，这其中就包括审配的侄子、东城门守将审荣。八月里的一天，审荣打开邺县东门迎接曹军入城，审配虽然组织人在城里继续巷战，但已无力回天，邺县很快被曹军占领，审配成了俘虏，后来被曹操下令杀了。

打了6个月之久的邺县攻防战以曹军最后的胜利而结束了，包括袁绍妻子刘氏在内的家眷都没有受到伤害，曹操不仅没杀他们，而且还归还了他们的财产。曹操不喜欢袁绍，但也不至于恨之入骨，作为相识多年的朋友，曹操对袁绍一直有着复杂的感情，不是一个"爱"或"恨"就可以概括的。不仅如此，曹操还到老朋友的墓前亲自进行了祭奠。

在第一批冲进邺县的曹军中，有一个年轻人的身份很特别，他就是曹操目前年龄最大的儿子曹丕，当年他18岁，虽然古人20岁举行过弱冠之礼后才算成年，但18岁也是大小伙子了，这个年龄一般可以娶妻生子了。曹操对待他的儿子们，包括死去的曹昂，从小就开始在文武两个方面加强训练，早早就把他们放到队伍里锻炼。曹丕也参加了邺县之战，他是首批进城的曹军将士之一。当然，曹丕不可能像普通士兵一样厮杀，他身边应该有不少卫士。

曹丕一行进了城，之后直奔袁府。袁绍生前，这里想必极尽奢华，藏着大量珍宝钱物。现在袁绍死了，他的三个儿子都在外面，逢此战乱，府里的卫兵杂役能跑的早就溜了，袁府里冷冷清清。据《世语》记载，曹丕进了袁府，有人报告说发现了袁绍的老婆刘氏，曹丕就过来看。刘氏倒没怎么引起曹丕的注意，刘氏身后一个蓬头垢面的女人却引起了曹丕的兴趣。这个女人低着头，浑身脏兮兮的，好像吓得不轻，不停地哭。曹丕问刘氏她是谁，刘氏回答说是袁熙的妻子。刘氏见曹丕盯着使劲看，心里明白了大概，于是给这个女子整理了一下头发，又用手巾擦了擦脸，曹丕这才看清了她长的样子，真的是美丽无比。曹丕点了点头就走了，刘氏则激动地对儿媳妇说："这下好了，我们不用死了！"

曹丕一眼就看中了这个女子，她确实是袁熙的妻子，名叫甄宓，是冀州刺史部中山国无极县即今河北省无极县人，她的父亲叫甄逸，当过县令，家里有三男五女，甄宓当年23岁。史书称甄宓从小聪慧过人，心地善良，特别懂事，加上又是个绝对的美女，所以引起了袁家人的注意。建安初年，在袁绍主持下将其纳为袁熙之妻。曹丕对甄宓一见钟情，跑去向曹操说明心意，曹操这个父亲看来当得挺开明，他同意了曹丕的请求，并很快把这件婚事办了。曹丕娶了个美貌的妻子，也算是这场艰难攻城战最后取得的战果之一吧。可这件事似乎不那么简单，此后隐隐约约地时常被人议论，并最终给曹氏父子弄出了不少绯闻来。

最早议论这件事的是《世说新语》，这部书虽然也保留了一些珍贵史料，但其中更不乏大量道听途说的内容和八卦新闻，据这本书里的"惑溺"篇记载，曹操早就知道甄宓很漂亮，一心想占为己有。邺县攻破后，急忙命人把甄宓找来，但手下人报告说："五官中郎将已经抢先一步。"五官中郎将是曹丕后来担任的官职，这里指的就是他。曹操听后叹息道："打了这么久，算是给这个小奴才打的！"

上面这一条是给曹操的，还有一条是给曹植的。南朝梁武帝萧衍的长子萧统编了中国第一部文学作品集，名叫《昭明文选》，在读书人中影响很大。到唐代，这部书里收录的很多文章已经不太好懂了，于是有很多人给这部书作注，其中李善的注本影响最大。为了注释这部书，他引用了许多资料，其中有些资料在别的地方已经看不到了。《昭明文选》收录了曹植的《洛神赋》一文，李善作注时引了一条没头没尾的资料，说曹植想得到甄逸的女儿甄宓，但是没有成功，曹操把甄宓给了曹丕。曹植为此心绪难平，吃不下睡不着，害了相思病。

然而，上面这些只是附会罢了，在正史中找不出任何依据。更为重要的是，建安九年（204年）曹植才13岁，说他参加了邺县之战都有点勉强，再说他与18岁的哥哥去争23岁未来的嫂子，就有点不靠谱了。如果当年这类新闻已经在社会上传开的话，估计到了曹操耳朵里他也会一笑了之，因为曹操是一个不拘小节的人，具体来说就是一个"通脱"的人，他不会被流言所困扰，也不会被流言所激怒，这件事只当是在紧张的战事中的一个小小的插曲吧。

攻克邺县后，曹操给汉献帝上了一份奏章，报告此次征讨袁尚、占领邺县的情况。同时，曹操还请汉献帝发布了两项人事任命：第一项是任命贾诩为太中大夫，免去他原来冀州牧的职务；第二项是任命自己为冀州牧。冀州刺史部长期是敌占区，冀州牧只剩下了象征意义，此前董昭担任过冀州牧，后来他改任徐州牧，冀州牧让曹操给了刚加入本阵营的贾诩。如今冀州刺史部的大部分地区已被占领，冀州牧也成了实职，曹操决定亲自担任这一职务，所以先给贾诩安排了新职务，但贾诩不用到许县上班，仍然跟随自己左右，对于这个闻名天下的智囊，曹操一直都寄予着厚望。

曹操在邺县正式以司空兼冀州牧的身份处理公务，他首先给自己找了一个得力的助手，名叫崔琰，他是冀州本地的名士，字季珪，清河郡人，年轻时尚武，23岁才开始发愤读书，29岁拜郑玄为师，跟刘备手下的孙乾是同学。曹操让他担任别驾。

崔琰到位后，曹操让他把冀州刺史部的户籍、土地等方面的档案材料找出来，整整看了一个晚上，看完之后大为兴奋。第二天，曹操对崔琰说："昨天晚上我查看了冀州的户籍，按照我的推算这里可以征调30万甲士，真不愧是个大州哇！"冀州刺史部确实是个大州，下辖9个郡国、约100个县，根据东汉最后一次人口普查的结果，不说魏郡、渤海郡这样的人口大郡，就连安平国、河间国、清河郡这样的中等郡国，人口也都在60万以上。面对心花怒放的领导，新上任的崔琰毫不客气地给他泼了盆冷水："现在天下分崩，九州割裂，袁氏兄弟大动干戈，冀州百姓生灵涂炭，您领着大军而来，不见您先施行仁政，整顿风俗，救民于水火，反而计算甲兵多少，这岂是冀州百姓对您的期望呢？"

旁边的人听到崔琰这番话都吓傻了，领导刚上任你就这么不给面子？大家在等着崔琰会受到什么处罚，但没想到的是，曹操立刻收敛起笑容，一脸严肃的郑重向崔琰道歉。曹操这样做不是装样子，他的长处就是大多数情况下都能虚心接受批评，只要你批评得对，也不存在当面接受批评、背后给人穿小鞋的情况。

此后，曹操更喜欢崔琰了，冀州刺史部的事务更加依赖他。除了崔琰，占领邺县后曹操还大量征辟本地知名人士出来工作，增强自身力量，同时尽快在冀州站稳脚跟，其中包括陈琳、牵招、崔林、高柔、司马懿等人。

三、虎豹骑再扬威名

正在曹操考虑下一步先从哪个方向用兵的时候，建安九年（204），并州刺史、袁绍的外甥高幹投降了。曹操接受高幹的投降，以汉献帝的名义仍任命其为并州刺史。这样，西面就可以暂放一下，对北面的袁熙和袁尚以及东面的袁谭，曹操决定先打东面。曹操跟袁谭是合作关系，还结成了儿女亲家，目前这一关系仍未从形式上终止,为何先从他下手?这是因为,袁谭趁曹操围攻邺县之机抓紧扩张势力,这段时间以来先后攻占了魏郡以东的甘陵国、安平国、渤海郡、河间国的一些地方。甘陵国过去叫清河郡,桓帝时改为甘陵国,治所在甘陵县,即今山东省高唐县。

这些举动无异于向世人表明,袁谭又背叛了曹操。不仅如此,袁谭还向袁尚下手,袁尚从邺县逃出来,先到的是中山国,袁谭向其进攻,袁尚被打败才逃到了袁熙那里。袁谭打败弟弟,把主力移驻到龙凑这个地方。龙凑在哪里不详,十二年前袁绍曾在这里和公孙瓒有过一场激战,结果公孙瓒大败。袁谭的快速扩张成为曹操先解决他的原因,而袁谭的一系列行为也刚好给曹操找到了借口,曹操可以光明正大地发兵攻打他。

出师前,曹操先给袁谭这个"亲家"写了一封信,责备他负约,宣布解除双方的婚约,把袁谭的女儿遣送回家,之后曹操亲率大军向龙凑开来,袁谭自知不是对手,主动撤退,将主力收缩到渤海郡境内,坚守渤海郡的治所南皮县。

南皮,意思是"南面的皮革城"。这不是搞笑,而是真的。南皮这个名字起源于春秋时期,当时北方少数民族山戎攻打燕国,燕国向齐国求救,齐桓公出兵援燕经过现在的沧州,为了保证军事供应,找了一块地方筑起一座城,专门从事皮革加工,这座城便被称为皮城。由于它北面的章武县有一座北皮亭,所以就把这个皮城称为南皮。袁绍担任过渤海郡太守,这里是他的老根据地。袁谭退守南皮后,曹操于建安九年(204)年底先攻入渤海郡南面的平原国,肃清了那里的袁军,于第二年初将主力部队开到南皮城外。

对于这场战斗,曹操十分重视,务求一战必胜,彻底消灭袁谭,所以他不仅带上了张辽、乐进、于禁等名将出征,还带上了曹仁的虎豹骑。虎豹骑除曹仁直接指挥外,指挥官还有曹纯、曹真、曹休等曹家年青一代也在这支队伍里。刚刚当了新郎官的曹丕也参加了南皮之战,他虽不是虎豹骑成员,但在战斗间隙经常跟曹真、曹休在一起,这些情况在保存下来的曹丕私人信件里都有记载。

除了曹真和曹休,曹丕还有两个好朋友,一个是夏侯渊的侄子夏侯尚,此时在曹军中担任司马一级的军官;另一个叫吴质,字季重,年龄约比曹丕大10岁,是兖州刺史部济阴郡人,曹操在兖州主政时期就投奔了曹营,但一直默默无闻,曹丕对他很欣赏,认为他才学过人,见解独到,而且擅长交际,所以引为至交。

吴质于是成为曹丕身边的智囊，他始终追随曹丕，成为影响曹丕一生的重要人物之一，此次南皮之战，夏侯尚和吴质都来了。

名将云集、兵强马壮的曹军面对困守孤城的袁军应该一战而胜，但让人觉得意外的是战局开始却并不顺利，曹军攻城很艰难，付出了重大伤亡仍然没有多大进展。造成这一情况的原因，除了袁军顽强抵抗、南皮城防坚固，最大的问题来自气候，此时是正月，华北平原正值严寒季节，城上滴水成冰，对防守的一方有利，对攻城的一方明显不利。

看到这种情况，曹操想先退兵，等天气转暖之后再说。各位将领听了都没有什么意见，但有个人一听就不干了，他是曹纯。虎豹骑亲自出战却无果而还，曹纯实在不甘心，他向曹操建议："我们孤军远征，如果撤退必然会影响士气，现在敌人在攻防战中占优，必然会滋生骄傲思想，我们只要再坚持一下，一定能将敌人打败！"曹操觉得曹纯说得也有道理，这一趟如果不能顺利解决袁谭，那么袁熙、袁尚的解决也都得往后拖延，夜长则梦多，最好还是把南皮拿下，为此多付出一些牺牲也是值得的。

曹操最后下了决心，无论如何也要攻下南皮。曹操亲临前线指挥，他还亲自擂鼓助战，曹军将士无不奋勇争先，守城的袁军渐渐不支。乐进率部第一个突进到城下，首先把东门攻破，杀进城里，袁军开始溃逃。袁谭骑马在卫队的保护下逃出了南皮，倒霉的是，他一出城就遇到了负责堵截的曹军，而且偏偏是摩拳擦掌正要露一手的虎豹骑。

攻城不是骑兵的长项，曹纯率领虎豹骑在外围堵截溃逃的袁军，结果堵住了袁谭。虎豹骑上去一顿猛揍，袁谭及其卫队哪里是对手，被杀了个丢盔卸甲。也是虎豹骑过于生猛，打起来有点收不住，一个冲锋居然把袁谭杀死了，没有抓到活的。袁谭的主要谋士郭图在城里被活捉，被曹操下令处死。曹操听到袁谭被杀的消息高兴坏了，大概在曹操看来此战结束后北方将再无大的战事。

南皮所在的渤海郡是袁氏父子经营多年的基地，他们影响这一地区长达十多年，曹操攻占渤海郡，需要尽快树立起自己的权威，保证这一地区长治久安。在南皮驻军后曹操以司空和冀州牧的身份颁布了一系列命令，恢复冀州地区的生产和生活，整顿社会秩序。这些命令包括《蠲河北租赋令》《抑兼并令》《赦袁氏同恶令》《整齐风俗令》等，其中在《蠲河北租赋令》中曹操下令免除冀州刺史部建安九年（204）全年的田租和赋税，以恢复和发展生产，这道命令的颁布，受到了百姓的拥护。

袁绍统治冀州刺史部期间,政治和军事上依靠豪强地主,使得这些人的政治和经济势力迅速膨胀。长期以来,曹操一直在思考东汉政权在机制上的弊端,他认为豪强势力发展太快是造成政权衰弱的主要原因,所以对如何抑制豪强势力的问题十分关注。曹操认为如果这个问题解决得不好,即使得到政权也不会稳固,在关键时候会被豪强势力所左右。

基于这些长期的思考和对现实情况的分析,曹操颁布了《抑兼并令》,他强调一个社会不患寡而患不均、不患贫而患不安,任由贫富差距拉大,必然会带来严重后果。他说,像审配这样的家族,不仅经济实力很强大,而且成为窝藏罪犯的据点,是黑恶势力的保护伞,老百姓怎么能拥护这样的政权?曹操借民意向豪强势力开刀是经过深思远虑的,他不愿意在自己统治的地区有豪门经济继而出现豪门政治。作为抑制豪门的一个重要步骤,在《抑兼并令》中他明确规定,每亩地收租的标准是4升,每户另收2匹绢、2斤丝,除此之外一律不再收取其他赋税。他要求各郡县要严格检查,看看有没有豪强地主搭顺车额外收取其他税费的现象,同时禁止弱势群体替那些豪强交赋税。

攻占南皮后,冀州刺史部全境成为曹操控制地区,那些曾在袁氏政权及军队里任职的各级官员,有的仍旧被录用,有的则心怀不安,害怕有朝一日会被清算。针对这种情况,曹操在南皮颁布了《赦袁氏同恶令》,明确表示跟袁氏做过坏事的人,允许他们改恶从善。袁氏政权之所以失败,一个重要原因是内部结党营私、钩心斗角很严重,这种风气由社会上层传达到社会的各个层面,成为一种不良风气。在过去的袁绍控制地区,不仅官员、豪强们操纵舆论、排斥异己、颠倒黑白,而且在一般老百姓里也存在是非不分、缺乏社会正义感、歪门邪道盛行等现象,针对这些问题,曹操在南皮又下达了《整齐风俗令》,从整顿社会风气入手,恢复社会秩序。一系列政策的出台很快使冀州的社会面貌得到改观,生产得到了恢复和发展。

在此期间,幽州刺史部的局势也发生了新变化,袁熙的部将焦触和张南看到袁氏集团即将覆灭,于是发动兵变,将袁熙、袁尚赶出了幽州刺史部,二袁只得投奔辽西的乌桓首领蹋顿。蹋顿以前娶了袁家的姑娘为妻,跟袁家有姻亲关系,如今在辽西一带势力很大。焦触自称幽州刺史,率全州各郡县长官归降曹操。曹操大为高兴,幽州不战而胜,省去了远征的麻烦,他以朝廷的名义承认焦触为幽州刺史,将焦触、张南都封为列侯。

但是没多久，幽州刺史部涿郡人赵犊、霍奴起兵，杀死了刺史焦触以及涿郡太守，在袁熙、袁尚的鼓动下，蹋顿也趁机出动，在幽州刺史部渔阳郡北部的犷平一带进攻鲜于辅。在这种情况下，曹操率主力离开了南皮，进军幽州刺史部，此次北征比较顺利，在涿郡斩杀了赵犊、霍奴，曹操随即率军渡过潞河救援犷平。蹋顿所部未做抵抗，撤到了塞外，曹操于是率军回师邺县。

四、基本统一了北方

建安十年（205）十月，曹操回到了邺县。此次出征历时整一年，但收获颇丰，攻下了南皮，扫荡了幽州残敌，将袁熙、袁尚赶到了塞外，原来袁绍控制地区的北方四个州中，冀州、青州、幽州已被全部占领，加上并州的高干已经投降，扫平北方的目标看来实现了。

但是出了意外，就在曹操回师邺县时，并州刺史高干发起了叛乱。这有点儿不太好理解，袁氏势力尚在时不叛乱，现在却要叛乱，高干不知道是怎么打算的。高干不是智障，也许这里面另有隐情，比如他投降曹操时会不会有约定，要曹操保证袁氏兄弟的安全，曹操杀了袁谭，赶跑了袁熙和袁尚，还把袁熙的妻子给自己当了儿媳妇，所有这些，让高干无法忍受。

所以，在时机选择上高干也没有太多考虑，他如果早有预谋，就不会选择在建安十年（205）十月起兵，因为这时曹操率主力已经回到邺县。真想大干一场的话，应该在曹军主力激战于南皮时动手，或者最少也应该比现在提前两三个月，在曹操率主力打到现如今的北京市密云水库一带时动手。把叛乱的时间定在这个时候，注定不会有什么奇迹发生。

并州刺史部的范围约相当于今山西省大部、陕西省北部地区以及内蒙古自治区的河套一带，现在的太原、大同、呼和浩特、包头、榆林、延安都在其内，治所是太原郡的晋阳县，即今山西省太原市。由太原郡向东是上党郡，上党郡与邺县所在的冀州刺史部魏郡之间只隔着一座太行山。上党郡太守是曹操的人，高干把他抓了起来，之后进军并占领了太行山中的军事要塞壶关，妄图以太行山为依托抵挡曹军的进攻。

壶关是太行山里的一个山口，也称壶关口或壶口关，位于今山西省壶关县，属长治市，北有百谷山，南有双龙山，两山夹峙，中间空断，山形像一把壶，所以称为壶关。曹操派乐进和李典为前锋进击壶关，随后他亲率大军赶到，于建安十一年（206）正月把壶关围住，高幹留下部将夏昭、邓升守城，自己前往南匈奴单于那里求救。

袁熙、袁尚投奔的是蹋顿乌桓人，除此之外，袁氏的传统盟友里还有一支少数民族武装是南匈奴，南匈奴单于于扶罗跟袁绍关系密切，官渡之战时南匈奴也派兵为袁绍助战。现在于扶罗已经死了，他的兄弟呼厨泉继位，呼厨泉看到曹操势力日益强大，不敢与他为敌，对于高幹的请求，呼厨泉不予理睬。

高幹无奈，只得带着几名随从前往荆州刺史部，要找刘表搬救兵，但路上被一支地方武装截住，高幹就这样被杀了。这支类似于民兵或民团的武装组织首领叫王琰，是上洛都尉。上洛是哪里不详，或许与洛阳有关，因为高幹由并州南下荆州有可能路过河洛一带，而都尉相当于县公安局局长。王琰把高幹的首级呈送给曹操，立即被封了侯，受到大家的羡慕。只有一个人高兴不起来，整天待在屋里哭，她就是王琰的妻子。因为王琰从此将要富贵，就会娶更多的小妾，从而会夺走对自己的爱。

没有高幹，壶关这场仗按说不用打了，但结果不是。夏昭、邓升却很顽强，加上壶关城很坚固，曹军久攻不下。曹操火了，发布军令："城池攻破后，把他们全部活埋！"又打了3个月，还是没有攻下。这就是冷兵器时代的攻城战，易守难攻，从之前的郯城、雍丘到东武阳、下邳、邺县，以及之后的陈仓之战，都是在力量悬殊的情况下打得旷日持久，常常几个月甚至一年都攻不下来。

曹仁看出了问题，他向曹操建议："围城的时候最好让城里的人看到他们还有活路，现在要是让他们感觉只有死路一条，他们必然会奋力抵抗，加上敌人城固而粮多，我们硬攻必然会有很大伤亡。位于坚固的城池下，去攻打必死的敌人，不是上策。"曹操接受了曹仁的建议，城内的敌兵很快投降了，曹仁因此被封为都亭侯。曹仁的建议应该还有更具体的攻城方案，不然城里的敌兵也不会轻易投降，这个方案是什么没有记载，应该是更改之前的命令，给城里的人留出一条活路，诱使敌兵投降吧。

高幹被杀，壶关攻破，活跃在并州地区的黑山军首领张燕此前已归顺了曹操，被封了侯爵，在这一带有传统势力的南匈奴也表示不愿为敌，并州刺史部的问题也就解决了。并州刺史部一向独立性很强，就是缘于黑山军、南匈奴这些因素，但它的战略位置又很重要，不说庇护着中原的北部边防，就说河洛与关中的联络，它也占着中间要害的一段，所以并州刺史部的问题如果不能彻底解决，也让人不踏实。

并州刺史部最北部还有自西向东一字排开的四个郡，分别是朔方郡、五原郡、云中郡和雁门郡，尽管地盘很广大，但都不用发兵，基本上传檄可定。并州刺史部的南面是隶属于司隶校尉部的河东郡、弘农郡，这里一直处在动乱之中，能不能把这些地方也治理好，影响到并州刺史部的稳定。就在高幹起兵的同时，河东郡的张晟聚众上万人响应高幹，弘农郡的张琰也加入进来，他们活跃于崤关、渑池一带，势力逐渐壮大。

河东郡、弘农郡是通往关中的必由之路，如果这里不在控制之中，关中就成为孤岛，这让曹操很头痛。曹操任命的河东郡太守名叫王邑，这个人或者能力不怎么样，或者不太可靠，他的上司司隶校尉钟繇想奏免他。但王邑在河东郡有一定势力，郡政府属官卫固和中郎将范先是他的盟友，当时王邑的调任诏书已经下达，但卫固和范先趁机生事，他们赶到长安面见钟繇，以民意为借口要求王邑留任。当时高幹还没有死，卫固、范先表面上为民请愿，实际上是想把局面弄乱，好与高幹暗中相通。

河东郡的严峻形势让曹操忧心，他写信给在许县的荀彧："关西诸将表面臣服而心怀二心，张晟作乱于崤、渑，南面与刘表相通，卫固等人又响应他，眼看将酿成大乱。河东郡是天下要地，请先生为我举荐一个像萧何、寇恂那样的贤才去镇守。"荀彧接到曹操的信，很快回复："西平郡太守杜畿勇足以当难，智足以应变，正是明公需要的那个人。"曹操于是任命杜畿为河东郡太守，杜畿字伯侯，关中人，是西汉名臣杜延的后代，20多岁时在家乡当过县长，后避乱于荆州。建安初年曹操在许县招揽人才，经荀彧推荐到司空府任职，后外派为护羌校尉，兼任凉州刺史部西平郡太守。

杜畿走马上任时壶关之战还没有结束，这时能抽调出来随杜畿进入河东郡的人马有限，杜畿索性只带少数随从前往。卫固等人知道后，派出几千人占领了黄河上的重要渡口陕津，这个地方位于今河南省三门峡市附近。杜畿无法渡河，曹操于是派夏侯惇率部前来增援。但是，大军开到还需要一定时间，杜畿认为河东郡百姓并非想作乱，而卫固等人也没到公开违抗曹操命令的地步，应该先稳住他们。杜畿于是绕道黄河上的另一个渡口豆津，这个地方在今山西省芮城县东南，他从那里过了河,来见叛军首领。对于杜畿的到来卫固和范先产生了分歧,范先想杀掉杜畿,为了给杜畿一个下马威,范先在城门外绑了几十个原郡政府的属官,从主簿开始杀起,一口气杀了30多个,但杜畿居然神态自若。

杜畿超强的心理素质镇住了本来就不想杀害他的卫固,卫固是个不想把什么事都做绝的人,他认为对杜畿杀之无益,徒有恶名,反正他人少势孤,难有作为,于是表面上仍然尊杜畿为太守。杜畿耐住性子与卫固、范先等人周旋,并悄悄发展自己的势力,分化瓦解敌人,后来他抓住机会,与卫固、范先决裂,双方激战于张辟。正在此时壶关战役结束了,曹操派出的大军也开到了,杀了卫固、范先以及张晟等人,平定了河东郡。

官渡之战结束后,一直到建安十一年(206),曹操用了几乎6年的时间,经过连续作战,把北方四州中的冀州、青州、并州全部纳入势力范围,幽州刺史部除了北面的一部分在公孙度手中,其他大部分也都在曹操控制之下。

至此,基本完成了北方的统一。对曹操来说,这是手下将士们奋死拼杀的结果。自从己吾起兵以来,几乎每一天都有战斗,每一仗都有成百上千的人流血牺牲,胜利来之不易,功劳应该归大家。所以,在北方大势初定后,曹操下令对死去将士们的家属、遗孤给予抚恤,对有功的将士们给予封赏。

曹操开始起兵时的身份是奋武将军,勉强算个杂牌军的将军,当时的骨干只有曹仁、曹洪以及夏侯渊、夏侯惇等几人,他们的身份是奋武将军属下的司马或别部司马,类似于团长。随着军队规模越来越大,加入的将领越来越多,曹军的组织体系也发生了很大变化。到官渡之战时,夏侯惇他们已经升为各种名号将军,或者中郎将、校尉。而曹操手下的一批"异姓将军",进步更快。官渡之战前后,于禁等人已经晋升为将军、偏将或裨将了,其中于禁、乐进是偏将,还有捕虏将军李典、振威将军程昱等人,张辽、张郃、徐晃也都是裨将或偏将,许褚的军职稍低些,是校尉一级。

这说明,在曹军中曹氏和夏侯氏兄弟的地位并不是最高的,起码现在仍是这样,他们晋升的速度并不比其他异姓将领更快,甚至还稍稍有些落后。曹操的用人方略历来受到后人的推崇,其中一条就是赏罚分明,平时建立有严格的军功考核、登记制度,该奖的时候必奖,不该奖的时候决不滥奖,避免了奖惩和职务晋升的随意性。

建安十一年（206），曹操从壶关回师后，立即着手考评各位将领的功劳，考评的最后结果，于禁、乐进和张辽三个人的功劳最大，曹操于是上表汉献帝，对他们三人予以表彰，提拔他们全部升任将军，其中于禁为虎威将军，乐进为折冲将军，张辽为荡寇将军。

除了武将，谋士们也功不可没，功劳最大的自然是荀彧。早在建安八年（203），曹操就根据荀彧前后所立的功劳，上书汉献帝表荀彧为万岁亭侯，但荀彧坚决推辞，他是朝廷的尚书令，有关文件需要从他这里传递，荀彧自作决定将其扣下不发。曹操又反复劝说，最后荀彧才肯接受。

到了建安十二年（207）二月，曹操又在邺县表奏汉献帝，大封功臣 20 多人，全部封为列侯，其余的也都评出等级予以封赏，这次受封的 20 多个人名单不详，只知道曹纯的高陵亭侯、张辽的都亭侯等都是这次受封的，想必其他战功显赫的武将也都被封了侯。除了武将，谋士里至少郭嘉、荀攸在这次也得到了封侯，郭嘉受封的是洧阳亭侯。荀彧当初被封为万岁亭侯时食邑是 1000 户，此次又加封 1000 户，共计 2000 户，在亭侯里算是很多的了。曹操甚至想让荀彧担任三公，荀彧不好当面拒绝领导的美意，就让荀攸出面替自己谢绝，前后达十多次，曹操最终才放弃了这个想法。

五、一场政治风波

曹操大赏群下，封侯的封侯，升官的升官。有一个人其实功劳才是最大的，却不在名单中，这个人就是曹操自己。理论上曹操也是汉室的一名臣子，目前的职务是三公之一的司空，他曾经代理过一段时间车骑将军，但这一职务后来被免去了。袁绍死后大将军一职也空了出来，还有车骑将军，之前由汉献帝的老丈人董承担任，董承因谋反被杀，这个职务也空了出来。

文官方面，除曹操外，现任的三公还有司徒赵温，而太尉一职空缺，曹操曾有意让荀彧担任三公，指的可能就是太尉，但被荀彧坚决拒绝了。曹操还担任了冀州牧一职，除此之外还有一个头衔，是初到洛阳迎驾时被授予的，叫录尚书事，算是个兼职。朝廷的九卿里，赵岐、陈纪、张俭、桓典等人因为年事已高这些年先后去世，对于空出来的职位，暂时无人替补，汉献帝身边的人越来越少，目前比较活跃的是孔融等几个人。曹操这些年来重点加强了司空府的建设，使其机构逐渐庞大，内设部门不仅涵盖了经济、民政、司法、人事等，还设置了军师、军师祭酒、参司空军事、军谋掾等军职，以服务战争的需要。

虽然曹操没有再担任大将军或车骑将军，但他的司空府实际上行使了军政合一的职能，成为事实上的最高军事决策机构，先后不同时期里投奔曹操的主要文士，除荀彧等极少数人外，都在司空府任职或曾经在司空府任职。但是一直以司空府来管理整个国家，有些名不正言不顺。在曹操攻占邺县兼任冀州牧时，有人建议他恢复古代的九州制，原因是在古代九州里，冀州的面积最大，曹操现在担任冀州牧，那样一来势力范围更大，更容易为天下信服。

对这个建议曹操有点动心，占领冀州后，他也一直在思考如何处理与许县朝廷的关系，如果把大本营还放在许县，将会有许多不便，不管怎么样，刘协都是天下人公认的皇帝，自己作为三公之一理应履行做臣子的本分，比如按时上朝、有事上报、天子随召随到等，但这又是曹操不可能做到的。曹操内心里已经打定主意跟许县的天子"分开过"了，但那样一来，必须找出一个合理的理由和一个恰当的操作模式。而且，传统概念上的司空府也不掌兵，以司空府来统领天下的军政大权，时间长了也容易被人说三道四。

在这种情况下，曹操也认为恢复九州制是个好主意，可以破解当前的政治难题。九州作为古代中国的另一个称呼是虚指，它还有一个实指，指的是九个州，即九大行政区，与现行十三个州的行政规划有所不同。不过，如果仅仅为了增加冀州的影响力而恢复九州制，似乎有点过于兴师动众了，毕竟行政区划的调整历来都不是一件小事，涉及各方面的技术困难和各派势力的利益冲突，更何况有些地区还不在曹操控制地区，能否推行下去都是一个问题。

果然，这一概念提出后立即引来众多反对，身在许县的荀彧听说后也写信给曹操，表达了不同意见："现在如果依古制，那么冀州的管辖范围将包括现在的河东郡、冯翊郡、扶风郡、西河以及幽州、并州的全部，这些地方本来人心就不稳，让他们归属冀州，将会使大家更加不自安。如果因此引起叛乱，那么天下大业就不好说了。"荀彧建议曹操先平定黄河以北的地区，修复旧都洛阳，之后南下荆州，讨伐刘表、刘璋等不肯朝贡的军阀，让天下人都知道这些想法，从而人人自安，等到天下大定之后，再来议古制。

荀彧的这番表态，说得很有道理，却让曹操吃了一惊。其实，曹操坚持恢复九州制的真实原因倒不是增加冀州的地盘这么简单，其背后还有玄机，可惜荀彧没有看到。九州制是一个地理概念，或者说是一个规划中的行政概念，但它也是整个古制中的一个组成部分，只有把它与整个古制联系起来看才能洞悉曹操的心理。恢复地理或行政区划上的九州制不是曹操想法的全部，甚至不是主要部分，借恢复九州制进而恢复已经废除的其他一些政治制度才是要害。

现行政治制度大都因袭于汉初，这套制度由高祖刘邦初创，经过武帝和光武帝等君主的不断改造，与最初的形制已经有了很大不同。比如目前推行的三公制与汉朝初年的丞相制就区别很大，三公分了丞相的权力，有了制衡却丧失了效率，东汉三公又长期被尚书台等内朝官分权，有时竟形同虚设。

在曹操看来，即使高祖刘邦定下的制度有些也值得商榷，比如封爵制度，以前是五等爵制，即公、侯、伯、子、男，刘邦非要来一个白马盟誓，称"非刘氏不得封王"，断了一般人的封王之路，异姓的臣子功劳再高，封到县侯也就到顶了，逼得王莽这样的人只好另找出路。曹操想恢复九州制，行政区划调整才是第一步，后面还会陆续推行以恢复古制为重点的政治体制改革，目的是进一步加强自身的集权，同时在爵位分封等方面有所突破。但是第一步还没有迈出去，便遭到了荀彧干脆利索的反对。

继荀彧之后少府孔融又提出了一个问题，九州制是古制，王畿制也是古制，恢复九州制，王畿制要不要也恢复？畿的意思是直属管辖区，所谓王畿制，指的是首都为中心方圆1000里以内的都是王畿，方圆500里之内的是侯畿。孔融认为，按照这个制度，以许县为中心，千里之内的地区都应该划入汉献帝直接管辖区里。这就包括了豫州、兖州和司隶校尉部的大部分地区，也包括冀州、并州、荆州的一部分地区，孔融端出王畿制，显然是跟九州制对着干，让你弄不成。

孔融最近以来一反初到许县时的良好合作态度，在很多事情上都喜欢跟曹操唱反调。就孔融的这番谈论曹操完全可以不理，也可以追究他的责任，问问他的动机是什么。但现在的问题比较复杂，中间还夹着荀彧。荀彧的表态让曹操不能不认真对待，荀彧不仅是自己事业上的第一功臣，而且在士人中很有号召力，自己手下相当一批官员都来自荀彧的推荐。或许荀彧没有看出来自己的真实动机，就行政区划调整本身发表的意见，因为仅就此而言，费那么大的劲确实有点不值，荀彧及时提出建议是他一贯责任心强的表现。

但是也有一种可能是他看到了自己的心思而执意反对，如果是那样就麻烦了。

这表明，荀彧在一些原则性问题上与自己的想法出现了分歧，这种分歧将是一个危险的信号。不管是哪一种情况，恢复九州制的提议都不能再进行下去了，曹操下令终止关于恢复九州制的讨论，他为此专门写信给荀彧说："不是先生及时提出反对意见，我要失去的可能更多了！"话是这么说的，但曹操的心里颇不是滋味。

不过，这些不良情绪在曹操心里也只是一闪而过，他现在更关注的是下一步如何打算。统一了整个北方，他终于可以向南边看看了。南方有三个重要的对手，从西向东分别是刘璋、刘表和孙权，先从哪里下手呢？

六、越过长城险关

现在，曹操思考着下一步的行动。南皮之战结束后，袁熙和袁尚仓皇出逃，袁绍当年为了笼络蹋顿，曾经学了回西汉的皇帝，在袁氏家族里找了个长得漂亮的姑娘收为义女，把她嫁给了蹋顿。袁熙和袁尚不大清楚蹋顿还认不认这门亲，但目前已走投无路，只好硬着头皮试试了。

没想到蹋顿对袁家很有感情，把袁熙和袁尚还当自家兄弟看，眼见他们落难，立即慷慨地伸出援手，把他们接到自己的地盘上。乌桓是游牧民族，走到哪儿抢到哪儿，没有稳定的根据地，他们目前活跃于幽州刺史部以北的广大草原地区。袁熙和袁尚并非空着手去投蹋顿的，他们走的时候裹胁了10万多户幽州、冀州的军民，强迫他们迁往乌桓控制区。这是一份厚礼，也是他们今后在乌桓人那里说话的本钱。这些年来蹋顿每次南下侵掠内地，都要劫持内地的军民到草原上来，前后累计也有10万多户。有了这20多万户内地军民，乌桓人的势力大增，加上袁氏兄弟在幽州一带仍然有一定影响力，乌桓族的蹋顿部落有慢慢坐大的势头。

曹操的眼睛也始终紧盯着袁氏兄弟，因为他深知袁氏在北方经营多年，与少数部族首领有很深的交往，说他们随时会卷土重来，一点都不是杞人忧天。袁熙和袁尚的年龄不详，曹操比他们的父亲袁绍小了大约10岁，这个年龄差距可以视为同代人，也可以视为两代人，曹操主动与袁谭结为儿女亲家，可见在他的心目中袁绍更倾向于是上一代人，而把袁熙和袁尚视为同代人。他们现在都处在最为成熟、精力也最充沛的时期，必然不甘心一辈子待在草原上当个牧马人。

但并非所有人都看到了这一点，当袁氏兄弟逃到乌桓人那里时，曹操身边的大多数人都松了口气，认为北方的战事可以告一段落了。持这种观点的人不在少数，包括曹操身边的一些武将和谋士在内，都认为袁熙和袁尚不可能再掀起什么大浪来。可是，曹操本人并不这样看，曹操觉得北面还有仗要打，并且是大仗、恶仗，对此他丝毫没有掉以轻心。

建安十二年（207）二月，曹操返回邺县，立即把北征计划提了出来，让部下们讨论。大多数人对此时大举北征持反对意见。哪些人反对史书并未详细记载，只是说很多人都这么认为，看来人数不少，并且以武将为主。持这种观点的人认为，袁尚只是个亡虏而已，乌桓人贪而不亲，袁尚在那里不会得到什么发展，如果现在远征，刘表必然趁机袭击许县，要真是那样的话，后悔都来不及了。

大家提出与其北征不如南征，趁着兵强马壮，挥师直驱荆州，征服刘表，而北方二袁及蹋顿、公孙度之流要么主动投降，要么自生自灭，根本不用理它。只有郭嘉、史涣等少数人持不同意见，他们赞成此时北征，其中郭嘉的态度最坚决，他认为刘表不过是一个喜欢坐着空谈的人而已，他知道自己不如刘备，跟刘备之间虽然合作，但关系很微妙，对于他们不必过于担心，即使现在举全国之兵远征乌桓，也可确保无事。

建安十二年（207）春天，北征乌桓之役正式开始了。乌桓人生活在幽州刺史部以北的广大地区，大本营叫柳城，这个地方具体在哪里，至今仍有争论，一般认为它位于今辽宁省朝阳市西南。曹军主力由邺县远征柳城，路途遥远，关山阻隔，困难重重。但对曹操来说，这是一场精心准备的远征，为此他已耗费了数年时间，花费了巨大的人力和物力进行准备，所以势在必得。

这一仗当然要由曹操亲自率队，他带上了曹军中最有战斗力的几支队伍，包括张辽、徐晃、张郃、曹仁、张绣所部，还有曹纯统率的虎豹骑，韩浩、史涣等人统领的中军，参谋人员以郭嘉为首。这些将领和谋士其实对乌桓并不熟悉，对少数部族的生活习惯、人文地理也很陌生，好在曹操手下不缺少这方面的人，鲜于辅、阎柔和牵招都长期生活在北方，长年同乌桓人打交道，这一次远征当然离不开他们的帮助。

曹操还有一个特别的安排，他想借机锻炼一下几个儿子。曹昂死后卞夫人所生的三个儿子在诸子中最年长，其中曹丕21岁，曹植16岁，曹彰介于二人之间，具体年龄不详。上次西征并州曹操让曹丕留守邺县，这次也一样，他让曹彰和曹植随征。

曹彰字子文，在诸子中他是最与众不同的一个，不仅因为他不爱文而爱武，从小擅长骑马射箭，膂力过人，胆子特别大，敢徒手与猛兽搏斗，而且单从外表就能看出来他是个"异类"，他生有黄胡须，被曹操称为"黄须儿"。

大军向北进发，开始较为顺利，很快推进到了幽州刺史部境内。过易水时，曹操特意考察了公孙瓒当年在这里修筑的那些超级城堡。尽管现在这些庞大的建筑早已荒败，但依稀能看见当年这些工程是如何的坚固。

这时，郭嘉向曹操提出建议："兵贵神速，如今要赴千里之外袭击敌人，辎重太多不利于机动，时间长了敌人会知道，早做防备。不如把辎重留下，轻兵兼程，快速推进，以掩其不备。"曹操接受了郭嘉的建议，从各部抽选出精兵，全部骑马，加上虎豹骑组成快速纵队向北进发，其他部队留在幽州刺史部一带作为后援。曹操亲自率快速纵队向北疾进，即将进入无终县境内。汉末的无终县即今天津市蓟州区，曹操听说这里有个人很有影响力，而且对北边的情况特别熟悉，如果能把他请出来帮忙，此次北征至少成功了一半。

这个人名叫田畴，他曾是刘虞的部下，公孙瓒杀刘虞的时候田畴曾冒险为刘虞哭丧，公孙瓒差点杀了他，但田畴的义举深得人心，公孙瓒不敢贸然加害，把他放了。田畴对时事彻底失望，就带领本族的人以及自愿随行的乡亲们共数百人进入老家无终县北部的无终山里，想避开乱世，开辟另外一种与世无争的生活。他们在山里选了一处相对平坦的地方建屋舍，然后开垦土地，发展生产，过上了自给自足的日子。虽然比较清苦，但没有战乱的烦扰，倒也自在。这种生活比后世幻想中的桃花源还早了数百年，吸引越来越多的人进入山里，随他们定居，最后发展到了5000多户，在当时相当于规模挺大的一个县城。在这个世外之城里，大家推举田畴为首领，他们自订乡约开展自治，制定了简单的法律和婚嫁之礼，开办学校，各项事业发展得十分兴旺，民风淳朴，道不拾遗。

无终山处在乌桓人控制区与内地交界处，乌桓人经常侵入内地，抢一把就走，无终山也很难幸免，田畴很生气，立志找机会痛击乌桓。他把年轻人组织起来，开展军事训练，打击入侵者。袁绍灭掉公孙瓒，也算是了却了田畴的一个心愿。袁绍派人送来了将军的印绶，想收编田畴并请他出来做事，但被田畴婉拒。袁绍死了，袁熙、袁尚逃到北方一带，又派人来试图征召田畴，给出的条件更优厚，但田畴仍然不为所动。在大家看来，田畴已经打定主意在这山里过一辈子了。

曹操去请田畴，并没有明确给田畴一个什么样的职务，相对于当年袁绍父子送来的将军印绶，曹操的这次征召缺乏吸引力。然而田畴一听说曹操召唤，完全变了一个态度，立刻动身赶来了。对田畴态度的转变，身边的人有点不理解："过去袁绍父子仰慕您，三番五次派人来请，您都不答应。为什么曹公的使者只来了一次您就爽快答应，并且还那么主动，一副争先恐后的样子？"田畴听完笑了笑，神秘地说："这些不是你们能理解的呀！"田畴的家在北部边疆，经常受到乌桓、鲜卑、匈奴人的侵扰，在他的内心里保土守疆的使命感很强。他早年倾心于刘虞就是因为刘虞在处理北部少数民族问题上做得很好，维护了边疆地区的安宁。他对袁绍父子没有好感，是因为袁绍父子与乌桓人走得很近，互相利用，这让田畴无法苟同。

田畴之前没有跟曹操接触过，也没有跟曹军打过仗，他对曹操的了解是比较有限的，但曹操带大军是来打乌桓人的，仅这一点对田畴就很有吸引力，至于官位高低，对于田畴这样对功名利禄毫无兴趣的人来说，是没有什么意义的。田畴来见曹操，之后被曹操任命为司空户曹掾，曹操还与田畴进行了一番长谈，这次谈话看来让曹操很满意，因为田畴这个司空户曹掾只当了一天，第二天他就接到改任的命令，命令中有一句话："田畴先生不是我可以任以为吏的呀！"古时官和吏是有明确区分的，司空府的户曹掾权力再大，也是吏的身份，是丞相聘任的属官。曹操觉得对于田畴这样有大德的人，自己聘任他为属吏不够尊敬，于是让幽州刺史推举田畴为茂才，取得了成为朝廷正式官员的资格，然后拜田畴为蓨县县令。曹操命田畴不用去赴任，而是随军行动。

快速纵队随即进抵无终县，再往北就是乌桓人的活动区了，这时正是夏天，下起了大雨，一连下了好长时间，结果坏事了。自古以来由蓟县、无终县一带进入东北地区只有两条路可走，一条是所谓的滨海道，穿越幽州刺史部的辽西郡境内，即今辽西走廊。这条路现在还是交通要道，在这条路上有天津、唐山、山海关、葫芦岛、锦州等重要城市。但是如果摊开东汉的地图，就会发现辽西郡所属的14个县都不在这条线上，这说明当时这里很荒僻，因为这一带当初地势比现在还低，一下大雨容易积水，实际上变成了一片泽国，说水浅吧它无法通车马，说水深吧又不能通舟船，阻断了南北交通。另一条道路在西侧，由徐无过卢龙塞直驱柳城，也就是从今天的喜峰口到冷口一线。西汉时期与匈奴人作战频繁，这条道路主要为保障战事需要而开辟，但东汉以后随着战事转向西北地区，这里逐渐被废弃了，最后变成人迹罕至之地。

这条路不仅艰险，而且出了山以后还要面临500多里的不毛之地，直到越过白檀、平冈才好走一点儿。这条路真正走过的人少之又少。田畴建议："现在蹋顿认为大军到达无终以后，面对道路泥泞难行的情况只好不进而退，必然防备松懈。如果我们表面上说回军，暗地里越过卢龙、白檀等险地，出其不意，蹋顿一定可以不战而擒！"曹操大喜，采纳了田畴的建议，佯装要回师，还在路边立了个大木牌，上面写着："如今是暑夏，道路不通，暂且等到秋天再来进军。"蹋顿派出的侦察兵看到了，以为曹军真的要回家避暑去了，迅速向蹋顿报告。

曹操命令田畴及其手下人为向导，悄悄开进如今辽西走廊西侧的燕山山脉中，当时它被称为徐无山，沿着西汉时期开辟出的小路直抵卢龙塞。卢龙塞即今长城沿线著名的要塞喜峰口，位于徐无山脉的最东面，坐落在梅山和云山之间，这里周围是一片低山丘陵，由南向北地势迅速抬升，形成突兀的地形，从而成为一处险地。

滦河那时候称濡水，穿徐无山而出，形成了天然的河谷，成为南北往来的通道，卢龙塞扼守着进出的咽喉，是兵家重地。由于有田畴及其部下做向导，曹军顺利越过了已经荒废的卢龙塞，再往前道路更不好走了，曹操带来的都是骑兵，曹操命令他们暂时改成工兵，一边填山开路，一边艰难前行。就这样，终于越过了平冈、白檀，到达了白狼山附近，深入到了乌桓人的腹地。直到这时，蹋顿仍然没有察觉。

七、激战白狼山

白狼山位于今辽宁省喀喇沁左翼蒙古族自治县境内，海拔并不高，只有800多米，但因为周围地势平坦，此山突兀而出，所以给人高耸入云的感觉。山下有白狼水流过，今称大凌河，为辽西最著名的河流，直接注入渤海，据说白狼山因此得名。但还有一个说法，说山上有一个白石砬子，砬子是方言，也就是大石头，这块大石头样子像一只羊，也像一只狼，所以称白狼山，而白狼水因山而得名。这座山虽然远在北疆，却历史悠久。春秋时伯夷和叔齐二人因为不食周粟而隐居于首阳山，最后饿死在那里，据学者考证这个首阳山即白狼山。曹军的快速纵队越过白檀、平冈，接近了白狼山，距此东北方向200里就是乌桓人的大本营柳城了。

这时乌桓人才发现曹军主力已经到了跟前，疾告蹋顿。蹋顿大吃一惊，仓促间集合兵马，迅速赶往白狼城迎敌。随蹋顿一块来的还有袁熙、袁尚，以及辽西郡乌桓单于楼班、右北平郡乌桓单于能臣抵之等部，总兵力多达数万人，基本上都是骑兵。

曹军快速纵队与乌桓联军相遇，此时是建安十二年（207）八月。曹操亲率先头部队抢占了白狼山，占据了有利地形，随后数万乌桓骑兵也杀到了，气势很强大。这时曹军的后续部队还没有跟上，曹操身边只有张辽所部和曹纯率领的一部分虎豹骑，由于是急行军而来，大部分人都没有披戴铠甲。面对数倍于己的乌桓骑兵，有些人感到了害怕。曹操让大家不要惊慌，他登上白狼山远望，发现敌人阵形不整，曹操看出他们也是远道而来，疲惫不堪，如果此时发起攻击正是时候。

站在白狼山上的曹操只向山下的乌桓人看了几眼，就断然决定不待后续部队赶到，趁敌人阵形未稳之际立即发起猛攻。曹操的想法与张辽不谋而合，张辽意气风发，主动请战，曹操把手里的指挥旗授予张辽，命他全权指挥曹军，组织对敌人的进攻。当初曹操决定北征乌桓，张辽也是反对者之一，张辽劝曹操说许县是天下要地，绝不能轻易丢掉，应该防备刘表的偷袭。曹操最后还是决定北征，张辽不因自己的意见未被领导采纳就闹情绪，作为北征的先头部队，他坚决执行命令，面对危险来临时，他敢打敢上，这正是做大将应有的素质。张辽整顿所部人马在前，曹纯督率虎豹骑在后，直冲乌桓骑兵，结果乌桓人大败，曹军以悬殊的兵力获得大胜。虎豹骑更是露足了脸，一举将蹋顿斩于马下！

其实乌桓人是挺有战斗力的，如果认为乌桓人本来就不堪一击那就大错特错了，乌桓人能长期驰骋于北方，绝不是吹出来的，尤其是蹋顿，有勇有谋，在乌桓人中很有号召力。乌桓人之所以大败，一方面是张辽、曹纯所部尽是曹军中最能打的精锐部队，他们作战勇敢，如今身处险地，誓死一搏；另一方面，也是最重要的，是曹操抓住了战机，敌人远道而来，人困马乏，阵形不整，互相联络不畅，本想停下来扎住营寨再跟曹军真刀真枪地过过招，没想到曹军没给他们这样的机会，一上来就打了个冲锋，让他们措手不及。此战虎豹骑表现得确实太生猛，这支在南皮城外立斩袁谭的劲旅，此番又找到了疆场扬名的机会，他们杀了蹋顿，使乌桓人的抵抗迅速瓦解。乌桓人没有统一的指挥，很快就四分五散。

曹操见状高兴异常，他让人把蹋顿的首级拿来观看，看完亲自系在自己的马鞍上，又手舞足蹈地在马上舞了起来。楼班、能臣抵之以及袁熙、袁尚等人不敢恋战，纠合在一起约有数千人，他们没有退回柳城，而是向东南方向逃去，投奔辽东太守公孙康去了。

曹操率军趁势直捣柳城，在此未遇到大的抵抗。曹操在柳城只待了一个月就下令回师了，临行前曹操下令重新清理乌桓控制区的人口，对于那些从内地被乌桓人和袁氏兄弟挟持来的汉人，征求他们自己的意见，愿意回去的就一块带回。结果绝大多数汉人都愿意回去，人数多达 10 余万。

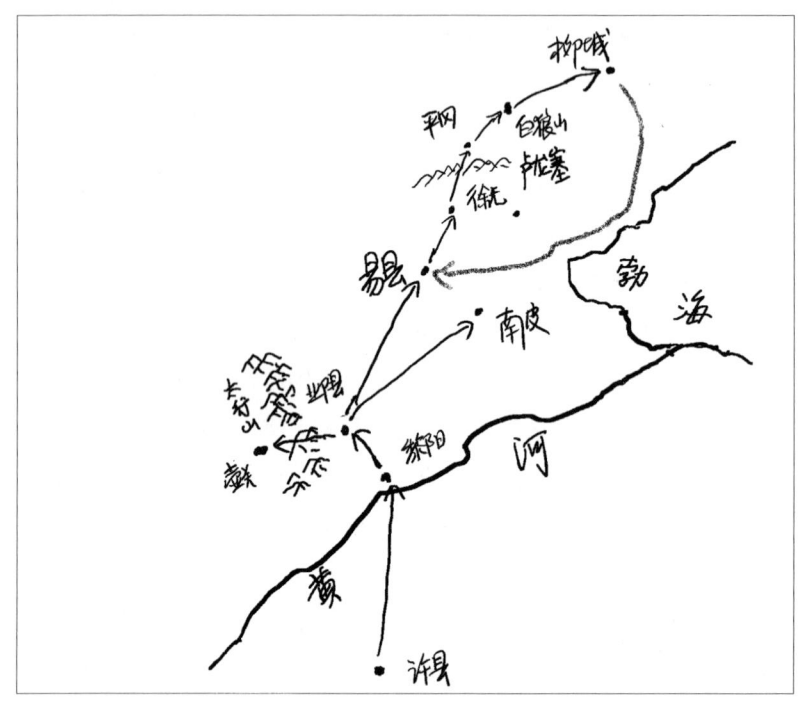

曹操肃清袁氏残余势力及北征乌桓示意图

按照将领们的想法，就这样回去显然不甘心，既然袁氏兄弟逃到了辽东，还不如驱兵直赴辽东，一举把公孙康也灭了，省得今后再来一趟。但曹操撤军的命令下来了，不去辽东，直接回冀州。这让许多人不解，大家都觉得若论敢想敢干，一般人真比不上曹公，现在大家的积极性被调动起来了，曹公反而不敢干了。面对士气如虹的将领们，曹操笑着说："我正在让公孙康把袁尚、袁熙的头砍了送来，不劳大家辛苦了！"这句话让大家百思不解，于是去问军师祭酒郭嘉，希望他出面再劝劝曹公。哪知郭参谋长神秘地笑而不答，那意思是你们就等着看好戏吧。

北征大胜，作为此次军事行动的坚定支持者和首席谋士，郭嘉一直跟随大军行动，打了大胜仗，他本应和大家一样感到很振奋，但此时他却振奋不起来。因为郭嘉病了，郭嘉得的什么病没有记载，也许是过于操劳，也许是深入北方少数民族地区后水土不服，这次他病得很重，身体一天比一天差，曹操为此很忧心，命人好好照料他，并且准备尽快回师。

建安十二年（207）九月，曹操率军从柳城回师。刚上路不久，辽东郡太守公孙康的使者就追来了，送来了袁尚、袁熙以及辽东郡乌桓单于速仆丸的首级。将领们一看简直神了，原来曹公早已胸有成竹，料事如神，不战而胜。大家不知道他究竟用了什么样的高招，把向来恃远不服的公孙康都调动了。于是都过来问，曹操笑了笑说："公孙康对袁氏父子素来畏惧且忌惮，我们如果追之过急，他们就会联合起来对抗我们。如果缓一些，他们就会自相残杀，就是这个简单的道理而已。"大家听了，不得不佩服。

曹操率军继续前进，他们回师走的是哪条道没有明确记载，但与来时相比，回程一样不轻松，甚至更加艰难。来时遇到大雨，归途却遇到了大旱。这时候天气还很冷，200里之内找不到水源，军粮也成了问题，曹操不得不下令杀马充饥，前后共杀了几千匹战马，这让曹操心疼坏了。曹操命人就地凿井取水，挖了30多丈，再往下挖就要把辽河油田提前给挖出来了，这才勉强打出了点儿水。这一仗打得惨烈，行军的景象也惨烈，去的时候惨烈，得胜归来也惨烈，曹军从来没有打过这样的仗。郭嘉已经无法骑马，只能躺在车上。曹操惦记着郭嘉的病情，一路上不停地询问，经常到郭嘉跟前探望，但郭嘉的病情丝毫没有好转的迹象，这让曹操心情很沉重。

在这次回师的路上也有令人高兴的事，大军行进到易水时，代郡乌桓单于普富卢、上郡乌桓单于那楼等人亲率部族首领前来祝贺曹军大捷，并表示愿意归降。还有一件有趣的事，在曹军队伍里有一辆大车，车上有个大铁笼，里面关着一件稀罕物，一只狮子。在白狼山上曹军遇到了一只狮子，派人格杀，但狮子很凶，伤了不少人。曹操亲自率领数百人围攻它。狮子怒吼，吓得左右皆惊。曹操忽然发现从林子里跑出一个东西，像是狸子，它蹿到曹操所乘车子的车把上，狮子过来攻击，这个像狸子一样的东西跳起来蹿到狮子头上，狮子一下子趴到地上不敢起来了，大家于是上去把狮子杀了。白狼山上遇到的狮子不止一只，曹操指挥人居然还活捉了一只，于是弄个笼子装到车上拉回去。快到邺县时，这头雄狮大吼了一声，30里之内的鸡狗闻听此声，吓得都不敢叫唤。

建安十三年（208）正月，曹操率军回到邺县。北定乌桓，打了最艰难也最充满悬念的一仗，所有的人都松了口气，邺县到处是一片喜庆的气氛，但曹操的心情却放松不下来，他甚至有些悲伤。在归师的队伍里没有看见北征军军师祭酒郭嘉的身影，因为就在前几天，还在归师的途中，年仅38岁的郭嘉因病去世了。算起来，郭嘉追随曹操前后11年，但时间仿佛眨眼间就过去了。郭嘉这次是抱病随征，一路上病情不断加重，回来的时候越来越重了，曹操一直很担心他，确信郭嘉已不在人世时，曹操无比悲伤。

此前，曹操在战场上失去过儿子和侄子，失去过典韦这样的心腹爱将，也失去过鲍信那样的战友，每一次他都很悲痛，但都没有这一次这么伤心。曹操亲自参加了郭嘉的追悼会，哀痛异常。荀攸当时也在场，曹操对荀攸说："你们的年龄跟我差不多是一辈的，只有奉孝年纪最小。等天下平定了，本想把后事托付给他，不想却中年夭折，这难道是命运吗？"说完，曹操又连声呼唤道："哀哉奉孝！痛哉奉孝！惜哉奉孝！"曹操上书汉献帝，追记郭嘉的功劳，将其食邑追加了800户，谥郭嘉为贞侯，爵位由郭嘉的儿子郭奕继承。

之后，曹操又做出一项政治改革，废除了三公制，恢复丞相制，自己担任丞相，这是几年前恢复九州制构想的延续，虽然那一次曹操做出了妥协，但他一直思考着这件事，北征取得的巨大成功，也许鼓舞了曹操，所以回师后就把这件事提了出来。东汉不设丞相，只有西汉设置，西汉的丞相府里下设十三曹，相当于13个处，标准的编制多达382人，实际上就是一个标准的小内阁，人事、行政、经济、交通、司法、外交、军事无所不管。

建安十三年（208）六月，汉献帝命太常卿徐璆拿着天子的符节前往邺县，拜曹操为丞相。徐璆就是那个从袁术手下逃脱、并将传国玉玺归还汉室的功臣。曹操对这项任命也做了礼节性的推辞，甚至要把丞相让给徐璆当。徐璆再智障或者再官迷心窍也断然不敢应承这种事，予以坚决拒绝。于是，曹操正式就任丞相，同时任命郗虑为御史大夫。

西汉的三公除丞相外，还有御史大夫和太尉，曹操此次恢复丞相制，没有恢复太尉，只恢复了丞相和御史大夫。有人认为御史大夫很重要，相当于副丞相，论资历、声望和影响，这个职务应该给孔融，但曹操把如此令人瞩目的职务给了名不见经传的郗虑。郗虑资历虽浅，与孔融等老牌士大夫关系也比较恶劣，加上他为人尖刻，报复心强，的确不是副丞相的合适人选，但想想看，也许这些正是曹操所需要的。

第七章　赤壁之战

一、刘备寄寓荆州

  这几年曹操一直在北方用兵,减轻了南方各路实力派的压力。南方的实力派,不算遥远的交州刺史部,目前主要有3个:一个是益州刺史部的刘璋,他是前益州牧刘焉的儿子;一个是荆州刺史部的刘表;一个是江东的孙权。除此之外还有一个刘备,名气不小,但以他目前的实力,还不能与以上这些人平起平坐。自建安六年(201)开始,刘备在刘表的安排下到新野驻扎,一晃已经六年了,时间真不短!

  刘备替刘表守着北大门,其间虽然没有大战发生,但也有过一些规模较小的战斗。趁曹操率主力北上之际刘表也想做点事,他派刘备率部向北攻击。刘备率兵一直攻打到南阳郡最北面的叶县,曹操派夏侯惇率军迎击,派于禁、李典为夏侯惇的副将。

  刘表的战略是正确的,机不可失、失不再来,如果不趁曹操的多事之秋主动有所作为,待曹操腾出手来再想做点儿什么已经晚了。可惜刘表骨子里一味守成,动作虽有,但都是小动作,他怕损伤嫡系,只派刘备去执行北征的任务,而没有其他后援,效果就大打折扣了。

  而刘备也并不想替刘表打到许县去,即使有这个能力,他也不会那么做,他知道自己的定位,不会给刘表真卖命,之所以发起此次进攻,多半是为了应付刘表,以此向刘表多要些粮草装备。所以,当刘备听说夏侯惇、于禁、李典这几位曹军中最能打的将领联袂而来时,立即下令烧掉自己的营寨撤退。夏侯惇下令追击,副将李典认为不可:"敌人无故退兵,很可能有埋伏。往南面去的道路狭窄,草木很深,不能追啊!"

  "独眼将军"夏侯惇不听,只想扩大战果,于是携于禁追击,留李典守营。刘备听说后很生气,面子已经给你,还这么不依不饶?刘备毕竟是个经验丰富的老军人,他迅速给夏侯惇和于禁准备了一个口袋,打了他们一场埋伏。埋伏的地点是叶县与宛县之间的博望,刘备所部依托有利地形发起攻击,曹军形势很不利,作战中赵云十分英勇,生擒了夏侯惇的部将夏侯兰。这个夏侯兰与谯县夏侯氏无关,他的祖籍是冀州刺史部常山郡,跟赵云是老乡,赵云以前就认识夏侯兰,所以向刘备求情,没有杀他,因为夏侯兰精通法律,还推荐他当了军中的军正。

  刘备又回到了新野,他现在最想做的事就是招募人马、广揽人才,不断壮大自己的实力。以刘备当时的处境和地位，做这件事比较困难，不是他的名望不够，没人愿意跟他。相反，刘备当时已经有了很高的知名度，慕名而来的英雄豪杰不少。

让刘备感到苦恼和不安的是，他目前只是寄寓在荆州，在别人的地盘上招兵买马是一件很招摇、很犯忌的事，加上刘表是个疑心重的人，刘备既怕招不来人，更怕招来的人太多，引起刘表的猜忌。事实上刘表果然起了疑心，对刘备更加防范。这让刘备感到了苦闷，刘备在新野期间，有时会到百里之外襄阳的刘表那里做客。一次，刘备又到刘表那里喝酒，席间去上厕所，宽衣解带，刘备突然看到大腿内侧的肉长了起来，不禁慨然流涕。返回座位，刘表见刘备闷闷不乐，询问原因，刘备说："我常常身不离鞍，所以大腿内侧的肉都没了。现在好久不骑马，这里的肉又生了出来。时光流水，日月如梭，我眼看快老了，却没有什么功业，所以悲伤啊！"

刘备屯驻新野是在他40岁到47岁这一段时间，处在壮年，正是大干一番事业的好时候，却窝在了一个小小的县城里，过着担惊受怕的日子，想想走过的路，也可谓波澜壮阔，看看前途却一片渺茫。刘备看到髀肉顿生感慨，这也容易理解。与当初被软禁在许县的时候相比，此时的刘备不仅更容易感伤，而且内心里的英雄气概也正在一天天消弭，甚至失去了在许县种菜时的智慧和机警。比如，刘备的髀肉之叹，叹给关羽、张飞都没问题，叹给麋氏、甘氏二位夫人更没有问题，但叹给刘表，只能提醒刘表要更好地提防眼前这个人，这明显失策。

放在当初的许县，刘备断然不可能这么不谨慎，所以有人怀疑这个记载的真实性。其实这也没有什么，刘备是个英雄，也是一个凡人，酒喝多了，话就说了，作为一个性情中人，刘备也不会为说过的话后悔，就那么回事了。

到建安十二年（207），刘备寄寓荆州已经是第七个年头了。曹操率主力北征乌桓时，刘备认为这是一次绝佳的机会，建议刘表趁机袭击许县，但刘表没有采纳。刘表的优柔寡断再次坏了自己的事，时局每天都在发生变化，强者善于抓住机遇，而更强者，没有机遇都要去制造机遇，像刘表这样让机遇一次又一次白白错失的人，只有被淘汰的命运。想一想也不是刘表没有战略眼光，或许他有自己的苦衷。刘表虽然不愿意投降曹操，但他手下几乎全是亲曹派，如果此时举兵北伐，手下又将是一片反对声，勉强为之，恐怕也没有什么好效果。

等到曹操北征得胜而归，刘表有些后悔了，对刘备说："没有听你的，白白失去了一次大好机会！"刘备听了不以为然，对刘表说："现在天下分崩，每天都在打仗，机会随时还会来，哪能就没有啦？如果今后能抓住机会，现在也没什么可后悔的。"顺境不喜，逆境不忧，不忿不怨，保持良好乐观的心态，这是刘备的过人之处。

就在这一年刘备迎来了人生中的一件大喜事，他有儿子了。刘备40多岁了，先后娶了几位夫人，之前都没有生下一个儿子。在新野期间刘备曾收养了一个姓寇的男孩儿做养子，这个男孩的舅舅也姓刘，是长沙郡人，刘备收养寇氏的这个男孩儿后，给他改名叫刘封。刘备都打算将来以刘封为嗣了，但没想到在自己46岁时，甘氏突然为他生下一个儿子。儿子的降生让刘备喜出望外，刘备给他取了个小名叫阿斗，大名叫刘禅。

刘备的内心里对人才有着深深的渴望。这是一个"拼"的年代，既拼出身和起点，也就是"拼爹"，更拼实力、毅力和运气，再有就是拼人才。在群雄争霸的情况下，人才是决定事业成败的关键，人才流动的方向就是霸业的走向。

人才也分高低，普通的人才固然也需要，但对刘备来说现在更需要的是最好的、最顶尖的人才。在武将方面，刘备已拥有了关羽、张飞、赵云、陈到等人，经过大大小小战斗的考验，他们已经成长和成熟起来，现在急缺的是替自己出谋划策的人，像曹操手下的荀彧、郭嘉、荀攸那样的人才，刘备认为曹操之所以不断取得成功，与这些人的贡献密不可分。

刘备的身边也有简雍、孙乾、糜竺、刘琰等人，但他们都还不是刘备心目中的那个人，遇到重要决策，往往还是刘备自己去拿主意，他急需能与荀彧、郭嘉匹敌的高级智囊。刘备在新野招兵买马，特别留心这方面的人才，还真的有所收获，来了一位很有水平的人，名叫徐庶。徐庶原名叫徐福，祖籍在豫州刺史部颍川郡，原来是侠客一类的人，是出来混的角色，后来突然到学校读书，其他学生都不愿意跟他接近，徐庶态度很谦卑，每天都比别人早起，一个人打扫卫生，小心谨慎，刻苦学习，对经书义理的理解也很快，慢慢改变了大家的看法。汝颍自古多奇士，徐庶为避战乱，与同郡好友石韬南下到荆州居住，听说刘备在新野招募人才，便前来投奔。刘备见到徐庶后非常器重他。刘备让徐庶再为自己推荐一些人，徐庶于是向他郑重地推荐了一个人，名叫诸葛亮，人称卧龙。

徐庶提起卧龙，刘备对这个名字其实并不陌生。刘备不久前曾拜访了名士司马徽，司马徽也向他推荐过这个名叫诸葛亮、被人称为卧龙的人。如果真是这样，那他正是刘备要找的人，刘备的心里对诸葛亮产生了强烈的好奇，渴望马上见到他，刘备对徐庶说："那就有劳先生把他请来吧。"徐庶听了摇摇头，对刘备说："这个人只能您亲自去请，不能硬让他来，将军最好枉驾到诸葛亮的住处走一趟。"徐庶和诸葛亮是好朋友，对诸葛亮的情况非常了解，他告诉刘备，诸葛亮正隐居在隆中，刘备于是亲自跑到隆中去请诸葛亮，前后去了三次才见到了诸葛亮。

诸葛亮字孔明，徐州刺史部琅邪国阳都县人，生于汉灵帝光和四年（181），这一年曹操已经27岁了。从年龄上说，陶谦这些老字辈算是公元2世纪的"30后"，刘表、袁绍是"40后"，曹操是"50后"，刘备、吕布是"60后"，司马懿、周瑜是"70后"，而诸葛亮跟孙权、曹丕都属于"80后"。

诸葛亮的祖上可以追溯到西汉初年的司隶校尉诸葛丰，他的父亲名叫诸葛珪，当过泰山郡郡丞。诸葛亮有一个比他大8岁的哥哥名叫诸葛瑾，少年时代曾到洛阳游学。还有两个姐姐和一个弟弟，姐姐名字、年龄不详，弟弟名叫诸葛均，比诸葛亮小3岁。诸葛亮很小的时候母亲就去世了，为了照顾他们姐弟的生活，远在泰山郡任职的父亲续了弦，这位继母姓氏不详，但孩子们对她都很孝顺，尤其是诸葛瑾，因为孝顺继母而为人称道。不幸的是诸葛亮8岁时父亲也离开了人世，好在诸葛亮还有一个叔父，关键时刻给他们提供了帮助。

这个叔父名叫诸葛玄，是个有本事的人，跟刘表、袁术都是朋友，他应袁术的邀请担任豫章郡太守，上任的时候诸葛玄带上了诸葛亮和他的弟弟诸葛均以及两个姐姐，诸葛瑾则在家乡侍奉继母。但诸葛玄后来死在了任上，临终前将诸葛亮等托付给好朋友刘表照料，大约在建安元年（196）前后，诸葛亮姐弟到了荆州，刘表还算念旧，安排他们在襄阳居住。

对诸葛亮来说，下一步何去何从成为新的人生难题。值得庆幸的是，他的两位姐姐很快都分别完成了婚事，她们所嫁的对象都是荆州赫赫有名的大族，其中大姐嫁给了蒯祺，二姐嫁给了庞山民。诸葛亮则带着弟弟诸葛均在襄阳城西一个叫隆中的山村里过着耕读的生活。在汉末隐而不仕也是士人的一种风尚，得时则行、不得时则退而息意，面对社会动荡和人身无法保全，一部分士人自动退居山林，过起了与世隔绝的生活。但诸葛亮显然不是一名纯粹的隐士，他也无意于成为隐士，他来隆中只是看中了这里幽静的环境，可以静下心来读书学习。他没有用这个小环境来封闭自己，相反，在躬耕隆中的这段时间，他积极与外界沟通，随时掌握外部世界的变化。

诸葛亮的二姐夫庞山民的父亲庞德公是荆州名士，经他的介绍、又拜司马徽为师，进一步开阔了眼界。在司马徽的私学里诸葛亮结识了庞德公的侄子庞统，还有向朗、尹默等人。有庞德公的指点，加上司马徽的进一步教导，诸葛亮学业进步很快，由于没有官学程式化的教育束缚，诸葛亮学习的内容和方法都很灵活，除当时读书人必不可少的经学外，诸葛亮还广泛涉猎了诸子百家，其中对于法家和兵家的著作更是格外留心。诸葛亮读书的方法也与众不同，别人读书务求精通、熟练，而诸葛亮只注重大的方面。诸葛亮显然不希望自己刻苦读书只是为了成为一名寻章摘句的儒生，他读书为的是积累和思考。

刘备去找诸葛亮，一个求贤若渴，一个待时而动，按说这是个顺理成章的相遇。但是刘备却去了三次才见到诸葛亮，有人认为这是诸葛亮故意试探刘备的诚意，也有人认为诸葛亮其实并没有做好出山的打算，更没有想好要辅佐刘备，所以还在犹豫。

但这些都是推测，诸葛亮此时26岁，尽管有些名气，但还没有任何官职，也没有建立起任何功业，年龄几乎长自己一倍、早已天下闻名的左将军刘备来访，说他故意不见、以试探对方，似乎可信度不高。而如果说诸葛亮并没有做好人生的规划，仅被刘备的诚意所打动，也不符合他对待事情的态度。去了三次才见上，可能是碰巧了，在信息交流不发达的情况下，无法提前预约，诸葛亮又经常出门游学交友，刘备扑了两次空是可以理解的。

刘备第三次来到隆中时终于见到了比他整整小20岁的诸葛亮。见面后屏退众人，刘备直接问："汉室衰败，董卓、曹操又先后专权，皇室奔难。我不顾德行和实力能否达到，想为天下人伸张正义，然而智谋浅短、办法很少，连遭失败，以至于今天。然而我的志向没有罢休，您告诉我有没有什么好办法？"

对这个问题，诸葛亮显然已经做过深入的思考，于是一口气说出了下面一段很有名的话："自董卓之乱以来，豪杰在各地同时并起，占州据郡，称霸一方，多得已数不过来。曹操与袁绍比，名气差，实力弱，然而曹操竟然打败了袁绍，由弱变强，其原因不仅是时机好，而且在于谋划得当。现在，曹操拥有百万大军，挟天子以令诸侯，确实不宜和他争雄。孙权占据江东，经过了三世，那里地势险要，民众归附，又任用有才能之人，孙权以之为外援，也不可谋取。荆州北靠汉水、沔水，南达沿海，东面和吴、会相连，西边和巴、蜀相通，这正是用兵之地，但是刘表没能力守住它，这是上天拿来要资助将军的，将军是否有意夺取它？益州地势险要，有广阔而肥沃的土地，是个天府之国，高祖刘邦凭借此地建立了帝业。如今刘璋昏庸懦弱，张鲁又在北面威胁，那里人多物丰，刘璋不知道爱惜。有才能的人都渴望得到贤君。将军是皇室后代，声望闻于天下，罗致英雄，思慕贤才，如能占据荆、益两州，守住险要的地方，和西边、南边的少数民族部落和好，对外联合孙权，对内革新政治，一旦天下形势发生变化，就派一员上将率领荆州的军队杀向宛、洛，将军您亲自率领益州的军队打出关中，百姓怎能不拿着饭食、酒水来欢迎您呢？如果真这样，那么霸业可成，汉室可以复兴。"这段谈话就是著名的"隆中对"。诸葛亮先通过对时局的分析，总结出兴亡成败的规律，那就是要成大事不仅依赖天时，更要有人谋，也就是说，要想成事，必须重视人才，再经过不懈努力，客观上的不利条件也是可以改变的。

久处下风的刘备很愿意听到这样的话，如果一切都由命运所决定，那么个人再努力也都无济于事了，刘备是个不服输的人，他认为诸葛亮说得有理。更为重要的是，诸葛亮就目前天下时局和各路豪强此消彼长的变化进行了具体分析，为刘备规划出一个清晰的战略蓝图，那就是尽可能避开强大的曹操，想办法与正在快速成长的江东孙氏结盟，占据荆州，进而徐图益州，寻求三足鼎立之势。

这是诸葛亮为刘备做出的顶层设计，所谓最顶尖的人才，就是站得最高，看得最远，提出的方案无须繁复，却能一语中的。听完诸葛亮的话，刘备感到豁然开朗，心中久积的抑郁一扫而空。诸葛亮进一步提出占据荆州和益州之后等待天下变化，到时候兵发两路，一路由荆州北上宛县、洛阳，另一路由益州攻击秦川，到那时天下可定，汉室可兴，更让刘备大为兴奋。在刘备的邀请下诸葛亮离开了隆中，开始了辅佐刘备建功立业的生涯。刘备得到诸葛亮后非常高兴，感情日益加深，让关羽、张飞都感到了忌妒。刘备发现了这个问题，对他们说："我有了孔明，就像鱼儿有了水一样，你们可别再说什么了！"

二、孙权三征黄祖

孙权如果知道了刘备与诸葛亮这番谈话，他一定会心里不服，因为之前鲁肃已经就此发表过见解，主要思路跟诸葛亮异曲同工。孙权18岁接班，用了短短三年时间就让江东的面貌焕然一新，那些对他掌权并不看好的人，无论这些人是敌还是友，现在都不再怀疑他的能力。孙策留下的地盘不仅没有缩水，而且不断扩大，人马快速增加，内部也进一步理顺，没有人再胆敢从内部向他发起挑战，一批新人迅速成长起来。

从外部情况看，也都朝着有利于江东的方向发展，近年来曹操忙着北方的事，刘表胸无大志，一心守成，给江东制造了难得的战略机遇。孙权始终记得鲁肃向他提出的规划，待内部安定之后，他决心立刻向西扩张，打败黄祖、刘表，继而占领荆州。孙权知道曹操也是这么想的，只是曹操目前还顾不上，孙权必须跟曹操、也跟时间赛跑。当然刘表、黄祖也会这么想，所以对于荆州西线的防务进行了周密部署。

黄祖当时以江夏郡太守的身份驻守西陵，即今湖北省武汉市新洲区。为了把黄祖牢牢拉住，刘表新设了一个章陵郡，任命黄祖的儿子黄射为太守，驻扎在沙羡，此处位于今湖北省武汉市以上的长江边上，黄射以沙羡为基地，控制着从沙羡到柴桑这一段江防。

为了支持黄祖父子，刘表还让侄子刘磐率兵驻扎在彭蠡以西的地区，彭蠡即今鄱阳湖，这里是豫章郡的辖区，总体上是孙吴的势力范围，刘磐东进至此，与江夏郡的黄祖、章陵郡的黄射形成三角之势，江东出兵攻击其中一部，另外两部可以策应和增援。

为了打破敌人的三角形防御体系，孙权也做了一番准备，他让周瑜以中护军、江夏郡太守的身份率一部主力进驻宫亭，此地详细位置已不可考，只知道它在鄱阳湖一带。同时，命徐盛以柴桑县长的身份驻柴桑，即今江西省九江市。为了对付刘磐，孙权让太史慈以建昌都尉的身份驻扎在海昏，此处在鄱阳湖西南面，今江西省永修县一带。

做完这些部署，孙权一直等待着发起进攻的机会。机会很快来了，建安八年（203）八月曹操曾亲自带兵南下征刘表，这一次虽然是佯攻，但造的声势很大，曹操驻军西平，即今河南省中南部的西平县。曹操此次虚晃一枪的目的是对刘表施压，他当时虽然一直忙北方的事，但对荆州心里并不踏实，总担心刘表趁机在他背后来一下，但分重兵布防南线他又做不到。作为出色的《孙子兵法》研究专家，曹操当然明白最好的防御就是进攻，所以他主动出击，让刘表更加不敢进犯。刘表吓坏了，赶紧调集人马向襄阳及其北部一带布防，对孙权来说，这当然是西征的最好机会。

这年十月，孙权集中江东精锐人马西进至扬州和荆州交界的宫亭、柴桑一带，第一次西征黄祖。参加此战的除先期驻扎在那里的周瑜、徐盛以及驻扎在海昏的太史慈外，还有荡寇中郎将程普、讨虏中郎将吕范以及凌操、黄盖、韩当、周泰、吕蒙等部，江东精锐尽出，孙权志在必得。

开始进展得比较顺利，孙权率各部突入江夏郡，由柴桑沿江一路西上，一直抵达了章陵郡的沙羡。那时候汉水汇入长江的地方还没有武汉这样的重镇，武昌建城以及武汉三镇崛起都是以后的事，其上游不远的沙羡重要性相当于今天的武汉市，是一座重镇。沙羡如果被攻破，刘表的江夏郡和章陵郡将尽入孙吴，荆州将失去整个东部防线。为此，黄祖父子十分着急，组织人马拼死守城。

沙羡攻防战打得很激烈，孙权亲自指挥，城池仍久攻不下。黄祖本人也亲自率兵增援，双方在城里城外展开了激烈争夺。有一次黄祖被打败，孙权领兵追击，黄祖眼看凶多吉少，这时负责断后的队伍里有人射出一箭，正中孙权手下破贼校尉凌操，凌操被射身亡，黄祖趁势得以脱身。凌操战死是此次西征黄祖之战孙吴军队遭受的最重大损失，凌操的儿子凌统时年15岁，孙权任命他为别部司马、破贼都尉，统领他父亲的人马。孙权后来得知，射死凌操的那个人名叫甘宁。

沙羡之战至为关键，黄祖父子为了守住此城已拼尽了力气，按理说不下此城孙权不会收兵。然而孙权很快下令撤军了，原因是后方出了问题，各郡的山越趁孙吴主力西进之机同时起事。山越指的并不是一个特定的民族，而是一些居住在南方山区的大大小小部落的总称。据史料记载，山越先祖原来也在北方，炎帝、黄帝时居住在黄河中下游，在与炎黄、东夷部落争战中被打败，向当时尚属蛮荒之地的南部迁徙，形成众多互不隶属的部落，称为"百越"。秦朝建立后曾派大军南下平百越，虽有一定成效，但由于这些部族居住分散，山大沟深，未能完全将其纳入朝廷管理之下。汉末时局动荡，朝廷式微，百越更成为法外之地，加上许多不满苛捐杂税和逃避战乱的人向山里涌去，百越势力不减反增，他们凭借山水险峻，在深山里形成了独立的势力，称为"山越"，主要分布于今安徽、湖南、江西、浙江、福建一带的山区，这些地方恰好是孙吴的势力范围。

所以，在群雄争霸中孙吴还多了一个额外的负担，就是得拿出很大的精力对付山越。在对待山越的态度上孙权继承孙策的做法，哪里有人挑起叛乱，就立即派兵前去镇压，孙吴的一线将领几乎每人都有与山越作战的经历。但是，军事讨伐解决不了根本问题，一旦有机可乘，各地的山越总会起来作乱，总也杀不完灭不尽。

这次山越同时起事，范围非常大，涵盖了豫章、丹杨、庐陵、吴郡、会稽等郡，来势异常凶猛，孙权不得不下达回师命令。孙权先回到了豫章郡，在那里做出军事部署，派吕范到鄱阳，派程普到乐安，派太史慈仍然在海昏，派韩当、周泰、吕蒙等分赴其他闹事厉害的郡县，全面开展平定山越的战斗。

解决完境内的山越问题，孙权又谋划西征黄祖的事，这时候甘宁突然前来投奔，增加了打败黄祖的把握。甘宁就是射死凌操的那个人，他为黄祖立下大功，但黄祖并不重用他，甚至对他也不大尊重。黄祖手下有一个重要将领叫苏飞，很欣赏甘宁，多次在黄祖面前推荐甘宁，黄祖不听，反而派人秘密联络甘宁的部下，试图分化瓦解他们。

在这种情况下甘宁只有出走，但又担心黄祖不让，心里闷闷不乐。苏飞看出他的心思，想再帮帮他。一次，苏飞请甘宁喝酒，喝得差不多了，苏飞对甘宁说："我多次推荐你，但上面不肯用，日月如梭，人生几何，你还是远走他乡吧，或许能遇到知己。"甘宁想了一会儿，说："我虽然有这个想法，可不知道该怎么办。"苏飞对甘宁说："我想办法推荐你当邾县县长，你去那里上任，那地方是边境，到任后谁还能拦住你？"甘宁一听大喜："太好了！"苏飞去做黄祖的工作，黄祖果然任命甘宁当了邾县县长，甘宁于是召集那些想跟他一起走的人，有数百人，投奔了孙吴。孙权亲自接见甘宁，对他格外优待，把他当成老臣一样看待。

建安十二年（207），孙权再征黄祖，此战还没有展开就草草结束了，原因不详。到了建安十三年（208）春天，孙权发动了第三次西征黄祖战役。这次距上一次西征才不过几个月时间，之所以如此着急与北方局势有关，在孙权二征黄祖的同时曹操冒险亲征乌桓，获得大胜，完全统一了北方。孙权知道，曹操下一步将挥师南下，最有可能的是先解决刘表，之后再解决自己和刘璋。对孙权来说，与曹操直接对决的一天迟早会到来，现在能做的就是在决战之前尽可能壮大自己的力量，打败黄祖父子，占有荆州西部的江夏郡、章陵郡，就是要给江东建立起一道抵挡曹操的屏障。

孙权命张昭和吕范留守吴县，其他能带的人马都尽数带上，此次出征，更是志在必得。孙权任命周瑜为前敌总指挥（前部大督），命偏将董袭、平北都尉吕蒙、代理破贼都尉凌统为前锋，自己亲率其余各部随后跟进。这是一场硬仗，打头阵的人孙权用的全是年轻将领，而没有用程普、韩当等老将，对孙权来说这需要有些魄力才行。这一仗打得异常激烈，对黄祖父子来说，这是保命之战，所以使尽了所有力气拼死抵抗。而吴军更勇猛，连下蕲春、鄂县、邾县等要地，沿长江一直打到了沔口。

汉水也称沔水，沔口即汉水入长江之口，也就是今天武汉三镇一带，由此上溯不到百里，就是荆州西部重镇沙羡，黄祖父子在沔口布下了一道坚固防线。黄祖父子命人在沔口的江面上横着两只大船，然后用棕榈大绳系石为碇，把船固定在江中。在这两只船上有上千人，他们手持弓弩，飞矢雨下，吴军不得近前。前锋董袭和凌统各率100人的敢死队，每人穿两副铠甲，乘船突至敌人的大船下。董袭亲自挥刀砍断了系船用的两根大绳，敌船不稳，在江中横摆，让开了江面，吴军趁势突破了沔口防线。

在其他方面吴军也取得大胜。黄祖命部将陈就抵挡吴军的另一路前锋吕蒙。吕蒙与其激战，亲自将陈就枭首。凌统还率数十名健儿乘坐一条船深入敌后数十里侦察情况，路遇黄祖的部将张硕，凌统将其斩首，其他敌兵连船带人全部俘获。凌统回来把情况报告给了孙权，引导大军继续前进。

孙权报仇心切，他只想抓到杀父仇人黄祖。吴军各路齐进，兵至沔口城下，孙权原本想这里会和在沙羡那里一样再打一场攻坚战，但结果却轻松得多，没费多大事就把城攻破了，黄祖父子弃城而逃。孙权有些失望，下令追捕，不惜一切代价，一定要抓到黄祖。没过一天，好消息便传来，黄祖在逃亡途中被吕蒙手下一个叫冯则的骑士遇到，将其枭首。黄祖的儿子黄射的下落史书未予记载，想必也一同死于此战。

这样，第三次西征黄祖，孙权取得了全胜，报了杀父之仇，这一业绩无疑彻底巩固了孙权在江东的地位。更为重要的是，攻占沔口后，孙吴的势力由柴桑西进了数百里，打开了荆州东面的门户，使周瑜这个江夏郡太守实至名归。尽管黄祖死后刘表派长子刘琦继任江夏郡太守，但刘琦的势力仅限于江北地区，沔口以下的长江各要塞都掌握在吴军手中。

三、刘表被吓死了

孙权消灭了黄祖,最害怕的是刘表,最吃惊的是曹操。孙权实力增长之快超出了曹操的预料,这些年净忙于在北面用兵,给了孙权壮大势力以可乘之机。尽管北征归来后事情一件接着一件,曹操还是不敢怠慢,把南征的大事提到议事日程。早在这一年正月,也就是刚返回邺县城时,曹操就下令在邺县修筑一个人工湖,叫作玄武池,用来训练水军。只为了征讨襄阳的刘表,似乎还用不着太多的水军,看来此番曹操是想连江东的孙权一块办了。

建安十三年(208)六月曹操当上丞相,七月便下令南征。北征乌桓历时近一年,但准备工作做了不止三年。此次南征的对手如果把刘表和孙权一块算上,实力将何止是乌桓人的若干倍,曹操却只准备了半年,这是一个不太好的征兆。曹操亲自率主力由邺县南下,直指襄阳的刘表。在此次南下之前,曹操让郗虑编了几个借口,先把"老愤青"孔融杀了,总算出了一口气。

看到曹军主力越来越接近自己的地盘,刘表病了。这一年刘表67岁,他来荆州已经近20年了。他曾经是一个党人,算是文人,也小有名气,但他一点都不文弱,颇有胆识和谋略,依靠老同事蒯越以及荆州的蔡氏、马氏等大族的支持,迅速在荆州站住了脚。刘表治理政务、发展经济都有一套,是个实干家,这些年把荆州治理得不错,在一片纷乱扰攘的时局中,荆州一度成为中原人避乱的最佳地点,人才的大量涌入,又进一步推动了荆州经济和社会的发展。与曹操相比,刘表没有打过什么像样的大仗,大部分时间是在和平的环境中度过的,舒舒服服过了20年的太平日子。

这是幸运,同时也是不幸。如今,身经百战的曹操携统一北方的雄威率大军向自己杀来的时候,刘表才明白和平是美好的,但和平得太久了也害人。刘表手下军队的人数应该超过10万,而且在水军方面优于曹军。但刘表心里明白,这是一支在和平年代成长起来的军队,岂是能征惯战的曹军的对手?虽然明白了,但是有点晚了。刘表或许想过投降,那是很没有面子的事,但要硬着头皮打一仗,他又实在抖擞不起精神来,也没有任何取胜的把握。所以刘表病了,病得还挺重。

除了敌人大兵压境,家事也让刘表烦心。刘表有两个儿子,长子刘琦,次子刘琮。刘表开始比较喜欢刘琦,原因是刘琦长得像自己。作为长子的刘琦深得父亲的喜爱,在嫡长子继承制的体制下,接班是迟早的事。但出现了插曲,刘表的前妻死了，后妻蔡氏出自荆州大族蔡家。蔡氏有个弟弟叫蔡瑁，蔡瑁有个外甥叫张允，二人掌握着刘表的水军，是刘表也不敢小视的人物。刘表喜欢刘琦，蔡氏却喜欢刘琮，原因是刘琮娶了蔡氏的侄女，成了亲上加亲。蔡氏为了抬高刘琮，不断在刘表面前诋毁刘琦，次数多了，刘表居然慢慢相信，于是对刘琦逐渐疏远。

表面上看刘表有些糊涂，犯了废长立幼的大忌。袁绍之败就在眼前，他居然没有吸取教训，重蹈覆辙，实在不明智。但是刘琮背后有蔡氏集团的支持，而刘琦没有后盾，如果刘表不顾实力强大的蔡氏集团的反对执意让刘琦接班，不用想他都能猜到，在他死后荆州必然是一场内乱，所以刘表主动疏远了刘琦，并且把刘琦派到外地任职，以安抚蔡氏集团。

刘表的病情不断加重，刘琦听说后又急忙从江夏郡赶回襄阳探望。刘琦是个孝子，刘表对刘琦也十分喜爱，鉴于此，蔡瑁姐弟俩认为待他们父子二人相见，刘表很难说不会突然托后事于刘琦，于是千方百计阻止他们父子相见。蔡瑁对刘琦说："你父亲命令你镇守江夏郡，这个担子很重啊。你现在放下众人擅自前来，你父亲见到你必然生气，影响你们父子的亲情，还会增添他的病痛，这不是孝道。"蔡氏姐弟连门都不让刘琦进，刘琦无奈，流涕而去。看到这个场景的人无不伤心。

建安十三年（208）八月，一代豪杰刘表病逝，死时67岁。刘表死于背疽，现代医学称为背部急性化脓性蜂窝织炎，其外因是外感风热、火毒，湿热郁结所引起，内因是七情郁结，脏腑蕴热而发，刘表得这个病，完全是因为连吓带愁。刘表死时长子刘琦不在跟前，在刘表妻子蔡氏以及荆州主要将领蔡瑁、张允等人主持下，刘表的次子刘琮继位。

九月，曹军前锋抵达新野。刘表在荆州北部的守将文聘率部投降，曹操让文聘继续统率所部，给予很高礼遇。文聘字仲业，荆州刺史部南阳郡人，日后成长为曹魏的著名将领之一。

这时候感到最紧张的其实还不是刘琮，而是刘备。大战在即，荆州易主，刘琮的身边是蔡瑁、蒯越这样的投降派，他们不仅会劝刘琮投降，而且对刘备一向怀有敌意，说不定会使什么坏呢。刘备现在的驻扎地是襄阳对面的樊城，他不断派人到襄阳了解情况，但那边似乎对刘备封锁了消息，刘备不得要领。刘备不怕跟曹操打一仗，即使打输了，荆州地盘那么大，很容易找到立足之地，不行就到江南打游击去。刘备现在担心的是刘琮不战而降,那样刘备想跑都来不及了。

襄阳城内,刘琮召集紧急会议研究对策。除了有意没有通知刘备,荆州的主要人物都参加了。会上众人的意见惊人的一致:投降。这是要换老板的意思,刘琮虽然没有他哥哥聪明,但道理还是明白的,这些人只替自己着想,没有站在他的立场上想问题,员工换老板,原来的老板怎么办?不用翻看史书,只看看眼前发生的许多事,比如韩馥,就知道结局往往很凶险。

刘琮不想当第二个韩馥,对大家说:"现在我们据有整个荆州,守着先君之业,又有刘备相助,即使投降,再观望一阵子难道不行吗?"投降派们不接受,大家推举镇南将军府东曹掾傅巽出面做刘琮的思想工作:"逆顺有大体,强弱有定势。以人臣而拒人主,是大逆之道;以小小的楚地对抗中原,是自不量力;以刘备抗击曹公,更是很不恰当。以上三个方面我们都不占优势,必然灭亡啊!将军自己考虑一下,您与刘备相比如何?"刘琮想了想,真比不过:"差得远。"傅巽接着分析说:"以刘备之雄尚不足抵御曹公,荆州怎能自保?假如有奇迹发生,刘备能够抵御曹公,他又怎能甘居将军之下?就是这个简单的道理,希望将军不要多疑!"

这次劝降工作声势很浩大,就连在荆州避难的诗人王粲都参与了劝降,他是曹操的拥护者,他对曹操的评价是"雄略冠时,智谋出世",王粲劝刘琮不要做无谓的抵抗,只有投降才能保全宗族、安享幸福生活,这些话已经是赤裸裸的威胁了,刘琮无可奈何,同意投降。

这时曹操亲自率领大军已经逼近了襄阳,他接受了刘琮的投降。刘备还在樊城,他得不到任何消息,曹军压境,他本可一走了之,但又怕打乱了刘琮的整个部署,所以每天都在焦急地等待着。刘琮可以投降,刘备却不能降,今非昔比,现在的曹操已容不下他刘备了。

刘备当时的军事情报相当匮乏,居然不知道曹军已到眼前。等知道了消息,自知不是对手,赶紧率众撤出樊城。路过襄阳的时候,诸葛亮劝刘备趁曹军未进襄阳之机进攻刘琮,刘备拒绝了:"我不忍心这么干啊!"刘琮也知道投降的事无法再隐瞒,就派著名学者宋忠到刘备那里传达命令,说准备投降。刘备听了又惊又骇,对宋忠说:"你们这帮人如此做事,又不早点相告,事到临头才通知我,是不是有点太过分了!"刘备越说越气,抽出刀来架在宋忠脖子上:"现在就是杀了你都不解气!"刘备的气话也只能说说,刘琮料定刘备会生气,所以派了个刘备不敢杀的人来传达命令。作为荆州本地最著名的学者,荆州学派的创始人之一,郑玄死后宋忠便是全国文化界公认的头号人物，这样的人刘备如果一怒之下杀了，那他整天挂在嘴上的仁义也就白喊了。

刘备召集大家商议对策，有人劝刘备劫持刘琮以及荆州官民南下江陵，依托那里的水军以及丰厚的军用物资再做打算，但刘备同样拒绝了："刘荆州临亡前对我有托付，背信自救的事我做不来，死后有何面目去见刘荆州啊！"刘备于是率众人南下，路过襄阳城，刘备在城外呼刘琮出来对话，刘琮不敢出来。刘备跑到刘表墓前祭拜一番，涕泣而去。曹军推进迅速，襄阳以北大部分地方都被曹军占领，刘表父子所任命的地方官员纷纷投降。

四、刘备脱险之谜

刘备不同意抢占襄阳，但他接受了进军江陵的建议。江陵即今湖北省荆州市，位于长江的边上，春秋战国时是楚国的郢都。从春秋战国到五代十国，先后有34代帝王在此建都，历时515年。在汉代，它曾长期作为荆州刺史部的治所，刘表把治所迁往襄阳后，江陵的地位才有所下降。江陵位于江汉平原西部，南临长江，北依汉水，西控巴蜀，南通湘粤，古称"七省通衢"。刘表虽然把建设的重点放在了襄阳，但这么多年来也一直对江陵苦心经营，在此建立了强大的后勤基地，储存了由江南各郡调集起来的粮食等物资，以备战时之需。尤其重要的是，刘表还花了很大代价建成了一支水军，论装备和人员，并不亚于江东的水军，只是在作战经验上稍逊一筹，这支水军的基地也在江陵。如果能抢占江陵，就可以获得充足的物资补给，同时拥有这支水军，所以刘备把下一步的攻取目标定在了这里。

刘备现在也有一支水军，虽然无法和江东水军、江陵水军相提并论，但也有各式战船数百艘，刘备让关羽率领这支水军沿汉水南下，前往夏口与刘琦会合，自己去占江陵。如果江陵得手，就控制了从江陵到夏口上千里的长江防线，就可以以长江为依托和曹操周旋，甚至打退曹操的进攻也是有可能的。

听说刘备向江陵方向去了，正筹备襄阳城入城仪式的曹操吃了一惊，立即决定暂时不进襄阳城，迅速南下追击刘备，务必赶在刘备之前占领江陵。一场追击战就此展开，就看谁跑得快了。

刘备跑不过曹操，因为曹操有虎豹骑。曹操亲自率领虎豹骑以急行军的速度展开追击，他们的行军速度是一天一夜300多里，在当时这是行军速度的极限。

但是，曹操此举也有点儿冒险，刘琮虽然要投降，但毕竟还没有完成交接，刘琮还待在襄阳，荆州仍然掌握在他的手中，尤其是襄阳以南的广大地区情况更为复杂。虎豹骑战斗力很强，但也不过5000人，孤军深入，一旦受到围攻，将处于绝地。这绝不是枉猜，还真有人看出来了。刘琮手下有个叫王威的人看到曹操轻军冒进，秘密建议说："曹操认为将军已经投降，刘备逃走，必然松懈无备，现在又轻行单进，如果以奇兵数千，在险要处埋伏，定可将曹操擒获。那样一来将威震天下，中原可传檄而定。这是难遇之机，切不可失去呀！"王威其人不详，但这小子眼光很毒，如果刘琮放手干一把，曹操当年在淯水河畔被张绣打得溃不成军的一幕将重演，刘琮只要敢挑头，刘备、刘琦再加上江陵的水军以及正悄悄向荆州靠近的孙权，大伙一起动手，正好把曹操围在中央，结局很难预料。这种事刘备敢干，吕布敢干，孙策、孙权都敢干，可刘琮绝对不敢。一个生来就锦衣玉食的公子哥，典型的富二代，杀人都手颤，让他拿出赌命的劲头闹上一出，他不敢，王威的建议没有了下文。

刘备所部的行进相当缓慢，造成这个问题的原因是一路上不断有向南逃避兵灾的荆州百姓加入，人数很快多达10多万。这是一支没有战斗力的队伍，有点像黄巾军远征，家属、百姓、逃亡的地方官吏，什么人都有，夹杂着各式各样的车辆，有数千辆之多，这样的队伍行进起来只能用蠕动来形容，一天顶多走10多里。

看到这种情况，有人向刘备建议："现在我们人数虽多但能战斗的人少，如果曹军杀到，如何迎敌？应该加快行军速度尽快赶往江陵。"言下之意应该弃官民百姓不顾，轻军直奔江陵，跟曹军抢时间，但是刘备仍然不接受："成就大事必须以人为本，现在大家自愿追随我，我怎么能忍心抛弃？"刘备一向重视仁和义，不仅这么说，也尽量这么做，不接受刘表相托缘于仁义，不夺取襄阳也缘于仁义，对百姓不抛弃不放弃也缘于此。"以人为本"是刘备的原话，如今这几个字已耳熟能详了，不知道刘备是不是发明者。可是，仁义是旗帜却不是武器，刘备难道不知道虎豹骑正急速向这里靠近吗？刘备当然知道，他并不傻，他可能有自己的想法，但不便明说。多年前，他亲身经历过的延津之战也许给当下的紧急情况以启发，他知道这10多万百姓也许能帮助自己躲过一劫。

刘备大概想过，既然曹操拼命来追，即使自己率几千人抢先一步赶到江陵，也未必能得手，江陵水军的总兵力应该在三万人左右，还不包括一定数量的兵步和骑兵，他们效忠于刘琮和蔡氏集团，让他们在自己和曹操中间做选择，他们肯定不会给自己当垫背。刘备的心里大概早就有了主意，江陵就算了，逃出曹军的追击才是关键。

曹军终于追上了刘备，地点在南郡所属的当阳县。当阳县即今湖北省当阳市，取名当阳指的是荆山之阳，荆山在其西北一带，向东南方向逐渐缓降为丘陵和平原，因而有许多面积很大的山坡，其中一个山坡名叫长坂坡。当年的长坂坡一带长着茂密的树木，其中以栎树为多，所以自古以来此地又被称为栎林长坂。这是一处险地，因为它的东面是汉水，西面是沮水和漳水，北面是山地，有著名的虎牙关，南面是长湖，被堵到这个地方，想逃跑相当吃力。不幸的是，刘备一行正是在这里被曹操亲自率领的虎豹骑追上的，一场激战就此展开。

结果毫无悬念，在虎豹骑的面前，对手永远别指望有奇迹发生。这是刘备和曹操第三次在战场上直接交手，第一次是在徐州，第二次是在延津，刘备都大败，这一回也不例外，而且情况更惨。刘备所部迅速被打乱，刘备找不到妻子甘氏和两岁的儿子阿斗，这娘儿俩被刘备丢弃了，刘备与诸葛亮、张飞等数十骑败走，曹操把随同刘备一同南下的10多万官兵百姓以及辎重等全部俘获。

但是赵云十分英勇，拼命保护甘氏和刘禅，当时刘备已经往南跑了，赵云抱着刘禅，保护着甘氏，居然杀出重围，最后免于一难。张飞当时率领20多名骑兵负责断后，他把守在一座桥上，瞋目横矛，对追来的曹军大喝道："我是张益德，可以过来决以生死！"居然把曹军震住，一时间没人敢靠近。刘备脱险后清点人数，发现诸葛亮、张飞都在，老婆孩子不在，赵云也不在。刘备身边有人说赵云已经投降曹操了，刘备听了很生气，用手戟敲打说话的那个人："子龙绝不会弃我而去！"过了一会儿赵云回来了，还带回来甘氏和刘禅，刘备大为高兴。

刘备在赵云、张飞等人的拼死保护下暂时脱险，给他帮了忙的并不是长坂坡附近茂密的树林，而是那10多万百姓。可以想象一下当时的情形，5000多曹军骑兵杀到，但一下子都傻眼了，因为他们看到的全是人。推测一下刘备的兵力至多不过三四千人，他们混在10多万百姓中间，曹军想马上找到攻击目标比较困难。都说曹操干过几次屠城的事，即使真的有，那也都是攻城作战后为震慑敌人、打垮敌军斗志而进行的，曹操没有丧失理智，也没残暴到见着老百姓就杀的地步，所以虎豹骑纵然彪悍，也不敢纵马乱冲，刘备等人才借机脱险。

对刘备来说再去江陵已无意义，于是收拾残部改向东走，目标是汉水上的渡口。刘备率张飞、赵云、诸葛亮等到达汉水上的渡口时正好遇到指挥水军沿汉水南下的关羽，于是合兵一处，乘船去夏口。对曹操来说，目标还是江陵，所以没有去追刘备，而是继续南下，前去占领江陵。

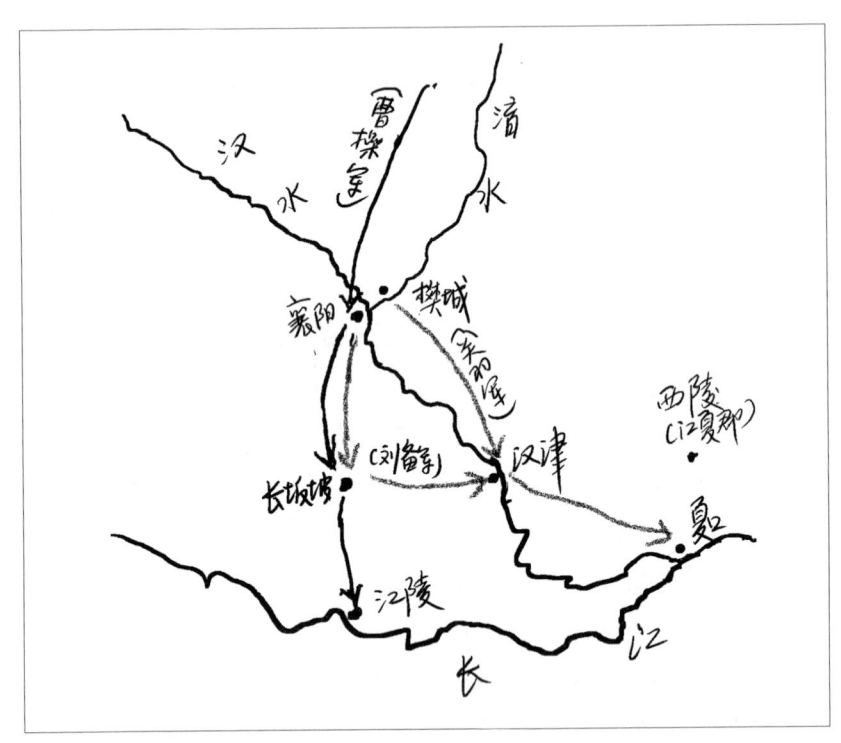

长坂坡之战示意图

刘备一行虽然脱了身，但不可能再把百姓都带走，在这些百姓里也有刘备手下的亲属，他们中的一些人成为曹军的俘虏，徐庶的母亲就在其中。有人认为，徐庶的母亲被曹军所俘发生在更早时候，甚至是一年前，那是不准确的。徐庶与母亲是在长坂坡激战中走失的，徐庶是孝子，被迫"北去"。不过，徐庶不算是投降曹操，他跟刘备告过别。临别前，徐庶指着自己的心口对刘备说："本想与将军一起共图王霸之业，无奈此时方寸已乱，再也没心思做别的，请求从此别过。"刘备理解徐庶，同意他离开。徐庶的好友诸葛亮应该也在场，从以后诸葛亮对徐庶仍一直念念不忘的情况看，诸葛亮对他的选择也是理解的。

汉代格外重孝道，徐庶改投曹操也许并非曹操的逼迫，更不是设计骗他去的，而是徐庶在当时情况下做出的个人选择，其主要原因是母亲的因素。徐庶在曹魏历任右中郎将、御史中丞，中郎将属军中高级军官，御史中丞更不容易，与九卿略相当，实际职权也很重要，曹魏立国后御史中丞的作用相对降低，但也是重要岗位，魏文帝曹丕的亲信司马懿就曾担任过该职。从徐庶入曹营后的经历可以看出两点：一是曹魏对徐庶还是比较重视的，让他担任了有职有权的官职，地位不断上升；二是徐庶在曹营也有积极进取的一面，并非人们认为的"一言不发"。徐庶早年确实是因为母亲的因素转投了曹操，这个选择是痛苦的。但"既来之，则安之"，到曹魏后，他慢慢把曹营作为自己的事业舞台，在这里扎下了根，干得也不错，当时寄寓于荆襄的士人大多投奔的是曹操，剩下一部分随刘备、诸葛亮入蜀，徐庶后期的经历跟他的好朋友石韬、孟建类似，他们都投身于曹营，并且干得都不错。

五、贾诩欲言又止

建安十三年（208）深秋，天气慢慢转凉了。曹操率虎豹骑赶到江陵，驻守这里的是刘表手下的将领蔡瑁和张允，他们都是"降曹派"，也接到了刘琮投降的命令，所以这里没有发生战斗。蔡瑁身世显赫，他有一个姑妈嫁给了名将、前太尉张温，还有两个姐姐，一个嫁给了刘表，一个嫁给了诸葛亮的岳父黄承彦。作为荆州的大族，蔡瑁少年时代也在洛阳度过，有一部史书提到，他那时就认识曹操，关系很好。张允也不是外人，是蔡瑁的外甥，这样来看蔡瑁还有另一个姐姐或妹妹。

曹军的后续部队源源不断地开来，江陵成了南下曹军的临时基地，曹操决定暂不回襄阳，在此休整。曹操下令仍由蔡瑁、张允统率水军，一来出于对荆州降将的信任，让他们不要猜疑，二来曹操手下熟悉水军的将领还真不多。刘表的水军经营多年，有大小舰船数千艘，水军主力三万人以上，如今全部纳入曹军的编制。

如何处置刘琮，原荆州旧部都在观望，必须尽快做出交代。曹操的想法是，刘氏父子在荆州时间太长，影响力深远，即使刘琮自己没有想法，难免什么时候冒出来个王威那样的人，拉刘琮做大旗叛乱，所以最好的办法是把刘琮从荆州弄走。当然这个青州刺史只是个虚职,刘琮也不会拥有什么实权,由荆州刺史改为青州刺史,只是名义上更顺一些而已。这项人事安排肯定没有提前跟刘琮通气,因为刘琮马上给曹操写来一封信,表示不想去青州上任,宁愿继续留在荆州。曹操考虑了一下,重新以汉献帝的名义改任刘琮为谏议大夫,此职更是一个闲差,不过比州刺史品秩高。刘琮的职务短短几天就发生了变化,不明就里的人会不会多想?曹操于是专门为此发布了一道命令进行解释。

从韩馥到刘琮,一次又一次印证了那句话:人在江湖,身不由己。主动让贤也罢,被动投降也罢,结局都不怎么样。刘琮空出来的荆州刺史一职地位很重要,理论上担任这个职务的应该是曹操的旧部,最好是文官出身,但又对军政事务很熟悉,同时深得曹操信赖,本人也有相当的资历。目前曹操身边符合这些条件的人至少有一个,比如董昭就是理想人选之一。但曹操选定的荆州刺史却名不见经传,他的名字叫李立,史书上只能查出他是涿郡人,字建贤,其余事迹一概不知。回想之前被曹操任命为徐州刺史的车胄、单经等人,也都很不起眼,可能在曹操眼里刺史并不是个重要角色吧。然而,此次任命李立仍然让许多人吃惊,外面有人编了首民谣,里面有"不意李立为贵人"的话。

接着,曹操以汉献帝的名义封荆州的15位士人为侯爵,表彰他们在荆州"和平解放"事业中所做的贡献。这15个人具体名单不详,除史书明确提到的蒯越以外,推测起来蔡瑁、张允、韩嵩、文聘、邓羲等人都应在其中。

曹操在江陵这边封官、会友,一片喜庆热烈的气氛。另一边,刚赶到夏口的刘备却十分紧张。汉水下游称夏水,夏口是汉水汇入长江之口,即今湖北省武汉市,之前孙权在此征讨黄祖,孙权攻破夏口后,大概考虑到此处距离他能控制的地区有点儿远,为安全起见退到了柴桑,即今江西省九江市一带。刘备在夏口与刘琦会合,刘琦手下有一万多人,而刘备方面加上关羽的水军在内,至多一万人,用这点儿力量对付曹操,差得实在太远。

为今之计必须寻找外援,而可以引为外援的,无疑只有孙权。诸葛亮一直密切关注着孙权方面的动向,一到夏口他就对刘备说:"事情很紧急了,请让我向孙权求救。"刘备于是派诸葛亮沿江而下寻找江东的人马,联络孙权共同对抗曹操。不过,还有另外一种记载,认为在刘备抵达夏口前孙权已经派人前来联络了,这个人是鲁肃,双方相会的地点是刘备打了大败仗的当阳。根据这个记载,孙权听说刘表死了,马上派鲁肃以吊丧的名义前往荆州,真实目的是观察荆州的动向，寻找机会与刘备建立联系。然而荆州形势变化得太快，鲁肃还没有到襄阳刘备已出逃，鲁肃便改变方向，在刘备的必经之地等他，双方最后相遇于当阳。

还有一个记载说，一开始鲁肃并不知孙权的底，为了试探孙权，鲁肃故意说："曹操可是个强敌，新并袁绍所部，兵马强壮，又乘战胜之威，伐丧乱之国，攻无不克。不如派兵帮助曹操打刘备，同时送将军的家眷到邺县，不然的话情况就危险了！"孙权闻听大怒，一气之下要斩鲁肃，鲁肃这才对孙权说："现在情况紧急，已经不容有任何别的想法，不先派兵去助刘备，怎么先要杀我呢？"孙权这才明白鲁肃之前的那番话是在试探自己的态度。于是孙权同意了鲁肃的建议，派他去联络刘备。

见面后，鲁肃转达了孙权的想法，和刘备共论天下大势，鲁肃问刘备："刘豫州下一步想往哪里去？"刘备回答说："我和苍梧郡太守吴巨有些交情，想到那里投靠他。"苍梧郡属交州刺史部，管辖范围大体相当于今广西一带，治所在今广西壮族自治区梧州市，当时这一带属特别偏僻荒凉的地方。吴巨其人不详，只知道他是刘表的旧部，所以刘备倒是真有可能认识他并和他有一定交情。

刘备这番话当然是试探，他并没有真去苍梧郡的打算，但他也不清楚孙权方面的想法，所以先故意那么一说。鲁肃对此不以为然："孙将军聪明仁惠，敬贤礼士，江东英豪都归附他，目前已据有六郡，兵精粮多，足以成就大事。现在为君计议，不如派心腹之人出使江东，双方联合起来共创大业。而吴巨不过是凡人一个，又地处偏远，马上就会被人吞并，怎么可以以身相托呢？"鲁肃的话里透露出孙权的一个秘密，那就是他正在打交州刺史部的主意。不久之后，孙权果然派部将步骘为交州刺史，设计把吴巨杀了，占领了交州刺史部。刘备听完鲁肃的话大喜，于是前进至鄂县，此处距夏口很近。刘备在这里派诸葛亮同鲁肃一起去见孙权，完成结盟任务。

鲁肃和诸葛亮从此相识，并成为终其一生的好友。二人刚见面时有过一次私下谈话，在这次谈话里鲁肃告诉诸葛亮他是子瑜的朋友。子瑜，是诸葛亮的大哥诸葛瑾的表字。原来，诸葛亮随叔父离开老家后，诸葛瑾在家乡实在没法待下去，于是携继母一起来到江东避难，开始没有受到重用，生活上也很清贫，后来经孙权姐姐的女婿弘咨的推荐，诸葛瑾引起了孙权的重视，后来担任了孙权的长史。

以上两种记载有些出入，本来也不是什么大事，但却涉及一个重要问题，那就是谁才是孙刘联盟的发起方。大概蜀汉、孙吴写历史的人都想抢功,所以造成了不同的记载。

诸葛亮在柴桑见到了孙权。长江流至庐山脚下与鄱阳湖相会,其交汇处汉末称为柴桑。这里属九江郡,是东吴势力的前沿地带,因为前临大江,背靠庐山和鄱阳湖,可以攻,可以守,也可以在此练兵,所以历来都是军事重地。由夏口到柴桑,相当于从今湖北省武汉市到今江西省九江市,驾车约120公里,坐火车约两个小时,所以选择坐船的倒不多了,除非想看看沿途的风景。诸葛亮那时候估计只能选择乘船,他心里一定无比焦急,只盼着船行得更快些。

曹操南下荆州后,孙权也很紧张,他亲自坐镇柴桑,观察荆州事态的发展,他很清楚,荆州之后曹操的下一个目标就是江东,迟早得跟曹操打一仗。诸葛亮在柴桑见到了孙权,他们的年龄只差一岁,诸葛亮稍长,都是二十几岁的年轻人,却在引领着历史的走向。

情况紧急,来不及客套,诸葛亮对孙权说:"天下大乱,将军起兵于江东,刘豫州拥兵于汉南,都在与曹操并争天下。现在曹操占领荆州,威震四海。根据眼下的局势,我为将军考虑,无外乎两条出路:如果能以吴、越之众与曹操抗衡,不如早下决心;如果不能,何不按兵束甲,向曹操投降。"这些话让孙权听了有些不舒服,反问道:"如果真如先生所说,刘备为什么不投降?"诸葛亮摇了摇头,很一本正经地说:"田横是齐国的壮士,尚且能守义不辱。刘豫州是王室之胄,英才盖世,众士仰慕。如果成不了大事,那是命运不济,怎么能干投降敌人的事?"

孙权大怒,这不是小看人吗?刘备是英雄,我孙权难道不是?孙权对诸葛亮说:"我不能举全吴之地,十万之众,反而受制于人。我意已决,不是只有刘豫州能抵挡曹操,刘豫州失败了,还有我!"诸葛亮要的就是这个,别看他只比孙权大一岁,但老练得多,诸葛亮接着说:"刘豫州虽然败于长坂坡,但手下人马加上关羽将军统率的水军还有万人之多,刘琦所率的江夏郡人马也不下万人。曹军远道而来,所谓'强弩之末势不能穿鲁缟'。而且北方之人不习水战,荆州投降过去的军民又未必心服。将军如果能命猛将统兵数万,与刘豫州协规同力,必然能打败曹操!"孙权听完,由怒转喜,立即召集会议进行研究。

在江陵，曹操忙完接收的事也在考虑着下一步的行动。摆在曹操面前的有两个选项，一是一鼓作气，解决掉江夏郡的刘备和刘琦；另一个是暂作休整，待明年春天再开战事。这两种方案各有利弊，连续作战容易犯轻敌冒进的大忌，曹军的主力此行虽然还没有经历大的战事，但一路南下已行进了1000多里，难免有所疲惫。而且，最近一下子接收了很多地盘和荆州的军队，有大量的工作需要做。但放着敌人不打会给其喘息之机，刘备和刘琦联手自不用说，他们背后的孙权也不会坐视不理，这几股力量很容易联合起来，留给敌人的时间越充分，将来就越难打。

曹操在江陵召开了军事会议，参加此次重要会议的是已抵达江陵的主要谋士，包括贾诩、董昭、陈群、和洽、华歆、王朗等人，以及刚刚加入曹氏集团的王粲、裴潜、刘廙、桓阶等，武将方面有曹仁、徐晃、任峻、满宠、曹纯、文聘等，还有担任水军正副指挥的蔡瑁和张允。会上，武将们都主张抓紧时间打，而参谋们分成了两派，一派主张现在就打，另一派主张先不着急。认为现在不能着急的代表人物是贾诩，他认为："明公过去打败袁氏，如今又收服汉南，威名远著，势力强盛，如果借助楚地之富饶，壮大武力，安抚百姓，使大家安居乐业，那么不用兴师动众江东自会臣服。"表面上看贾诩这番话等于什么都没说，此时天下形势仍未定，荆州虽然得手，但环顾四周都是敌人，伸张和平主义还远远没到时候。

但结果大家都知道，真让贾诩说对了，所以贾诩也许话里有话，他或许想阻止曹操此时东进，但有些理由他没有明说，而是说了一通不战而屈人之兵的大话，这又是没有说服力的。贾诩不想说的理由也许是，此战并没有绝对的胜算。但是一路势如破竹，加上绝对的实力和高昂的斗志，说曹军有可能打不过已如惊弓之鸟般的刘备和刘琦，总会有人不服气，所以贾诩只说了一半就不再往下说了。

此次会议也讨论了刘备是否会与孙权联手的问题，对此大多数人得出了奇怪的结论，他们认为孙权不仅不会与刘备联合，而且会杀了刘备，但大胡子将军程昱表示反对："孙权刚刚继承权位，还没有树立起绝对权威。曹公无敌于天下，占有荆州，威震江表，孙权即使有谋略，但自知不能独当，刘备素有英名，关羽、张飞都是万人敌的猛将，孙权必然会帮助他们以抵御我们。"事后证明，程昱的见解也是完全正确的。可惜的是，这次重要的会议对贾诩和程昱的意见均未采纳，曹操最后做出决定，大军即刻沿江而下，目标直指夏口。

六、一封恐吓信

曹操决定发起夏口之战，对手其实并不包含孙权。为了吓阻孙权，防备他掺和进来，曹操专门派人给孙权送去了一封信，这封信的具体内容已不知道，只保存下来几句话："最近我奉天子之命讨伐罪臣，大军南下，刘琮投降，现在我率领水陆混合部队共80万人，邀请将军到东吴会猎。"会猎不是打猎，而是邀你出来找个地方练练。这是一封挑战书，也是一封恐吓信，曹操告诉孙权，他的目标并非发动一场江夏战役那么简单，他已经做好了把孙权放在一起收拾的打算。兵行诡道，军事行动最在乎的是突然性，要打你事先专门照会一下，这并不符合常情，所以这封信也恰恰说明曹操的夏口战役作战方案里没有孙权什么事。

孙权当然也能看出来曹操的真实意图，他知道曹操之所以专门送来一封恐吓信，目的只是阻止自己去支援刘备和刘琦。但孙权看得更远，假如刘备和刘琦被消灭，自己就是曹操的下一个目标，必须早有准备。与诸葛亮谈完话后，孙权心里已经有了主意，不管曹操是怎么规划的，他都要投入这场战役里去，不是主动找打，而是争取主动。只是他还想听听手下人是怎么想的，于是召集会议进行商讨。会上孙权手下的谋士和武将们想法呈现一边倒，那就是投降，其中张昭最积极："曹操是虎狼之辈，挟天子以征四方，动不动就拿朝廷说事，现在要抵抗他不一定有把握。我们过去可以赖以抗拒曹操的是长江，如今曹操得到荆州，获得了刘表经营的水军，各式各样的战船有几千艘，曹军水陆俱下，长江之险已经和我们共有了，实力相差悬殊，我认为不如投降。"张昭的观点有代表性，大家纷纷表示赞同，孙权很不痛快。

孙权看了看，只有一个人没有随声附和，就是鲁肃。会议中途孙权离席去上洗手间，鲁肃赶紧跟了出来，这时孙权已经知道他要说什么了，紧紧地握住了鲁肃的手："先生有什么话要说？"鲁肃对孙权说："刚才听了大家的议论，我认为他们都是要耽误将军，而不足以与他们讨论大事。你听我说，现在我鲁肃可以投降曹操，但是将军你不可以，为什么呢？"鲁肃说得很着急，也很恳切，孙权睁大眼睛认真地听着，鲁肃接着说，"我鲁肃要是投降了曹操，曹操一定会给我官做，我继续吃香的、喝辣的，最少也得弄个太守、刺史当当。将军投降曹操，曹操会怎么对你？请早定大计，不要听大家瞎议论！"这些话都说到孙权心坎里了，他叹息道："刚才大家说的，很令我失望，你的想法正和我一样！"

孙权此时面临着与刘琮一样的处境，面对强敌是降是战，都不好决策。刘琮手下的一帮人坚决主张投降，结果他们这些人里仅被曹操封了侯爵的就有十多个，至少任命了三个九卿级官员，其他人也是该提拔的提拔，该加薪水的加薪水。这就是鲁肃所分析的，投降了，曹操不会为难这些人，他们吃香的、喝辣的，活得会更滋润。但是刘琮就不一样了，曹操不得不提防他，即使刘琮自己不多事，但难保有人把他抬出来当大旗，所以只能弄到别处去，好的话给个闲职，过着软禁终身的生活，差的话，遇到风吹草动，脑袋随时就得搬家。

孙权多聪明，他能想不到这些？张昭等人的表现让孙权很失望，从此也记在了心里。孙吴阵营后来经常涌现后起之秀，除了周瑜、鲁肃这些后来居上的人，吕蒙、陆逊、陆抗等重臣的提拔都带有突然性，往往是连蹦带跳好几级，让人目瞪口呆。一方面说明孙权的用人艺术和识人之准，另一方面也说明孙权对于本阵营里的一些老人不太感冒。

张昭是孙策当年所倚重的人，说起来在孙吴是类似于教父式的人物。但他仗着跟孙策是朋友，不把孙权放在眼里，动不动就喜欢摆老资格，想批评谁就批评谁。可他一生职务都不高，孙权称帝后设立了丞相一职，大家都认为应该是张昭，可孙权就是不同意，任命了名气小得多的孙邵。孙邵死了，孙权还不让张昭当丞相，任命了顾雍。可以敬着你，可以让着你，但不会信任你，这些伏笔恐怕就是此时埋下的，张昭发表了一番投降论观点，为此付出的代价太大了。

鲁肃建议孙权速找周瑜来商量，孙权这才想起周瑜来。孙权掌权后不断重用周瑜、鲁肃等人，这遭到了一些议论，张昭就曾当面向孙权表达过不满，张昭最不满意的是鲁肃，在孙权面前多次说过鲁肃的坏话。现在孙权肯定会想，重用鲁肃、周瑜看来没错，如果只重用你张昭，我恐怕想哭都没处哭了！

周瑜没有参加此次会议，因为他目前正在鄱阳湖练水军。鄱阳湖就在柴桑附近，登上庐山，到一个叫含鄱口的地方，向下俯视就是万顷碧波的鄱阳湖。孙权赶紧派人去请周瑜，周瑜一到，也主张打："曹操虽然托名汉相，其实是汉贼。将军有神武雄才，继承着父兄的遗业，占据江东，地广兵多，应该横行天下，为汉室除残去秽。现在曹操来了，他这是自己送死，请让我为将军来分析分析。"周瑜接着说，"现在北面的形势未定，马超、韩遂都在关中，是曹操的后患。曹操舍弃擅长的鞍马，改乘舟船，来与我吴越争衡。现在天气寒冷，北方兵士远涉江湖之间，肯定不习水土，必然会生疾病。上面这些都是用兵之忌，曹操贸然行之，可以预言,将军擒获曹操,必为时不远!"

要战胜敌人,人马数量、武器装备固然重要,还有天时地利,这些都少不了,但只有这些未必靠得住,最能靠得住的是士气,是必胜的信心。在一片"亡国论"盛行的时候,周瑜、鲁肃等人展示出来的眼光和自信,让孙权备感振奋。当然,只有决心还不够,最近周瑜一边训练水军,一边也在思考着与曹操的决战,他对曹军方面的情报进行了大量搜集,在此基础上提出了具体的应对计划。

周瑜向孙权提出请求,自己率精兵数万进军到夏口,迎击曹军。夏口目前在刘备、刘琦的手中,刘备既然派诸葛亮前来联络,此处即可视为友军的防区,前推至夏口,可以争取战略上的主动。这一年孙权才26岁,周瑜稍长几岁,但也不过33岁,周瑜与孙权长兄孙策亲密无间的友谊可以追溯到十多年前,在此危难关头周瑜是孙权完全信得过的人。

听完周瑜激昂慷慨的一番话,孙权激动地说:"曹操想废汉自立已经很久了,只是顾忌二袁、吕布、刘表与我罢了。如今群雄已灭,只剩下了我。我与曹操势不两立,你说应当迎敌,这与我的想法相合,这真是上天把你赐给了我呀!"这次谈话后孙权立即再次召集会议,这一回他不再征求大家的意见,而是直接宣布了决定,那就是举江东之力联合刘备抗击曹操。为了表达决心,也为了防止有人再唱反调,孙权宣布完决定即拔出佩刀,挥刀砍向奏案。孙权大声宣布:"以后有人再敢说投降曹操的,与此案相同!"说罢,宣布散会。

孙权连夜与周瑜研究行动方案,周瑜帮孙权进一步分析了敌情,认为曹操虽然扬言有水陆两支部队人数80万,但仔细分析也不过就是20多万人,其中十五六万是自己带来的,荆州降卒有七八万。应该说周瑜的这个分析是准确的,作为孙吴的主要军事将领,他平时不可能不注意搜集敌人的情报,他对曹军人数的判断应该是建立在一定的情报线索基础上的,因而更准确。但即便如此,也远远超过孙权现在能调动的兵力。周瑜让孙权不必着急,他认为曹军是一群疲病之卒、狐疑之众,人数虽然占优,战斗力却不怎么样,只要有5万精兵,就足以打败敌人。

孙权听完周瑜的分析,拍着他的背说:"公瑾,你说得太好了。不过,5万精兵难以马上集齐,现在有3万人,船粮战具都已准备好,你们先出发,我随后调集人马,准备物资,做你们的后援。"孙权还说了一句话,让周瑜很感动:"你能打赢就打,打不赢你就撤回来,让我亲自上!"君王送主帅出征,一般会说"我就这点家当，全交给你了，你可得努力杀敌呀，打了败仗提头来见"。但现在孙权必须给周瑜减压，毕竟拿3万人对决30万人的事，谁都没有玩过。孙权发布命令，任命周瑜为左都督，老将军程普为右都督，鲁肃为赞军校尉，率3万主力沿江西进，迎击曹军。

七、被忽视的兵团

建安十三年（208）十月，曹操下达攻击令。曹军的目标直指汉水与长江交汇处的夏口，此时距发起荆州战役不过三个月，距占领江陵不到一个月。此次进军的路线，大体相当于从今天湖北省荆州市到武汉市，从地图上看，其直线距离不到300公里，而沿水路前进的话，距离就要多一倍还不止，因为这一段河道变化多端，曲折难行，今天被称为荆江。虽然陆路较短，但曹军还是选择走水路，因为陆路更难走。

长江流至江陵后没有直接往东，而是先往南，绕了一个大圈再往东去，在这个半圆形的圈子里，是著名的洪泽湖区，如今是中国第四大淡水湖，水域面积近2000平方公里，形成了河网密布、湖泊纵横的低洼地带。而在当时，这一片湖区的面积更大，它的名字叫云梦泽，根据司马相如《子虚赋》的描写，其范围东到今武汉以东的大别山麓，西到湖北省西部的山地，北到大洪山区，南界长江，东西400公里以上，南北超过250公里，是如今洪泽湖区面积的数倍。曹军由江陵进攻江夏郡，最直接的办法是由陆路向东，但必须经过云梦泽，这里交通不便，很多地方道路不通，不适合大兵团运动，所以只能选择乘船东进。

好在江陵聚集了原荆州的主要水军，有大小战船数千艘，可以满足曹军将士转运的需要。曹军将士包括战马、辎重一律登船前进，开始大家觉得挺好，毕竟行军是件苦差事，现在坐在船上一边看风景，一边聊着天，不知不觉就到了目的地。但习惯于陆地行军作战的曹军士兵对这种行军方式和沿线的气候、环境显然不能马上适应，一些很严重的问题很快就要发生了。

曹操亲率曹军顺江而下，但这不是曹军的全部主力。事实上，曹军的行动不限于江陵一地，这次进攻有着更加周密的部署。曹操率领的这一路主力包括曹纯、曹真、曹休统领的虎豹骑，许褚统率的宿卫军，以及徐晃、满宠、任峻统率的各部。徐晃此时是横野将军，满宠是奋威将军，任峻是长水校尉，他手下的水军应该是曹操在北方训练出来的，人数不会太多。也就是说曹操亲自率领的这一路大体上有两个"军"，再加上数千虎豹骑和一部分近卫军，除此之外就是原荆州的水军，如前所述，大体上有3万人，有各式战船数千艘，基本上都参加了即将开始的江夏之战。

江陵还有曹军的一部分主力，由曹仁率领，曹操交给他的任务是在此坚守。江陵是荆州七郡之一南郡的治所，地位举足轻重。从江陵溯流而上，穿越如今的三峡库区即可到达益州刺史部，刘璋虽然表面臣服，但不得不留一手，所以曹操让曹仁守在这里，监视上游的情况。幸好曹操做了这个布置，否则有可能就回不来了。

而此时，曹军更多的人马却不在江陵，而是在襄阳一带。曹操下令在襄阳的各路主力也迅速南下，沿汉水直指江夏郡。这一部分主力包括于禁、张辽、张郃、乐进、路招、朱灵、冯楷各部，他们如今的军职全部是将军，其中于禁是虎威将军，张辽是荡寇将军，张郃是平狄将军，乐进是折冲将军，路招是扬武将军，冯楷是奋威将军。也就是说，这一支人马主力是这7个"军"，在满编状态下每"军"有一万多人，这支人马有将近10万人。如果江陵出发的是西路兵团，襄阳出发的就是北路兵团，这个兵团人数更多，是曹军真正的主力，但往往被忽视了。

北路兵团不仅人马众多，主要将领也都是特别能打的猛人，除了冯楷事迹较少，其余各位都身经百战、功绩赫赫。一般这样的猛将不免都有点脾气，他们对曹操忠心耿耿，也服服帖帖，但除了曹操能镇住他们的恐怕就没有几个人了。

北路兵团的7位猛将资历、战功都大致相当，让谁统一指挥大家都不会服气。曹操考虑再三，最后想到了一个人，把他派去应该最合适不过。这个人是曾经担任过曹操司空府主簿的赵俨，此时的职务是章陵郡太守。章陵郡是新近从南阳郡中分出来的，这一时期还从南郡分出过襄阳郡，所以荆州七郡一度被称为荆州九郡，不过这个时间不太长，又恢复了之前的建制。赵俨长期在汝南郡与李通配合，处理问题周到全面，深得曹操的赏识。赤壁之战前于禁所部屯驻于颍阴，乐进所部驻屯于阳翟，张辽所部屯驻于长社，都在许县附近。这几位都有点傲气，平时合不来，曹操觉得赵俨善于做沟通协调工作，就派他当这三个军的联席参谋长，而赵俨把这件苦差事居然干得挺好，令大家都很满意。曹操发挥赵俨的特长，让他担任于禁等部的都督护军，监督于禁、张辽、张郃、朱灵、乐进、路招、冯楷等七军。同时派赵俨的好朋友、丞相府军祭酒杜袭协助赵俨。

北路兵团除了这7个"军"，还有一部分水军，由原荆州将领文聘指挥，此前曹操已发布命令，任命文聘为江夏郡太守，等拿下江夏郡，文聘才能在那里履职。

以上是曹操直接投入江夏战役的兵力情况，除了西路和北路两大兵团，曹军间接投入的兵力还有很多，包括臧霸、李典、李通、曹洪、夏侯渊、夏侯惇所部，也做以简要介绍：长期驻扎在青州、徐州一带的臧霸此时的军职是威虏将军，曹操发起荆州战役前，命他率部南下，将所部主力移至广陵郡，也就是如今长江下游北岸的扬州、泰州一带，对孙权的大本营吴郡形成战略威胁；李典此时是破虏将军，曹操命他率所部移师合肥，由那里伺机侵扰孙权的庐江郡；汝南郡太守李通虽然不是曹操的嫡系，但在每次重大战役发生时都坚定不移地站在曹操一边，逐渐得到曹操的信任。曹操命他率所部向南运动，从江夏郡的北面对其造成压力；曹洪的任务是守住襄阳，夏侯惇此时在许县，他与荀彧共同守卫后方。而后勤保障方面的艰巨任务，曹操交给了夏侯渊。

两大兵团加上各地间接投入江夏战役的曹军部队，在20万到30万人之间，其中包括数万水军。在那个时代拥有这样一支武装力量足以成就任何事，这大概也是曹操历次战役投入兵力最多的一次，也理应成为最保险的一次。事实上，曹操压根没有想过一个小小的江夏郡会打不下来，可鬼使神差，偏偏打败了，甚至被打败的时候连江夏郡的影子都还没有看到。

这时还发生了一个小插曲，看似事情不大，但对后面时局的发展却影响不小。在曹操从江陵出发前，刘璋在先后派出阴溥、张肃拜见曹操表达敬意后，又派出了第三个代表团，团长的名字叫张松。张松的地位更高，是益州别驾，刘璋又派他来荆州，说是沟通感情，其实是观察事态进展，好决定下一步的行动，所以这也是一支战地观察团。

张松是一位重要人物，但在史书里却没有单独的传，只知道他字永年，益州本地人，他也是刘璋第二个代表团团长张肃的哥哥，其他事迹不详。张松在江陵见到了曹操，曹操拿下江陵后，大约有点儿志得意满，对刘璋的特使重视程度有所降低，对张松本人也不是太客气，这让张松很不高兴。张松回到益州，说了曹操不少坏话，使劲劝刘璋不要联结曹操。后来，刘璋果然没有向曹操靠拢，让曹操始终与益州无缘。

八、周瑜故意摆谱

在两路曹军分别东进、南下的同时，周瑜率领的孙吴兵团也出动了。周瑜指挥的孙吴兵团沿江而上，很快到达鄂县的樊口，刘备在这里已经等得很心焦了。刘备派诸葛亮出使柴桑后，一直忐忑不安地等待消息。刘备派了不少侦察兵打探长江上游的消息，得到的情报都是曹操亲率大军正乘船而来，刘备十分焦虑不安。

对于诸葛亮能否说动孙权一块抵抗曹操，刘备心里没有底。说起来，孙权和曹操的关系更亲，两家还是儿女亲家，孙权的弟弟孙匡娶了曹操的侄女，孙权的堂兄孙贲又是曹操之子曹彰的岳父，两家随时成为一家人的可能性很大。如果是那样，刘备可真是叫天天不应、叫地地不灵了。这不是杞人忧天，此时兼任着豫章郡太守的孙贲就产生过投降曹操的打算，朱治听说后急忙前去规劝，陈述利害，孙贲才打消念头。现在天下形势已经发生了根本变化，随着群雄被一一剪灭，曹操已不需要用什么人来向世人表达容人爱才的胸怀，作为曹操眼里的重要对手，刘备与曹操有着数不清的恩怨纠葛，如果落入曹操手中，等待他的结局未必会比老朋友吕布好多少。白门楼上，吕布是被人用绳子勒死的，刘备就在现场。每当想到这些，刘备会常常从梦中惊醒，这恐怕是刘备一生中最难熬的一段时间。

刘备天天派人到长江上看孙吴水军有没有来，这一天终于接到了报告，说看见了孙吴的战船。刘备激动万分，但仍不敢相信，他问侦察人员，这会不会是曹军中的青徐兵团？青徐兵团即奉曹操之命由长江下游威慑孙吴的臧霸所部，他们此时应该在广陵郡一带，即今江苏省扬州市、泰州市附近，距此上千里之遥，怎会突然出现在此？可见刘备确实给吓怕了。侦察人员报告说不是曹军而是孙吴的船，因为孙吴船上标志很明显。刘备这才放心，于是派人前去慰问。

但是，接下来双方在一些礼节安排上发生了小争执。周瑜在自己水军大营里没有等来刘备本人，只见到刘备派来的使者，有点不大痛快，周瑜告诉来使："在下有军务在身，不能随便离开，如果能让刘将军屈尊前来，那是最好不过。"刘备虽然正在走下坡路，但好歹也是朝廷正式任命的左将军，比孙权都要高得多，更何况小小的中郎将？论年龄，刘备此时47岁，周瑜33岁，差不多差了一代人，周瑜见了刘备也应该喊声刘叔叔才对。但周瑜就是要给刘备摆个谱，因为这涉及下一步两军联合作战时他的命令好不好使的问题。

刘备的使者回来如实报告，惹得关羽和张飞二位很不爽，刘备给他们做了思想工作："他想让我去，如今我们合作抗曹，如果不去，体现不出我们的诚意。"刘备于是乘坐一条小船去见周瑜，这个安排也是有讲究的，轻舟简从，既显得潇洒，同时也表明我们其实并没有特别在意你。

刘备见到周瑜，商量拒敌之策，他开门见山地提出了自己眼下最关心的问题："周将军此次前来，带了多少人？"周瑜并不隐瞒，如实相告："3万人。"刘备听了大失所望："太少了啊！"周瑜自信地说："这已经足够了，刘将军请看我周瑜如何破敌。"这是刘备与周瑜初次相见，看来不太投机，刘备对周瑜印象一般，此人架子挺大，口气也不小，不知道本事如何。周瑜对刘备的印象可能也好不到哪儿去，虽然联手，少不了各有猜疑。

刘备大概觉得跟周瑜实在没有共同语言，于是想请周瑜把鲁肃叫出来一起聊，哪知又碰了钉子，周瑜说："接受命令就不能私自离开，想见子敬的话，你可以专程前往拜访。"周瑜同时告诉刘备，诸葛亮也一块回来了，再有两三天即可到达。

诸葛亮出使柴桑给江东不少人留下了深刻印象，张昭就很欣赏诸葛亮的才华，把他推荐给孙权，希望他跳槽到孙吴来。眼下，孙权集团实力强大，在这里既稳定又有更多的机会，相比而言刘备那里就差远了。但是诸葛亮不在意这些，他并不想改换门庭。有朋友不解，诸葛亮解释说："孙将军算得上是个好领导，然而据我观察，他能重用我，却未必能让我尽情施展才华，所以还是算了。"

这才是诸葛亮的高明之处，领导信任你，重用你却未必都能让你尽情发挥，真正顶尖的人才不在乎挣多少，不在乎官多大，在乎的是自我价值是否最大化实现。诸葛亮没投曹操，也没有早早地跑到刘表那里谋差事，等了很久才等来刘备，他是不会轻易换主人的。

刘备与周瑜初次见面，周瑜完全不给面子，态度颇为冷淡，但目前的形势是自己离不了人家，实在没有办法。刘备与周瑜商谈了下一步的行动安排，刘备把所属人马以及此时已经实际上归自己指挥的刘琦所部，全部交与周瑜统一调度指挥。如前所述，这一部分人马有2万多人，其中包括关羽南撤时带出来的水军。加上这些人马，孙刘联军有5万多人。根据联合作战的惯例，刘备应该把所部人马的详细驻防位置、人数、指挥官姓名等如实告诉周瑜，以便统一指挥。但刘备还是留了一手，他私下里隐藏了2000人，这是刘备自己的特别预备队。

与周瑜的信心十足相比，刘备心里实在没底，就这一点家底了，不能全交给周瑜，让这小子折腾光了，万一战败，真的要跑到南方找老朋友吴巨，路上也得有几个本钱吧？

九、只打了一场遭遇战

　　随后，周瑜率孙刘联军即刻沿长江西进迎敌。现在，长江上就有两支大军相向而行。想象中这应该是一场惊天地、泣鬼神的大战，论规模和激烈程度都不应该比八年前发生的官渡之战逊色。但是这场战斗实际上远远没有官渡之战规模大，更没有那一场战役持续的时间长，其实就是一场遭遇战。所谓遭遇战，往往是不期而遇，一触即散。

　　这场本应该打得难解难分的著名战斗，就以遭遇战的形式开始了，最后也以遭遇战的形式而结束，双方相遇的地方叫赤壁，本是个默默无闻的地方，因为这场战斗而扬名至今。但是，这个地方的具体位置历来都有争论，归纳起来居然有20多种说法，比较集中的有5种，包括蒲圻赤壁、江夏赤壁、汉阳赤壁、汉川赤壁、嘉鱼赤壁等，它们不仅有在长江上的，还有在汉水之上的。这恰好说明，这场仗打得有些草率，结束得有些突然，以至于到底主战场在哪里都有些模糊了。

　　一般来说，现在公认的地方是湖北省蒲圻县，如今该地已改名为赤壁市。如果从曹军出发地江陵算起，以曹操的目的地夏口为终点，蒲圻赤壁大体位于其四分之三处，曹操率水军走了四分之三的路，眼看快到夏口，遇到了周瑜率领的孙刘联军。此时是建安十三年（208）的冬天。由于只是一场遭遇战，所以正史对这场战斗记载得也十分简单。

　　双方相遇于赤壁，此时曹军中发生了疫情，刚一交战，曹军就败退了，曹操下令在江北扎营，周瑜率军在南岸。黄盖看到这种情况，向周瑜建议："现在敌众我寡，难以持久。我发现曹军船舰首尾相接，可以采取火攻。"周瑜同意了黄盖的建议，让他找了数十艘小战船，里面装上柴草，浇上油脂，外面裹上帷幕，上面再插上牙旗。

　　黄盖先给曹操送去封信，要投降。曹操吃不准这封信是真是假，还特地召见信使，亲口对他说："如果这封信是真的，将大大奖赏你，封你的爵位将超过其他人。"这个信使没有留下名字，但他出色地完成了任务，因为曹操最终相信了黄盖是真投降。黄盖先命人准备了轻舟 10 只，把干燥的荻草和枯柴堆在船上，浇上鱼油，用赤色的幔布盖着，在船上插上旌旗龙幡。

这时江面上刮起了东南风，这 10 只轻舟在前，到江中心时升起帆，黄盖手持火把告诉部下，让大家大呼："投降了！投降了！"曹军将士闻听都出来观看，离曹军还有 2 里多地时，孙吴的各小船上同时点火，火烈风猛，船行如箭，烧向曹军的战船，并引燃了曹军在岸边的营寨。周瑜趁势挥师跟进，一时间雷鼓大作，曹军大败。冲在最前面的黄盖被流矢射中，这时是冬天，江水寒冷，幸好黄盖被随后赶上的韩当所部救起，不过大家并不知道是他，把他放在一块床板上。黄盖迷迷糊糊醒来，强打精神叫了一声韩当，韩当听见了，惊讶道："这是公覆的声音啊！"看到黄盖，韩当忍不住垂涕，马上为他换了衣服，黄盖才得以生还。

曹军大败，除了周瑜、黄盖使了诈降计被打了个措手不及外，还有一些重要的原因，比如疫病。此战发生时，有一场严重的疫病正在曹操将士中蔓延，造成曹军严重减员，战斗力下降得很厉害。但这是一种什么病呢？过去一般都认为是血吸虫病。血吸虫是一种寄生虫，人一旦感染，就会出现发热、斑疹、丘疹、腹泻、腹水、腹痛、肝肿大等一系列症状，致死率很高。曹军士兵多来自北方，水土不服，对疾病的抵抗力低，防护流行性传染病的意识也差，一旦疫情蔓延就无法控制，曹军因此受到重创，在遭到第一轮打击之后，他们也无法组织起有效反击。

这场发生在长江上的战斗看起来不像一场有谋划的大战役，倒像一场没有准备好仓促打起来的遭遇战，围绕这场大战的其他故事，如舌战群儒、借东风、草船借箭、蒋干盗书、周瑜打黄盖、关羽义释曹操等，在史书上全都查无出处。对于曹操来说，他根本没打算在这个叫什么赤壁的鬼地方打一仗，根据他此前的部署，曹军西部兵团和北部兵团两路夹击，目的地是夏口，距此还有一段路程。北部兵团主力有 7 个"军"，还有荆州降将文聘率领的水军，这两路大军会合后才准备痛痛快快打一仗，至于跟刘备打还是跟孙权打，曹操都不在乎。

而北部兵团的行踪更是有些诡异，这支人数众多的部队在赤壁之战发生时处于什么位置呢？是已经到达乌林与曹操亲率的西部兵团会合了，还是仍在行军的路上？从种种迹象来看，这支部队应该还在预定的行军路线上，也就是在汉水一线，他们的目的地是江夏郡的夏口，本来曹操率领的西部兵团也是奔夏口去的，他们计划在夏口附近会师。被迟滞于赤壁是曹操没有料到的，所以北部兵团事先并没有接到改变行军路线来乌林会师的命令。

曹操在长江上与周瑜的水军初一接触就吃了败仗，于是退到长江北岸的乌林，在此扎寨，这个策略是正确的，他下面要做的就是重新调整部署，让北部兵团火速向这里靠拢。如果两大兵团实现会师，周瑜再聪明，老天爷再帮忙，孙刘联军想战胜曹军胜算都不会太大。所以，当曹操在江面遭遇失败后，他并没有慌乱，甚至也没有放在心上。他很快在乌林建起了水陆两军大营。

曹操在乌林等待北部兵团的到来。他恐怕已经做好了在这里过年的打算，因为此时离建安十四年（209）顶多只剩下一个月了。但周瑜却不想在长江边上过年，这样的年他过不起。处于绝对劣势的一方必须出奇才能制胜，于是周瑜给曹操安排了一出诈降计。这不仅需要高超的表演天赋，更要有极大的冒险精神。周瑜赌了一把，因为他没有更好的办法。最后，他赌赢了。

然而，即使这样，大家对于最后的结果也大都缺少必要的思想准备。曹操当然做梦都没有想到，对周瑜或者刘备来说，固然想到了，但也没有想到江上的这把火会烧得这么厉害，把曹军居然一口气烧得大败惨败。曹军开始全面溃退，刘备的主力多驻扎在江北一带，他指挥关羽、张飞、赵云等人四处出击截杀曹军，曹军的水军一旦弃船登岸战斗力大减，加上有不少人得了病，有很多人做了俘虏。

慌乱间曹操做出了一个比较奇怪的决定，他没有向北撤，而是向西撤，这一点相当不明智。由赤壁对岸的乌林往西就是茫无边际的云梦泽，到处是河湖、沼泽湿地，行动起来很不便。西边是江陵，有曹仁在那里驻守，曹操大概想率败兵尽快与曹仁会合。但江陵距此尚远，从地图上看曹军应该向北穿越云梦泽，迅速向汉水方向靠拢，那里有正在南下途中的北部兵团，与他们会师后，甚至可以迅速展开反击，不必休整即刻可以杀个回马枪，反败为胜的概率很大。

曹操也许在慌乱中来不及细想，也许不想丢掉十分重要的江陵，或者只是想到既然从江陵来，就再退到江陵去，于是又吃了苦头。由于道路实在太糟糕，曹军用了四天时间才走到华容县境内。道路泥泞，天气条件转坏，刮起大风，曹操下令让士兵背着草，遇到有水的地方填上草，马匹才能勉强通过。其间大家争先恐后，人马相撞，老弱病残的士兵被战马踩踏，有的陷入沼泽中，又死了不少人。付出了巨大代价后，曹操才率领残部回到了江陵。

这一场败仗对曹操来说有些突然，至于原因，倒不能完全用"被胜利冲昏头

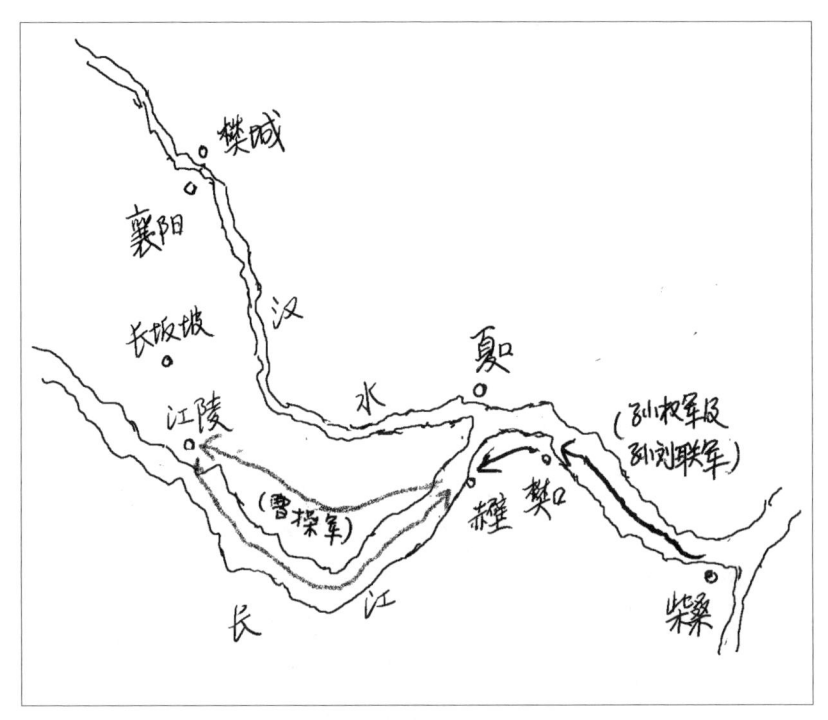

赤壁之战交战过程示意图

脑"来概括，有天时、地利方面的因素，也有人谋的不足。曹操本想在夏口打一仗，打败刘备和刘琦，彻底占有荆州，之后再徐图江东，没想到孙权主动上手，与刘备、刘琦联合，反而把他打败。如此，天下的格局就再次让人看不清楚了。曹操败回江陵，周瑜指挥孙刘联军乘胜追击。

建安十三年（208），统一了北方的曹操率大军南征荆州，这一战如果顺利，天下基本可实现统一。从当时各派实力对比看，曹操完成天下统一的胜算更大。在曹军进入荆州前夕，荆州牧刘表病死，继任的儿子刘琮投降，曹操在统一的道路上又向前迈出了一大步，紧接着，曹操占据了大部分荆州。但是刘备很顽强，孙权也很有魄力，他们联手与曹操打了一仗，曹操意外失利，统一进程受阻。赤壁之战就这样落下了帷幕，曹操在战前轻而易举得到了荆州，实力倍增，占有天时、地利、人和优势。面对惊慌出逃的刘备以及实力不足的孙权，曹操完全有必胜把握。本来这一仗不难打，比官渡之战好打，比征河北好打，比北征乌桓也好打。但是，在官渡赢了，在河北赢了，在乌桓人那里也赢了，唯独在这里曹操输了。

有人针对曹军的战败，反思了曹操在战略上的失误。赤壁之前发动北征乌桓之战看起来是有问题的，相较于荆州和江东，乌桓虽有威胁，但还不是那么急迫，曹操打败乌桓，平定了北方，在战术上取得了成功，但在战略上却陷入了被动，北征归来后不得不仓促发起南征，间接造成了赤壁战败的结果。有人还将曹操赤壁战败的原因归于轻敌。南征荆州，开局相当顺利，几乎兵不血刃，在此情况下应稳扎稳打，而不应该仓促由江陵东征。还有人将曹操战败的原因归之于疫病，归之于没有识破黄盖的诈降和那些大火。曹操本人也对此次战败进行过反思，不过他得出的结论与众不同，认为郭嘉死得太早是自己赤壁战败的最重要原因。有人认为这是曹操为掩饰失败而找的托词，但对曹操而言，这的确是一个重要问题。郭嘉在时，曹操很少犯重大失误，一方面是因为郭嘉有超人的智慧，一次次神奇预言，一次次事后都得到验证；另一方面是因为郭嘉与曹操之间有着亲密无间的关系，遇到重大问题，郭嘉都能毫无保留、没有顾忌地指出，不会出现贾诩那种"欲言又止"。在曹操看来，如果郭嘉还活着，一定能看出很多问题，也一定会及时指出，而自己一定会像以前那样去接受。如果不急于进兵，如果识破了敌人的诈降，如果事先对火攻有所防备，那结果将完全不同。只是，历史只记录结果而不看假设。赤壁之战成为一个转折点，一路势如破竹、攻城略地的曹操集团不得不放下扩张的脚步，以更大的耐心与对手纠缠，这个时间还要很长很长。历史错过了这次有望统一天下的机会，赤壁之战成为曹操心中永远的伤痛。

在赤壁之战中，孙权、刘备结成联盟，周瑜、鲁肃、诸葛亮等人具体实施，将曹操打败，曹操不得不退回北方，统一天下的进程不得不停顿下来，有人据此认为赤壁之战"开了历史的倒车"，甚至认为刘备、孙权以及周瑜、鲁肃、诸葛亮等人是"历史的罪人"。其实不能这样看，因为当时天下有实力的军事集团不止曹操一个，这个时候仍然处在群雄混战阶段。既然群雄逐鹿，那么谁都有统一天下的资格和机会，孙权、刘备抗击曹操，目的不是阻挠国家统一，而是为自己争取统一天下的资格。大家都不反对统一，只是由谁来统一还需要通过竞争来解决。如果孙权、刘备打败曹操后安于割据，各自成立新的政权与北方政权分裂，并将这种局面持续下去，那么他们的确阻挡了历史的进程，是造成国家分裂的罪人。但事实是，无论刘备、孙权还是周瑜、诸葛亮，他们都不承认国家的分裂是最终结果，他们都在为实现国家统一而努力。站在这个角度看赤壁之战，可以看出其仍只是汉末群雄兼并战争中的一场战役，此时天下的形势仍未明朗，国家统一之路仍然任重道远。

第八章 弱者联盟

一、孙权出击合肥

孙权当时还在柴桑等待前线的消息，为了让孙权放心，周瑜请赞军校尉鲁肃亲自回柴桑一趟，向孙权汇报前线情况。孙权已经大致知道了前方的战况，听说鲁肃回来了，孙权率领在柴桑的所有重要官员出迎，见到鲁肃后，孙权不让鲁肃下马，他要亲自为鲁肃牵马。众人来到里面，鲁肃拜见孙权，孙权反而起身向他施礼，孙权对鲁肃开玩笑道："子敬啊，我用这样的礼节欢迎你，足以使先生显耀了吧？"哪知鲁肃回答道："还没有！"鲁肃一向持重，突然冒出这样的话让众人无不吃惊，但鲁肃却不着急，从容坐下，举起手中的马鞭说："希望至尊您有一天能威加四海，包揽九州，克成帝业，到那时改用安车来征召我，那才使我荣耀呢！"众人恍然，孙权抚掌大笑。

通过鲁肃的汇报，孙权了解了战斗的前后过程，他更想知道的是在赤壁遇挫后的曹操下一步有什么部署，何时退出江陵乃至荆州，抑或马上组织反攻。鲁肃大概会告诉他，曹操在赤壁被打败了，但现在就庆贺胜利为时尚早，因为赤壁之战重创的只是曹军的一部分，曹军整体实力仍很强，就荆州的形势而言，孙刘联军仍然处于敌强我弱的态势。

事实也的确如此，曹军的北路兵团也沿汉水南下，不过他们后来也与孙刘联军发生了遭遇，打了一仗，尽管曹操和周瑜本人没有参战，这场战斗也很精彩，孙刘联军同样采取了火攻的办法，烧了曹军的竹筏，曹军败走。但是这场战斗又叫浦口之战，当时北路兵团南下，他们遇到了头疼的问题，就是船只太少，为此临时造了许多竹筏，乘着这些竹筏到达浦口。浦口位于如今何地不详，但可以肯定的是它在汉水上，而不在长江上。曹军到达这里，还没来得及渡江。孙刘联军就连夜密派轻船、走舸等100多艘，每艘50人划船，手持火炬，用火烧了曹军的战船和竹筏，一时大火四起，火光照天，曹军败走。

这两场遭遇战重创了曹军，但曹军及时撤退，减少了损失，而江陵和襄阳还有大批曹军留守部队，曹军在荆州的主力仍有十几万人，对于总人数只有五万人左右的孙刘联军来说后面的战斗仍不好打。曹操退回江陵，荆州七郡的重心在江北的南阳郡、南郡，军事重镇有宛县、襄阳、江陵，这些地方仍然在曹操的控制中，孙权、周瑜、刘备也看到了这一点，必须把曹操赶走才算彻底胜利。

建安十三年（208）十二月，孙权突然离开了柴桑。数日后，孙权率一支人马出现在江北的合肥附近，消息传到江陵，曹操大吃一惊。不仅如此，曹操还接到九江郡的报告，说另有一支孙权的人马出现在该郡的当涂县一带，指挥这支人马的是孙权的长史张昭。当时曹军主力大都集结在荆州及其外围地区，东南方向相对空虚，曹操一时之间很难组织起对合肥和当涂的大规模支援，所以孙权的这一手相当可怕。

如果顶不住，赤壁之败后扬州再丢了，那就要出大问题了。战事的焦点迅速从荆州转到了扬州，扬州刺史部长期以来被袁术所控制，纳入曹操控制区的时间并不长，曹军的力量相对薄弱，加上荆州战役打响后，一部分人马抽调了出去，孙权此时向扬州刺史部用兵，正是抓住了一个空当。

扬州刺史部的治所一直在寿春，曹操任命刘馥为扬州刺史，刘馥感觉寿春的位置有些偏北，不利于与孙权争锋，于是把治所搬到了九江郡的合肥县。东汉合肥县在今安徽省合肥市以东，当时战乱不息，合肥县一度成为废墟，刘馥下令对城池进行大规模整修。刘馥不仅跟曹操是老乡，是正宗的汉室宗亲，还是个很有本事的人，经过几年的治理，合肥一带经济发展，人丁兴旺。刘馥还重点加固了合肥城墙，在城墙上堆积了不少木石，没事时就组织大家编草苫，不停地编，积攒了成千上万个草苫，都堆到城墙上，还在城墙上储存了大量鱼油。大家挺纳闷，刘刺史弄这些东西做什么？后来大家才明白，这些都是用来救命的。不过，孙权进攻合肥时刘馥并不在城中，赤壁之战发生的这一年他去世了。

孙权突然发起合肥战役，起初的目的不在于攻城，而是给曹操制造压力，让他退出江陵。但是，战役开始后吴军打得很顺手，孙权于是改变了想法，想一举把合肥攻克，给赤壁之战来个锦上添花。曹操命令一个叫张喜的部将前往救援。张喜事迹不详，只知道他此前驻扎在与扬州刺史部相邻的汝南郡，之所以现在把他派去，可能是他的防区离合肥最近，他带来的人马不到2000人。这支援军根本无济于事，但曹操没办法，眼下能派到合肥城下的只有这点儿人马了。

孙权亲自率部猛攻合肥，这时老天爷帮了联军的忙，下起了连阴雨。攻城的人最喜欢下雨，而且最好是连阴雨，因为那时的城墙都是夯土结构，雨水一泡就得塌，所以过去的城墙需要经常维修。合肥城虽然进行了整修，但也没有防水功能，被雨水泡得快要倒了。危急关头刘馥留下的成千上万个草苫发挥了作用，守城军兵用它们盖到城上，保护城墙。不仅如此，储备的大量鱼油和木石也派上了用场，一到晚上城上就燃起鱼油火把，把城上城下照得一清二楚，让下面的人无法乘夜偷袭。而木石是给攻城敌人准备的,招呼爬墙的敌人,没有什么比大木头和石块更过瘾的了。因为刘馥有先见之明,生前做了大量的精心准备,合肥城才得以不失,孙权围住合肥前后达100多天,但没有什么进展。

现在的扬州刺史名叫温恢,不久前还是曹操的丞相府主簿,曹操另派蒋济为温恢的副手,担任别驾。温、蒋二人日后都是曹魏的重臣,但相对而言,蒋济日后的成就更大。蒋济字子通,当过郡吏,实践经验丰富,现在还不到30岁。蒋济观察了敌军进攻的情况,悄悄建议温刺史,对外诈称接到了张喜的书信,说有4万人马正往这里赶来,目前已经到了零娄。蒋济还假装派人迎接援军,回来时将人分成三个小分队,一队进城,告谕城内军民,让大家增添信心;另外两个小分队故意让敌人捉去,并有意让敌人"缴获"了伪造的张喜的书信。

孙权正因久攻合肥不下而郁闷,张昭那边进攻也受挫,没有攻下当涂,进退维谷。张昭独立带兵似乎只有这一次,看来学者改行要格外小心,不是读过兵书就是军事家。孙权急了,甚至想亲自冲锋陷阵。接替张昭担任长史的张纮赶紧死死相劝,孙权才打消念头。恰在此时,孙权得到了俘获的书信,这让孙权犹豫起来,从荆州方向也传来情报,说曹军的主力有从江陵撤退的迹象。如果江陵的曹军真的撤走了,合肥之战的目的也算达到了。孙权于是下令烧掉攻城的器具和营寨,从合肥撤退。

二、曹将军惊为天人

在孙权兵围合肥的同时,周瑜、刘备指挥孙刘联军加紧了对江陵等军事要地的攻击,让曹军新败之后没有喘息之机。曹操也知道孙权兵出合肥的用意,但他无可奈何。赤壁之败严重影响到士气,而且疫病仍在蔓延,短时期内扭转荆州的败局没有把握,如果此时孙权真的在合肥搞出了名堂,后果就太严重了。

赤壁之战是近年来曹军败得最惨的一次,朝廷和地方上的反曹势力说不定已经开始蠢蠢欲动,绝不能低估他们的能力。想到这些,曹操决定把主力从荆州撤回去。但是,江陵和襄阳两个重镇仍然不放弃,曹操任命曹仁为征南将军,由原属西部兵团的横野将军徐晃协助共同守卫江陵,原属北部兵团的折冲将军乐进守襄阳。征南将军是四征将军之一,地位高于一般杂号将军,意味着曹仁可以节制整个战区内的各路曹军。

之后，曹操率领其余主力北撤。曹操刚走，周瑜就率人马杀到江陵附近。这支人马有数千人，曹仁率领征南将军长史陈矫等人登城察看敌情，曹仁觉得必须乘敌人新到未稳，打他一个措手不及，用胜利提高队伍的士气。当时的江陵城仍然被失败的阴影所笼罩，曹操率大部队撤走后，这里还能不能守得住，大家心中都有疑问。为此，曹仁征集了一支300人的敢死队，由部将牛金率领，主动出城迎击敌人。牛金，南阳郡人，日后逐渐成长为曹魏的高级将领，后来曾长期在司马懿手下。牛金冲入敌阵，虽然杀了不少敌人，但毕竟人数悬殊，一下子被吴兵围住，不能脱身。在城上观战的曹仁看到，立即让人牵过战马，他要亲自率兵解围。

陈矫急了，赶紧跟身边的人上来阻拦。曹仁不理，披甲上马，只率领数十名勇士纵马杀出城。陈矫是徐州刺史部广陵郡人，曾经在曹操的司空府工作过，他虽然是个文人，但看到曹仁出了城，也不敢怠慢，找了匹马就跟出了城。城外有一条小河，牛金等人在河对岸100多步外的地方正与敌兵厮杀，陈矫仍然考虑曹仁的安全，建议曹仁就在河这边为牛金他们助阵就行，千万不要再往前走了。但曹仁好像没有听到，跃马过了小河，杀入敌人阵中。经过一番搏杀，曹仁居然将牛金一行救了出来，不过回头一看，还有几个人仍然被围在敌阵中没出来，曹仁二话不说再次杀回，最后把他们全部救了出来。吴兵被敌方主将的这种气势所震撼，于是退兵。陈矫等人看傻了，见到曹仁不由得惊叹道："将军您真是天人啊！"

江陵暂未攻下，周瑜就派甘宁占领了江陵上游的夷陵，即今湖北省宜昌市，这里已成为益州的地盘。刘璋派手下将领袭肃在这里守备，袭肃率部投降。周瑜想把袭肃的人马编入横野中郎将吕蒙所部，吕蒙建议说袭肃是个人才，主动投奔，不宜于夺其兵权，周瑜采纳。

夷陵被甘宁攻占后，曹仁受到来自上下流的夹击，为此他分兵夷城攻打甘宁。对于救不救夷陵，吴将分歧很大，大家认为现在兵力不足，如果分兵，曹仁必来攻，首尾难顾。吕蒙提出不同意见，他建议留下凌统防守，由周瑜亲率其他人马解救夷陵，只要凌统能守住十天，就不会有问题。周瑜接受了吕蒙的建议，到夷陵大破曹军，曹军从夷陵退还。这段时间，30岁的年轻将领吕蒙脱颖而出，屡建功勋，孙权提拔他为偏将，守寻阳令。

曹军随后在江陵城外也取得了重大收获，在一次激战中，周瑜亲自督战，结果右臂被曹军射中一箭，伤势很严重。曹仁得知周瑜负伤，率军前来挑战，为了不影响士气，周瑜勉强挣扎着起来，到各营巡视。

曹仁在江陵前后坚持了一年多，吸引了周瑜率领的主力和一部分刘备的部队，为减轻其他战场的压力做出了贡献。赤壁之战后的第二年下半年，主战场逐渐转向东线的合肥，曹操决定把曹仁从江陵撤到襄阳。曹仁撤走后，周瑜带伤指挥作战，迅速攻下江陵及其以东长江沿线的许多重要据点，从柴桑到夷陵一线的军事要地基本上都被孙吴占领。孙权任命周瑜为南郡太守，驻守江陵；任命程普为江夏郡太守，驻守沙羡；任命吕范为彭泽郡太守，驻守柴桑。也就是说，今湖北省的宜昌市、荆州市、武汉市一直到江西省的九江市，近2000里的长江沿线全被孙权占领了。

至此，曹操发起的荆州战役才算完全落下了帷幕。这一战不能简单地称为赤壁之战，因为赤壁遭遇战仅是很小的一部分，这场战役从曹军南下襄阳开始，激战当阳、接收江陵、孙刘联军于柴桑和夏口一线，之后赤壁遭遇，再接着是合肥之战和江陵拉锯战，前前后后打了一年多。这一仗曹操输了，有人归之于曹操在战略上的失误，有人归之于曹操的轻敌，有人归之于疫病，有人归之于大火。其实说起来这些因素都有，既有主观上的轻敌，也有客观上的不利。曹操现在不得不正视客观现实，认真对待孙权和刘备这两个对手。

曹操是建安十四年（209）初由荆州返回北方的，与半年前南下时顺风顺水、一路所向披靡相比，曹操的返程显得很压抑。他甚至没有在襄阳做停留，直接由南阳郡境内撤到了许县。曹操在许县没有停留，因为此时合肥城外仍处于胶着状态，曹操决定亲自去解围，会一会孙权。

建安十四年（209）三月，曹操率主力向扬州刺史部转进，这时接到了合肥前线的战报，说孙权已经撤军了。合肥可以暂时不用去了，此时曹操离老家谯县不远，他决定回一趟老家，让部队也在那一带休整休整。官渡之战结束时曹操曾重返故乡，并在此练兵，然而今非昔比，那一次是打了大胜仗，这一次是打了大败仗。不过，这对曹操没有太大的影响，有人喜欢衣锦还乡，而在遭遇失败和挫折时不敢面对故乡和亲友，曹操却不那么看，十多年的戎马生涯，早已让他把成败看得很淡，输得起的人才能赢得起。曹操很认真地在谯县一带练起了兵，与上次练兵不同，这一次主要练的是水军。

曹操认为水军是自己的一个弱项，是赤壁之战导致全败的主因，要战胜孙权，重新夺回荆州，必须建设一支强大的水军。谯县位于涡河边上，这条河通船运，而且可以直通淮河。曹操在涡河上设立了造船基地，加紧打造战船。涡河比不上淮河，更比不上长江，曹操这时候造出来的只能是排水量较轻的战船。

到这一年的秋天，曹操在谯县练兵也有几个月了，从四面征调以及新打造的各式战船也有了相当数量，曹操决定率领包括水军在内的主力前往合肥前线，让水军在实战环境下接受考验。他们走的路线是由涡水进入淮水，再由淮水进入淝水，直达合肥城外。出发前，曹操专门发布了一道军令："近来大军多次出征，遇到疾病蔓延，让许多官兵死在了外面，造成夫妻不能团聚，百姓流离失所，有仁爱之心的人难道愿意这样吗？这实在是不得已呀。现在命令，死者家里凡是没有产业来养活自己的，政府不得停发其口粮，地方行政长官要经常抚恤慰问，以了我的心愿！"这既是对牺牲将士的祭奠、对家属的安慰，更是对目前仍然效命厮杀的这些将士的激励。

曹操赶到了合肥，在此住了几个月。在此期间，曹操调整并充实了扬州刺史部以及各郡县的官吏，并大兴水利工程，推行屯田建设，亲自主持重修了芍陂等水利工程。芍陂又叫安丰塘、期思陂，最早由春秋时期楚国著名宰相孙叔敖主持修筑，是一个人工水库，被誉为"世界塘中之冠"，与都江堰、漳河渠、郑国渠并称中国古代四大水利工程。芍陂的位置在今安徽省寿县以南，处在淮河众多支流的包围之中，周围又是广阔的良田，地理位置十分优越，水域面积比今天大得多。曹操重修芍陂，发挥它的灌溉、航运作用，配合周边地区的屯田，这里成为重要的粮食基地，这对进一步巩固合肥的战略地位十分重要。

在扬州刺史温恢、别驾蒋济以及负责屯田的绥集都尉仓慈等人领导下，曹操在扬州的势力得到一定程度的巩固，曹操从其他战场上抽调了乐进、张辽、李典等率部移防过来，加强了这里的军事力量。合肥的战略地位于是进一步上升，扬州方向敌我攻守的焦点之前是寿春，今后变成了合肥。有刘馥打下的基础，又经过不断整修，合肥的城防工事更加坚固。孙权在合肥没有得手，今后还将多次组织人马对这里展开抢夺，但合肥一直没有失守过。

三、九江郡平乱

到了年底曹操重返谯县，可他一走就出事了。当时曹军内部正在进行换防，乐进、张辽、李典等部陆续从其他战场赶过来，但还没等他们完成布防，曹操控制区内部就出现了叛乱。叛乱发生在曹操控制区的九江郡六县、灊县等地，这里是现在的皖西地区，位于大别山区的北部，自古以来这里民风强悍，加上地处山区，适合打游击，在古代这一带经常是强人出没的地方。早在官渡之战前后，这一带就有许多流民武装，规模比较大的有陈兰、梅成、雷绪几股势力，当时曹操与袁绍相持于官渡，无力东顾，派刘馥担任扬州刺史维持局面。刘馥挺有本事，他虽然是光杆司令一个，但很快打开了局面，使曹操控制区的面积一点点扩大，又重修了合肥城，给曹操与孙权对抗创造了条件。

刘馥开拓扬州有一项重要措施是招安流民，陈兰、梅成、雷绪都先后被刘馥招安了，从建安五年（200）前后一直到建安十四年（209），这些人倒也挺老实，一直没有闹出过什么事。这中间，刘馥的个人威望起了不小的作用。刘馥去世后，曹军与孙权打了好几个月的仗，当地百姓遭受巨大的损失，曹操来到合肥后虽然推行了一系列恢复生产、促进社会发展的措施，但民心不稳已成现实。

曹操也看到了这个问题，他对经营好淮南一度失去了信心，甚至想把淮南民众迁到北方去，以避开战乱。曹操征求蒋济的意见，蒋济表示反对。曹操对蒋济说："当年我与袁绍在官渡相持，整体迁移过燕县、白马县的民众，似乎并非不可行。"蒋济这个年轻人很熟悉当地的情况，他回答道："那个时候我弱敌强，不迁走必然被敌人占去。现在情况完全不一样，我们的势力足够强大，民众不会有其他想法。同时，老百姓都有怀土情结，不愿意迁徙，如果硬力推行，大家必然心中不安。"曹操经过考虑，最后没有采纳蒋济的建议，下令从江淮之间进行大规模人口迁移。此令一下，果然引起民众的恐慌，有十多万人跑到孙吴控制区。曹操赶紧下令停止了移民活动，再次见到蒋济时，曹操曾向蒋济当面做过自我检讨。

陈兰等人再次叛乱正是在这种大背景下发生的，叛乱影响到刚有点规模的合肥基地的安全，看到这种情况，已经身在谯县的曹操立即调兵遣将，镇压叛乱。当时大的叛乱有陈兰等三股，叛军活跃的主要地区是九江郡的六县、灊县，叛乱的规模相当大。曹操下令由夏侯渊行领军，下辖于禁、臧霸、张辽、乐进、张郃、牛盖等部，曹军最精锐的人马和最顶尖的将领几乎有一半参加了此次行动。如此兴师动众，一来说明陈兰等人来势很猛，力量小了解决不了问题；二来说明曹操对合肥基地的重视，赤壁之战后曹操不能再输了。

两年前的建安十二年（207），济南国、乐安国发生了黄巾余部徐和、司马俱等人的叛乱，刘氏宗族里的济南王刘赟甚至被杀，夏侯渊负责平乱，斩杀了徐和，收复诸县，积累了丰富的平乱经验，所以这一次把他调了过来。夏侯渊除担任总指挥外，还直接负责对付雷绪这一股。梅成这一股，由于禁和臧霸对付，张辽率领张郃和牛盖所部对付陈兰。看到曹操这边有事，孙权自然不会只是闲观，他派人跟陈兰暗中建立联系，还派韩当率部支援陈兰。夏侯渊命令臧霸率所部开到皖县一带阻挡韩当，使吴兵不得通过。双方先后战于逢龙、夹石，曹军均获胜。臧霸接到情报，说孙权派了数万人乘船进入舒县支援陈兰，于是移师舒县堵截，孙权的军队闻风撤退。臧霸不干，下令连夜追击，一夜狂追了100多里，于天亮时分终于将敌人追上，双方展开一场激战，曹军大胜。

陈兰没等来外援，在张辽、张郃等人的进攻下渐渐招架不住。正在这时，陈兰却意外地等来了其他援兵。其实这也算不上援兵，而是梅成那一股。梅成开始向于禁投降，于禁没有察觉有异，就接受了。谁知不久，梅成重新与陈兰勾结，他们联兵一处逃入灊山。灊山山脉里有一个天柱山，山高道狭，陈兰凭险据守。张辽想发起进攻，手下将校劝道："兵少道险，难以深入。"张辽不理，仍坚持攻山："现在正是狭路相逢勇者胜啊！"张辽下令强攻，一举斩杀了陈兰和梅成。

此次皖西作战，张辽立功最大，事后曹操论功行赏，张辽增食邑200户，加上此前的1000户，达到1200户，并且获得了持节的殊荣。曹操在给张辽的颁奖令中说："登天山，履峻险，斩杀陈兰、梅成，这都是荡寇将军立下的功劳啊！"乐进也增加了500户食邑，达到1200户。于禁增加了200户，也达到了1200户。

夏侯渊对付的雷绪那一股也进展顺利，将雷绪击破。此战接近了尾声，这时曹操又接到并州刺史部的报告，说那里也发生了叛乱，变民首领商曜等人攻占了太原城。曹操下令改任夏侯渊为征西护军，到并州平乱。曹操同时下令乐进、张辽所部仍留在合肥，加上接到命令刚刚到达的李典所部，由他们3个人共同守卫合肥，其他各部人马撤离。

在这次叛乱中，有人举报说蒋济与叛军勾结，参与叛乱活动。有关部门报告到曹操那里，曹操压根不信，他当着于禁等人的面说："蒋济怎么会干这种事？如果真有此事，说明我不会识人，这肯定是假的。"后来经过查实，确实是诬告。看来曹操对蒋济这个年轻人特别欣赏，后来干脆调他来自己身边任职，先后担任过丞相西曹属、丞相主簿。

四、一桩政治婚姻

放下曹操，再来说说荆州这边的事。曹军主力后撤，孙权的行动快速而果断，丝毫没有考虑联盟另外两方刘备和刘琦的感受，比如江夏郡太守原本由刘琦担任，孙权派程普去当太守，明显是搞内讧。换成别人早就不干了，非得跑去问问孙权到底想干啥，但刘备没有。作为一个老牌的创业者，他经历过也看到过太多这样的事，丝毫不以为意。一位政治家曾说"没有实力的愤怒毫无意义"，这句话要让刘备说，估计他会说"没有实力的愤怒不仅没有意义，而且很危险"。在刘备看来，眼下绝不是跟孙权翻脸的时候，因为他们都面对着曹操这个强大的敌人。

为了应对孙权的挑衅，刘备公开表奏刘琦为荆州刺史。这是一招妙棋，刘琦是刘表的长子，于情于理都有资格担任此职，刘表在荆州深耕多年，拥有广泛的民意基础，推举刘琦当荆州刺史，是与孙权争民心的一步。但是，论实力还是孙权强大，为了不与程普发生正面冲突，刘备把自己原来驻扎在夏口一带的人马全部撤出，至于新的落脚点，孙权和周瑜早就给他准备好了，是一个叫油江口的地方。油江口是油水入江之口，位于长江南岸，由江陵沿江而下约百里可达，是个不大的地方，属南郡，目前归南郡太守周瑜管。南郡横跨长江，分为江南和江北两个部分，即使孙权把南郡的江南部分都交给了刘备，刘备也高兴不起来，因为从地盘上看这里虽比江北大，但辖区内至少五分之四是荒无人烟的山区，东面又是茫茫无边的云梦泽，在这种地方不说求发展，就是生存也很困难。

孙权一口气得了三个郡，作为另一个战胜方，刘备只得到了这一点儿，确实不公。但刘备继续忍耐，为了换取孙权的支持，刘备主动表奏孙权为车骑将军。别看孙权现在势力很大，但朝廷颁布的正式职务只是讨虏将军兼会稽郡太守，相当于曹操手下的于禁、徐晃那样的角色，比刘备的左将军差了好几级，与实力严重不符。朝廷掌握在曹操手中，过去还有可能给孙权升个官，眼下是不可能了。

这就产生了一个现实问题，由于孙权本人职务不高，影响到了手下人的任命，造成了江东文武们职务普遍偏低，比如孙刘联军总指挥周瑜，赤壁之战后因功才被升为偏将，不是孙权抠门，是因为他自己才是个将军。要解决这个问题，孙权可以自己想办法，比如他可以像袁绍那样自己表奏自己一下，但那样会被认为是比较丢人的，容易落下话柄。朝廷不给，又不能"自力更生"，唯一可行的方案是由别人出面表奏，这是没有办法的办法。但这里也很有学问，不是随便出来个什么人都能表奏的，一般来说不能是自己的手下，那样还不如自己表奏自己呢。至于其他人，其身份和影响力很关键，决定了被表奏职务的"含金量"。

通盘考虑之下，目前只有刘备来做这件事最合适，他是盟友，也是资深的朝廷要员，因奉诏讨伐逆贼而出走，由他向天子呈请才具有合理性和合法性。所以，对刘备的好意孙权欣然接受，从此他便以车骑将军相称，马上组建了车骑将军府，对外办公。车骑将军论地位高于左将军，刘备的潜台词十分明显，他不寻求与孙权争锋，愿意继续服从孙权的领导。孙权担任的行政职务是郡太守，刘备索性把人情做大，又表奏孙权兼任徐州牧。徐州现在是曹操的地盘，刘备除了送顺水人情，显然还有其他用意。

也许刘备担心的是，孙权会进一步谋求在荆州的利益，比如他宣布当荆州牧，那样一来自己的生存空间将再次被挤压。孙权没有这么做，看来曹操在合肥方向给他的压力也不小，他还顾不上这边。但刘备却无法松气，因为这时突然发生了一件事，让他的心再次被揪了起来。刚刚被刘备表奏为荆州刺史的刘琦因病去世了，对刘备来说，这无疑是个沉重的打击，同时也是个棘手的问题。刘琦不仅是刘备的盟友，也是刘备在荆州拓展实力的关键人物，他的突然去世削弱了刘备对荆州的影响力，刘琦死后空出的荆州刺史一职，更让刘备忐忑不安。没想到的是，孙权立即表奏刘备为荆州牧，让刘备松了口气。孙权此举可以理解为对刘备一系列示好动作的回报，也可以理解为对孙刘联盟的重视，但从更真实的情况看，对曹操的恐惧和担忧才是促使他决定保持并加强孙刘联盟的根本原因。

刘备就任荆州牧后，名义上整个荆州都归他管，但这是做不到的。荆州最北边的南阳郡和南郡的襄阳在曹操手里，南郡的大部以及江夏郡、彭泽郡在孙权手里，江南还有四个郡，目前处于自治状态，刘备的这个荆州牧也就在油江口一带说话管用。

油江口这个名字听起来就不大，不适合把荆州的治所放在这里，刘备便改油江口为公安，作为自己的大本营。公安太小了，刘备想扩大地盘，这必须得到孙权的首肯，刘备经过再三考虑，决定亲自去面见孙权，当面提出自己的要求，具体方案是，孙权的人从南郡的北部撤出去，让自己这个州牧好歹也有一个郡的地盘。此时孙权已经不在柴桑，合肥之战后孙权回到了后方的京口，即今江苏省镇江市，听刘备说要去一两千里之外的京口见孙权，所有人都大吃一惊，诸葛亮更是深表忧虑，劝他不要去，以免遇到危险。

但刘备执意前往，并于建安十五年（210）冬天出发了。刘备的举动让孙权吃了一惊，但也不能拒绝，刘备于是到了京口。赤壁江上的大火已熄灭两年了，联军的两位盟主才第一次相见。刘备开门见山说出来意，孙权因没有思想准备，让刘备先别急，他和属下们商量商量。孙权把刘备的来意向手下人一说，立即引发了激烈讨论，有人赞成，但更多的人反对。

反对最激烈的是周瑜，他虽身在江陵但也听说了这件事，马上写密信给孙权说："刘备是个枭雄，又有关羽、张飞这样的熊虎之将，不会久居人下。我建议把刘备留在吴地，给他修宫室，让他整天吃喝玩乐，让他安于享乐，丧失斗志，使他与关张二人分隔起来，我趁机发起挑战，大事可定。"在周瑜看来，如果割地给刘备，刘备必然如蛟龙得云雨，一定不再是池中之物。他的看法得到一些人的支持，时任彭泽郡太守的吕范也建议孙权趁机把刘备扣留，不要放他走。

也有人同意给刘备让地盘，他们以鲁肃为代表，理由是给曹操树个对手，给自己添个盟友，这才是上计。应该说鲁肃考虑得更加长远，赤壁大败后曹操把主攻方向放到了东线的合肥，目前正以谯县、寿春、合肥等为基地整顿人马，随时准备向孙吴发起攻势，荆州虽然重要，但当务之急是全力以赴保东线，现在没有力量增兵荆州，所以不能和刘备闹翻。只要孙刘联盟在，曹操就不能不有所忌惮，在荆州一线就得保持足够的兵力，这样东线的压力可以减轻。

面对两种不同的意见孙权陷入了沉思，让地盘，他当然不愿意，但鲁肃等人说得对，当前主要的任务是防范曹操，所以必须得紧紧拉住刘备。孙权最后决定答应刘备的请求，撤出南郡。对孙权来说让地盘只有这一次，所让出的其实只有半个南郡而已，这就是"借荆州"的由来。从战略上看这的确是高明的一招，受益的不仅是刘备，还有孙权自己。消息传到北方，曹操正给人写信，这个消息让他吃惊不小，一紧张笔都掉到了地上。

目的达到，刘备不敢多逗留，赶紧回荆州。临行前，孙权携张昭、鲁肃等十多人乘坐飞云大船相送，又在船上举行宴会叙别。宴罢，张昭、鲁肃等出去，孙权单独与刘备密谈。谈话中，刘备故意感叹道："公瑾此人文武兼备，是天下少有的俊才，我看他志向远大，恐怕不是能久居人下之人啊！"后世有史学家看到这里忍不住发出了感慨，认为刘备此言有失厚道，到人家那里做客，目的也达到了，还不忘挑拨离间一把。

刘备不喜欢周瑜，因为周瑜是江东的鹰派，看着这个人在自己眼前晃悠刘备总感到不舒服。孙权虽然答应把南郡让出来，但作为南郡太守的周瑜能不能顺利执行这项决定，刘备感到担忧。但是刘备有所不知的是，周瑜与孙权之间有着深厚的感情，是孙权目前最依赖的人，谁也无法挑拨他们的关系。江东的情况比较特殊，一部分人是孙坚的旧部，一部分人是孙策发现和提拔的，还有一部分是孙权自己看中和培养的，大家虽然比较团结，但难免也有心结，孙权倚重的主要是新崛起的一代，但在他们成长的过程中，需要有人承前启后，周瑜就发挥着这样的作用。

不知道孙权听了刘备的话是如何反应的，但这次谈话的效果似乎不佳，因为刘备回来后就对亲随说："孙将军这个人长得上身长、下身短，这样的人不可能居于人下，我可不想再见到他了。"刘备立即离开京口，并让手下人马不停蹄往回赶。庞统不久后也来到京口，待过一段时间，庞统后来投奔了刘备，刘备听说他了解一些江东的内部情况，曾问过他："我到京口，听说周瑜曾劝孙权把我扣下，有没有这事？"庞统如实相告："确有此事。"刘备深感后怕："当时情况很严峻，因有求于孙权，不得不亲自前往，没想到差点儿落入周瑜之手。天下智谋之士所见略同，当时孔明竭力劝我别去，担心的也是这个。我主要考虑到孙权最大的威胁在北面，还希望引我为外援，所以才敢去。看来这是一次冒险行动，不是万全之策。"

庞统一直待在荆州，此时为何到了江东呢？原来，庞统是来公干的，早在刘表时期庞统就担任了南郡的功曹，南郡后来落入孙权手中，周瑜当了南郡太守，庞统仍然在任，周瑜成为他的顶头上司。孙权做出撤出南郡的决定后，周瑜果然不同意，马上秘密赶回了京口，向孙权阐述自己的主张："曹操刚被打败，又担忧内部不稳，暂时无暇与我们交战。这正是一个好机会，不如让我与奋威将军孙瑜一起攻取益州，得手后再攻汉中的张鲁，之后留下孙瑜将军守备蜀地和汉中，与凉州的马超结好，我回来与您一道攻取襄阳，届时我们多路出击，北方可定。"

周瑜的这个战略规划相当宏大，甚至超过了诸葛亮的隆中对策。诸葛亮提出两路出击北方，一路汉中，一路荆州。周瑜的计划则包括了汉中、益州、襄阳、合肥等处，从西、中、东三路同时发起总攻击，是全面开花、全线作战的计划。

如果这个计划最终得以实现，曹操一定傻眼。周瑜的这个计划其实否决了让出南郡的决策，如果现在去取益州，得手的可能性也很大。孙权听了很高兴，批准了这项计划，让周瑜回江陵做好攻取益州的准备。

看来周瑜想这些事也不是一两天了，从当时的实力和士气来看，即使刘备不帮忙，以江东的力量去取益州，把握也是很大的。如此一来，诸葛亮为刘备设计的战略将化为泡影，益州的刘璋将提前灭亡，曹操的噩梦也将从此开启。但时运不济，天妒英才，老天爷帮了刘备、刘璋和曹操一个大忙，周瑜死了。在由京口回江陵的路上，走到一个叫巴丘的地方，周瑜去世，年仅 36 岁，一般认为周瑜英年早逝与当初在江陵城外所中的那一箭有关。孙权接到消息哀痛欲绝，亲自穿着素服举哀，悲伤之情感动左右。灵柩还吴，孙权从京口亲自赶到芜湖迎接。庞统来江东，就是以下属的身份护送周瑜灵柩的。

周瑜病重期间给孙权写信，推荐鲁肃接替自己的职务，孙权于是任命鲁肃为奋武校尉，派他到荆州。周瑜去世前只是一名偏将，鲁肃的军职连中郎将都不是，只是个校尉，作为孙权派往荆州地区的实际负责人，他们的职务真的不高，这与他们在军中的资历有关。但孙权用人一向不拘一格，常以低级军职节制高级军职，所以就实权而言，鲁肃此时的权力非常大。

鲁肃的观念和周瑜完全不同，在对待刘备的问题上周瑜是鹰派，鲁肃则是鸽派。鲁肃受命上任，马上就把南郡让了出来，把自己的指挥部搬到江陵下游的陆口，这个地方离赤壁不远，在今湖北省赤壁市西北。鲁肃在这里治理地方，发展军务，很有成效，所统率的人马由接手时的 4000 人发展到一万多人。南郡不存在了，孙权便把已占领的长沙郡以及陆口周边一部分地区划出来，新设了一个汉昌郡，任命鲁肃为汉昌郡太守，军衔升为偏将。

对刘备来说，周瑜的去世是一个转折。从此之后，和江东方面的关系不再像之前那么敏感和紧张了，获得了南郡，也让刘备拥有了新的发展平台。周瑜去世是在建安十五年（210）的年底，在此前后刘备的夫人甘氏也去世了。甘氏是在小沛来到刘备身边的，跟着刘备这些年整天担惊受怕，先后两次被吕布所俘，一次被曹操俘虏，还有一次差点儿在战场上丧命。

除甘氏外，刘备身边还有一位麋氏，身份相当于妾。甘氏去世，麋氏如果扶正也是常事，况且麋氏出身于富豪之家，两个哥哥对刘备的事业给过巨大支持，于情于理糜氏都应该继为正室。可是，还在刘备无暇考虑这些事的时候，孙权主动上门提亲，要把自己的妹妹嫁给刘备。甘氏去世的消息传到京口，孙权灵机一动，他正好有个妹妹尚未婚嫁，于是主动提出把妹妹嫁给刘备，进一步巩固孙刘两家业已存在的良好关系。史书对这桩政治婚姻记载得相当模糊，以至于这个孙妹妹叫什么名字都无考，有说她叫孙仁献的，听起来不太像女人的名字，一些文艺作品中叫她孙仁、孙尚香，都属于附会。

女方主动提婚，又是孙权的妹妹，刘备没有理由拒绝，于是和这位孙妹妹成了婚。刘备马上就50岁了，孙权还不到30岁，他的这个妹妹当然只有20多岁，双方年龄相差一倍。孙权的这个孙妹妹不是娇妻，而是一个典型的野蛮女友。孙坚是有名的虎将，一生在刀尖上行走，杀人不眨眼。虎父无犬女，孙坚的这个女儿在女人中算是相当另类。

孙权的妹妹虽然挺有才，但跟孙策、孙权等几个哥哥一样作风泼辣刚猛，浑身透着男人气，随她而来的还有100多名侍卫婢女，个个执刀弄枪。刘备每次去见孙妹妹，看到身边那么多舞刀弄枪的人，总会觉得心惊胆战。孙妹妹仗着是孙权的妹妹，平时骄横得很，她手下的那些人常横行不法。所以也有人揣测，孙妹妹到刘备身边没准还肩负着某种特别使命，必要时把刘备抓起来做人质都有可能，所以刘备见了才会害怕。这看似小说家之言，但其实也颇有几分道理，后来发生的事部分验证了这种推测。

但总体来说，这桩政治婚姻对双方是利大于弊，联盟因此得以进一步巩固，可以让孙权放手与曹操在东线抗衡，不必为荆州的事过多分心分力。对刘备来说，维护联盟的存在也是当前重要的战略方针，如果和孙权闹翻，他将占不到任何便宜。为了对付共同的敌人，双方尽量搁置分歧，互相让步，让联盟不断巩固，只有这样才符合他们各自的利益。

五、不给刘备面子的人

刘备有了整个南郡，虽然这不过是荆州的七分之一，但对他而言意义也十分重大。自从离开豫州，10年来他一直过着寄人篱下的生活，直到现在才算拥有了一块像样的地盘。然而，北有曹操的挤压，东有孙权的掣肘，西面是益州的刘璋，刘备的日子仍然不好过，只能快速壮大自己，才能在列强环伺中找到生存的出路。

对刘备来说，现在要做的有三件事：抓人才，扩队伍，抢地盘。刘备把人才放在首位，这是参与群雄争霸以来的斗争经验告诉他的。荆州也是人才辈出之地，刘备在士人中有不错的号召力，所以包括刘琮旧部在内的不少荆州士人专门跑到公安投奔他。刘备现在是荆州牧，可以设置办事机构，对这些士人进行安置。

在招揽人才方面诸葛亮对刘备的帮助很大，诸葛亮在荆襄一带有广泛的人脉资源，他的同学庞统、向朗先后来到了刘备身边，另一位同学尹默虽然来得晚些，最后也效命于刘备。庞统不愿意留在江东，他回到了荆州。他原来任职于南郡，担任功曹，刘备占有南郡后这一职务大概已任命了他人，庞统一回来就"待岗"了。

刘备也是知道庞统的，当初司马徽向他推荐荆州人才，除了诸葛亮还推荐了庞统，认为他们二人能力不差上下。但刘备大概与庞统初次见面就印象不佳，所以只任命了他一个耒阳县令的职务。耒阳县不属于南郡，而属于桂阳郡，这是刘备新近"拓展"回来的一个县，属于新占领区，派庞统去，要么是一种锻炼或考验，要么是确实不怎么重视。庞统大概也看出来了，他是个大才，不是当县令的人，所以他在耒阳干得并不怎么样，那段时间诸葛亮不在刘备身边，庞统最后被免了官。

鲁肃在陆口，离南郡不远，消息挺灵通，他知道了庞统被免职的事，觉得很可惜，专门给刘备写了封信，对庞统进行推荐，信中说："庞士元非百里才也，最少也要让他任治中、别驾这样的职务，才能尽其所能。"恰在这时刘备也接到了诸葛亮的信，也向他推荐庞统。由鲁肃和诸葛亮出面共同推荐一个人，这才引起刘备的注意，刘备决定单独约庞统谈谈。这次谈话虽然不如隆中对策有名，但也足以影响刘备之后的战略规划。谈话中，庞统毫无保留地展示了他的才慧，刘备听完大为高兴，任命庞统为治中从事，从此对他信任的程度仅次于诸葛亮。

是什么让刘备对庞统一下子改变了看法呢？那应该是庞统为刘备规划的"益州战略"，庞统对刘备说："荆州已经残破，东有孙吴，北有曹氏，想以此为鼎足之计，难以实现。益州地富民强，人口上百万，兵强马壮，可以借以成大事。"庞统的这个观点与诸葛亮隆中对策不谋而合，可谓英雄所见略同，不过刘备对庞统还不算太熟悉，所以嘴上说："我和曹操势如水火，他急，我宽；他暴，我仁；他诡，我忠。只有与曹操不一样，事情才能成功。所以，夺取益州难免失信义于天下，我不能取。"

庞统不以为然，继续阐述他的战略思想："现在是讲究权变谋略的时代，不是固执一面就能成就大事。兼并弱小，攻取愚昧，这就是春秋五霸的事业。逆取顺守，推行善政，待大局已定，给原来的主人以优厚的待遇，又何妨于信义呢？如果不取，终落入别人之手。"在庞统看来在南郡站住脚还远远不够，下一步的发展方向应该是益州。刘备听完这番话没有立即表态，但心里进一步坚定了西取益州的信念。

诸葛亮的另一位同学向朗在刘表手下当过临沮县长，临沮县属南郡，刘备占有南郡时向朗就在那里当县长，大概在诸葛亮的推荐下，向朗被刘备委以重任，刘备让他负责秭归、夷道、巫县、夷陵等四个县的军务和民政。这是一项重要的人事任命，临沮只是南郡北部地区的一个小县，而秭归等四县相当于南郡的整个西部地区，荆州的西大门。周瑜当初为占领这些地方付出了很大代价，当时这里不仅有曹军，还有益州刘璋的人马。刘备未来要徐图益州，秭归等就是战略要地，派一位熟悉南郡地方事务又可靠的人去那里经营，当然是再理想不过了。

除了同学，诸葛亮在荆襄还有一批亲戚和朋友，诸葛亮与荆州七大家族或多或少地都有着交往，其中与庞、蔡、蒯、黄四家有姻亲关系，另外三家里，马氏的马良、马谡兄弟，习氏的习祯，杨氏的杨颙、杨仪兄弟，他们跟诸葛亮都是朋友，所以他们纷纷投靠了刘备。

马氏有五兄弟，表字里都有一个"常"字，老大字伯常，老二字仲常，老三字叔常，老四字季常，老五字幼常。五兄弟里老四、老五最有才干，分别是马良、马谡。马良长相上有个显著特征，他的眉宇间有一撮白毛，所以襄阳一带有民谣说"马氏五常，白眉最良"，他比诸葛亮小六七岁，现在也就20岁刚出头的样子，他们很早便相识，诸葛亮曾在信中称他为"尊兄"，说明关系很亲近。马谡是马良的弟弟，大约20岁，或者还不到，他们兄弟俩来到刘备身边后，都被刘备任命为州政府内办事机构的从事，刘备有了这个州牧府，安排人的确很方便。

荆州有七大家族，论以往的实力习氏其实最厉害，他们的先祖习郁在本朝光武皇帝驾前称臣，被封为襄阳侯，当时整个襄阳都是他家的食邑。习家住在襄阳城南至宜城之间的冠盖里一带，修建了大片的豪华别院，相当显赫。出身于习氏的习祯也很有才华，大家公认他比庞统差一些但比马良要高。习祯和庞统有亲戚关系，他的妹妹嫁给了庞统的弟弟庞林，这样习祯跟诸葛亮也有了亲戚关系。习祯也是此时投奔刘备的,职务不详。庞林后来也在蜀汉为官,关羽主政荆州期间他是关羽手下的治中从事。曹操南下荆州时庞林和妻子——也就是习祯的妹妹失散,从此天各一方。十几年后他们还将重逢,并成为轰动一时的事,这到后面再说。

荆州另一大家族杨氏出了两个人物:一个名叫杨颙,一个名叫杨仪,他们后来都在蜀汉担任过重要职务,尤其是杨仪,名气很大,他们也是这一时期投奔刘备的,开始职务也不详。

荆州几大家族的成员也有一部分跟着曹操走了,如诸葛亮的姐夫蒯祺,但他们中的大多数人没有选择孙权,也没有跟曹操到北方去,这与刘备的号召力和诸葛亮的影响密不可分,更重要的是他们都不愿意离开故土,愿意协助刘备经营好家乡。除了他们自身能力很突出,他们在荆州还有很大的影响,对急于在荆州站稳脚的刘备来说这相当关键。

除了几大家族的成员,这一时期被刘备延揽的荆州人才还有廖立、蒋琬、刘敏、魏延等人。廖立字公渊,荆州刺史部武陵郡人,他投奔刘备时不到30岁,但刘备很器重他,开始让他担任州政府办事机构的从事,后来直接提拔他为长沙郡太守。蒋琬字公琰,荆州刺史部零陵郡人,少时好学,聪明过人,长得仪态轩昂,气度不凡,跟表弟刘敏都因才学出众而知名当时。刘敏表字不详,他后来也到蜀汉效力,成为一名重要将领,曾协助王平守卫汉中,官至扬威将军。魏延字文长,荆州刺史部江夏郡人,他是一员猛将,也是一个有争议的人物,他这一时期来到刘备身边,推测起来一开始的职务并不高,刘备入蜀时他只是一名部曲。

在人才获得大丰收的同时,刘备抢地盘的速度也很快。荆州七郡里江北有三个,江南有四个。江南的这四个郡分别是武陵郡、长沙郡、零陵郡、桂阳郡,在地图上看它们面积很大,远远超过北方的三个郡,范围涉及今湖北、湖南、广西、广东、贵州等几个省区。武陵郡的太守叫金旋,长沙郡的太守叫韩玄,桂阳郡的太守叫赵范,零陵郡的太守叫刘度,他们都是刘表任命的,刘表死后归服于曹操,还没等曹操动手把他们一一换成自己的人,赤壁之战就结束了,曹操走了,这几个郡太守实际上处在了自治的状态。

刘备就任荆州牧,这几个郡理应听刘备指挥,但刘备与他们素无渊源,他们肯不肯甘心听命,刘备心里没底,所以派诸葛亮和赵云等人领兵去收服江南各郡。进展很顺利,四个郡里有三个主动投降,只有武陵郡太守金旋试图武力抵抗，后战败被杀。

长沙郡境内有一支驻军，带兵的将领名叫黄忠，这也是一员猛将，字汉升，荆州刺史部南阳郡人，刘表时担任中郎将，和刘表的侄子刘磐一块驻守在长沙郡。曹操到荆州后有意拉拢黄忠，升他为裨将，仍然驻守原地，归长沙郡太守韩玄指挥。韩玄投降后黄忠也到了刘备阵营，他作战勇敢，战绩卓著，身为高级将领经常带头冲锋陷阵，逐渐成长为与关羽、张飞和赵云齐名的将领。黄忠都当了裨将，赵云此时的职务还比较低，于是刘备提升赵云为偏将，领桂阳太守，荆州南部这几个郡有赵云、黄忠两支人马驻守，刘备可以放心了。

桂阳郡原太守赵范投降后心里不安，他一心想巴结赵云。赵范有个哥哥，已经死了，嫂子樊氏长得十分漂亮，赵范于是提出把嫂子嫁给赵云。当时寡妇改嫁很正常，曹操就娶了不止一位寡妇，给儿子曹丕娶的媳妇也是一名寡妇，赵云跟随刘备后戎马倥偬，至今仍未娶妻，按说答应下来也不为过，但赵云拒绝了。为了不伤赵范的面子，赵云推辞道："我和你同姓，你的兄长就好比我的兄长一样，怎能娶兄嫂？"有人劝赵云接受，赵云说："赵范是被迫投降的，心里怎么想还不知道。天下女子多的是，不必着急。"后来赵范果然逃亡了。

诸葛亮来到江南四郡的任务与赵云有所不同，他是帮刘备加强这几个郡地方治理的，尤其是抓税收，为此诸葛亮也有了第一个正式头衔——军师中郎将。军师中郎将不是军师，而是武职。此时，关羽已升为荡寇将军，张飞是征虏将军，赵云、黄忠相当于副将军，诸葛亮的职务比他们都低，这和人们印象中的情况似乎不太一样。

但这是实际情况，而且不能因此认为刘备对诸葛亮不信任或不重视，恰恰相反，任命为军师中郎将是对诸葛亮的重用，甚至是一次破格提拔。诸葛亮此时还不到30岁，来到刘备手下也不过两年，关羽、张飞跟随刘备多年，出生入死，一直到刘备主政徐州时他们的职务才不过是个司马。在一支队伍里，职位高低要靠战功和资历来换取，否则众人不服。以诸葛亮的资历，直接担任军师中郎将肯定很勉强，但他辅佐刘备以来的出色表现，让刘备敢于对他破格提拔。

诸葛亮以军师中郎将的身份来到江南，刘备让他负责征调零陵、桂阳、长沙三郡的赋税，以备军用。这三个郡里没有武陵郡，也许该郡的位置在江南四郡的西北方，与南郡的联系较为紧密，所以单独划出来由公安方面直接管理。这是一项很重要的工作，这段时间刘备手下人马增加很快，仅靠南郡无力保障后勤供应，新收服的江南各郡面积广大，虽然在当时农业生产尚欠发达，但如果好好经营，潜力也很大。之前诸葛亮提出过游户自实的建议，在他看来赋税难收的一个重要原因是户籍登记制度不严格，大量人口不在编，因而不交税，增加税赋要先从重新登记人口做起。

诸葛亮是怎么解决这些问题的，史书虽然未做进一步交代，但可以想见，他到了江南后一定会想尽办法发展当地经济，同时加强人口管理，打牢统治基础。诸葛亮长驻在一个叫临烝的地方，湘水有条支流叫烝水，又称承水，其与湘水交汇之处即临烝，位置在今湖南省衡阳市附近，之所以选择此地，因为这里正好处在零陵、长沙、桂阳三郡交会处，方便联络。诸葛亮在临烝前后待了三年左右，出色地完成了任务。

虽然主要任务是负责地方政务和抓税收，但诸葛亮也没有忘记为刘备推荐江南各郡的人才，前面说过的蒋琬应该就是在这种情况下被推荐给刘备的。还有一个人，名气比蒋琬大得多，诸葛亮也把他推荐给了刘备，但刘备对此人印象却很不好，这个人就是刘巴。曹操进入江陵后任命刘巴为丞相掾，考虑到他是零陵郡人，祖父和父亲都当过太守，在当地很有名望，就派他回江南，负责安抚和招纳工作。

刘巴天赋很高，从小就挺有名气，刘备对他也不算陌生，刘表在世时，刘备曾派一个叫周不疑的人到刘巴那里求学，刘巴很不给面子，拒绝了。周不疑是何人？刘备为何派他拜刘巴为师，这些均不详。这让刘备对刘巴有了不好的印象，不仅如此，曹操来到荆州后刘巴主动跑去投奔，让刘备也觉得不爽。刘巴奉曹操之命到了江南四郡，但曹军已撤往北方，刘巴也许可以继续跑去追随曹操，但考虑到自己寸功未立，刘巴也就打消了念头，他想远走交州避难。临行前，刘巴给诸葛亮写了封信，信中写道："我虽乘危历险，无奈此地到处是秉义之民，承天之心、顺物之性不是我能劝动的。如果已经道穷数尽，我将托命于沧海，不再回荆州了。"从这封信来看，刘巴似乎曾试图说服诸葛亮归顺曹操，并因此与诸葛亮相识，无奈诸葛亮意志坚决，刘巴觉得无望。

诸葛亮也在争取刘巴，他回信劝道："您雄才盖世，据有荆土，莫不归德，天意人事该何去何从，应该能看清了，先生干吗还要去别处？"刘巴不愿意，又给诸葛亮写信："我接受任务而来，不成自然得回去，这是理所当然的事，先生何必多此一问？"这件事让刘备知道了，对刘巴印象差到了极点。刘巴待不住，真的去了交州。

总体来说，刘备在江南四郡的行动是迅速的，成效也很大，在诸葛亮、赵云等人的努力下，江南四郡很快得以平定，随着地方治理的加强，来自江南四郡的税收和兵源成为刘备事业的有力支撑。有了底气，刘备便不断向北拓展，跟曹操抢起了地盘。南郡的郡治本来在襄阳，这里仍然为曹军占有，刘备升任关羽为荡寇将军，让他率兵不断向北进攻，蚕食曹军的地盘。关羽不断得手，向北一步步推进，刘备干脆在此成立了一个襄阳郡，让关羽兼任太守。为了加强西部的防守力量，刘备把南郡西边的几个县单独划出来，新设了一个宜都郡，治所在枝城，由征虏将军张飞兼任太守。这样，刘备在荆州的布局基本完成了。仍从荆州原先的七郡版图看，曹操占有整个南阳郡和南郡的一小部，孙权占有江夏郡和其他一些地方，刘备占有大部分南郡以及零陵郡、长沙郡、桂阳郡和武陵郡，三家瓜分了荆州。

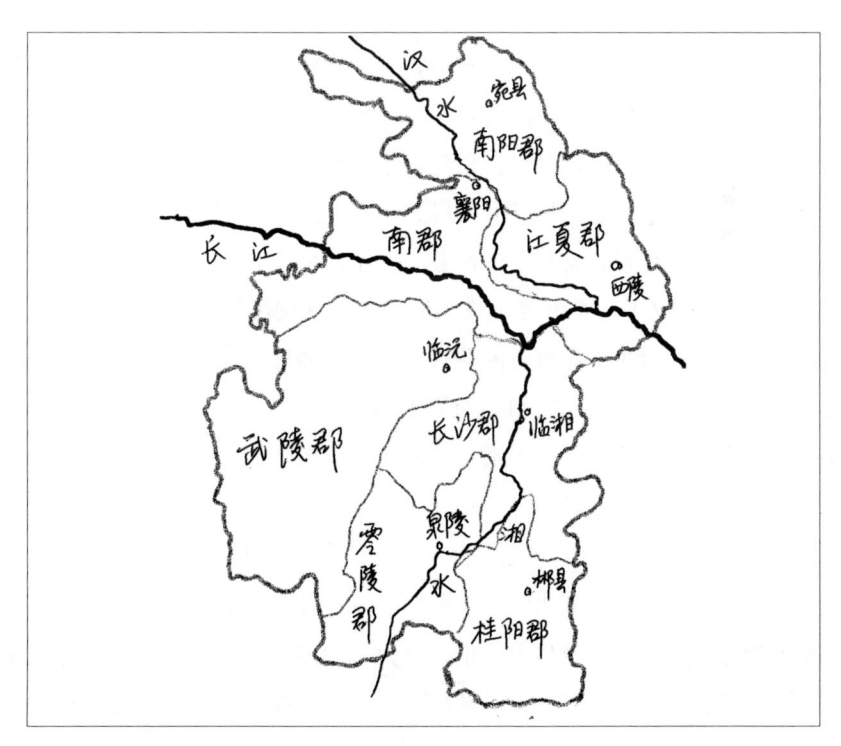

东汉荆州七郡示意图

刘备新设了襄阳郡、宜都郡，孙权新设了彭泽郡、汉昌郡，曹操也新设了章陵郡、南乡郡，荆州的格局变得复杂。虽然这才是三分荆州，还算不上三分天下，但对刘备来说辛辛苦苦的努力总算换来了丰厚的回报，从三分荆州开始他的事业才真正迎来了转折点。

六、一场看不见的战争

荆州仍然很热闹，孙权扩充了地盘，刘备后来居上，把曹操扔在了一边。这段时间曹操一直待在北方，其中自建安十四年（209）底到建安十五年（210）春天他都在老家谯县，一向负责留守邺县的曹丕这次罕见地随父亲在外，留守的是他的弟弟曹植。

建安十五年（210）三月，曹操返回邺县。这一年汉献帝刘协已经29岁了，来许县也有十多年了。十多年前，曹操考虑更多的是如何打出天子的旗帜，吸引天下才俊来效命，同时以天子的名义征讨对手。的确，曹操在这些方面都有了很大的收获，不说别的，官渡之战能打赢，很大程度上是因为天子在自己这边，掌握了天子就左右了民意，某种程度上可以这样说。"奉天子"也罢，"挟天子"也罢，曹操坐收了太多的红利，这是他取得目前事业成就的关键因素之一。但是，正如当初袁绍不愿意接受汉献帝所怀有的顾虑那样，这件事有利也有害，随着曹操势力的进一步扩大，有利的地方正在弱化，有害之处却在不断增加。

汉献帝快30岁了，要不要还政于他，从朝廷到民间再到对手，很多人都在关注着。官渡之战时正值汉献帝的弱冠之年，按照民间的看法他也成人了，那时就应还政于他，但大战在即，强敌环顾，这又不可能，对此大部分人也能理解。但又过了这么多年，形势已经不那么严峻了，汉献帝的年龄在一天天增长，还不还政？对曹操来说这个压力不断增大。

让曹操把权力交出来，这又是不可能的，不说刘协有没有这样的能力、曹操有没有这样的意愿，即使刘协敢干、曹操愿意，曹操手下众多文臣武将也不会答应。跟着领导奔事业，领导的事业也就是大家的事业，同在一条船上就是命运共同体。韩馥的悲剧告诉人们，无论领导还是部属，保守和退却形同自杀。这是一种无解的矛盾，这种矛盾在一天天加剧着，种种迹象表明，对曹操做法不满的人也一天天增多，他们有的出于忠君的习惯认识，有的因为对曹操的不了解而产生了不理解，有的则别有用心。

汉献帝成了曹操面对的一个头疼问题，他干脆采取了回避的态度，最后一次见汉献帝还是几年前南征张绣前，以后即使路过许县附近也都匆匆而过，他不想再见到这个人，有什么事需要办理都交给荀彧处理，孔融被杀后交给荀彧办的事也越来越少，大部分都由御史中丞郗虑出面办理。御史中丞被称为"副丞相"，既是曹操的助手又是在许县的朝官首领，地位超过了荀彧。

以汉献帝名义做的，也就是任命重要官员、册封爵位这些事，日常的军政大权都出于邺县的丞相府，保守分子们也会拿这个攻击曹操，过去有"五大不在边"的说法，丞相属"五大"之一，带兵已经破了例，长期在外不归更于法度不容，在他们看来丞相应该跟天子在一起，另起炉灶明显缺乏先例，即使情况特殊也应该给个说法。曹操不管这些，他让梁习、董昭等人调集北方各州郡的人力、物力继续大规模营建邺县，摆出了一副长期在外的架势。

曹操和汉献帝的尴尬关系到建安十五年（210）冬天有所打破，主动示好的是汉献帝，他突然下诏增加曹操的食邑。曹操此时是武平侯，这个爵位是15年前汉献帝下诏所封，武平是豫州刺史部陈国所属的一个县，曹操的这个县侯食邑为1万户。15年来，在曹操主持下不少人先后封侯，有的一再增加食邑，而曹操的武平侯却一直没有变过。在目前的爵制里，除刘姓以外的人臣到了县侯一级也就没有了，再增加只能增食邑数，按说以曹操的资历和实力，增加食邑是正常的。

汉献帝下诏，在曹操原有武平县1万户食邑的基础上增加阳夏县、柘县和苦县三个县各1万户作为曹操的食邑，使曹操的总食邑数达到了4万户。新增的这三个县也都属于陈国，与武平县相邻，地理位置大体在如今的豫东地区，介于太康、柘城、鹿邑等几个县之间，其中苦县是老子李耳的故乡，与曹操的老家谯县相距仅几十里。食邑上了万户就是所谓的万户侯，在汉代这基本上是人臣的极致，4万户的食邑规模在本朝历史上还从未有过，但这项殊荣曹操却不打算接受，这说明汉献帝此次下诏增封纯属自己的想法，事先没有与曹操沟通过。

曹操是个看中实际的人，对这种没有什么特别意义、反倒容易被人抓住把柄的事当然不会做，曹操让人拟一份上表进行推辞。这不是什么难事，田畴为让封刚刚上过好几道表，拿来抄抄也就行了，如果觉得不够严肃，有陈琳等大笔杆子在，这份例行公事的上表一定会一挥而就。但曹操对这道上表很重视，秘书们拿着拟好的草稿请他审阅，他看了直摇头，上面写的都是些冠冕堂皇的大话，不符合他的心意，他决定换个写法。

论写诗，在那时很少有人能超过曹操。诗不仅是语言的艺术，诗言志，诗更是一种情怀，是见识和气度，在这些方面再有才气的文人也难以超越曹操。在写文章方面曹操也不逊色，很多军令、书信都由他亲自动笔，所以这一次他干脆自己写了。曹操重新写了一道辞封的奏表，奏表发出后，他觉得还不够，又根据奏表的内容发布了一道军令，这就是《让县自明本志令》，在曹操现存的文章里这篇算最长的了，但读起来一点儿都不觉得枯燥，如果耐心地去读、去品味，可以走进曹操的内心。

在这篇文章里，曹操回顾了自己奋斗的历史，边叙边议，有点像口述自传，把参加工作、当国相、参军、起兵反董卓、消灭袁绍等群雄这些事一一道来，曹操想利用让封这件事向外部表达自己对权力的看法。这个"外部"既包括献帝及其拥护者，也包括本阵营的将士、文臣，还有孙权、刘备这些对手以及天下所有百姓，也就是说，曹操这篇文章的倾诉对象是天下所有人。

曹操想对所有人说，他自己并不贪慕权贵，但他又不能让权，因为情不由己。放弃了兵权自己和家人都会受到谋害，国家也将有被颠覆的危险，这都是实实在在的，曹操没有说一堆大话，而是用常人能够理解的语言把道理阐述清楚。这篇文章打消了一部分人对曹操的疑虑，对那些成见已深的政治对手，也是一次有力的回击。鲁迅评价说曹操是一个"改造文章的祖师"，认为曹操写文章胆子很大，文章很通脱，做文章时没有顾忌，想写便写出来，只可惜流传下来的太少。

当然，也不全是头疼的事。建安十五年（210）冬天，铜雀台竣工了，这是一座高台式建筑，位于邺县城内，与城墙连为一体，在重修邺县城时大概已经做了专门规划，在其西南角借着城墙修了一座单独的高台，仅台基就高出了城墙很多，有10丈，加上台上的5层楼阁，整个高度达到了27丈，约合今天的63米，相当于20层楼高。在1800年前，3层以上的建筑都很少见到，20层是一个让人**震撼和恐怖的高度**。

关于铜雀台名称的由来有一个传说，说曹操有一次梦见一道金光，飞向某处就不见了，曹操醒来即命人在该处挖掘，结果发现了一只铜雀，曹操不知何兆，荀攸认为昔日舜的母亲梦见玉雀入怀而生下了舜，今得铜雀是吉祥之兆。曹操很高兴，于是修建了这座铜雀台，但这个传说在史书中并无记载。还有的人认为，铜雀台修成后屋宇之上有一只1.5丈高的铜雀展翅欲飞，神态逼真，故命名为铜雀台。但据史料记载，铜雀台初成时并无铜雀，曹操以丞相的身份筑高台已有违制嫌疑，而弄一个只有天子才能拥有的铜雀，更容易引起议论。铜雀即使有，也应该是在曹操称魏王之后了。另一个看法是，铜雀台建成之初其实名为"铜爵台"，因其像一只爵而得名，但这也没有根据。铜雀台究竟因何得名，这仍然需要探究。但这座新建筑绝对是一个创举，它不仅是邺县的新地标，而且其高度、体量以及重要性都足以盖过当时天下的任何一座新建筑。

铜雀台的高度令其他建筑无法企及，体量也十分硕大，它既不是一根细高的烟筒，也不是一座岗楼，而是人工堆起的一座小山，因为在它上面居然能建起100多间房屋，按5层计算每层至少也有20多间，相当宽敞。这还不是这项超级工程的全部，铜雀台建成后，在它的前后还各建了一座姊妹台，称金虎台、冰井台，中间有复道相通，合称"铜雀三台"。邺县只是一座县城，去过宛平和平遥就会有大致的概念，古代的县城其实没多大，站在制高点上往往就能把全城一览无余。铜雀台无疑是邺县的制高点，在上面可以轻松地尽观全城，向四面眺望的话，西边的太行山、脚下的漳河水以及附近数十里内的村庄道路等也全部尽收眼底。而城中的百姓也会发现，几乎就在他们的头顶突然出现了一座庞大建筑，离得近的话，可以看到上面的人，隐隐听到上面传来的乐音；如果离得远，到了晚上也可以看到上面灯火闪闪，宛如"天上的街市"。

这是一个天才的创意，一个建筑史上的大手笔，公孙瓒的易京和董卓的郿坞在它面前都相形见绌。当然，要修建这么庞大的建筑，也要耗费巨大的人力和物力，对一向主张节俭的曹操来说，这是非同寻常的。有人认为曹操修建此台是为了彰显自己的实力，是一项"形象工程"；有人认为修建此台的目的是提供一个饮宴聚会之所，是一座"高级会所"；有人甚至认为曹操之所以不惜代价修建了这三座高台，是为了征服江东后把大乔、小乔这两位传说中的美女接来在此享乐，是曹操的"私人花园"。

这些说法都是错误的，不是没有依据就是不合常理。曹操修建这三座高台的目的，其实是为了提高邺县的防御能力。曹操北征乌桓路过易水河畔时参观过公孙瓒留下的易京，从而留下了深刻的印象。"台"这种建筑形式在秦汉时期得到了最大的发展，在火药没有普遍使用、攻城技术还很原始的情况下，高大的城堡仍然是最安全的地方。冷兵器时代攻城最大的障碍是高度，公孙瓒的易京虽然最后倒了，但它曾经抵御敌人数年之久。在华北平原，骑兵的攻击速度极快，邺县周边缺少险隘，如果有人发起突袭，城防不坚固很容易就被攻破，而修建起高台可以延缓敌人的进攻，为驰援和反击赢得时间。曹操以铜雀三台为依托修建了铜雀园，东面连着丞相府，再往东是大批的官署和府宅，那里是重要文臣武将们在邺县城内办公和居住的地方，一旦邺县被突袭，一些重要的人可以迅速登台，在上面固守待援。铜雀三台的建成，巩固了邺县作为曹操大本营的地位。

第九章 潼关之战

一、马超造反了

铜雀台建成的这一年即建安十五年（210），曹操难得有清闲，可以不必在外征战，而是在大本营里过了一个轻松的新年。年后，曹操还在想着荆州或合肥的事，却不料另一个方向出了问题，那就是关中。建安十六年（211）春天，朝廷任命的偏将马超在关中反叛，当地驻军将领被马超挑动跟着造反了。对曹操来说没有比这更糟糕的事情了，南面的荆州、东面的合肥已经有了两个战场，西边的关中再乱，那就要全线作战了。

马超怎么会突然造反呢？这还得从赤壁之战前说起，当时曹操要率主力南下，为了稳住西部的实力派马腾，曹操以汉献帝的名义征调他来朝廷任职，担任卫尉，这个头衔听着挺吓人，但其实没有任何实权，所谓皇城是许县，那里的一兵一卒都掌握在曹操手中，马腾如果就任，就等于被软禁了起来。

一向老谋深算的马腾居然同意了，至于其中的原因有两种说法，一种说法是他跟老伙计韩遂闹了矛盾，想回避一下。作为凉州出身的老牌军阀，马腾的名字始终跟韩遂联系在一起，他们也有失和的时候，但他们都明白彼此不是敌人，而有唇齿相依、兔死狐悲的血肉关系，所以他们只有一次真的动过手，其他时候都还能顾全大局，马腾想避开韩遂，似乎也说得通，但回避的办法很多，比如可到自己势力可控的凉州去，不是要比做人质强吗？

还有一种说法，马腾觉得自己年龄大了，不想太折腾了，想找个地方养老，但这不像马腾的为人，作为老资格的军阀，他比谁都明白"实力决定一切"的道理，可以要他的钱，可以要他的命，但不能动他手里的武装，这一点对军阀们来讲大体都如此。

所以史书上提到的以上两个说法其实都不成立，推测起来马腾离职的唯一可能就是跟曹操达成了某种交易，为了解除后顾之忧，南下荆州前曹操对盘踞在关中一带的各路军阀必须有所安排，曹操给马腾开出的条件是让他的儿子马超继续统率本部人马，朝廷为此封马超为都亭侯，提拔他为偏将。

马腾有三个儿子，马超是长子，下面还有两个弟弟，分别是马休、马铁，人们熟知的马岱不是马腾的儿子，而是他的侄子。朝廷征召马腾的同时还征马休为奉车都尉，征马铁为骑都尉，看着像是旅长、师长这样的将领，但一到内地，肯定也不会有兵权。卫尉、奉车都尉按理要随侍在天子近前，但曹操没有让他们父子去许县上班，而是把马氏几十口人全都接到了邺县。

邺县生活条件好，到这里来享享福吧！曹操用这个办法把凉州军里战斗力最强的一支人马暂时控制了起来，不仅如此，这一招还收到了额外的效果。董卓之后的凉州军经历了李傕、郭汜等人的短暂过渡后进入马腾、韩遂时代，看到马腾向曹操服软，韩遂坐不住了，没等曹操发话，赶紧向曹操靠拢。

建安十四年（209）冬天，韩遂派密使访问邺县，想先探探路。这名密使名叫阎行，字彦明，凉州刺史部金城郡人，是韩遂手下部将，建安初年马腾跟韩遂闹翻过的那一次，双方斗得很厉害，阎行与马超在战场上有过正面交手的记录，他差点把马超杀了，是个猛角色。但阎行在政治上更倾向于曹操，相当于吕布手下的陈登，韩遂派他当密使，正好给他提供了一次接近曹操的机会。

阎行到了邺县，也像陈登当年那样，悄悄向曹操表示忠诚，曹操以朝廷的名义任命他为犍为郡太守，这也像陈登。不过该郡远在益州刺史部，是刘璋的地盘，不可能去上任，只能解决"级别"问题。曹操交给阎行的任务是继续回到韩遂身边做工作，让韩遂真心拥护朝廷。曹操给韩遂写了一封亲笔信，信中说韩遂虽然反对过朝廷，但都是无奈之举，这些他自己都很清楚，希望韩遂能早点归来，与自己一起匡辅国政。

阎行回到凉州，呈上曹操的信，劝韩遂说："我也这样认为，您起兵已经30多年了，外面已经兵民疲瘁，咱们所在的地方又地处褊狭，应该早些归附。我这次去邺县，向曹公主动提出把我的父亲送到京师，我认为您也应该送一个儿子过去，以表达自己的忠心。"韩遂听罢没有立即反对，但仍然犹豫："这件事，还是再看上几年再说吧！"后来，在阎行的反复劝说下，韩遂还是派一个儿子跟随阎行的父亲一块去了邺县。

马超不敢动手，韩遂表示归附，西边应该无战事了，所以曹操近来把精力都用在了合肥和荆州方向，在谯县大练兵，在涡水、淮水训练水军，都是为在这两个方向用兵做准备的。而现在，马超却突然起事，这出乎很多人的意料，这件事是由钟繇奉曹操之命进攻汉中引起的。

建安十六年（211）春天，曹操命令驻守在长安的司隶校尉钟繇对汉中的张鲁发动攻击，夏侯渊所部当时正在并州平息民变，曹操命他们进入相邻的河东郡，对钟繇进行支援。由于地理原因，汉中历来自成一体，从行政区划上说它归益州刺史部管辖，原来也是益州牧刘焉的势力范围，现在的主人是张鲁，已经逐渐脱离了益州刘氏父子的控制，成为独立王国。

此时曹操的主要对手还是孙权和刘备，突然进攻张鲁让人有些费解。汉中之所以能自成一体，说明它的地理位置确实优越，不是那么容易攻占的。而关中虽然名义上归曹操所有，但马超、韩遂以及诸多割据势力都有很强的独立性，关中这个地方说变天就会变天。所以取汉中时机并不成熟，而放到整个天下来审视，曹操的正南面是刘备和孙权，东南面是孙权，西南面是刘璋，背后还有割据辽东的公孙氏，这些势力都虎视眈眈，都在寻找每一个机会与曹操叫板。在这种情况下汉中的张鲁似乎还没有达到优先解决的程度。

或许可以认为，曹操进攻张鲁是要打益州的主意，他想抢在刘备和孙权前面占领益州，争取更大的主动。曹操有自己的情报系统，知道刘备、孙权那边都在盯着益州，诸葛亮、庞统、周瑜等人不约而同阐述过益州巨大的战略价值，曹操和他的智囊们自然不会看不到。但如果要进攻益州，其复杂性和艰巨性丝毫不亚于取荆州或取江东，将是一场陆地上的"赤壁之战"，这么大的一场战役，派钟繇、夏侯渊去就太草率了，征讨小小的管亥、昌豨，曹操都亲自出马，这一次为何如此反常？

所以主动攻击张鲁是一着让人看不懂的棋，弄不好就是一个败笔，就连在曹操手下从事司法工作的高柔都看出了问题，他听说曹操派遣钟繇、夏侯渊讨伐张鲁赶紧进谏，认为如此大规模用兵，韩遂、马超等人不会坐视不管，一定会有所动作，应该先平定关中，之后再说汉中的事。还有目前在许县担任尚书的卫觊，他曾在关中长期协助钟繇工作，对关中事务很熟，他听说这件事后，也通过荀彧向曹操提出了建议，认为不宜惊动关中诸将，这些人没有太大的政治野心，安于割据现状，不动他们的地盘就不会闹事，如果让他们觉得有威胁，他们一定会联起手来反叛，那时事情就糟了。

不同意见从各方传来，一向重视集思广益的曹操这次却更加反常，对大家的意见没有做任何表示和解释，继续安排向汉中用兵。钟繇担任司隶校尉，平时驻守在长安，但曹操的嫡系人马在关中很有限，关中是马超、韩遂的天下，除他们以外，还有杨秋、李堪、成宜等割据将领，称为"关中诸将"。夏侯渊率领的一支曹军主力刚开到与关中相邻的河东郡，立即引起了马超、韩遂等人的疑虑。

马超等人一直担心曹操迟早会兼并他们，现在看到曹操动了手，决定豁出去干一场。论资历韩遂最老，大家推举他为首领，称他为"都督"。但马超才是这场叛乱的核心人物，听说曹军主力进入关中马超立即决定造反，他积极联络各部人马，事情准备得差不多了，才去请韩遂来挑头。

为了说服韩遂，马超还向韩遂爆了个"猛料"："世伯，告诉您一个秘密，以前钟繇这小子让我对您下黑手，这种事我哪能干？现在我舍弃了生身之父，以后就拿您当我的父亲看待。希望将军您也舍弃自己的儿子，今后就拿我马超当您的儿子看待。"马超说的这件事，韩遂估计不会太怀疑，因为钟繇奉曹操之命留守关中多年，为了瓦解对手，相同的话估计给韩遂也说过。只是造反不是好玩的，尤其是自己的儿子还在曹操手中。可马超说得慷慨激昂，把他的父亲、两个弟弟以及全家几十口人都不要了，韩遂不好再提他的儿子。可韩遂一时还难以下定决心，因为他的反叛意志原来就不如马超。阎行力劝韩遂不要跟着马超干，但韩遂考虑再三，最后决定与马超联手，韩遂对阎行说："现在关中诸将能不约而同地联合在一起，正好说明这是上天的安排。"

除马超、韩遂以外，参与此次叛乱的"关中诸将"还有侯选、程银、李堪、张横、梁兴、成宜、马玩、杨秋等人，他们合在一起刚好十路人马，总兵力约10万人。马超还想联络益州的刘璋一块行动，可刘璋拿不定主意，他手下的蜀郡太守王商劝道："马超这个人有勇力却不讲仁义，见利忘义，不可以作为盟友。老子说'国之利器，不可以示人'，如今益州物华天宝，人杰地灵，不怀好意的人无时无刻不想倾覆它，马超之所以把眼睛往这里看，打的主意就是这样的。如果跟他联合，形同于养虎成患。"刘璋觉得王商说得有理，就拒绝了马超。马超可能也联络过汉中的张鲁，但张鲁在此次叛乱中没有任何表示，估计对马超等人的叛乱并不感兴趣。

二、好婆婆与好媳妇

其实，马超的做法也让人看不懂。作为杂牌军将领，受气吃亏在所难免，能忍则忍，不能忍也得接着忍，没办法，实力不如人。凉州军尽管能打，但董卓的例子摆在那里，政治是他们的短板，又被民意完全排斥，只靠打打杀杀根本成不了气候。马超再厉害也厉害不过董卓，实力和控制力都差得远，但马超还是义无反顾地造了反，甚至丝毫不顾及父亲兄弟等全家几十口人的性命，这让人费解。

如果要解释的话，只能说还是太年轻了，这一年马超35岁，由于身边缺乏贾诩这样的一流智囊，马超对形势的判断未必准确，假如存心要造反，那曹操南下荆州时才是最好的机会，当初曹操征他的父亲去朝廷任职，他干脆不去，直接造反算了，那是一次机会，如果他肯挑头，估计刘表也不会愁死，刘琮也不会轻易投降，后面是什么结果，很难预料。

现在，马超想拿人质打悲情牌，其实也有些幼稚，如果曹操先杀了他全家，这个悲情牌是有用的，但如果他先造的反，舆论就会认为是他害死了家人。当然，曹操现在不会马上杀人，如果马超在外面把事情闹得足够大，曹操真拿他没办法，人质反而安全；如果他失败了，一家几十口必死无疑。总之，挑战曹操说明马超不智，选择造反说明他无谋。

马超、韩遂指挥叛军迅速东进，占领了关中东面的门户潼关，在长安到潼关之间摆出了营阵，要把曹军挡在潼关以东。司隶校尉钟繇被迫撤往河东郡，与夏侯渊会合。曹操手下的智囊们普遍认为马超、韩遂是最不好对付的敌人，将士大都出身于凉州，继承了凉州兵彪悍、野蛮的特点，打起仗来不要命，又习惯用长矛，在战场上杀伤力很强，不派出精锐部队难以与之抗衡。

曹操于是派曹仁率部增援，但行前特意交代说："关西兵战斗力很强，到了以后做好防守，千万不要和他们交战。"曹操这么安排，是他要亲征，曹操对大家说："战斗的主动权在我不在敌人。他们虽然习惯用长矛，但是我有办法让他们没有用武之地，诸位不信就看着吧！"听口气，对付马超他已胸有成竹。

曹操没有马上出发，因为他要对后方做出妥善安排。上次到谯县练兵留在邺县的是曹植，这次有所不同，因为将要出征，前方打得吃紧，后方不容半点闪失，所以这次曹操安排曹丕留守，曹植随征。不久前曹丕刚刚被任命为五官中郎将，这个职务的品秩是二千石，比九卿略低，隶属于九卿之一的光禄勋卿，主要职责是保卫天子的安全。曹丕担任此职，曹操也不会让他到许县给汉献帝当警卫员，这也是为了解决"级别"问题。

曹操为曹丕留下了两位得力助手，一位是崔琰，丞相府建立后他担任东曹掾，负责人事工作。之前他曾长期担任过冀州的别驾，对后方事务很熟悉，所以曹操每次在外总命他协助留守。另一位是程昱，这个大胡子将军有勇有谋，当初在江陵他提出不要草率进军，后来果然被言中。归来后，曹操曾拍着他的背说："荆州之败，是因为没有听你的意见，才至于此啊！"程昱听后心里颇生感慨，他担任着奋武将军一职，于是上表退职，交出兵权，平日闭门不出。众人不解，程昱解释说："知足方能不辱，我现在可以隐退了！"程昱的举动让人不解，有人猜测背后另有隐情，甚至有人把他比作田丰，是曹操夺了他的兵权。其实不是，程昱自求隐退并无别的原因，主要是年龄，他出生于汉桓帝永和六年（141），比曹操还要大14岁，本年已满70岁，早该退休了。

在曹操眼里程昱是个有谋略、为人持重且在曹军中颇有威望的人，所以再次起用老将军，让他以参知军事的身份协助曹丕。崔琰负责行政，程昱负责军事，有他们二位保驾护航，曹操才放心。曹操还叮咛曹丕，除了他们以外有事还要多向另外两位先生请教，一位是张范，一位是邴原，他们都是德高望重的士人，曹丕于是把他们都当成长辈看待。

后方的驻军比较多，分属曹军中的不同系统，统一指挥和协调这些人马也是一件头疼的事，曹操决定留下给陈登做过助手的徐宣承担这份重要工作。徐宣字宝坚，徐州刺史部广陵郡人，陈登在该郡当过太守，徐宣和另一位日后的曹魏名臣陈矫都被陈登任用，从而进入曹营。后来徐宣被调到司空府工作，曹操对他很赏识，派他到外地任太守，后又调回丞相府，目前的职务是丞相府门下督。出征前，曹操任命徐宣为后方留守部队左护军，命令说："现在大军要远征，但后方也没有完全平定，为了解除后顾之忧，应该选派一个清正、公平、有威望的人统率留守的各部。"

做了上面充分的安排，曹操终于可以出发了。除已经抵达前线的曹仁、夏侯渊所部，曹操还带上了徐晃、张郃、朱灵、许褚等部人马，谋士方面有贾诩等人，许褚负责近卫。徐他谋刺事件发生后，曹操特别注意安全保卫工作，出入都带着许褚。

今年是曹植的弱冠之年，他20岁了，不久前"建安七子"之一应玚因病去世，在此次行军的路上曹植还不忘写了两首《送应氏》送给应玚之妻，根据这两首诗的序言交代，曹植随军出征的路线是：由邺县向西，经过洛阳，然后进入弘农郡。

曹操的夫人卞氏之前很少出征，这次曹操也带上了她，曹操的想法可能是营造一个轻松的气氛，让将士们面对关西联军不要太紧张吧。但出发不久卞夫人即感到身体不舒服，走到黄河上的渡口孟津时只得留了下来。听说婆婆身体欠安，身在邺县的甄氏因为不能每天向婆婆请安而感到难过，白天晚上不住地哭泣，她派人骑上快马前去问候,派去的人回来报告说卞夫人的病情正在好转,甄氏有点不相信:"夫人在家的时候每次犯病都得一段时间好转,这次怎么会好得如此快?你们一定是在安慰我!"甄氏反而更加忧心了,后来卞夫人给她写了亲笔信,说病已经完全好了,甄氏这才高兴起来。等卞夫人回到邺县,甄氏看见婆婆表现出一副既悲又喜的样子,情形让人感动。卞夫人也哭了,对甄氏说:"你问我的病是不是还像以前那样常犯,我只是有点小毛病,十几天就好了,不信你看我的脸色!"

这段时间甄氏跟婆婆的关系处得相当不错,卞夫人对这个美貌但却是二婚的媳妇也越来越接纳。甄氏是个有心人,从曹冲死后她赶紧让娘家一个刚刚死去的姑娘跟曹冲主动结成冥婚之事上就能看出来,卞夫人曾对人感慨地说:"真是一个孝顺的好媳妇哇!"

曹操各部主力陆续进入与潼关相邻的河东郡、弘农郡,徐晃所部按命令驻扎在河东郡的汾阴县,他的老家是河东郡杨县,距此很近,细心的曹操不忘专门赐给徐晃牛和酒,让他到先人墓前祭拜,徐晃深受感动。

河东郡的太守是杜畿,他是个很能干的人。马超反叛后,河东郡虽然与敌人相邻,但没有人响应叛军。大军开到前线,后勤保障大多由河东郡供应。杜畿是个理财高手,把后勤工作安排得井井有条,到此战结束时,非但没有造成物资上的亏空,反而节约了20多万斛粮食,曹操专门下令对杜畿进行表彰,并提高了他的品秩。

弘农郡位于今黄河以南的豫西、陕南一带,与河东郡南北对应,都和潼关相接,曹操认为这里很重要,就调贾逵过来担任郡太守。高干反叛时郭援联合弘农郡的张琰共同发动叛乱,贾逵在平叛过程中立下大功,平叛后曹操本要重用贾逵,但贾逵的父亲此时病逝,按礼制他要在家守孝三年。守孝结束,贾逵先是被司徒府聘为司徒掾,这只是个闲差,当时有本事的人都在司空府里当差。可能一直没有找到适合贾逵的职务,目前仅以议郎的身份担任司隶校尉钟繇的军事参谋。

在曹操眼里贾逵也是个有本事的人,又是河东郡人,在弘农郡参加过平叛,对这里的情况很熟悉,所以委以重任。曹操在弘农郡召见贾逵,询问如何治理地方,贾逵如何回答的没有记载,但曹操听完之后非常高兴,甚至对左右说:"假如我们的二千石官员都像贾逵那样,我还有什么可忧虑的呢?"贾逵在曹魏众臣里享有很高的声誉,大家认为他政绩突出,为人刚正不阿。但他的儿子贾充却不怎么样，受到世人的诟病，还有他的孙女、贾充的女儿贾南风，更是一个出了名的恶女人。不过现在贾充还没有出生，贾南风来到人世也是40多年以后的事了。

三、曹操河上遇险

建安十六年（211）八月，曹操亲率大军到达潼关。潼关是著名的古关口，地处关中平原的最东端，是今陕西、山西、河南三省的交界处。黄河自北向南流，在此突然折向东，形成一个直角，潼关即在黄河的拐弯处。潼关的得名与黄河水有关，黄河向南流突然变向，河水撞击关山，"潼浪汹汹"，因此称潼关。潼关地势很险峻，它南面是秦岭，北面是黄河天堑，东面的塬地居高临下，中间有禁沟、原望沟、满洛川等横断东西的天然防线，形成了"关门扼九州，飞鸟不能逾"的险地。但是通常所说的关中、关东、关西指的并不是潼关，而是东距潼关约150里的函谷关。

函谷关位于今河南省灵宝市北面的王垛村一带，东距河南省三门峡市约150里，西距陕西省潼关县约150里，它紧靠黄河，关口建在峡谷中，这道峡谷名叫函谷，因深险如函而得名，它的长度也是150里左右，函谷关在它的东出口，潼关位于它的西出口。在东汉以前所提到的都还是函谷关，历史上开始设潼关的居然是曹操。早在建安元年（196），曹操为预防关西兵乱，下令在函谷的西出口建关，这就是潼关。自那时起到现在，函谷关逐渐湮没无闻，而潼关的战略位置日益显要。

曹操率领人马驻扎于潼关以东，而他下令为预防关西兵乱所修建的潼关此时正在马超、韩遂等关中联军控制中，他们依仗潼关天险与曹操的大军对峙，占据了地形上的优势。曹军强攻潼关无法得手，手下将领们认为应该避其锋芒，沿黄河北上，从河东郡攻击敌军占领的冯翊郡，在那里开辟第二战场。但曹操看起来并不着急，双方又对峙了一段时间。

在当前情况下相持对曹军无疑有诸多不利，一方面敌人可以趁机完成集结；另一方面相持太久自己一方后勤保障的压力就会增大，运粮通道一旦出了问题，粮草接济不上的局面随时可能出现。这种担忧不是没有道理，事实上每天都有各部敌军开到，这方面的情报不断呈报给曹操。听到这样的报告曹操不仅不发愁，反而喜上眉梢。大家都猜不出来为什么，直到这场战役结束后，手下将领向丞相询问，曹操解释说："关中地域广阔，如果各路敌兵依险据守，我们要征讨的话没有一两年不能完成。现在他们自己集中起来，人虽多，但缺少统一指挥，我们趁机一举歼灭，那不就容易多了，所以我感到高兴。"

众将领才恍然大悟，敢情丞相考虑的不仅是打赢眼前这一仗，他想得更长远。表面看丞相当初派钟繇出击张鲁，派曹仁移师河东郡增援钟繇，意外地导致了马超等人的反叛，但其实那是虚晃一枪，目的就是逼着关中诸将造反，从而彻底解决关中问题，所以当众将提出在河东郡开辟第二战场时丞相并不着急。一个是战役问题，一个是战略问题，丞相思考的是后者。

这一年的八月是闰月，意味着有两个中秋节，即"月看中秋两度圆"，不过在黄河岸边的曹操无心赏月，一来中秋节赏月的习俗从唐代才有；二来大战之时，尽管心里很自信，但打破目前的僵局也颇费脑筋。曹操接受众人的方案，悄悄派一支4000人的队伍到达黄河上的渡口蒲阪津，率领这支队伍的是河东郡本地人徐晃和朱灵。蒲阪津位于今山西省永济市一带。潼关的位置在黄河拐弯处的南岸，要机动到蒲阪津，必须先从黄河南岸渡到黄河北岸，之后沿黄河东岸向北，大约行进三四十里就到了。徐晃、朱灵所部也许本身就驻扎在河东郡，这样他们的行动更带有突然性，关中联军居然没有在此设防。

徐晃、朱灵率部顺利过了黄河，在黄河西岸扎下营寨，策应大部队的行动。马超之前也担心曹军分兵渡河，他跟韩遂商量想分兵拒敌，在渭河北岸阻击敌人。马超认为时间对自己有利，原因在后勤方面，他认为曹军远道而来，后勤是短板，只要实现长期对峙，不出20天曹军的后勤供应就会出现困难，不战而自退。应该说这个战略是对的，所以曹操摸清了马超的想法，看到对手并不急于进招时，也吃了一惊，觉得小看马超了，感慨道："马超这小子如果不死，我将死无葬身之地呀！"

但是，这项正确的战略在关中联军内部却出现了分歧，韩遂认为应该速战速决，放手让曹军渡河，等到曹军渡到一半时再发起反击，让敌人首尾不能相顾。韩遂又犯了"半渡而击"的错误，通常"半吊子"军事家都会有这样的错觉，这让人想起了吕布。《吴子》里确实有"军半渡可击"的话，但战场上的形势往往变化莫测，绝不能教条地看待问题。可是韩遂很坚定，非要改变马超的想法，他是前辈，马超最后只好妥协。关中联军在潼关等待曹军"半渡"，徐晃和朱灵因此有机会顺利转进到蒲阪津，并由此悄悄渡过黄河，在河西岸站住了脚。这时，曹操突然率潼关外的曹军主力向北移动，也要强渡黄河。看到这种局面，马超急了，不再跟韩遂商量，亲自带着人马急速赶了过来。

曹操率军渡过的地方在潼关以东不远的地方，由于行动迅速，大部分人马已经过了黄河。曹操想率主力赶赴蒲阪津，在徐晃、朱灵的接应下渡河，从关中联军的侧翼展开攻击。曹军正在渡河时，马超带着一万多人马杀来了，这是他的嫡系，战斗力最强，正如曹操的智囊们分析的那样，他们擅长使用长矛，跟一般军队的打法不一样，有古罗马军团的风格。那时是我国西汉时期，一支罗马军队辗转流落到汉朝的西域地区，成为匈奴人的雇佣军，总兵力约有6000人。再后来匈奴人被汉朝军队打败，这支罗马军队投降汉朝廷，在河西走廊上的一个叫犁轩的地方居住，而这里正是马超活动的核心地区，所以有研究者认为，马超是一位"古罗马化的将军"，不是说他有欧洲血统，而是说他的部队深受古罗马战法的影响，即以速度和力量见长，使用的都是重量级武器，在战场上的杀伤力很大。

马超率部杀到时曹操还没有渡河，他正坐在一个行军用的胡床上看部队过河，身边只有张郃、许褚等少数将领和不太多的队伍。马超的人马速度极快，瞬间就杀到了跟前，情况十分危急。张郃和许褚见势不妙，赶紧招呼人架上曹操就走，试图登船。有个校尉叫丁斐，大概是负责后勤的，照管着一些牛和马没有渡河，见到情况危急，把牛和马赶出来以制造混乱，掩护丞相逃命。马超手下纷纷跑去捉牛捉马，曹操等人才得以登船，丁斐立了一功。

曹军渡河之处一片混乱，曹操虽然上了船，但危急关头人人都想逃生，大家也不管丞相是不是在船上，都往上挤，把船都快弄沉了，当年汉献帝大逃亡时的狼狈一幕又重演了。许褚急了，挥刀就剁。这时南岸马超的人马开始向船上放箭，膀大力猛的许褚关键时刻发挥了自己的特长，他一边砍人，一边举起马鞍替曹操挡箭。

潼关一带的黄河水流湍急，船只往北岸使劲划，但被水冲着老往东走，一直走了四五里路。马超的军队见状顺着河岸往前追，一边追一边放箭。看到这种情形，已经渡过黄河的曹军将士都吓傻了。偏在这时，船工被乱箭射死，船顺着河水使劲往下漂流，许褚一手举着马鞍子，一手划船，费尽九牛二虎之力，总算到达了对岸。

北岸的曹军见丞相坐的船顺水而下，敌人不断放箭，船上不断有人倒下，都惶惧不已。后来，看见曹操平安归来，大家悲喜交集，很多人情不自禁流下了眼泪。曹操虽然受了惊吓，但看起来仍然满不在乎，笑道："今天差一点儿让马超这小子给算计了！"经历生死险境后获得平安，一般人会有惊魂未定的感觉，想一想那些可怕的事还会沉浸在后怕之中。但曹操每到这时，总会展露出一种轻松的样子，有时不忘开几句玩笑。这看似很随意，但却有良苦用心，因为这样可以抚慰部下们心中的紧张和不安，让大家重新获得信心。

四、贵在现学现用

曹操脱险后率主力顺着黄河向北转进，也到达蒲阪津，这里已被曹军占领，所以没有太费事大军就渡过了黄河，抵达黄河西岸的临晋县境内，该县属三辅之一的左冯翊，位置约在今陕西省大荔县附近。也就是说，曹军已绕到关中联军的左翼，关中联军所依赖的潼关天险已不存在了，曹军两渡黄河，这是马超、韩遂没有料到的。

但来到了黄河西岸的曹军也面临着严峻的问题，他们发现这里的道路状况很差，很难满足这么多人马以及后勤运输车辆调动的需要。时至今日黄河两侧的陕西、山西一带仍然存在交通不畅的问题，原因是黄河及其众多支流把这一带劈成了沟壑纵横的模样。

关中联军迅速调整部署，利用地理优势，不断派出小分队袭扰曹军，尤其是曹军的运输队最容易遭到袭击。为了解决这个问题，曹操下令快速修成了一条甬道。甬道是一种全封闭的道路，类似现在的高速公路，本来是皇帝专用的，为了保证皇帝的出行安全，在路的两边筑起墙来保护。甬道也曾用于军事，楚汉战争时刘邦为了保证源源不断从敖仓运出粮食，专门在荥阳修过一条甬道。用墙来封闭整条道路肯定耗时费力，曹操下令修的这条甬道用的不是墙而是各式车辆，中间用树枝做成连续不断的栅栏。尽管有些简陋，但这一招很管用，有效抵挡了敌人的袭扰，保证了人马和粮草的运输。打仗其实是很艰苦的事，时常会用到工兵作业，当年在安众为了突围，曹操临时使用过"地道战"，如今又打起了"甬道战"，没有强大的工兵还真不行。

在甬道的帮助下曹军不断向南推进，一直来到了渭口，即渭河与黄河的交汇处,也就是潼关所在的位置。之前关中联军与曹操"夹关而军",一个在潼关的西面,一个在东面。现在位置发生了迁移,变成了"夹河夹军",一个在渭河的南面,一个在渭河的北面。渭河是黄河最大的支流,但水流量和险峻程度远逊于黄河,从渭河上攻击敌人要轻松许多。曹军搜集了不少船只,可以乘船渡河,同时工兵又大显神威,迅速在渭河上架起了一座浮桥。就这样,曹军又顺利渡过了渭河,在南岸扎起一座军营。

现在,对关中联军来说相当不妙了。关中联军不仅失去了潼关天险,现在连渭河防线也没有保住,地理优势已不复存在。马超慌了,组织人马出击,他能想到的是趁夜劫营,但这种小儿科的事曹操怎会想不到?曹军早有准备,将敌人击溃,之后曹军的全部人马都到了渭河南岸的军营,与关中联军对垒。

此时已经是农历的九月,由于这一年闰八月,九月相当于十月,天气很寒冷。曹军在渭河边筑营时发现,这里都是沙土地,异常疏松,不利于就地筑营。这个情况事先无法预料,一时难坏了曹操,谋士娄圭建议:"现在天很冷,可以用沙土筑城,一边筑一边浇水,马上就能结成冰,这样的营垒像铁一样坚硬,一夜之间就能筑起百道营墙,一定固若金汤!"曹操一听有理,就下令筑"冰营",果然一夜而成。

曹军在渭河南岸站住了脚,马超多次来挑战,曹操不理,马超受挫,陷入深深的焦虑中。马超觉得还是曹操强大,自己没有取胜的信心,于是请出求和,愿意送儿子做人质,以表忠心。马超还是太天真,这个时候讲和已经不可能,曹操完成了对关中联军的攻击部署,一战即可解决关中问题,怎么会放弃?马超能做的,要么放手一搏,至少当个失败的英雄;要么赶紧撤退,回到凉州徐图再起,跑得越快越远越好。

如果想求和,那就让人捆了送到曹操面前任其发落。想谈判,马超已经没有本钱了。但对马超的请求曹操没有立即回绝,他还在深思。看到这种情况,贾诩悄悄建议不如假装答应他们。曹操问贾诩,答应之后怎么办,贾诩只简单说了几个字:"离之而已。"曹操恍然大悟,马上明白了其中的意思。对凉州军贾诩再熟悉不过了,他最早就是凉州军出身,是董卓手下的一名校尉,后来成为一名智囊。他知道凉州军将领虽然作战勇猛,但有一个通病,那就是多疑,马超与韩遂不和,正好可以拿来做文章。

曹操复信马超，同意谈判。双方会面，曹操带着许褚等少数护卫赴约，关中联军一方是马超和韩遂。见了面，马超却有些心不在焉，他发现曹操身边的人并不多，他是一名虎将，突然产生了袭击曹操的想法。马超正准备动手，猛地发现曹操背后有一个大汉，正直勾勾地盯着他看，目光逼人，充满杀气。马超吃了一惊，他早就听说曹操身边有个叫许褚的人力大无比，勇猛异常，难道是他？马超停下来，装着轻松的样子问曹操："听说您手下有个虎侯，不知道现在何处？"曹操回头一指许褚，说："这就是我的虎侯。"许褚勇冠三军，军中号"虎痴"，又被封为关内侯，因此有"虎侯"的美誉。马超想了想，没敢轻举妄动。

这次见面没有取得实质性成果，没说打，也没说和，双方约定再谈。等到再见面时，不知何故，这一次只有韩遂去了。韩遂和马腾齐名，但他们的出身却大不相同。马腾早年是一名伐木工，地地道道的"穷N代"。韩遂出身好得多，他的父亲举过孝廉，而且跟曹操是同一年举的孝廉，当时全国一年被推举的孝廉最多也不过几十个人，算是一种缘分，有点类似后世同一年中进士被称为"同年"，韩遂本人是朝廷正式任命过的征西将军，跟曹操又是同僚关系，因为上面这两个原因，韩遂自己觉得跟曹操"不是外人"，会谈的气氛很好。说话中曹操跟韩遂越走越近，两匹马不知不觉中走到了一块，两人聊了很久，他们的谈话没有切入正题，而是叙了些旧事家常，说得高兴处，还拍手欢笑。

为保证曹操的安全，曹军士兵在俩人谈话的区域之外放置了很多木头做的障碍物，这样其他人只能在很远的地方看他们而听不到他们具体说些什么，但能看出来他们谈得很投机。那时天下没人不知道曹操的大名，包括从凉州来的少数民族士兵也是一样，但见过曹操的却很少，他们都想近距离看看曹操长什么样。

看到这种情形，曹操高声对关中联军将士开玩笑道："大家想看我曹操吗？我也是人哪，没有四只眼睛两张嘴，只不过智慧多一些罢了！"现场大乐，气氛更加轻松，场面不像是打仗，倒像是为曹操专门举办的明星演唱会，下面都是粉丝。

韩遂不知道这正是曹操的计谋，而这个计谋的发明人还是他自己。16年前，大体上也是在关中地区，韩遂用阵前拉家常这一招让李傕和樊稠翻脸，从而导致樊稠被杀，当时的那一幕有个人一直在阵前观看，这个人就是贾诩，他向曹操提出离间计的时候，脑子里肯定闪过的是这一幕。现在曹操好比是韩遂，马超和韩遂好比是当年的李傕和樊稠，招数不在于是否新鲜，实用就行，以贾诩的机敏，临时克隆了这一招，反过来给韩遂用上，而韩遂还被蒙在鼓里。

马超中招了，韩遂回来后马超问他跟曹操在阵前谈了些什么，韩遂想了半天也想不出来谈过什么正经事，于是老实回答说没什么。这让马超更疑心了，韩遂本来态度就不坚决，是自己反复争取他才参与造反的，他的儿子现在还在曹操手中，他跟曹操之间素无深仇大恨，这样的人随时可能被曹操拉拢过去，要是那样就糟了。

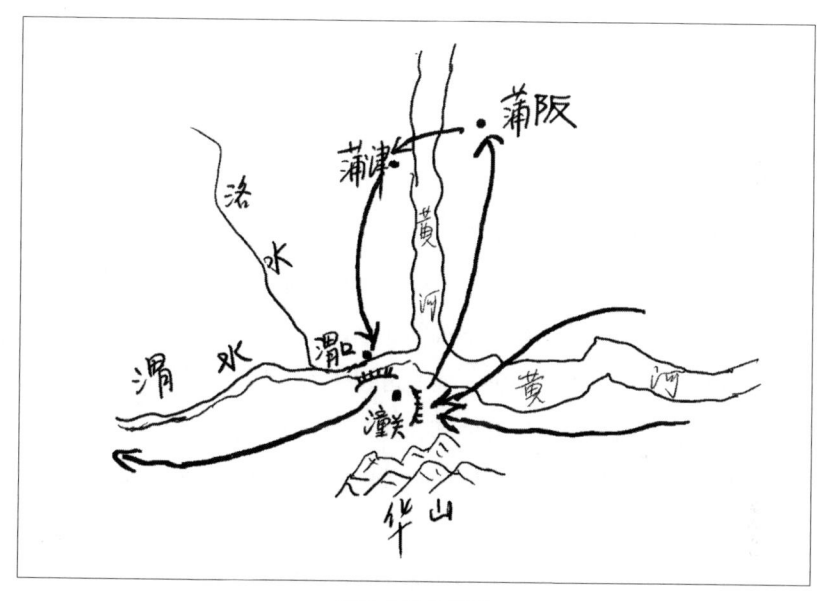

潼关之战示意图

更让马超起疑的事随后发生，他手下的士兵截获一封信，是曹操派人送给韩遂的，这封信写得很神秘，净是让人看不懂的话，而且上面涂涂改改。马超确信这是曹操与韩遂密谋的证据，关中联军于是军心大乱，到了草木皆兵的程度，无心考虑眼前的敌人。

火候差不多了，曹操下达总攻击令。总攻前，曹军先以小股部队进行袭扰，反复冲击，使敌人疲于应对。之后，以虎豹骑为主力突然纵兵杀出，敌人大败，成宜、李堪等人被斩于阵前，韩遂、马超率残部逃到凉州，杨秋逃到安定，程银、侯选逃到汉中，长安重新回到曹军手中，关中平定。

潼关之战打得很漂亮，从战略布局到战役指挥都显示出曹操的高超军事指挥艺术。战役初期曹操故意放慢攻击节奏，让敌人集结，之后及时分兵，巧施甬道、浮桥、冰营，克服了地理上的劣势，又巧用疑兵，关键时刻上演离间计，瓦解了敌人的斗志，使决战毫无悬念。

五、临事独断之权

建安十六年（211）十月，曹操来到长安。关中自古是重地，也称"四塞之地"，言其处在函谷关、大散关、武关和萧关之间，中部是八百里的秦川，经济开发较早，商、周在此起源，秦、汉在此发迹，自董卓挟朝廷西迁以来，关中实际处在割据状态，至此才真正回到了朝廷的控制之下。

下一步，曹操可以实现他的构想，以关中为基地南攻汉中，继而徐图益州，这件事本已迫在眉睫，但到了长安，曹操又犹豫起来。这是因为，关中虽已平定了，但凉州仍然未定。马超、韩遂率残部西逃，跟着他们起哄的关中诸将也有没死的，其中杨秋一部势力仍然很强，他们占领了安定郡，这是凉州刺史部最东边的一个郡，大体范围相当于今宁夏大部和陇东的一小部，固原、平凉以及六盘山都在其中，治所在临泾县，这个位置距离关中实在太近了。安定郡同时处于关中通往凉州主干道的侧翼，想顺畅地进入凉州，打通西域大通道，要先解决这个威胁。所以，当下的任务不是发起汉中战役，而是先解决杨秋。

曹操在长安做了短暂休整，又亲自率军征讨安定郡，把杨秋包围在临泾。杨秋情况不详，也许是董卓时代凉州军的旧部，也许是近年趁乱而起的地方实力派，属于卫觊所说的"竖夫崛起"一类人物，他曾被朝廷收编过，并且还被封了爵位，看来实力不小。杨秋也许之前就驻扎在安定郡一带，被马超挑动造反，他这样的人在政治上并无野心，只安乐于当前的富贵而已，看到曹操亲自来招呼自己，杨秋就投降了。

考虑到广大西部地区的治理是一件复杂而头疼的事，曹操果断做出决定，保留了杨秋的官职，恢复了他的爵位，让他继续率部留守在安定郡。曹操的这个做法有些冒险，如果杨秋是个反复无常的人，待曹军主力撤走后继续叛乱，那么就会成为一个很坏的示范。但同时，如果杨秋是个可信赖的人，大胆使用他，不仅可以稳固一方，而且可以成为一个好榜样。曹操这次没看走眼，杨秋从此对曹魏忠心耿耿，一直驻守在安定郡，成为曹魏版图上"安定的一郡"。曹丕继位后提升他为冠军将军，配合张郃、郭淮等人镇抚凉州，立下了不少功劳，晋封为县侯，是关中诸将里结局最好的一个。

安定郡的南边是汉阳郡，再南边是武都郡，这三个郡自北向南一字排开，共同组成了凉州东面的门户，现任凉州刺史韦康在后面这两个郡里有一定实力。韦康字元将，关中人，他是前凉州牧韦端的儿子。韦端在凉州多年，有一定基础，官渡之战前韦端曾派杨阜来许县探听情况，看看应该站在曹操一边还是袁绍一边，他听从杨阜的劝告最后支持了曹操，后被朝廷征为交通部部长（太仆），朝廷同时任命韦康为刺史。

韦端有两个儿子，另一个儿子就是著名书法家韦诞，而韦康也工于书法。韦诞还是汉末著名的制墨家，时人以他制的墨与张芝制的笔、左伯制的纸并称文房里的"三绝"。韦康算是官宦之子，大高个，很有才干，被孔融所称赞，荀彧曾向曹操推荐过他。韦康虽然担任凉州刺史，但凉州长期以来被实力派军阀所割据，他的控制范围仅限于汉阳郡一带，曹操平定安定郡后，仍然让韦康担任凉州刺史。

三郡平定，凉州刺史部的东大门完全打开了。此时马超、韩遂的主力退到了金城郡一带，曹操决定抓住这次难得的机会继续进军，彻底平定凉州。然而就在这时曹操接到了紧急情报，说邺县那边出了问题，有人发动叛乱，曹操大吃一惊，下令撤军。原来，在曹操西征期间邺县附近的河间国爆发了田银、苏伯领导的民变，势头很猛，整个幽州、冀州都受到了波及。情急之下曹丕决定亲自出征，五官将功曹常林曾任职于博陵、幽州，对那边的情况比较熟悉，他劝道："北方吏民都希望和平安定，对战乱已经彻底厌倦，安分守己的人是大多数。田银、苏伯只是乌合之众，野心大但才智不足，难成大患。现在丞相率主力远征，外有强敌，将军您应该在此坐镇天下（将军为天下之镇也），轻易出兵，即便取胜也不算大智大勇。"曹丕听后，点头称是。

曹丕改派部将贾信率兵征讨，很快将这场农民起义扑灭。贾信其人情况不详，史书中共有两次出场，另一次是在此前的建安八年（203），他曾受曹操指派驻军黎阳以监视袁氏兄弟。

但是，另外一处记载显示这场农民起义势头要大得多，为了镇压这场起义曹操不得不从西征军里抽调出相当一部分人马参加平叛，总兵力多达七个"军"，将近10万人，西征军主将之一的曹仁代理骁骑将军，担任总指挥。这场起义虽然被扑灭了，但它说明曹操控制区的局势很不稳定。因为连年征战的原因，百姓的负担越来越重，除了承担兵役外，还有沉重的税赋，不满情绪在不断积累。

这场起义让曹操暂时放弃了平定整个凉州的计划，他还是决定撤军。有一个人听说了这个消息，赶紧跑来见他。这个人曹操认识，就是之前出使过许县的杨阜，此时担任凉州别驾，是韦康的副手。这次到凉州来，曹操一直惦记着他，有意让他到丞相府任职，但韦康请求让杨阜留下来。

凉州刺史部州治在汉阳郡冀县，今甘肃省天水市以西，杨阜就是这个县的人，这两天他刚好奉韦康之命来安定郡拜见曹操，听说大军要撤走，杨阜求见曹操，劝道："马超有韩信、黥布之勇，很得羌、胡之心，西部州郡都害怕他，如果大军撤回，不做周密准备，陇上诸郡恐怕将落入他的手中。"

曹操虽然认为杨阜说得有理，但后方的事也很紧急，不容他在此做太多停留。这一年的12月，曹操率军回到了长安。留谁驻守长安呢？最理想的人应该是曹仁，他单独驻守过江陵，有独当一面的经验，但他现在平叛去了。曹操于是留下夏侯渊，让他行护军，该兵团主要由张郃、朱灵、路招所部组成。为协助夏侯渊，曹操任命张既为京兆尹，张既在关中地区当过县令，是钟繇的得力助手，在调马腾入京就任卫尉一事上他处理果断，调度得当，受到曹操的赞赏。

做了这些妥善安排，曹操很快离开了长安，于第二年正月回到了邺县。此时的邺县，民变已被扑灭，恢复了平静。曹操一回来就听取了曹丕、曹仁、程昱等人的汇报，他听说除了战场上被诛杀者外还抓了不少俘虏等待处理，曹操问大家是什么意见，冀州长史国渊建议惩治首恶就行，其他人应予宽大处理，曹操接受了这个建议，有1000多人因此活命。

国渊也是郑玄的学生，跟御史中丞郗虑、丞相东曹掾崔琰都是同窗。这次民变后，曹操下令各地方、各部门上报战果，结果有不少虚报、多报，曹操让有关部门严格核查，最后发现国渊上报的数目最真实，曹操问国渊是怎么想的，国渊说："征讨敌人虚报战功的，只是想把自己的功劳夸大些，河间国在冀州辖区内，田银等叛逆虽被剿灭亡，但作为地方官我深以为耻。"

曹操最喜欢老实人，听了国渊的话感到很高兴，后来提拔他当了魏郡太守。当初贾信等人进攻田银、苏伯，起义军里也有大量人员请求投降，曹丕让大家讨论，大家都认为应该遵守制度，即围城之前投降可以接受，一旦围城即使投降也要诛杀，程昱对此有不同意见："诛降发生在天下扰攘之时，围而后降的不赦，用来示威于天下。现在是和平时期，又发生在自己的辖区内，面对必降之贼，杀了无法立威，已经与先前诛降的用意不同了。所以，我认为不能诛杀，即使要诛杀，也应该先报告丞相。"

但其他人不同意，认为五官将有临事独断的专权，不用再请示，可以诛杀。程昱听了，没有吱声。曹丕起身，专门询问程昱还有什么意见，程昱说："所谓临机专断是遇着临时之急，瞬间发生的事来不及请示才可以用。现在贼人已被贾信将军控制，不会有朝夕之变，所以老臣我不想让将军按临事专权办理。"曹丕认为有道理，采纳了程昱的建议。曹操听了曹丕的报告，高兴地对程昱说："你不但明晓于军计，还很善于处理我们父子之间的关系。"

六、一群小人物成大事

此次撤军后，曹军的主力很长时间里都无法再回凉州，因为主战场慢慢转向了合肥，荆州方向也承受着很大压力。曹操的确错过了一次平定凉州的好机会，不过这种遗憾随后就得到了弥补。在短短的两年时间内，凉州的局势突然峰回路转，韩遂兵败被杀，马超无法立足而逃走，凉州纳入曹操控制区。这可谓一场惊人的变化，造成这种变化的关键人物有两个，这两个人前面都提到过，一个是杨阜，一个是阎行。

曹操率大军撤走后，虽然留下夏侯渊驻守长安、留下韦康和杨秋等人驻守凉州东部三郡，但对凉州腹地鞭长莫及，凉州各种势力在马超的鼓动下又蠢蠢欲动，马超还联络了在兴国的羌族首领阿贵、在白项的氐王千万等部族势力再次起兵。不知何故，韩遂没有参加这一次行动，马超率人攻效忠于朝廷的郡县，有些地方虽然不愿意跟着起事，但害怕马超，也都应和他们，只有汉阳郡、安定郡没有投降。

韦康在汉阳郡，在杨阜的竭力劝说下，韦康决定率全城军民拼死抵抗，他们坚守凉州州治所在地冀县，等待朝廷援军的到来。马超率一万多人将冀县围了起来。马超联络了汉中的张鲁，张鲁这次倒答应了，派将领杨昂率兵前来助战。冀县保卫战从建安十八年（213）正月一直打到八月，打了半年多，极为惨烈。守城的士兵只有1000多人，兵力对比至少十比一，但马超却没能攻进去，原因是城里有一位不知名的高人。

杨阜是冀县本地人，杨氏宗族子弟全部上了城墙，杨阜有个堂弟叫杨岳，精通阵法，他在城墙上修筑了一个偃月营，来跟马超死战。所谓偃月营，就是一种形似偃月的阵法，常常用于背山冈、面陂泽之地，轮逐山势、弦随面直，适合于地窄山狭之所，城上地方狭小，正可以采取这种方法。这种阵法很有效，马超、杨昂打了好几个月，冀县仍然未破。

奇怪的是，身在长安的夏侯渊一直没有反应，说他不知道这里发生的事有些不太可能。但如果他还不及时来救，冀县终将不保。韦康、杨阜商量后，决定派人冒死出城搬救兵，派出去的人名叫阎温。冀县城紧邻渭水，阎温趁夜从水中潜出城，天亮后城外的敌兵发现水迹，派人来追，追到显亲县时把阎温追上了。显亲县位于冀县以北，看来阎温打算先逃到安定郡，在那里找到杨秋，再设法向长安的夏侯渊求救。

阎温被抓回来，马超对他很客气，解开他的绑绳说："现在成败已无悬念，足下为孤城请救兵而被抓，想行大义又如何做到？如果听我的，你对城里说外面没有救兵，可以从此转祸为福。不然，现在就杀了你。"阎温答应，马超命人把阎温带到城下，阎温却对城上大呼："大军不过三日就到，大家要坚持呀！"城上的人听到，群情激昂，高喊万岁。马超大怒，威胁阎温说："你不想活命了吗？"阎温不理，马超还想诱降他，每次都遭到阎温的谴责，阎温最后被杀，临死前说："事君就要死无二心，让我说不义之言，我岂能苟且偷生？"

阎温说大军三天就到，只是一句激励大家的话。几天过去了，援军仍未到，城里的士气开始低落，就连韦康都有投降的打算了。杨阜竭力劝说，甚至流下眼泪："杨阜等率父兄子弟以义气相激励，至死也没有二心，当年田单守城也不过如此。现在放弃马上就能得到的功劳，陷于不义之名声，我宁愿以死相守！"杨阜越说越激动，不禁大哭起来。

但韦康等人还是决定投降，他们打开城门迎接马超入城。马超占领了凉州最重要的城市冀县，在此自称征西将军，兼任并州牧，负责处理凉州一切军政事务（督凉州军事）。韦康虽然投降却没能保住性命，马超让杨昂把韦康杀了，但奇怪的是，却没有追究杨阜，也许因为杨阜是本地人，在这里势力很大，马超还想加以拉拢和利用。

但杨阜只想报仇，可惜的是一直没有机会。这时他的妻子去世了，他以丧假为由离开了冀县。杨阜有个表兄叫姜叙，手里有一些人马，屯兵在历城，此地位于冀县以南，前往武都郡的方向。杨阜到了历城，见到了姜叙，拜会了姜叙的母亲。杨阜把此前在冀县的事跟表兄说了，言谈之中很悲切，他们的谈话被姜叙的母亲听到，她支持儿子参加杨阜的计划。

于是，由杨阜牵头，姜叙找来同乡姜隐、赵昂、尹奉、姚琼、孔信等人，还有武都郡人李俊、王灵等，约好共同讨伐马超。姜叙还派堂弟姜谟悄悄潜进冀县，设法联络杨岳，杨岳被马超看管，暂时没有自由，姜谟又联络了梁宽、赵衢、庞恭等人。这样就有了十来个骨干分子，他们在汉阳郡秘密结盟，同时派一部分人潜入冀县，其中包括赵昂。赵昂当过县令，后来给韦康当过军事参谋，他的妻子名叫王异，夫妻二人都参加了冀县保卫战，韦康想投降时赵昂也曾苦苦相劝。

马超进城后想拉拢赵昂，但又不完全信任他。马超的妻子杨氏听说王异不一般，主动请来相见，王异知道丈夫已秘密参加了图谋马超的行动，为了赢得马超的信任，她与杨氏也主动接近，最终获得了杨氏的信任，通过马超的妻子杨氏这层关系赵昂也得到了马超的信任。

建安十七年（212）九月，杨阜、姜叙在距冀县不远的卤城起兵，马超亲自率兵来讨伐。马超一走，潜伏在冀县的赵昂、赵衢、梁宽等人设法把杨岳救出，利用杨岳、赵昂在冀县的影响力很快控制了冀县城，杨岳下令关闭城门，杀了马超的妻子杨氏及儿女。马超在卤城遭到杨阜、姜叙的抵抗，杨阜亲临一线，身上先后负了五处伤，本族子弟也有七个人战死，在他们的拼死抵抗下，马超无法得手。马超回兵，但冀县已失，只得转而去偷袭历城。

马超的人马开到历城，城里居然认为这是姜叙等人回兵，没有任何防备，马超轻松地将历城占领，抓住了姜叙的母亲。马超想用姜叙的母亲做筹码进行谈判，姜母痛斥道："你这个背弃父亲的逆子，杀害守君的贼人，天地岂能容你，不早点去死，还有什么面目活着？"姜母故意激怒马超，求得一死。马超大怒，把她杀了。

马超无法在历城立足，下令一把火烧了历城，之后由武都郡逃往汉中，张鲁还真够意思，又给了马超一些人马，让他重新夺回凉州。这时候夏侯渊终于决定率兵来救了，有人建议先向邺县汇报后再做行动，但夏侯渊认为长安到邺县来回4000里，等接到命令凉州那边肯定坚持不住。夏侯渊说得没错，但这个想法为何不出现在一年前？

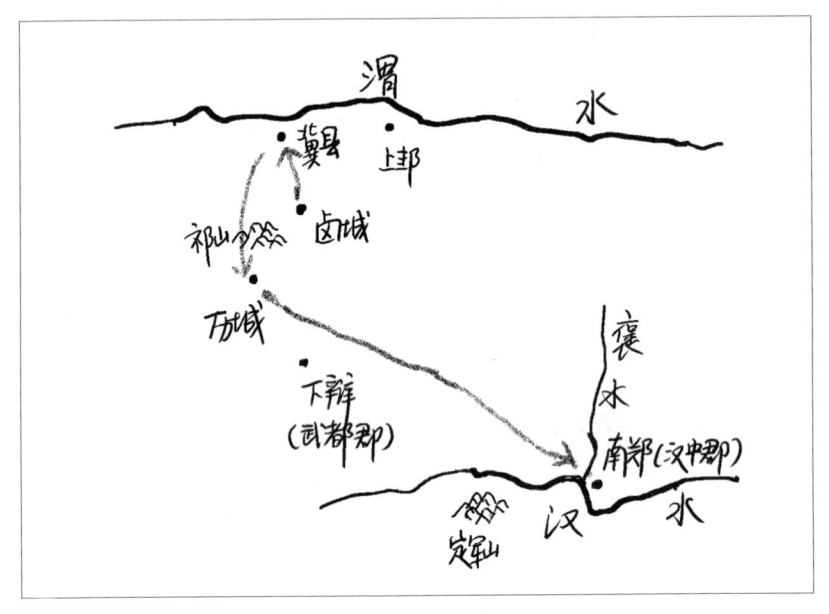

这一次夏侯渊行动很快，他命张郃率5000人先出发，从陈仓入凉州，他自己督运粮草紧跟其后。张郃过了陈仓，在渭水上游遇到马超，马超率领由氐人和羌人组成的联合兵团共数千人来战张郃，但刚一接触就败了下来，只得再次逃往汉中，从此不再做反攻凉州的打算。

马超败走汉中示意图

夏侯渊率大军随后开到，原来被迫效忠马超的凉州西部各县全部投降，对曹操来说这绝对是个意外收获。为表彰收复凉州的有功人员，曹操以朝廷的名义连封十一个人为列侯，他们过去都是一些小人物，关键时刻都能挺身而出，从而建立了特殊功勋。杨阜上表辞让，曹操不许，亲自给他写信要他接受。杨阜后来担任过益州刺史、金城郡太守、武都郡太守等职，曹丕继位后担任过将作大匠、少府卿，以直言恳谏著称。

七、设立雍州刺史部

关中平定后,曹操回到邺县并没有对马腾动手,马超第二次起事,曹操忍无可忍了,就在马超逃往汉中的同时,曹操下令把卫尉马腾以及他的两个儿子在内的数十口人全部诛杀。应该说,不能怪曹操太狠,马超自己得负更大责任。

在此次马超起事中韩遂没参加,不过他一直都在凉州。金城郡是韩遂在凉州的大本营,即今甘肃省兰州市一带。韩遂造反的意志并不强,他一直抱着有朝一日与曹操和解的幻想,所以这一次他坚决没有参与,但曹操杀马腾的时候也顺便把韩遂的儿子杀了,韩遂感到了绝望。

曹操看来对韩遂也彻底绝望了,转而把希望寄托在阎行身上。曹操没杀阎行的父亲,还派人秘密潜入凉州,给阎行送来一封亲笔信,信中写道:"我看韩遂的所作所为十分可笑。我前前后后给他写了不少信,信中无话不讲,到了这种地步还如何忍耐?你的父亲知晓大义,目前很平安。即便如此,牢狱那种地方不是赡养父母的场所,况且我也不能为你长期赡养老人哪!"可以看出,曹操对阎行迟疑不决也有些不满,话也说得很明白,他的父亲暂时不会有生命危险,但不能等得太久。阎行接到信后,感到压力很大。

韩遂察觉到阎行的不安,他担心阎行有二心,于是强迫阎行娶了自己的女儿,试图以此拉住阎行。韩遂派阎行以西平郡太守的身份向西发展势力,与金城郡形成掎角之势。西平郡是建安年间分金城郡部分县新置的郡,治所在西都县,即今青海省西宁市,现在湟源、乐都之间的湟水流域都属该郡,下辖西都、临羌、安夷和长宁等县。阎行有了独立发展的机会,立即反过来向韩遂发起进攻,但实力不够,被韩遂打败,最后带着家人逃到了内地,后来见到了曹操,被封为列侯。

阎行虽然没有打败韩遂,但对韩遂形成了重创,尤其在心理上彻底打垮了韩遂,韩遂很伤心,对心腹成公英说:"大丈夫遇到危难,祸患的根源居然从婚姻开始!如今连亲戚都要背叛我,人马又少,看来只能从羌中向西南去投奔蜀地了。"成公是复姓,成公英是金城郡本地人,对韩遂一直忠心耿耿,听说韩遂要去投刘璋,成公英劝道:"将军兴兵数十年,现在虽然遇到挫折,哪能放弃自己的门户投靠他人?"韩遂说:"我年纪大了,你有什么办法教我?"成公英说:"曹操不可能亲自从远方赶来,这也就是姓夏侯的主事而已。夏侯氏人马无法追赶上我们,又不能在这里久待,我们暂时在羌中休养,等待他离去,然后聚集以前的人马,我们还会有所作为的。"这时候夏侯渊的大军已经抵达凉州，金城郡肯定守不住了，韩遂认为成公英说得有道理，于是带着随从以及男女数千人到了羌人那里，由于他向来对羌人很好，羌人愿意保护他。

羌人的核心活动区在长率一带，在他们的支持下韩遂进驻到显亲，此地在冀县的北面。夏侯渊占领冀县后率兵攻打显亲，韩遂不敌，逃往略阳城，夏侯渊缴获了不少辎重粮草，同时展开追击，又追到略阳城，此地在显亲县东北方向。当时凉州境内除韩遂余部和羌人外，还有一支势力较大的人马是氐王，下一步如何行动？夏侯渊手下部将有两种不同意见，一种认为应该攻击略阳，一种认为应该攻击兴国的氐王。夏侯渊认为韩遂人马虽然不多却都是精兵，而兴国城池坚固，不能立即得手，这两个地方都不能轻易攻击，而应该先攻击长离一带的羌人。

夏侯渊认为，韩遂与羌人关系紧密，已结成同盟，韩遂部下有很多人的家眷都在长离，如果攻击长离，韩遂不想救都得来救，韩遂只要离开略阳，在运动中必然能得到歼敌的机会。夏侯渊留下一部分人守辎重，自己率轻兵直趋长离，韩遂果然率部来救。双方相遇，对曹军来说此时敌众我寡，大家不免有些担心，想结营与敌人打持久战，夏侯渊却说："我们转斗千里，士兵们已经很累了，再修筑营垒，士兵会更疲惫。敌人虽然很多，但没有什么可怕的。"夏侯渊下达攻击令，为了鼓舞士气，他亲自擂鼓，曹军将士个个用命，最后大败韩遂军，缴获了敌人的指挥旗，之后得胜而回，又将略阳攻克。

夏侯渊命部队在略阳稍作休整，之后向兴国发起了进攻。兴国是氐人的势力范围，在兴国的氐人首领叫阿贵，另外在百项还有一个氐人首领叫千万，他们都称氐王。虽然他们都很勇猛，但也没有挡住曹军的进攻，阿贵被击破，千万战败后逃往汉中去投奔马超去了。夏侯渊率部乘胜追击，连战高平、屠各等地，都获得大胜。陇西郡有个地方叫枹罕，位置大约在今甘肃省临洮县以西，是董卓的家乡，此地有个叫宋建的人，趁着凉州大乱自称河首平汉王，任命了丞相等官员，跟袁术一样做起了土皇上，已有30多年，朝廷的军队也曾讨伐过几次，都没能消灭宋建，反而让宋建壮大了实力，手下已有数万部众。

连败韩遂和羌人、氐人后，曹操下令夏侯渊出击枹罕。这一年10月，夏侯渊自兴国出兵枹罕，在人马并不占优势的情况下，只用了一个月时间就活捉了宋建，将其本人及丞相以下所有官员全部斩杀。之后，夏侯渊又派张郃等人率兵平定了河关，深入小湟中，河西地区的羌人部族全部投降，至此凉州全境宣告平定。曹操很高兴，专门发来了嘉奖令，其中说道："宋建作乱30多年，夏侯渊将军一举灭之，虎步关右，所向无敌，正如孔子所说的'吾与尔不如也'。"至于韩遂的下落，史书没有详细记载，有的提到他在略阳之战后不久就死了，是死于战斗，还是死于疾病，不得而知。

从建安十六年（211）起，曹军用了三年多的时间，在没有付出特别大代价的情况下平定了关中，得到了凉州，收获巨大。曹操命令夏侯渊仍撤回长安，授予他假节的特权，统筹西部地区的军务。

为了理顺西部地区的行政管理，曹操以朝廷的名义对行政区划进行了重大调整，撤销凉州刺史部，改设雍州刺史部，将原凉州刺史部的全部以及原属司隶校尉部的关中地区划归新设的雍州刺史部。首任雍州刺史的人选早就在曹操心中了，他就是刚刚就任京兆尹的张既，曹操命他统一管理关中以西地区的政务。张既上任前专程赴邺县听取曹操的指示，他是关中地区的左冯翊人，也在雍州辖区内，能在家乡当父母官说明汉末的"三互法"早已荡然无存了，曹操笑着对张既说："你这次回到家乡，可以算得上衣锦还乡了吧！"看来曹操此时的心情格外轻松，西线总算告一段落，他可以放心地考虑南线和东线两个战场的事了。

第十章 西据益州

一、刘璋坐不住了

关中之战改变了北方的格局，受震动最大的一个是汉中的张鲁，一个是益州的刘璋。张鲁知道，关中既平，曹操的下一个目标一定是他。刘璋也知道，张鲁若败，曹操一定会从汉中进攻益州。张鲁和刘璋都知道，凭借他们本身的力量要做到自保根本不可能，为求生存，他们都在努力地找办法、找出路，不过他们的想法不太一样，张鲁倾向于投降，刘璋倾向于抵抗。投降当然好办，而要抵抗，就不那么容易了。

除了他们，孙权和刘备也都在关注着这边的局势，孙权想起周瑜临终前当面向自己提出的建议，认为现在正是进军益州的好机会，于是派人到公安给刘备送去一封信，信中说："张鲁据有巴郡、汉中郡为王，为曹操作耳目，妄图吞并益州，刘璋不武，无法自守，如果曹操占据蜀地，则荆州危矣。现在我想先攻取刘璋，之后进讨张鲁，使首尾相连，一统吴楚。如此，即使有十个曹操来，也没什么可担心的了。"在信中孙权只说统一吴楚以对抗曹操，没有说谁去统一、统一之后怎么办，对刘备来说对付曹操当然很重要，但孙权也绝不是善类，这种借道伐蜀的事当然不能答应，谁敢保证孙权不会来个"搂草打兔子"？更何况，益州早已成为刘备的必取目标，又怎会拱手让给别人？

刘备想了想，给孙权回了封信："益州百姓富强，土地险阻，刘璋虽弱，足以自守。张鲁为人虚伪，未必肯忠于曹操。现在如果骤然用兵，人马军需将运转于万里之间，要取得成功，吴起、孙武在世也不敢保证。曹操虽有无君之心，但是却有奉主之名，听说曹操失利于赤壁，现在已无远志。如今天下三分，曹操据其二，他的想法是饮马于沧海、观兵于吴会，怎么肯去攻打汉中、益州？我们之间不应互相猜疑、攻伐，那样就会让曹操有机可乘，非长久之计。"刘备不同意孙权的提议，不仅不同意，还把孙权恶心了一下，说什么益州和汉中都不好打，吴起、孙武在世都未必能办成，你孙仲谋更没办法，你别惦记汉中和益州了，人家曹操正盯着你的江东呢，还是好好想想该怎么自保吧？刘备就差直接说："我要是你都愁死了，还顾得上打别人？"

接到刘备的回信，孙权气得够呛，这个妹夫看来真是大家说的那样，表面忠厚其实奸诈得很，不答应算了，还说那么多？孙权有些后悔，当初不该把南郡让出来，如果南郡还在自己控制之中，就不存在借道的问题了。孙权越想越生气，盛怒之下决定单干。孙权下令,命孙瑜率水军集中于夏口,摆出一副溯江而上的阵势,之后再次知会刘备,江东水军要经过荆州攻打益州。此时鲁肃是江东在荆州方面的总负责人,孙权没让鲁肃负责西进行动,是不是对他不信任呢?其实不是,进军益州是大事,不是依靠荆州的力量就能完成的,必须调动整个江东的人马,孙瑜是孙坚弟弟孙静的次子,孙权的堂兄,此时的军职是奋威将军,而鲁肃还只是偏将军,由孙瑜统一指挥西进行动,更符合当时的实际情况。照会发出,刘备不理,想硬闯,那就来吧。公安、江陵、夷陵、秭归这些长江上的要塞全部都掌握在我的手中,我不同意,你以为你能过得去?

  孙瑜也不让,做出非过不可的姿态,眼看两个盟友就得在当年赤壁之战的那一段长江上打起来,刘备给孙瑜写了封信,信里说:"我刘备与刘璋同为宗室,凭借先人的英灵匡扶汉朝。今天刘璋得罪大家,我深感悚惧,不敢听闻,希望阁下对他能加以宽贷。"信里还撂下一句狠话:"你如果强行通过攻取蜀地,我就披发入山,决不在天下人面前失去信义!"刘备拿忠义做挡箭牌,让孙权、孙瑜无话可说,更重要的是,刘备看来翅膀已经硬了,敢摊牌了,所谓披发入山,其实就是不惜一战的意思。

  刘备的确做着开战的准备,他让诸葛亮立即从临烝回来,迅速调整了军事部署,让关羽屯江陵,张飞屯秭归,诸葛亮屯南郡,自己驻扎在公安,一字排开,布下重重防线,防备江东的人马硬闯。孙权尽管气得要命,但硬拼他并无把握,即使获胜,也将使曹操坐收渔利,那是最坏的结果。考虑到这些,孙权只好命孙瑜回来。

  成都城内,刘璋整日如坐针毡。刘璋比张鲁还着急,因为他不想投降曹操。但如何化解即将到来的危机,他一时也想不出太好的办法。如果没有荆州作为前车之鉴,他或许也会选择投降,但他看到刘琮投降曹操后荆州立即陷入多路势力的争夺中,多少年来两代人辛苦经营的基业瞬间被战火摧毁,曹操对刘琮等人的安排更让刘璋寒心,他感到曹操现在是个很冷血的人,投降没有出路,束手就擒他更不甘心,毕竟益州地方很大,他们父子在此经营多年,有一定的势力和基础,还有与曹操周旋的可能。

  有一个人对刘璋的这种心态很了解,他就是别驾张松,上次出使荆州让他对曹操极度反感,所以不希望将来的益州是曹操的天下,为此他内心希望刘备能来益州主持大局,但一直苦于找不到机会。现在机会来了,张松于是向刘璋提出建议，认为如果邀请刘备来益州，不仅可以增加益州的防卫力量，而且可以抢在曹操之前打败张鲁、夺取汉中，汉中在手，将成为益州的缓冲地带，曹操便不敢轻易窥视益州。张松的建议某种程度上打动了刘璋，在刘璋看来，联合刘备至少有两大优势，一来刘备也是汉室宗亲，跟自己是本家，二来刘备与曹操之间有深仇，在抗曹这件事上刘备比谁都坚定，请他来很可靠。

但这毕竟是大事，刘璋还要再考虑一下，此时还有几个人也向刘璋纷纷进言，赞同张松的观点，这几个人里有法正、孟达等人，他们的政治观点都差不多，属于一个叫"扶风派"的小团体，除法正、孟达外，主要成员还有射援、上官胜等人，他们都是关中地区的扶风郡人。

益州的政治格局很有意思，这里距离朝廷挺远，但政治派别却不少，有益州的本土派，也有随刘璋父子入川的所谓东州派，而在这两大派系之外，还有一些人既不是出身于本土，也与刘璋父子没有太深渊源，比如扶风这一派。刘璋父子依靠东州派对本土派时拉时打，而对扶风派的这些人，基本上没有放在眼里。扶风派人单力薄，历来不受重视，随时会被边缘化，但他们个个都是人才，很有智谋和想法，总想找机会改变现状。在对待引进刘备这件事上，本土派主流想法是反对，来了个刘焉、刘璋，已经把他们搞得很不爽，再来个刘备，岂不更受气？而东州派还没拿定主意，不过内心倾向于有个外人来帮忙，既能对付曹操，也能弹压本土不服的势力。扶风派们则强力支持，刘璋不行，换个人来总是多了次机会。张松是益州本地人，但他与扶风派的法正、孟达关系很好，政治上和他们是一路人。在法正、孟达等人的策划下，经过张松不断地向刘璋建议和施加影响。

刘璋最终拍板：请刘备来！但刘备是怎么想的还不知道，如果人家没有这个打算，那不就白激动了？为此，必须派个使者先探探路。刘璋问张松谁合适，张松顺势推荐了老朋友法正。法正字孝直，扶风郡郿县人，此时大约35岁。他的祖父名叫法真，有清节高名，活了89岁，知名于世，号称玄德先生，其号与刘备的字相同。法正的父亲叫法衍，当过司徒掾、廷尉左监。建安初年长安经历的那场大动荡后又逢大饥荒，关中一带大量人口外逃，法正和好友孟达就是那时一起入蜀依附刘璋的，他们都是很有才能的人，但刘璋不识人，法正在益州一直郁郁不得志，过了很久才当上了个新都县令，后改任军议校尉，但不受重用，常遭排挤诽谤，十分苦恼。法正常在张松面前感慨自己的遭遇，有时也发发牢骚，认为刘璋不是个能成大事的人。张松虽然是益州本地人，但在政治上与扶风派很相近,可以归入这一派。张松向刘璋推荐了法正,为了不引起刘璋的疑心,法正还假模假样地推辞了一番,之后受命出使。

消息传出,刘璋身边的其他一些人立即反对,刘璋的主簿黄权劝刘璋说一国不容二君,希望刘璋慎重考虑。有个叫王累的做得更绝,为劝说刘璋不惜自刎于州属衙大门外,来了个尸谏,希望刘璋能够警醒,但刘璋不为所动。刘巴也劝刘璋不要这么做,这位仁兄不是去了交州吗,怎么又来到了益州呢?刘巴开始确实去了交州,到交州后改姓张,想重新开始自己的人生,无奈与交阯郡太守士燮计议不合,于是经牂牁道来到益州,到了益州郡又被人拘拿,太守要杀他,幸亏郡里的主簿看他气度不凡,没有杀,主簿请命亲自送刘巴到成都,见到刘璋。刘巴的父亲刘祥当太守时曾举荐过一个孝廉,此人就是刘璋的父亲刘焉,因为有这层关系,刘璋待刘巴很尊重,每有大事都向他征询意见。刘巴认为刘备不会屈居人下,把他弄来必然是引狼入室。但是刘璋心意已决,仍然命法正成行。

二、"献地图"疑案

法正带着刘璋的嘱托、肩负着扶风派的政治理想赶赴荆州,当时刘备应该在公安,从成都到那里大概要走2000里路。刘备跟法正还不太熟,当着众人的面法正传达了刘璋的意思,想邀请刘备带兵入益州。直到这时刘备大概还不清楚葫芦里装的都是什么,如果只充当雇佣军的话,他没有兴趣。

公事说完了,法正主动要求与刘备单独谈谈,刘备知道,这才是重点。果然,在这次谈话中法正道出了帮助刘备夺取益州的具体计划,法正说:"以将军的英才,应该乘刘璋的懦弱而有所作为。张松在益州是个重要人物,他可以从里面响应您,得手之后就拥有了益州的殷富以及天府之国在地理上的险阻,以此成就大业易如反掌!"对刘备来说,居然有人如此会意于他的心思,知道他对益州正在千思万想,所以白送给他。这已不是困了有人送枕头那么舒坦了,而是焐着十八床被子也做不出来的春秋大梦!刘备确信法正没有使诈后,又与他密谈了后面的一些细节。送走法正,刘备火速把诸葛亮、关羽、张飞、庞统等人从各地召来,商议前往益州的具体事宜。

成都方面,法正回来以后报告了荆州情况,说刘备已经答应来益州,可以就此做出正式安排，可刘璋听了却又不那么着急了。原来，法正走后一些反对刘备来益州的人继续劝说刘璋，而刘璋也冷静了许多，所以他还要再想想。看到这种情况张松着急了，事情眼看就要成功，决不能半途而废。

张松很了解刘璋的心理，知道他最怕什么，于是故意向他密报："现在得到消息，庞羲、李异等人听说时局将变，他们现在很活跃，正密谋私通外敌，如果不赶紧请刘豫州前来，敌人攻其外，他们攻其内，必然失败！"

庞羲曾是朝廷的议郎，与刘璋父子有通家之好，刘焉当年密令其子刘范私通马腾袭取长安，事情败露，刘范被杀，庞羲招募勇士解救了滞留在长安的刘范的几个儿子，也就是刘焉的孙子，之后把他们带到益州，受到刘焉的感激和器重。张鲁后来独立发展，刘焉很生气，曾派兵进攻张鲁，负责对张鲁作战的就是庞羲。庞羲原本只是个"外来户"，由于手里有了兵权，势力因而不断壮大，后来被刘焉任命为巴西郡太守。刘璋继位后庞羲变得有些不太听使唤，刘璋碍于庞羲的实力一直容忍和迁就着，以后又发生了赵韪反叛事件，有情报称庞羲也参与了，刘璋虽没有因此跟庞羲摊牌，但对他已经完全不再信任。

张松还提到了一个李异，其人情况不详。史书上确有李异其人，但那是孙权手下的将领，参加过夷陵之战，应该不是张松提到的这个人。张松说的这个李异应该也是益州地方的实力派，与庞羲一样对刘璋并不忠心。张松的话让刘璋大受触动，他不再犹豫，正式向刘备发出了邀请。

刘备接到报告后大喜，此次刘璋仍派法正来请刘备，随法正一同前来的还有扶风派的另一位干将孟达。刘璋为表示诚意，还让他们带来了数千人马，拨归刘备指挥。刘璋现在反而特别担心刘备不来，所以不惜血本。有一个记载，说刘备之前与张松有过一次相见，谈话中多询问蜀中的一些情况，尤其关心军事部署及山川地理等，张松这次干脆画了幅地图，把各种重要情况一一标明，让法正和孟达带来，作为献给刘备的一份大礼。

这条记载似乎有问题，因为查阅史料，迄今为止还没有发现张松与刘备见过面的记载，张松上次来荆州见到的只是曹操，地点应该是在江陵，那时刘备已逃至夏口，张松不可能再与他见面，所以有人认为"献地图"这件事不可靠。其实不然，张松既然已钟情于刘备，就会想尽各种办法来帮他，法正和孟达在益州的地位不高，平时接触的重要情报也有限，张松作为益州别驾，知道的东西肯定很多，在法正、孟达出行前，张松把一些重要内容写成书面材料或画成图捎给刘备，是完全在情理之中的。

跟法正、孟达谈完后刘备来到公安，在此召集军事会议，对入蜀作战以及荆州的防务进行布置。赤壁之战后刘备的实力增长得很快，推测起来此时已有近10万人马，入蜀作战是件大事，益州土地广阔，情况也很复杂，带的人马少了肯定不行，刘备决定带走数万人，至于具体是几万，史书没有交代。

但是，刘备决定不带关羽、张飞、赵云等人，让他们继续留在荆州，之所以这么安排，主要考虑的是荆州这个大本营不能有丝毫闪失，益州那边能得手更好，一时无法得手还可以回来，但荆州如果发生意外，那就满盘皆输了。

刘备倒不太担心曹操，有情报显示曹操近来的战略重心在合肥和关中，已经连打了几场大仗，估计暂时不会再从荆州方向发起大规模攻击。刘备担心的是孙权，孙瑜借道伐蜀未果，孙权怒气难消，如果听说他抢先带兵入蜀，肯定更恼火，把关羽等人留下来，主要为的是防范江东。除此之外刘备还有一个考虑，此次入蜀是应邀助战，夺取益州只能相机行事，不得轻举妄动，所以应该处处低调，世人尽知关羽、张飞、赵云等人都是猛将，如果带他们来刘璋和益州士人难免会增加疑虑，而他们没来，则说明自己除了助战并没有别的想法。

刘备的另一个重要决定是把诸葛亮也留下。诸葛亮的军职虽然还不高，但他处理问题周到细密，有临危不乱的气质，近年来在江南各郡协调地主政务、抓税收，成绩非常显著，为拓展和巩固荆州发挥了重要作用。而且，诸葛亮和江东负责荆州方向防备的总指挥鲁肃关系不错，必要时可以起到稳定荆州的作用。

刘备将庞统带在身边出谋划策，庞统上次主动提出攻取益州的建议，正符合刘备的心意，对于益州他也多有研究，此去有他在身边，正好可以弥补诸葛亮不在的遗憾。除庞统外刘备还带上了简雍、黄忠、魏延、廖立等人，安排好这一切，刘备一行就在法正、孟达的陪伴下，率领大军浩浩荡荡地沿长江西进了。

三、百日涪城大会

听说刘备去了益州，孙权发觉上当了，气愤异常。孙权认为刘备之前欺骗了他，口口声声不忍心看他进攻刘璋，现在却自己先下了手，典型的两面派做法。

不过，客观地说孙权生这个气没有必要，更没有道理，刘备是应邀前去益州的，现在并没有表明抢夺益州的意图，即使真是那样，在这个弱肉强食的世道里，似乎也没有什么好说的。

孙权不管，反正觉得上当了，很生气。一怒之下，孙权做出决定把妹妹接回江东。现在两国交恶，经常互相召回大使，孙权的做法可以理解为这个。孙权直接派大船来接人，孙妹妹这时应该住在公安，诸葛亮、赵云在此留守，这是个棘手的问题。孙妹妹要回娘家，诸葛亮、赵云都不好阻拦，也没办法说去益州请示完刘备再放行。

为什么呢？因为这是领导的家务事。最后只得让孙妹妹走，可孙妹妹却玩起了阴的，不仅自己走，还要把刘备4岁的幼子刘禅一起带走。刘禅不是孙妹妹所生，他的母亲是已故的甘夫人，孙妹妹可能比较喜欢这个孩子，平时就由她带着。趁众人不备，孙妹妹把刘禅抱到了船上，眼看就要带往江东了。刘禅要是这么丢了，诸葛亮肯定没法跟刘备交代，幸好赵云和张飞及时得到消息，马上带兵从陆路赶到前面，勒兵截江，把刘禅抢了回来。孙妹妹的举动，一种理解是出于爱孩子的心理，虽然她跟刘备结了婚，但还没有孩子，跟刘禅待了一段时间，有了如母子一般的感情，走的时候没多想，就带上了；另一种理解是孙权的安排，刘禅不是普通的孩子，是刘备唯一的血脉，弄到江东就是人质，以后跟刘备讨价还价，这就是最好的筹码。分析起来，后一种可能性更大。

但赵云等人反应及时，避免了这次危机。这是赵云第二次救幼主，刘备走时特意任命赵云为留营司马，做出这样的安排就是针对孙妹妹的。刘备早就觉得这个新夫人一向无法无天，自己在的时候尚且骄横不法，如果自己不在，恐怕没人能约束住她，还不知道会闹出什么事来。刘备认为赵云平时比较威严，能压得了阵，所以让他掌管内务。

刘备率领大军沿长江西进，越过益州最东部的门户鱼复就进入了刘璋的地盘。鱼复又称白帝城，这个名字大家都不会陌生，它附近有个要塞叫江关，是扼守三峡东口的据点。大军进入江关，现在三峡已经出了"平湖"，成为著名的风景区，但在当时这里是极险的水道，两岸也罕有人烟。刘备率大军乘船，先后过朐忍、临江、平都、枳县等地，来到益州东部最大的城池江州。江州今称重庆，是益州刺史部所辖巴郡的治所。巴郡太守名叫严颜，是益州本地人，也是反对刘备入蜀的益州人士之一，曾多次劝说刘璋，刘璋不听。听说刘备真的来了益州，严颜不禁捶胸长叹："独坐穷山，放虎自卫！"独自坐在没有出路的山里，把老虎放出来保卫自己。在严颜看来，这就是引刘备来益州的后果，无异于饮鸩止渴。但大政方针取决于刘璋，严颜不能不执行，只得放刘备过去。

刘备继续前进，如果仍然一路向西的话，下一站就是成都。不过之前刘璋跟他有过约定，荆州的人马不去成都，而是去成都北面的涪城。涪城不是今天的涪陵，而是绵阳，距成都120公里，是成都北面的门户。听说刘备如约而至，还带来数万精兵，刘璋很高兴。他亲自赴涪城与刘备相会，为显示对刘备的欢迎，刘璋是率领3万多步骑去的涪城，一路上车乘帐幔，精光曜日，很威风。

到了涪城，双方相见，无比亲热，刘璋下令就地摆下盛宴，给刘备及其手下将士们接风洗尘。这是一场超级大酒宴，参加的人数多达数万，刘璋不仅跟刘备喝，还和刘备手下的将士喝，一口气喝了上百天。刘璋还下令拨给刘备一批物资，包括米20万斛，马千匹，战车千乘，以及缯絮锦帛等，作为替自己攻打张鲁的一部分报酬。

刘璋还以益州牧的身份表奏刘备行大司马、领司隶校尉，此前刘备有左将军、荆州牧的头衔，一个是朝廷给的，一个是孙权表奏的，现在又添了两个，其中大司马在三公之上，司隶校尉相当于州牧。作为回报，刘备也表奏刘璋为镇西将军，兼任益州牧。这不是空头人情那么简单，也许包含着双方的某种约定，从刘璋方面说，你帮我打了汉中，让我的益州牧实至名归，我就支持你向外发展，攻取司隶校尉部。之前介绍过，司隶校尉部是东汉十三个州之一，也简称司州，洛阳就在其中，长安也归司隶校尉部管辖，曹操设雍州刺史部后长安被划了过去，尽管如此，司隶校尉部仍有天下第一州之称，目前基本都是曹操控制的地盘。

刘璋其实对刘备还谈不上完全放心，否则就不带着3万人马来涪城喝酒了。在刘备这边，的确也有人劝他趁机下手，一举解决了刘璋。

第一个劝他的是法正，他转达的是张松的意思。张松还在成都，他让法正悄悄告诉刘备，如果在涪城动手大事可成。应该说，这的确是个机会，刘备如果出其不意动手的话，拿下刘璋没有太大悬念，张松趁机在成都起事，之后协助刘备占领成都，益州本来就派系重重，地方势力纷纷坐大，到时候各地不战可定。然而，对这个建议刘备拒绝了，他对法正说："这是大事，不能太仓促。"

第二个劝刘备的是庞统，他也觉得现在动手胜算很大："借着这个机会，正好把刘璋抓起来，那就免去用兵之劳而可坐拥一州了！"对庞统的建议，刘备同样给予拒绝："才入益州，恩信未立，不能这么做。"

刘备拒绝法正和张松，给出的理由是不能太仓促，应该说这个理由相当笼统，而后面说给庞统的才是他的心里话。作为一个战略家，刘备关心的并不是夺取一州的地盘，他更在乎人心。现在益州百姓都知道他是受邀而来，刘璋又如此盛情厚义，他对益州没有任何建树，却趁机发动政变，即使得手，也会让益州百姓心寒。取地盘易，取人心难，益州迟早要取，但必须到了火候再说，不能操之过急。

欢娱百余日，刘璋回了成都。按双方约定，刘备将率所部加上刘璋增拨的兵马向北进攻汉中。有史书称此时刘备的总兵力超过3万人，不过结合前文分析，刘备来益州时自己就带了"数万人"，法正、张松又带"数千人"给他，刘璋又为刘备增兵，其兵力远远不止这3万。

手握重兵，如果现在向成都杀个回马枪，刘备仍有胜算，但他仍不着急。刘备率部由涪城向北进发，一直到了葭萌，才不走了。葭萌是广汉郡辖下的一个县，在古嘉陵江上，介于今四川省剑阁与广元之间，现称昭化古城，分布着众多三国遗迹，是保存较好的三国古城遗址之一。葭萌的地势很有特点，它依托着嘉陵江和牛头山，当时嘉陵江被称为西汉水，以与流经襄阳、由夏口注入长江的汉水相区分。西汉水宛转曲折，将牛头山包围，从高处俯瞰，山水形成了一个天然的太极图，葭萌就处在"太极眼"上。离葭萌不远有一处白水关，是益州北御张鲁的最后一道防线，刘璋在此设白水军督，相当于边防军区，所辖各部称为白水军。白水军督名叫杨怀，副手叫高沛，刘璋下令，他们都归刘备指挥。刘璋希望刘备能抢在曹操之前拿下汉中，解除益州的北部之忧。但刘备不着急，到了葭萌就在这里住了下来，不提北进的事。

刘备来葭萌是建安十六年（211）十二月，离开这里的时候已是次年的年底，也就是说，他在此一住就是一年。这一年里，刘备没有向北方用过一次兵，对外他只做了一件事：厚树恩德，以收众心。刘璋父子治蜀，精力都耗在了上层斗争方面，对于百姓关心不够，刘备兵精粮足，不用管别的事，要收买人心那还不容易，况且对刘备来说，这些正是他的强项。

刘璋一开始还在等，希望前方有好消息传来，但左等右等不见动静，他有点急了，但也不好问，只好耐着性子继续等下去，直到这时，他仍然相信刘备会履

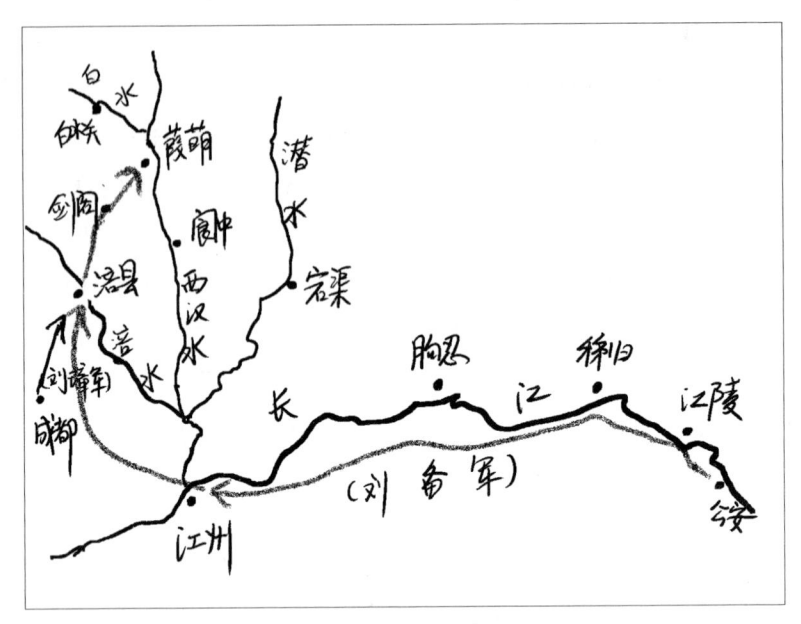

刘备进益州示意图

行诺言，替他攻打张鲁。这是一件很奇怪的事，在历史上恐怕也是绝无仅有的一例，一方想拓展地盘，但觉得自己实力不够，就出钱出人请另一方帮自己去实现梦想，问题是请来的这一方实力比自己强，请神容易，怎么送神？刘备不是雇佣军，这是刘璋至今还没弄明白的一件事。

主力西进，刘备就不怕荆州出事吗？荆州方面这段时间相对平静，曹操暂时没有南下的意图，孙权这边虽然发生了一些不愉快，但也没有因此撕破脸，江东在荆州方向的总指挥是驻扎在陆口的鲁肃，他是诸葛亮的老朋友，也是孙刘联盟的坚定支持者，在他的努力下，孙刘双方关系处得还算好。

双方在这段时间里的关系，可以从互相通信的情况反映出来。孙权曾给诸葛亮写了一封信，询问现在谁在刘备那边出谋划策，诸葛亮给孙权回信，说在刘备身边出谋划策的主要是庞统和廖立，他们二位都是楚地的俊才，有能力辅佐刘备复兴汉室大业。这说明，刘备抢先去了益州惹得孙权不高兴，但孙权也只好默许了，他只能继续维持着孙刘同盟的存在，江东对荆州的威胁可以暂时不考虑。正是后方的稳固，可以让刘备从容地在葭萌多待上一段时间。

但动手仍然是迟早的事，否则就不来了。庞统认为葭萌不可久留，必须早日确定行动计划，刘备让庞统设计具体行动方案。庞统经过一番考虑，提出了三套方案：第一个方案是，悄悄选派精兵，昼夜兼行，直接袭取成都，刘璋实力不强，防备力量不足，大军如果突然发起攻击，定然能一举将其拿下；第二个方案是，考虑到杨怀、高沛是刘璋的大将，依仗有强兵据守白水关，听说他们多次秘密向刘璋报告，建议把我们遣送回荆州，现在可以告诉他们，说荆州那边有事，要回荆州救急，之后做出要回去的样子，这二人既惮于将军的威名，又高兴将军现在离去，必然会轻骑来见，到时候一举将其擒拿，进而攻取成都；第三个方案是，暂不用兵，退回白帝城，与荆州相连，益州之事徐图缓进。

这三套方案其实是上、中、下三策，刘备经过认真思考，觉得上策虽然可以出其不意地攻取成都，在军事上是胜算最大也是最有效的方案，但是不明不白地突然反戈一击，势必会造成极大震动，益州即使可以夺取，人心仍然无法收服，会为治理益州留下后患。至于下策，退回自己的地盘，那就等于这一年来白忙活了，退容易，再来就难了，刘璋怕是不会再请自己了，这个方案刘备根本不考虑。

刘备决定采取中策，其实这正是庞统预料之中的，之前发动突袭的建议被刘备否决，他也知道上策虽好，但刘备不会采纳。至于下策，说出来也只是做个陪衬，庞统的真实意图，也是中策。给领导提建议、做方案，要会揣摩领导的心思，把自己的真实意图不露痕迹地隐藏起来，引导领导自己去选择，所有聪明的下属都会这一手。同时，几个方案一块提出来，领导便有了一个选择的过程，选择也是思考，也是创造，比单一的被动接受更容易获得成就感。目的达到了，又让领导享受了创造的过程。什么叫高明？像庞统这样聪明的下属都懂。中策虽然稳妥，但仍然需要时机，具体来说这出戏只有刘备和刘璋还不行，还得有曹操、孙权来联袂出演，为此刘备还要耐心等待一下。

建安十七年（212）十月，刘备终于等来了机会。这时，曹操率部征讨孙权，目标是孙权在长江北岸的要塞濡须口。孙权有点顶不住，向刘备求援。刘备不关心孙权的死活，但他知道终于等来了机会。接到孙权的求救，刘备即刻向刘璋写信，信中写道："曹操征吴，孙权那边快顶不住了。我和孙权是联盟，唇齿相依。而且，曹操还派乐进在青泥进攻关羽，如不相救，关羽也危险了，乐进必然大举进攻荆州。张鲁虽然要打，但现在荆州那边更危险。张鲁毕竟是守在那里的敌人，不足为虑。"

乐进与关羽是否有青泥之战,没有其他史料作为旁证,但并不能证明这条信息是刘备瞎编的,为配合曹操东线战场的行动,守在襄阳的乐进此时主动向关羽发起进攻,这种可能性是存在的,不过有诸葛亮、关羽、张飞等人严密防守,乐进不可能突然总攻荆州,那是刘备在夸大其词。

刘备向刘璋提出请求,要增加一万人马以及相应的军需物资,自己回荆州救急。刘璋接到刘备的来信,愤懑之情可想而知,等了一年,好吃好喝好招待,又是给人,又是给钱,血本都投进去了,没有任何回报,现在要走人?刘璋有点后悔没听黄权等人的话,但现在说后悔也没有用了。如果一气之下与刘备翻脸,刘璋没有这个勇气,更没有这个把握,刘备现在拥数万之众,动起手来,刘璋自觉不是对手。

可气的是,刘备得了好处抹嘴走人不说,还再要一万人马及大批军需物资,这不是欺负人吗?但是如果不给,又让这小子得了口实,刘璋又气又急又犯愁,想了半天,给刘备回了封信,同意刘备先回荆州去救急,一万人马太多,只能凑齐四千,其他军需物资,按照刘备所列清单一律减半供给。应该说,刘璋还是够意思的。

张松在成都听到消息,急了。他不知道刘备、庞统的计策,还以为刘备真的要走,他赶紧给刘备和法正写了密信,信中说:"眼看大事将成,为何放弃目标要回去?"按照这个情况推测,法正此时不在成都,刘璋命他和孟达率一部分人马配合刘备的行动,此时法正应统兵在外。张松的这个举动,却惹来了大祸。张松的哥哥张肃,也就是那个出使过曹操的广汉郡太守,不知怎么就得到了消息,他大吃一惊,害怕连累自己,就向刘璋告发了。张肃、张松虽为兄弟,但长相、性格都非常不同。张肃长得有威仪,很排场,做事稳重。张松个子矮,机敏干练。

刘璋接到报告,压抑许久的气愤瞬间爆发。原来刘备早有企图,张松、法正是刘备安在自己身边的卧底,这一切都是早就算计好的。刘璋越想越气,下令把张松杀了。刘璋同时密令益州各地,今后重要文书不要再知会刘备。刘备在葭萌听到张松被杀的消息也无比愤怒,尤其张松之死,让他觉得十分痛惜:"你杀了我的内应啊!"双方算是彻底撕破了脸,所有秘密都大白于天下,所有遮着掩着的都不必了,接下来就要拿实力说话。

建安十七年(212)十二月,刘备在葭萌起兵反击刘璋。行动前,刘备按照庞统的计策,先设计杀了白水军正副总指挥杨怀、高沛。杨怀一直对把刘备请来这件事不满，多次向刘璋进谏，刘备早就想除掉他。刘备请杨怀来喝酒。酒酣之际，刘备见杨怀佩着一把匕首，就从自己身上也掏出一把来，对杨怀说："将军的匕首不错，我也有，把你的那把给我看看。"杨怀把匕首交给刘备。刘备拿着杨怀的匕首，对他说："你这个小人，怎敢离间我与刘益州之间的兄弟感情？"

杨怀知道坏事，对刘备破口大骂，骂声未绝，刘备即下令把他斩杀。之后，刘备命黄忠、卓膺、魏延等率兵向成都方向攻击，黄忠现在至少已是裨将军，魏延的军职稍低，这里提到的卓膺，情况不详，后面也再无有关他的记载。刘备留中郎将霍峻守葭萌城。霍峻字仲邈，荆州属下南郡枝江县人，他的哥哥叫霍笃，在乡里聚合部曲数百人，霍笃死后，霍峻投归刘表，以后又率众归顺刘备，刘备任命他为中郎将，从这个职务上看，他已进入刘备手下高级将领的行列。

刘备自己则径直来到白水关，把那里接收了，为防备他们生乱，刘备下令把守关将士的妻子儿女作为人质，之后率部与黄忠、卓膺等人会合。刘备在白水关还发表了战前动员演说，他激励众将士道："我替刘益州征强敌，辛辛苦苦，一刻不得安息。如今刘益州府库里堆满了大批财物却不愿意赏赐那些有功之士，还奢望有人替他卖命，怎么可能？"

四、孙权营建濡须口

葭萌与成都相距 500 余里，中间隔着梓潼、涪城、绵竹等数道防线，刘备率大军南下去取成都，困难还是相当大的。从兵力对比来看，刘备即使已经有 5 万人马，那也不及刘璋的一半，如果只靠硬拼的话，这个仗没法打。好在刘璋也有弱点，那就是士气不足、内部涣散，许多手握兵权的实力派都采取观望的态度，如果刘璋占不了上风，他们也不会真的去卖命。

双方首战于广汉郡梓潼县，此地今仍称梓潼县，秦实行郡县制，蜀郡为天下 36 个郡之一，当时辖有 31 个县，梓潼便是其一。刘备率大军而来，刘璋的援军还在路上，按说梓潼守军应该不战而降，结果却很让刘备意外。梓潼守军顽强抵抗，刘备竟然无法得手。

初战不顺，让刘备很郁闷。刘备让人打听城内的情况，得知县令名叫王连，字文义，不是益州本地人，老家在荆州刺史部南阳郡，根据这个情况判断，他应当属于刘璋父子手下的"东州军"。王连看来是个有本事的人，刘备记住了这个名字，以后王连来到刘备的手下，受到重用，诸葛亮担任丞相时，王连做过他的丞相长史。刘备很冷静，知道不宜在此久耗，于是率主力继续南下，只留少数人马牵制梓潼，大部队来到涪城，展开攻击。此时刘璋派出的援军也到了，他们包括刘璝、泠苞、张任、邓贤等几支人马，双方在涪城及其外围展开了激战。

此战至为关键，如果刘备战败，他辛辛苦苦构想的夺取益州的计划也就失败了，不仅如此，涪城深居益州腹地，他和带来的将士们还能不能顺利回到荆州都是未知数；如果刘备战胜，夺取成都的胜算就大增，刘璋所部的士气会进一步衰落，拿下整个益州定指日可待。

除了刘备和刘璋，还有很多人紧张地关注着这场战役的胜负，比如庞羲、李异那样的实力派，如果刘璋胜，他们就一哄而上去打刘备；如果刘璋败，他们就倒向刘备，转而打刘璋。

在庞统的协助下，刘备亲自指挥的这场战役以全胜而结束，刘璋派来支援涪城的各路人马被一一击溃，分别退向了绵竹，刘备率部攻克涪城。一年前，刘备和部下们在这里喝过一场大酒，此次以胜利者的身份重返，刘备命令再摆一场酒宴庆贺。这顿酒喝得更高兴，离开荆州一年多了，能不能实行既定战略目标夺取益州，让大家的心一直悬着，涪城之战获胜，心里的悬念基本解除，所以大家喝得都比较放松。

此时已经到了建安十八年（213）初，还在涪城的刘备突然接到报告，说诸葛亮派马良从荆州来了。刘备吓了一跳，还以为荆州出事了，等把马良叫过来询问后，才知道荆州没有什么大事，马良是来汇报情况的。刘备离开荆州的这一年多里，孙权那边办了两件大事，一是把大本营迁到了秣陵，二是在长江上修筑了一处要塞，名为濡须坞。

上次刘备到江东拜会孙权，去的还是京口，即今江苏省镇江市。这里其实还不是孙氏最早的大本营，第一个大本营是吴县，即今江苏省苏州市，随着江东势力的不断向西推进，孙氏的大本营也不断西移，孙权觉得京口的位置还是有些偏东，所以迁到了秣陵。秣陵最早为战国时楚武王所设置，当时就叫金陵，后秦始皇东巡会稽曾经此地，望气者对秦始皇说从金陵地形看有王者之气，秦始皇于是下令掘断连冈，破坏其风水，并改称金陵为秣陵。迁都至此后，为了加强防卫力量，孙权下令在附近长江边上的石头山上筑城，号为石头城，以此扼守长江咽喉。

现在提起金陵或南京，都会想到"虎踞龙盘"这个词，这个典故的由来，据说与诸葛亮有关。有一部记载吴地山川风物、人情逸闻为主的史书，上面说石头城建成不久，诸葛亮曾奉刘备之命再次访问江东，公务之余他登上秣陵近郊的山顶，目睹山水形势，发出了一番感叹："紫金山山势险峻，像一条盘龙环绕着建业，石头城很威武，像老虎蹲踞着，这真是帝王建都的好地方！"诸葛亮的这次出访应该发生在刘备离开荆州之后，可能是一次秘密出访，所以在其他史书中均没有留下记录。

将大本营迁往秣陵后，江东的防卫重心也需要进行一番调整，以保卫新的大本营的安全，修建濡须坞即是重要举措之一。从曹军江北基地合肥南下长江，中间隔着巢湖，当时这片水域比现在还要广阔，合肥有一条叫施水的河流与巢湖相连，在巢湖与长江之间也有一条河，名叫濡须河，它发源于巢湖，流入长江。

江东的战船由长江出发，经濡须水、巢湖、施水就可以轻松到达合肥，反之亦然。可以说，在合肥与长江之间存在着一条黄金水道，是双方必争的一条战略要道。濡须口是濡须河的入江口，在长江北岸，孙权开始提出在此修建军事要塞时，大部分将领却持反对意见，他们的理由是江东在长江上一直是防御性的，所以建设的重点应该放在江南，没有必要在长江对岸修工事，孙吴擅长游击战，上岸杀敌，转身上船，有没有固定的码头无所谓。

只有吕蒙认为修建这个军用码头十分重要，他认为："打仗有胜就有败，谁也做不到百战百胜，如果打了败仗，敌人的骑兵来追，仓促之间哪来得及上船？"于是孙权下决心修筑濡须坞，作为秣陵上游最重要的军事基地。濡须口两边是山，孙权依托它们夹水筑城，下了很大功夫，把濡须坞修筑得很坚固，同时储存大量军用物资，来抵御曹军的进攻。濡须坞就像一把锁，牢牢地锁住了曹军入江的门户，在这里驻守重兵，也是庐江郡、九江郡方向拓展势力的战略支撑点，无形中把双方共有的长江天险变成了自家独有的，在战略上完全处于主动。

这时曹操已经打完了潼关之战，重新把目光投向东南。曹操突然发现孙权已在长江中下游构筑起一条近3000里的长江防线，这让他很不舒服，他给孙权去了一封长信，发泄了心中的不满。这封信由"建安七子"之一的阮瑀代笔，信的开头先叙旧，说自己没有一天不惦记着孙权，因为双方有姻亲之好，表明自己是重情重义之人。接着，为自己的赤壁之败辩护，说那是因为遇到了瘟疫，自己下

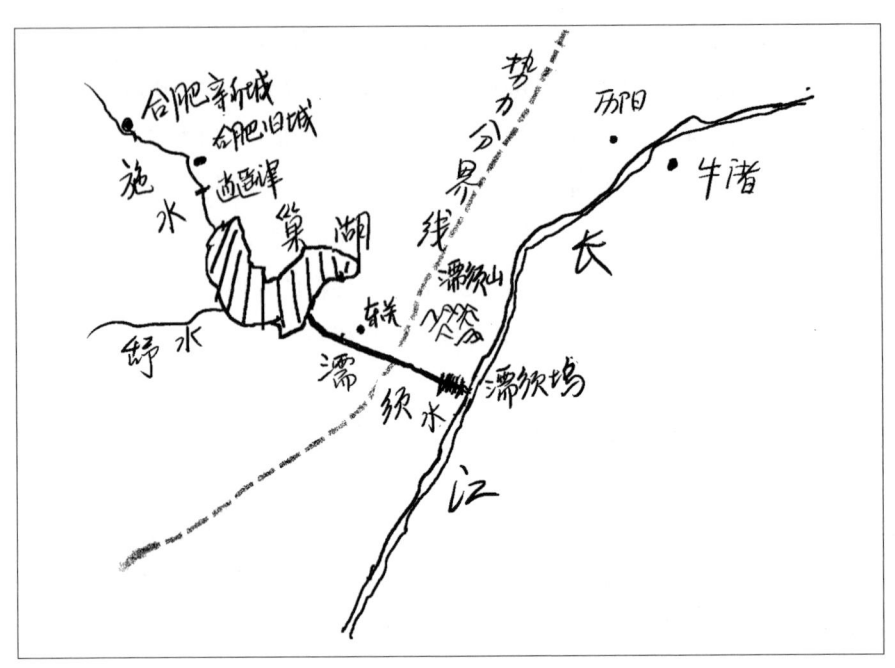

濡须坞位置示意图

令把船烧了撤的军。曹操向孙权表示，他无意夺取荆州，愿意把那里让给孙权。表面看曹操挺大方，但荆州现在是刘备的地盘，曹操这么说等于是让孙权打刘备。当然这些都是虚的，曹操紧接着话题一转，不加掩饰地表明自己现在实力很强大，孙权割江表于一域，势力无法远伸，长江虽险，也挡不住王师，从历史经验来看，像江东这样以一地而对抗王师的如刘安、隗嚣、彭宠等人，最终都没有好下场。

曹操给孙权指了两条路：一条路是把张昭、刘备杀了，表明自己的忠心，曹操会原谅孙权犯下的过错，重新和好，并把江东一带交给孙权长期治理，到那时可以享受高官厚禄；另一条路是，如果不忍心杀张昭，把刘备杀了也算数。曹操恨刘备可以理解，但如此恨张昭就不好理解了。也许曹操知道张昭在江东德高望重，是孙权手下最重要的人物，所以才那么说。总之一句话，要打你是打不过；要投降，你得拿出点儿实际行动来。但孙权向来不惧，置之不理。

建安十七年（212）十月，也就是孙权刚搬到建业的次月，曹操亲率大军到了合肥，要与孙权争夺长江天险。这一仗规模不小，是赤壁之战后孙曹之间最大的一仗，有的史书甚至说曹操此行带来了40万人马，很快打到了长江岸边，与孙权对峙。40万人显然有点夸张，或者是曹操又在故意虚张声势，但人马肯定不少，应该与赤壁之战时差不多。孙权得到报告不敢怠慢，立即率领7万人马应战，这个数字如果是真的，那基本上就是孙权能拿出的全部家底了。

孙权派折冲将军甘宁率3000人为前锋，并给甘宁下达秘密指令，让他一到前线就发起攻击，打曹军一个措手不及。这是吴军惯用的手段，人数既然不占优势，就得先发制人，先取得小胜，鼓舞士气。甘宁挑选了100多名勇士组成敢死队，孙权赐给大家米酒和饮食，吃完，甘宁用银碗盛酒，自己先喝了两碗，然后再斟满交给都督喝，这个队长可能有点紧张，伏在地上不敢起来，甘宁火了，拔刀横在队长的膝上，对他进行呵斥，队长见他神情严厉，赶紧接过酒喝了，后面的敢死队员每人也都喝了一银碗的酒。

二更时分，甘宁率敢死队悄悄出发，杀往敌营。他们拔掉曹营的鹿角，潜入营垒，杀了几十名曹兵，曹营一片混乱，不知道有多少敌人攻进来了，乱了好大一阵子，等到慢慢平静下来，甘宁等人已顺利返回自己的大营。甘宁连夜拜见孙权，孙权高兴地说："这下子一定吓着曹操这老家伙了吧，让他也看看我们甘宁的胆量。"孙权还对大家说："孟德有张辽，我有兴霸，足以匹敌！"

濡须口附近的长江中有一个叫中洲的沙洲，曹操看到可以利用，于是命人乘船率兵趁夜渡到洲上，哪知此举被孙权侦察到，立即调集水军前来围攻，曹军不是孙吴水军的对手，仅被俘虏的就有3000人。曹军两战皆负，吴军士气大振，反而主动到曹营外发起挑战，曹操下令坚守不出。有一次孙权亲自来挑战，乘轻船从濡须口前往曹军营寨，曹军将领要发起攻击，曹操说："这是孙权前来观阵，后面没准有阴谋。"曹操于是下令整齐军容，严阵以待，弓弩不得妄发。孙权又向前行进了五六里才回去，在船上吹吹打打，故意气曹军。

还有一次孙权来挑战，这一次孙权是乘大船来的，曹操倒不客气，下令射箭，弓弩乱发，箭射到船身上，射中得太多，把船都压偏了，孙权下令掉转船头，让另一面受箭，等船只保持平衡后下令回去，这大概才是真实版的草船借箭。

对曹操来说，这一仗打得实在窝囊，整体实力虽然占优势，但在场面上却处于劣势，以至于孙权频频挑战而不敢应战。曹操任命的青州刺史孙观也参加了这次濡须口会战，在战斗中被流矢射中左脚，但他仍然坚持战斗，事后曹操对他进行了嘉奖和慰问，把他由偏将军升为振威将军，但孙观够倒霉的，本来只是被冷箭射中了脚，但伤势却越来越重，居然死在军中。此战再次暴露出曹军不善水战的弱点，随着春季到来，江水渐涨，孙权的水军优势将进一步发挥，形势对曹军更加不利。

吴军也有损失，一艘五楼船在暴风下倾覆。楼船就是甲板上建筑物比较高大的战船，外形似楼，五楼船即甲板上的建筑物有五层，这在当时可能是体积最庞大的战船了，可以盛载很多士卒。孙权后来建造了一艘"长安"号楼船，载员多达3000人。在征讨黄祖中立下大功的偏将军董袭当时奉命在五楼船上指挥，夜里暴风突然来袭，五楼船即将被吹翻，大家惊慌失措，赶紧放救生艇逃生，并劝董袭快走，董袭怒道："我受孙将军的命令在此迎敌，怎么能私自逃走？有再言此者斩！"大家于是不敢再出声，当夜船覆，董袭遇难。孙权换上丧服为董袭出殡，对董袭的后人给予优厚待遇。

但总的来说，魏军始终处于被动态势，尤其在水军方面，更不如吴军。曹操在江上看到孙吴舟船整齐，军伍整肃，感叹道："生个儿子就应该像孙权这样，刘表的那几个儿子要比起来都如猪狗一样！"孙权大概也洞悉了曹操的心理，他给曹操写了封信，其中写道："春水马上就要涨起来了，您应该赶紧撤退。"在这封信里孙权还另外夹了一张字条，上面只写了八个字："足下不死，孤不得安。"曹操接到孙权的信后，对将领们说："孙权没有骗我！"曹操下令撤退，首战濡须，曹军以失败告终。

曹军撤退后，孙权指挥人马趁机攻占了江北的许多地方，曹操担心沿江的各郡县被孙权占领，下令官民内迁，这一下造成了大面积恐慌，沿江的庐江郡、九江郡以及蕲春、广陵等地有十多万户渡江逃到孙吴。经过此战，濡须口的重要性进一步显现，当初花大力气修筑濡须坞看来是英明的。曹操撤走后，孙权留周泰、朱然、徐盛所部在此守备，其他各部撤回。

五、庞统死于雒城

在益州的刘备得知曹操和孙权这一阵相攻很急，放心了。马良奉诸葛亮之命来益州除了汇报荆州的情况，还捎来诸葛亮的一封信，刘备打开这封信来看，其中一段话引起了他的格外关注："亮夜算太乙数，今年岁次癸亥，罡星在西方；又观乾象，太白临于雒城之分，主于将帅，多凶少吉。"上面是原话，翻译过来就是：我推算了太乙星的情况，今年木星处在天干星的第十位，地支的第六位，北斗星斗柄指向西方；又观看天象，发现太白星处在雒城的上空，此天象主宰将帅，一定凶多吉少。

用星相占卜吉凶在那时是常做的事，刘备出师前也经常问卜于术士。诸葛亮擅长百家，对易经、道家也多有涉猎，说他会占星，没有什么可大惊小怪的。这里提到的太乙数，与奇门遁甲、六壬神课合称三式，即古代的三大预测术。据说，太乙数最早形成于黄帝战蚩尤时，用它可以预测天灾、地变、人祸，可以测天文、占风雨、推兵荒、断疾疫，也可以推演出国运的兴衰、朝廷大事的吉凶宜忌、君臣将相的关系顺逆，因此被视为帝王治国的参考，从科学的观点看其合理性并不高，但自古以来颇受重视。

信中的内容似乎是说，今年对刘备来讲是关键的一年，而雒城这个地方尤为关键，弄不好会有不测事件发生，提醒刘备注意。后来在雒城果然出事了，有人认为诸葛亮有先见之明。不过，更多的人认为太乙数只是牵强附会之术，用它预测吉凶并不可靠，这封信虽然收录在《诸葛亮集》中，但应该是后人的伪托之作。

建安十八年（213）五月，刘备率军继续南下。涪城大败，刘璋乱了阵脚，一时之间不知如何应对。其实，他现在的实力仍远在刘备之上，如果集中兵力再战，仍有取胜的机会，关键是要有信心和决心，同时要协调好各部人马，不要再乱了阵脚。刘璋能力平平，但手下也有能人，有个叫郑度的眼光很毒，他看到了刘备的弱点，向刘璋提出建议："刘备现在孤军深入，其前锋不足万人，士气不齐，粮草不足，为今之计不如把巴西郡、梓潼郡的百姓全部迁到涪城以西，把田野里正在长的和仓库里存的谷物全部烧毁，之后筑起高垒，开挖深沟，静而待之。刘备来请战，不跟他打，时间长了，他们缺少后勤保障，不出百日，自己必然退走。待他撤退时发起攻击，定可将刘备擒获。"

郑度在刘璋手下任从事，益州刺史部广汉郡人，知名度虽然不高，但从上面的见解来看，他是个有本事的人。郑度认为，刘备虽然打了几场胜仗，但他是孤军深入，缺少外援和后勤保障，他现在急于求战，应该不与他硬拼，避开锋芒，深沟高垒，和他拼消耗，同时把粮食藏起来，让他们找不到吃的。郑度这一招拿到现在来说就叫坚壁清野，是对付强敌入侵的最好办法。刘备知道了郑度的建议，大吃一惊，心里感觉很不好，急忙问法正该怎么应对。

这说明刘备的消息很灵，虽然张松不在了，但刘璋身边还是有人为他提供情报。至于法正，此时已经公开追随了刘备。法正很了解刘璋，对刘备说："不必担心，郑度的建议刘璋不会采用。"让法正料对了，刘璋果然没有采纳郑度的建议，他的理由是："我只听说拒敌以安民，从没有听说把人藏起来避敌取胜的。"刘璋不仅不用郑度之计，还免了他的职。

刘璋的策略是主动出击，为此他制订了一个两路夹击的方案：一方面派扶禁、向存率一万多人马由阆水北上，围攻葭萌；另一方面在绵竹一带组织人马，展开会战。阆水是嘉陵江的另外一个名字，葭萌现在由霍峻率部驻守，他手下的兵力十分有限，只有1000来人，不到敌人的十分之一。刘备率主力正在向南进攻，无力分兵来救霍峻，只能靠他们自救。霍峻虽然没有关羽、张飞有名，但打仗也很有一套，他依托葭萌的有利地势坚守不出，扶禁、向存无法得手。霍峻不简单，一守就是一年。霍峻在葭萌牵制了刘璋的部分人马，打破了刘璋南北夹击的计划，不仅如此，霍峻还伺机出击，选精锐向敌人发起突袭，把敌将向存斩杀。

刘璋阻击刘备有三道防线：梓潼是第一道，涪城是第二道，绵竹及其附近的雒城是最后一道。在绵竹会战中刘璋倾尽了所有，把刘璝、泠苞、张任、吴懿、邓贤、李严、费观等部都派上了场，双方在成都以北广阔的平原地带展开了又一场厮杀。这场会战仍无悬念，刘璋所部再次大败，中郎将吴懿率部投降，被刘备当场连升两级，提拔为讨逆将军。吴懿的妹妹是刘璋的儿媳，关系非同一般，连他都投降了，益州官兵的士气更加低落，大家还看到吴懿投降后受到刘备的厚遇，于是纷纷效仿，刘璋的护军李严、参军费观等先后在绵竹率部投降，都被刘备拜为裨将。这些人都很重要，以后细说。

刘备占领了绵竹，战线再向前推进，来到雒城。雒城即广汉郡的郡治雒县，今四川省广汉市，距成都已不足百里。来到这里，刘备如果想起了诸葛亮信中的话，一定不敢大意。防守雒城的是刘璋的部将张任和刘璋的儿子刘循，双方激战于城外的雁桥，张任被生擒。刘备素闻张任在益州军中威望很高，希望能劝说他投降，但张任誓死不降，慷慨激昂道："老臣终不复事二主！"刘备只得把张任杀了，继续指挥人马攻城。刘璋仍作拼死一搏，命雒城的残部统一由儿子刘循指挥，坚守不出。刘备指挥人马猛攻，刘循拼死反抗，战事激烈。庞统到前面观察形势，不小心中了冷箭，结果竟不治身亡，死时仅36岁。诸葛亮前面那封神秘来信提到的也许就是这件事，刘备痛失股肱，悲伤不已，一连多日只要一说话就流泪。

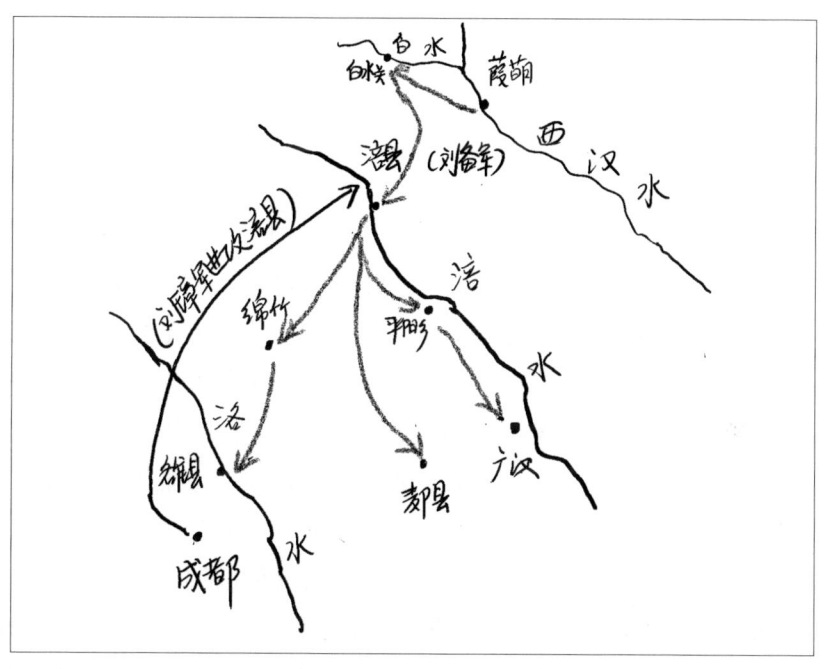

刘备与刘璋争夺益州示意图

有一个名叫张存的，是南阳郡人，以荆州从事的身份随刘备入蜀，此人估计也有些才学，但平素最不服庞统，看见刘备对庞统如此叹息称赞，在一旁道："庞士元虽说尽忠，可惜不过却有违大雅之义。"张存说的"大雅之义"从字面上看有些含糊委婉，推测起来可能有两个意思，一个是暗讽庞统以军师中郎将的身份跑到最前沿攻城，死得不值；另一个是说庞统出谋划策袭取刘璋，生得光荣，死得却不伟大。在领导身边工作说话做事一定要有眼色，遇到高兴的事往往需要藏起来，自己偷着乐就行，该说的话说，不该说的别说，不然要吃亏。刘备正为庞统之死悲伤，听张存这么说，勃然大怒："庞统已杀身成仁，你还在说什么风凉话？"刘备当即下令罢了张存的官，说起来刘备还算脾气好的，换成袁绍、袁术、曹丕那样的领导，张存的脑袋今天就得搬家。不过，这也把他吓得够呛，不久便得病而死。

消息传到荆州，诸葛亮也悲痛不已，庞统不仅是他的故友也是他的亲戚，庞统的家人还在荆州，诸葛亮亲自到庞统家中祭拜。刘备后来让人表奏庞统的父亲为议郎，以后又升为谏议大夫。庞统的弟弟庞林、儿子庞宏后来都在蜀汉担任过郡太守。

六、诸葛亮率兵入蜀

庞统的死不仅让刘备悲痛，更让他蒙受了重大损失。这种损失随后就表现了出来，原本很顺利的局面突然不在了，刘备在雒城外围遭受到敌人更加猛烈的抵抗，攻城受阻。眼看就要打到成都，现在出现了变数。这给刘璋带来了新的希望，他手里还有相当的实力，比如东部的巴西郡、巴东郡和巴郡，号称"三巴"，其范围大体相当于现在的重庆市，刘备在此寸土未占，像巴郡太守严颜那样对刘备一向不持好感的人还有不少，如果刘璋调动得当的话，便能迅速集结在一起。益州南部的几个郡，包括汉昌郡、益州郡、越嶲郡等，地盘都很大，他们目前多持观望态度，如果刘璋能打上两场胜仗，这些郡的态度也都会有所改变。

对刘璋有利的还有时间，他不用直接战胜刘备，只要能拖住，形成对峙的局面，对刘备就大为不利，刘备有后顾之忧，那就是荆州，曹操、孙权如果腾出手来，不管是谁出上一招，刘备恐怕就顾不上益州了。刘备也看到了情况的危险，赶紧调荆州人马来参战。按照刘备之前的想法，自己带的这几万人就能把益州搞定，不需要荆州再分出力量来支援，因为面对曹操和孙权，荆州方面的压力也很大，但现在已经顾不上那么多了。

建安十九年（214）五月，诸葛亮接到了刘备的命令，急忙与关羽、张飞、赵云等人商议入蜀的方案。根据刘备的意见，关羽留下来防守荆州，诸葛亮、张飞、赵云等率兵驰援益州。情况紧急，不容耽搁，诸葛亮让张飞率一部人马先行，赵云率部与自己在后面跟进，两支人马约定在江州会合。为了协助关羽做好荆州的防务，诸葛亮把马良、麋竺、麋芳、廖化等人留了下来，之后诸葛亮携赵云所部也沿长江西进，向益州进发了。这是诸葛亮第一次单独指挥大兵团行动，这一年他34岁，加入刘备阵营刚满七年。从军职上来看，张飞此时是征虏将军，赵云是偏将军，而诸葛亮仅是军师中郎将，西进兵团应该以张飞为主将才是，但刘备仍然把这支大军的指挥权交给了诸葛亮，这既是对他能力的充分肯定，也是对他的信任，在这一点上刘备很像孙权，孙权就常以军职较低的周瑜、鲁肃统制军职更高的将领。

张飞率军西进，首战于巴东郡，将其攻克，之后继续向前推进，来到巴郡，将郡治江州包围。巴郡太守严颜组织抵抗，双方展开了激战，最终张飞获胜，将严颜生擒。严颜被带到了张飞跟前，张飞斥责道："我大军已至，你怎敢不投降而拒战？"严颜毫不畏惧，回答道："是你们不讲理，侵占我们的土地，我州只有断头将军，没有投降将军！"张飞听了很生气，让左右把严颜拉下去砍头，严颜脸色不变，对张飞道："砍头就砍头，发什么火？"张飞被严颜的凛然之气所感动，下令把他释放，尊之为宾客。

张飞攻克江州不久，诸葛亮携赵云一行也赶到了。江州多山，附近有一山，高3里，合今约1000米，诸葛亮、张飞、赵云等把大军安排在此进行休整，同时派人去接收已平定的巴东郡、巴郡各县。这一带的百姓对刘璋的统治好像并不满意，他们欢迎荆州人马的到来，百姓用牛、酒犒劳大军，诸葛亮下令在此大会将士，军营所在的山因此得名为会军堂山，沿用至今。江州不能多停留，诸葛亮决定分兵三路向益州腹地进发：一路由张飞率领，由垫江向北，收服巴西郡，之后折向西南，去德阳等待会合；一路由赵云率领，继续沿长江而上，攻占江阳、犍为等战略要地，之后迂回至成都东南方向；一路由自己率领，由江州直接西进，攻占德阳，与张飞会合后直赴成都。

巴西郡的郡治是阆中，即今四川省阆中；江阳即今四川省泸州，犍为是益州的一个郡，郡治武阳，即今四川省彭山；德阳属广汉郡，即今四川省遂宁。这些地方都是益州的战略要地，诸葛亮的战略是不急于去雒城支援刘备，而是先肃清成都外围，从南、北、东三个方向包围成都。制订这样的作战计划，考虑的是刘璋的主力已被刘备吸引至雒城方向，撤不能撤，打不敢打，现在只要继续保持对雒城的压力，就可以腾出手来一一将其收服，到那时即使雒城仍不破，刘璋也无计可施。如果直接赶赴雒城的话，可能仍会面临城坚难攻的局面，而且即使攻破了雒城，益州各地的战略要地也要一一去占领，不如先做这些事。

另外还有一层考虑，那就是如何夺取成都。如果成都是第二个雒城，麻烦就大了。雒城无关大局，成都却举足轻重，如果刘璋不肯投降，再围成都数月，攻守相还，死尸遍地，把城池打烂，有人被逼急了再给城里放几把火，那成都即使拿下，也废了。杀人总是凶事，攻城之日，如果死伤巨大，终不吉祥。按照诸葛亮替刘备做出的规划，今后将以益州为根本，成都就是成就王业的基础，此城不能硬攻，最好让刘璋出城投降。现在三路分击的方案正是断绝刘璋的后路和希望，迫使他出降。

三路大军分头行动，进展都很顺利。张飞一路进军巴西郡，严颜给了很大帮助，巴西郡功曹龚谌投降，巴西郡很快被占领。张飞按照之前与诸葛亮的约定，留下一部分人马防守，自己则率部前往德阳与诸葛亮会合。赵云也顺利地平定了江阳、武阳等地，之后向成都方向进军。

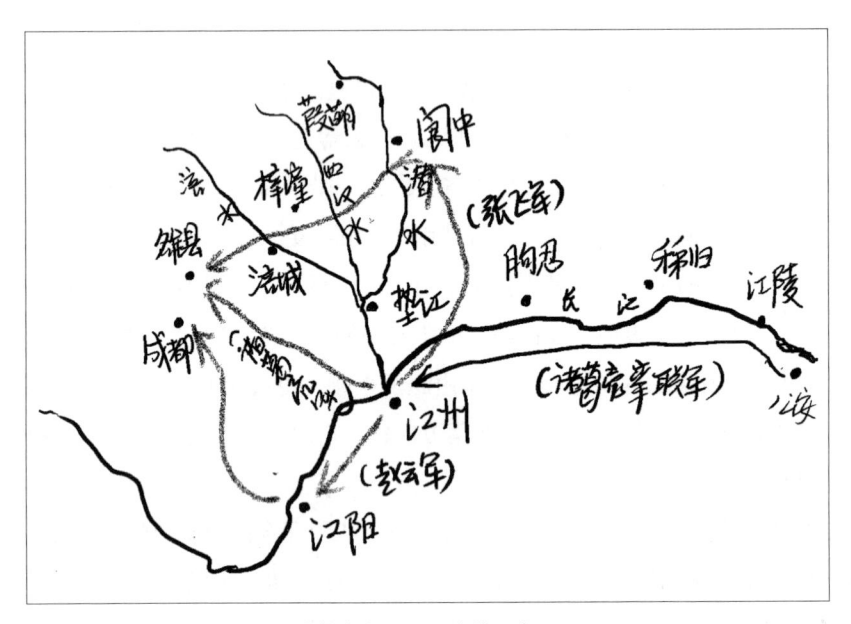

诸葛亮率军入蜀路线示意图

诸葛亮率部攻击德阳，遇到的抵抗最大。刘璋帐下司马张裔顽强抵抗，与诸葛亮战于德阳附近的柏下，经过激战，张裔被打败，退回成都。张裔字君嗣，是成都本地人。他也是一名学者，长于《春秋》，博涉史籍，受到大名士许靖的赞赏。刘璋举荐他为孝廉，让他当县长，又任命他为帐下司马。这是个能文能武的人才，虽然被打败却给诸葛亮留下了深刻印象，张裔随刘璋投降后，诸葛亮对他刻意培养和重用。看到刘备的援军来了，而且一路连连得手，在成都的刘璋更加坐卧不安，原来还指望坚守一阵子让刘备知难而退，现在看来这一切都不可能了。

这时，刘璋收到了法正写给他的一封劝降信，法正替刘璋分析了目前的形势，刘备在益州已站稳了脚跟，退回去是不可能的，益州大半土地已失，雒城、成都都将不保，失败是迟早的事。通过这封信，刘备借法正之口向刘璋表明了态度，也就是他若肯降，可以保全其家族，希望刘璋三思。一句话，主人和客人的位置现在已经变了，用投降来换取家族的安全，目前是最后的机会了。这极大地动摇了刘璋顽抗到底的决心。

七、来了一位神助攻

建安十九年（214）夏，在诸葛亮、张飞、赵云等各路有生力量的策应下，刘备终于将雒城攻破。之后刘备率军进抵成都，诸葛亮等几路人马也完成了各自的任务，先后到达成都城外，在此会师。

刘璋被困在孤城之内，但仍不愿投降。可见人都有一种本能，这与求生的本能类似，是对权力的渴望。直到这时刘璋才更加清醒地意识到，权力是个多么宝贵的东西，而他即将失去这一切。更可怕的是，刘备会怎么处置自己刘璋也不知道。是像袁绍对待韩馥那样，还是像曹操对待刘琮那样？人家还都是主动让权的，自己弄成了现在这样，结局肯定不如他们。刘璋越想越害怕，索性豁出去，干脆来个闭门不战也不降。这时发生了一件事，压垮了刘璋集团的最后一点斗志，这就是马超主动投奔刘备事件。

马超这些年在哪里？他为什么跑到益州来了呢？自从被曹操赶出了凉州，马超一直待在张鲁那里，张鲁任命他为都讲祭酒。张鲁祖孙三代居汉中，以五斗米教治国，所有官职都带有宗教色彩，其最高职务是大祭酒，由张鲁本人担任，有人认为都讲祭酒仅次于大祭酒，但缺乏史料依据。但不管怎么说，张鲁对马超还是相当不错的，张鲁甚至想把女儿嫁给马超，这时有人劝阻道："如果连自己的亲人都不爱，怎能去爱别人？"马超起兵后留在邺县的父亲马腾及全家上百口人被曹操所杀，外界多不批评曹操的残暴，反而对马超做事鲁莽置家人于死地很有看法。这是因为凡事讲因果，马超起兵在先，而一家人被杀在后，对此马超也无法争辩。此外，马超由于虑事不周，还致妻子杨氏及儿女都死在了凉州，所以有人提醒张鲁，跟着马超没有好结果。张鲁想想，就打消了收马超为婿的念头。

马超在汉中其实很难受，身边没有亲人，他有一个姓种的妾，这个妾有个弟弟在关中，后来到了汉中投奔他，过年时别人家都在团圆，马超身边只有这个小舅子陪他。小舅子为他祝酒，马超悲从中来，捶胸痛哭，以至吐血。马超痛苦地对他的小舅子说："一家上百口人死于一旦，仅剩咱们两个，还有什么可贺的啊？"孤独、悲痛还好说，忍着就行，但马超在汉中的处境很不妙，张鲁手下过去最得势的人是杨昂，他担心马超威胁自己的地位，所以对马超很不友好，还有一个将领叫杨白，也嫉妒马超的才能，想害他。

马超有些害怕，不敢在汉中待下去，找了个机会跑到了汉中郡西边的武都郡，又从那里逃回氐中，但雍州刺史部设立后，包括陇西在内的昔日凉州刺史部所有地方都已成了曹操的控制区，马超根本无法立足。天下之大，竟然没有一代名将马超的立身之所，思来想去，马超觉得只有刘备有可能收留自己，于是辗转到了益州。不过还有一种说法，认为马超来投靠是刘备派人秘密联络策动的，派去的这个人叫李恢。李恢字德昂，是益州建宁郡人，曾任郡里的督邮，因为姑父爨习犯事受牵连而被免官。爨习也是益州名士，是郡中大族，太守没有为难李恢，反而推荐他到州里任职。李恢由家乡出发去成都，走到达州，听到刘备在葭萌起兵的消息，李恢知道刘璋终将失败，于是不去上任，而是跑去拜见刘备，在绵竹与刘备相遇。刘备与李恢交谈后，对他的才能很赏识，就派他到汉中联络马超，正是在李恢的联络下，马超最后才投奔了刘备。

不管是怎么来的，总之马超来得很是时候。刘备大喜过望，忙派人去迎接马超。马超此行应该没带几个人，他在汉中新纳的妻子董氏以及儿子马秋还在张鲁手里，他的爱将庞德也没有随行，总之来得很匆忙，或者说有点狼狈。刘备觉得无所谓，他要的是马超的名气，有这一点就够了。没有兵好办，刘备悄悄给马超增兵，对外说是马超带来的，让他们屯驻于成都城北，然后宣称马超带着凉州兵前来助战。成都城内原本物资储备充足，粮食吃两年都没问题，而大家都愿意死战。但现在听说名将马超和异常勇猛的凉州军来了，斗志终于彻底瓦解。

就连刘璋父子一向十分敬重的名士许靖都想到了投降，他此时担任蜀郡太守，该郡是益州第一郡，成都就在其管辖之下。许靖虽然是个知识分子，但为了逃生也有着惊人的勇气和体力，他逃跑的方式很勇敢，就是翻城墙逃出去向刘备投降。不过到底是知识分子，智则智矣，力有未逮，许靖被发觉，让人抓了起来。刘璋倒也没生气，也没杀他，因为刘璋知道此城已危在旦夕，他要是许靖，也会这么做。

刘璋终于想到了投降，对左右说："我们父子在益州二十多年，对百姓没什么恩德，却给大家带来三年的战乱，百姓饥荒露宿，死于道途，这些都是因我而起，让我何以心安？"刘璋决心投降，派张裔出城，作为自己的谈判代表去见刘备。刘璋的条件很简单，只要保证自己及一家人的安全，他愿意和平让出成都。张裔就是在柏下与诸葛亮有过一战的那个人，刘备见了他很高兴，强攻只能把成都打烂，尸横遍野只能在士民中增加仇恨，他更看中益州的未来，对于刘璋提出的条件他都答应，向张裔表示，只要刘璋出城投降，一定会对他充分尊重并做出适当安排。

刘备命简雍随张裔一道进城，向刘璋当面重申自己的承诺。简雍在刘备手下，对重大决策发挥的作用一般，但他风度翩翩，谈吐不凡，很适合担任大使这一类的角色。刘璋见到简雍，悬着的心放下了一半，他下令即刻出城，向刘备请降。刘璋请简雍与自己同乘一车出城，刘璋的手下们见此情景，不禁流下泪来。刘备兑现了自己的承诺，把刘璋及其家人迁往南郡的公安居住，归还其财物，其中包括振威将军的印绶。振威将军是曹操以汉献帝名义任命刘璋的职务，刘备归还其印绶，意思是承认他仍然挂着振威将军的头衔。

刘璋有两个儿子，长子刘循，次子刘阐。刘璋曾多次命刘循率兵抗拒刘备，但他又是庞羲的女婿，庞羲在益州势力很大，刘备占有益州，也得与他合作，故而刘璋把刘循留了下来，只带刘阐去了公安。刘备后来继续重用庞羲，并任命刘循为奉车中郎将。刘璋带着小儿子刘阐到公安过起了寓公生活，虽然没有自由，倒也生活得平静。不料以后孙刘多次交恶，刘璋父子的平静生活还要被打破，他们的政治生命还未完结。以后孙权袭取荆州杀关羽，刘璋落入孙权之手，孙权为对抗刘备，任命刘璋为益州牧，驻秭归，不久，刘璋便死在了那里。再后来，南中豪族雍闿等人占据益州郡，归附孙吴，孙权又命刘阐为益州刺史，驻扎在交州与益州的交界处，诸葛亮平定南中，刘阐回到江东，被孙权任命为御史中丞。

八、成都的两个府

建安十九年（214）夏，刘备率部进入成都。这是一次和平接收，按理应是一片忙碌而热烈的气氛，但刘备看到的却是混乱不堪的场面。需要大家各司其职做好工作时,许多人却找不到了,刘备在街上溜了一圈,发现不少人一进城就急着跑到府库去抢东西,没时间办正事。刘备一向温和而又克制,尤其是对部下,但这一次,他不由得不生气。刚要发作,左右提醒他,这不能怪大家,因为命令是他自己下的,在围攻成都时他曾与众人约定府库里的东西都归大伙,他不要。以刘邦那样的匪气,攻破咸阳之际尚约法三章,刘备向来以仁义自许,怎会下达这么缺心眼儿的命令?难道是史书记错啦?

其实并非不可能,性格沉稳而克制的人往往也有轻浮和任性的一面,成都在眼前,梦想将实现,喝完酒,一高兴,顺口说了那样的话,不是不可能,尤其是刘备,根据史书记载,因为喝高了而言行失当的情况有好几回。领导高兴,那么一说,过后兴许就忘了,可这样的承诺大伙儿怎能忘记?所以一入城将士们都放下手中的武器,忙着赶往府库,争着去抢里面的财物。

这还没完,更不靠谱的还在后面。进了城,刘备下令举行盛大的庆祝活动,蜀中很富,是全国数一数二的繁华地区,打了二十多年游击战的刘备确实需要犒劳自己和部下。酒要喝,战功要总结,官要升,同时大赏群下。刘备这次赏赐,出手极为阔绰。据史书记载,赏赐按功劳大小分不同等级,最高一档四个人,分别是诸葛亮、法正、张飞和关羽,赏赐标准是:黄金 500 斤,白银 1000 斤,钱 5000 万,锦缎 1000 匹。跟随刘备一路披荆斩棘的将士们个个兴高采烈,有人还嫌不过瘾,提出了更宏伟的想法,他们跑到刘备那里建议,要把成都城内的房产和城外的桑园、田地也都分了。

钱分完了分房产、地产,可见富贵如毒药,要么一点儿不沾,要么再也戒不掉。类似这种建议总有强烈的群众基础,刘备不好一下子拒绝,一向有主见的赵云听后反对:"霍去病当初说匈奴未灭、无以家为,现在的国贼何止是匈奴,还没有到求安稳享乐的时候。只有到天下平定的那一天,大家各返故乡,再谈享受才合适。益州士民初罹兵革,遭受战乱之痛,田宅都应归还其主人,令其安居复业,然后制定差役、赋税政策,这样才能让大家安心。"事业尚未成功,先别谈论享受,哪天事业告成,一个个荣归故里,到时再过荣华富贵的生活也不迟,现在还远不是时候。刘备有时会冲动,但他决不傻,他当然采纳了赵云的建议,只是赵云做了回恶人。

刘备进入成都后,即宣布复领益州牧。刘备之前的头衔有很多,有左将军、豫州刺史，那是朝廷正式任命的；有一个荆州牧，是孙权表奏的；来到益州后，刘璋表奏他为大司马、司隶校尉。但是，这个益州牧他从来没有担任过，为什么称"复领"呢？后世有学者认为"复领"是笔误，但也有学者认为这个"复"是相对于之前曾担任过荆州牧而言的，是强调刘备现在集荆州牧、益州牧于一身。但推测起来还有一种可能，那就是史书故意装糊涂，这时候已经没人再会来表奏刘备了，如果被手下人"推举"，那刘备将很没面子。刘备不回荆州了，索性在成都开府治事。刘备开的"府"主要有两个：一个是左将军府，一个是益州牧府，是武和文两套班子。

从武的方面说，刘备的左将军属四方将军之一，相当于大军区司令，根据本朝官仪可以开府治事。左将军府中设长史、司马各一人，长史主行政，相当于秘书长，司马主军事，不是相当于团长的那个带兵的司马，地位要高得多，类似于武职的秘书长，他们二人品秩都是一千石。再往下设掾属29人，另有从事祭酒、从事中郎等属官，掾相当于各处的处长，掾属相当于各处的副处长。

这是"军区司令部"的配置，往下，左将军管辖各位将军、偏将、裨将、中郎将等部众，刘备手下的将军有两位，分别是荡寇将军关羽、征虏将军张飞，黄忠、赵云分别是裨将军和偏将军，诸葛亮是军师中郎将，魏延等人军职稍低。除此之外还有一个马超，是朝廷正式任命过的偏将军。

刘备对众人的军职进行了调整，根据马超的资历和影响力，刘备拜其为平西将军，这不是普通的将军，而是"四平将军"之一，地位高于关羽、张飞，如果左将军相当于"西南军区总司令"，平西将军就相当于副总司令。

刘备为什么给马超这么高的待遇？因为在当时论知名度马超远在关羽、张飞之上，马超曾统率联军跟曹操打过大仗，这一点关羽、张飞也不及，更重要的是刘备刚在益州站住脚，需要各方面的支持，所以对马超格外关照。

关羽、张飞军职没有再升，赵云被提升为翊军将军，黄忠被提升为讨虏将军，诸葛亮被提升为军师将军，他们都与关羽、张飞的军职相当，除了他们，被提拔为将军的还有魏延，担任的是牙门将军。魏延此前的身份是"部曲"，这一两年里作战再勇敢，也不可能连升五六级，这个"牙门将军"赵云之前也担任过，当时推测可能是"牙门将"之误，这里也许一样。此前，没有带过兵、打过仗的诸葛亮直接被任命为军师中郎将，现在又跨越裨将、偏将等直接被任命为军师将军，说明刘备对诸葛亮已经无比信任和器重，左将军府的日常事务，刘备也交给诸葛亮来处理。

左将军府长史任命的是许靖，他跟堂弟许劭主持过著名的"月旦评"，曹操那句"清平之奸贼，乱世之英雄"就是他们给的，和马超一样，许靖也有益州人士无法企及的影响力。与长史对应的左将军府司马一职任用了庞羲，之前说过这个人很不简单，是绝对实力派，刘备把他召到左将军府任职，既利用了他在益州的影响力，又解除了他的兵权，不失为一着好棋，庞羲来到刘备手下后便偃旗息鼓，不再生事。

往下是左将军府里的诸曹，其中西曹最重要，刘备任命刘巴为西曹掾，这项任命一来出于对刘巴为化解经济危机立下功劳的回报，二来可能出自诸葛亮大力推荐，刘备尽管内心里不怎么喜欢刘巴，但脾气不好的人做人事工作倒合适，不怕得罪人。左将军府其他各处负责人无法细考了，只知道有一个是马良，上次诸葛亮曾派他给刘备送信，马良回到荆州时雒城被攻克，马良为此曾给诸葛亮写信说"听说雒城已拔，此乃天意，尊兄应接受上天安排，辅佐圣君，光耀国家"，从这封信里可以看出马良和诸葛亮之间无话不谈，"尊兄"的称呼在那时不是随便可以使用的，一般有亲戚关系才会用。

左将军府还设从事祭酒、从事，类似于高参、顾问的角色，初期担任过此职的有何宗、秦宓、伊籍等。何宗字彦英，是益州蜀郡人，汉朝司空何武之后，刘璋时曾任犍为郡太守，刘备任命他为从事祭酒，相当于参谋处长；秦宓字子敕，益州广汉郡人，少有才学，州郡征辟皆称病不去，刘备听说他的名声，任命他为从事；伊籍字机伯，祖籍兖州刺史部山阳国，早前追随过刘表，后依附于刘备，担任从事。

以上是左将军府的情况，下面再说说益州牧府。州牧的主要属官有别驾、治中从事、功曹等，别驾相当于副州长，治中从事是州牧的高级助手，功曹相当于人事处长。刘备请王谋当别驾，王谋字元泰，益州汉嘉郡人，是益州本地大族，史称其有容止、重品行，刘璋时任巴郡太守、治中从事，是益州官场上的重量级人物。

担任治中从事的有黄权、彭羕等人。黄权字公衡，益州巴西郡人，担任过刘璋的主簿，相当于办公室主任，他曾劝谏刘璋不要迎请刘备，因此被刘璋降职为县长。刘璋失败后黄权投降。彭羕字永年，益州广汉郡人，性格高傲，之前只不过做了个书佐一类的小官，被刘备看中，方任命为治中从事。

彭羕"身高八尺"，一表人才，但是个怪人，在刘璋时期他曾被人诽谤，刘璋罚他做苦役。刘备刚进益州彭羕就主动去拜访，接见他的是庞统，庞统与他无旧交，当时有宾客在座，就没怎么理他，彭羕径直到庞统坐榻边躺下，对庞统说："等客人走后，我与您好好聊聊。"客人走了，庞统再找彭羕聊，彭羕不聊，要庞统先跟他一起吃好东西，再谈话。吃完，时间也晚了，当晚彭羕便留宿在庞统那里，二人谈了一夜，次日又谈了一天，庞统大为高兴，认为彭羕有才。法正也很了解彭羕，也向刘备推荐，这样刘备对彭羕便格外看中。

州牧府里的功曹品秩虽不高，却是个重要的位置，刘备任命了益州本地人李恢，之前说过，刘备曾派李恢去联络马超，促成了马超来投，立下大功。除了州牧府，还有下面的郡太守和国相。东汉益州刺史部有12个郡国，在选择郡太守、国相方面刘备动了一番脑子，不仅选派了一批有行政才干的人才到地方任职，也留任或提拔了一批本地人才。

益州最重要的有两个郡：蜀郡和益州郡。蜀郡太守任命了法正，一来法正很有才干，此次夺取益州他又立下首功，二来他对益州的情况很熟，交给他比较放心。刘备还给了法正一个身份，扬武将军，除了让他当太守也让他领兵，说明法正此时得到了刘备的完全信任。

益州郡太守任命的是诸葛亮，该郡名为益州郡，位置其实很偏，郡治在滇池县，即今云南省滇池东南，辖区主要位于今云南省的东部，距成都上千里，诸葛亮负责左将军府的日常事务，不可能远赴益州郡上任，担任这个职务只是挂个名，或者顶多定期抽时间去益州郡一趟，处理一下太守的事务。刘备可能觉得诸葛亮虽以军师中郎将的身份锻炼了几年，毕竟还没有担任过地方行政负责人，所以安排他兼任益州郡太守，算是弥补这方面的不足。其他相对重要的郡国里，张飞兼任巴西郡太守，费观为巴郡太守，李严兼任犍为郡太守，江阳郡太守是刘邕，朱提郡太守是邓方。

李严这个人需要多讲一下，他字正方，是荆州刺史部南阳郡人，很有行政才干，刘表曾任命他为秭归县令，秭归是荆州的西大门，反过来也是益州的东大门，曹操南下，秭归有一段时间没人管，李严弃官跑到益州投奔了刘璋，刘璋觉得他是人才，任命他为成都县令，在任上李严获得了能干的名声。刘璋后来让李严任护军，在绵竹一带拒刘备，李严投降，被刘备任命为裨将军，刘备觉得他的特长还是在行政方面，在益州又有名望，就任命他为犍为郡太守。

还有几个可以考证的郡太守：年轻时就与诸葛亮关系密切的向朗被任命为牂牁郡太守，霍峻守葭萌有功，刘备干脆任命他为位于益州北部的梓潼郡的太守，早年便跟随刘备的刘琰被任命为固陵郡太守，马良的弟弟马谡刚入成都时被任命为成都县令，马谡干得不错，后被提拔为越嶲郡太守。

刘备入主益州后，对益州的行政区划不断做出调整，郡国的数目持续增加，最多时增加到了27个，所以后来还有更多的人有机会担任郡太守，在跟随刘备从荆州过来的人中陈震担任过汶山郡太守，廖化担任过宜都郡太守，邓芝担任过广汉郡太守。从上面的职务任命来看，州牧府的主要官员多用的是本地人，而郡太守则多半是随刘备从荆州过来的人，算是一种平衡。

九、这场仗没法再打了

在刘备攻入成都前后，曹操、孙权在做什么？他们也在打仗，打得还挺激烈。濡须口之战孙权打退了曹操的进攻，双方消停了一阵，后来曹军再次发起进攻，夺下了孙权控制下的皖城，此地即今安徽省安庆市，自古以来都是重镇。汉末这里是扬州刺史部庐江郡的治所，孙策、孙权以前分别在此打败过刘勋和李术，长期把它控制在自己手里，首次濡须口会战后不久，皖城却落入了曹军的手中。

史书对这件事没有任何记载，但皖城的确已经易手，建安十八年（213）曹操任命朱光为庐江郡太守，朱光到皖城上任，他在庐江郡广开稻田，发展农业，吸引来大量逃难的人口，曹操认为这个办法很好，又任命谢奇为蕲春典农都尉，在蕲春屯田。孙权这边兼任寻阳县令的吕蒙首先发现了问题，他认为曹操的这一招比较毒，这是稳扎稳打的做法，来年水稻丰收，曹军的势力必然倍增，再发展几年就更难收拾，于是建议出击皖城，消灭朱光和谢奇，孙权接受了这个建议。

建安十九年（214）五月，就在诸葛亮率军西进益州的同时，孙权发起了皖城战役。孙权手下将领们认为应该堆积攻城的土山，准备攻城器具才能拿下皖城。当时连续多天大雨，吕蒙认为大雨有助攻城，做土山有点来不及，且容易被水冲垮，应该举三军的锐气，从不同方向同时猛攻，不用太久必可将城攻破。吕蒙推荐甘宁任升城督，甘宁手握绳索亲自攀城，吕蒙在后面支援，亲自擂鼓助阵，攻城战从半夜里开展，到拂晓时分便将城攻破，俘获庐江郡太守朱光和曹操派到庐江郡的参员董和等以下男女数万人。张辽从合肥率援军向这里赶来，但城破得太快了，才到达夹石就接到皖城被攻占的消息，于是撤回合肥。

曹操听说皖城丢了，大怒，立即下令出兵夺回皖城。但是，现在出兵东南却不是好时候，因为这时已经是农历的七月，马上就要进入江淮的秋雨季节了，连阴雨经常一下十多天，行军打仗最怕这个。根据前方传来的报告，雨已经下起来了，道路泥泞，行军困难，将士们普遍不愿意去。但曹操意志很坚定，不要说下雨，下刀子也不行！

曹操为什么这样固执？一方面，皖城确实很重要，孙权如果长期占据皖城，等于把战线推向了江北，合肥方向再无战略缓冲；另一方面，上次在濡须口打了败仗，如果让孙权再胜一阵，那就更没面子了。所以曹操这一回铁了心，非夺皖城不可，谁劝都不行，他专门发布了一道教令："现在不再接受进谏，都别问要去哪里，有进谏的一定处死。"贾逵时任丞相府主簿，他长期在扬州刺史部任职，非常熟悉那里的情况，他反对此时用兵，看到这道命令，更觉得有问题，就对其他三位主簿说："现在确实不宜出兵，但教令如此，不能不谏啊！"看来丞相府里有多位办公室主任，大概根据工作内容各管一摊。这几个人挺不错，看到问题也不回避，他们同意贾逵的看法，由贾逵起草了进谏稿，三人把名字一一署上，呈给丞相。

曹操看了大怒，把贾逵等人抓了起来，问是谁出的主意，贾逵说是自己，之后径直前往监狱。狱吏一看是贾主任，就不给他上刑具，贾逵催促狱吏赶紧给自己戴上。后来曹操的怒气消了些，把贾逵等人放了，但出兵的决定不改。参军傅幹也向曹操进谏："治理天下有两种途径，文治和武治。明公用武已十平其九，现在没有遵从王命的只有吴与蜀，吴有长江之险，蜀有崇山之阻，难以威服，应该采取德治。我认为现在应该按甲寝兵，息军养士，分土定封，论功行赏，以此稳固内外之心，然后兴学校，教导百姓崇尚节义。以明公的神武，再修以文德，那么普天之下就没有不服从的了。现在在举十万之兵于长江之滨，如果敌人负险深藏，就不能立刻取胜，就会挫伤自己的锐气，敌人也不能心服。总之，明公应该多想想虞舜休兵养息之义，全威养德，以道制胜。"曹操仍然不听，只是也没再难为傅幹。

七月，曹操命曹植留守邺县，自己亲率大军前往合肥。这本是一场重要的军事行动，但史书上却找不到关于这一仗的任何记载，到这年十月曹操又出现在了邺县，当时天下着大雨，道路不好，行军速度不会很快，一个单趟就得走一个多月，也就是说双方在合肥前线基本上没交过手，皖城此后仍在孙权手中，孙权任命吕蒙担任庐江郡太守。

费了这么大的劲，下了好大的决心，竟然不了了之，这不是曹操的风格。是曹操最后收回了成命，没有发兵吗？也不是，这一次曹军的主力确实出动了，就在这次行军的路上，曹操的心腹智囊荀攸得了重病，不治而逝，享年58岁。在曹操先后几位"谋主"里，荀彧后来专司朝廷事务，郭嘉病死，现在荀攸又不在了，曹操损失很大。在荀攸生病期间，曹操派随军的曹丕前去探视，曹丕独拜于荀攸的床下。

荀攸死后，曹操很伤心，一说到荀攸就忍不住流泪，他曾对人说："我和公达交往二十多年，在他身上没有一丝一毫可以指责的地方。"曹操对荀攸的评价非常高，他还说过："对于正确的意见，公达总是坚持进谏，不达目的不停止；对于错误的意见，总是坚持反对，不达目的也不停止。"荀攸参与过许多重大机密的筹划，但他为人严谨，对机密大事一向守口如瓶，就连最亲近的人也不知道他出过哪些计谋。荀攸姑姑的儿子辛韬曾向他打听平定冀州的事，荀攸说："关于这件事，我只知道辛毗替袁谭来乞降，曹公亲自率兵前往平定，其他的，我哪里知道？"辛韬再也不敢向他打听军国大事了。荀攸与钟繇关系最好，荀攸向曹操前后提出过重大决策建议12条，只有钟繇知道，钟繇想把这些整理出来传给后人，但这项工作直到钟繇去世仍未完成，所以荀攸的智慧和谋略世人知道得很少。

那么，既然出动了为什么又草草收场？这与益州的形势有关，刘备就在此时攻进了成都，这让曹操和孙权都很吃惊，他们吃惊的不是刘备能够攻下成都，而是事情进展得这么快。刘备到益州三年了，之前一直和刘璋呈对攻状态，诸葛亮领兵才进益州三四个月，益州竟然就被刘备拿下了！曹操和孙权都很着急，人家那边高歌猛进，咱们还在这边打个什么劲？

曹操迅速调整部署，立即转换战场，发起了汉中战役。为了保证汉中战役的胜利，曹操决定尽可能集中起兵力到西线，东南战场上的人马保持到最低水平，其中留下守合肥的只有7000人。曹操把张辽、乐进、李典三人留在了合肥，同时薛悌为各军护军，临行前秘密把薛悌找来交给他一封信函，告诉他等到孙权来进攻的时候再打开看。

建安十九年（214）十月，曹操回到了邺县，在此没做太多停留，又率主力向关中进发。十二月，曹操率主力到达黄河上的渡口孟津。次年也就是建安二十年（215）三月，曹操率主力到达长安。曹操这么着急，一般人很难理解，所以有不少人上书反对，担任黄门侍郎的刘廙在上书中说："自明公起兵以来，三十多年攻无不破，强敌无不顺服。如今孙权恃险于吴，刘备不服于蜀，但论他们的势力和影响，未必比袁绍更强大，孙权、刘备未臣服，不是我们的智慧、武力不如以前了，而是形势有了新变化。周文王当年伐崇国，打了三十天都没打下，之后勤修德政，崇国表示臣服。秦国还是诸侯的时候，征战无不取胜，但称帝之后，几个人登高一呼社稷就完了，这是用武力于外、对内不能体恤民众造成的。我担心吴、蜀的力量虽然比不上六国，但当世却不乏陈胜、吴广那样的人才，这一点不得不考虑。于今之计，不如据四方之险，选择要害处把守，这样明公就可以高枕无忧，专心考虑如何治国，广种农桑，推行节约，不出十年，定会国富民强。"

要是孔融那样的人这么说，曹操一定会把他叫过来问问是啥意思，这么说抱着什么动机，但曹操知道刘廙对自己一向忠诚，他也尊重刘廙。同时，刘廙的想法有一定的代表性，但这些想法曹操并不赞成，曹操认为这样的想法不合时宜，以教化征服敌人只能是纸上谈兵。于是曹操以公开信的形式答复刘廙，不仅阐述了此次用兵的重要性，在信的末尾还写道："不仅君王应当理解臣下，臣下也应当了解君王，现在让我遵行周文王的仁德，恐怕并不符合实际。"

十、稀里糊涂的胜利

整个关中地区已在曹军占领中，曹操到达长安，在此略作休整，随即进军汉中。由关中到汉中必须越过秦岭，最便捷的通道是穿越其中的几条栈道，著名的栈道有三条，自东向西分别是子午道、傥骆道、褒斜道。这些道路穿行于大山之间，虽然路途最近，但崎岖难行，又容易遭遇伏击，在准备仓促的情况下曹操决定放弃。那就只有一条路了，就是绕行大散关。大散关是关中四关之一，位于今陕西省宝鸡市南面的大散岭上，是由陕西进入四川的要道，号称"川陕咽喉"，当年刘邦"明修栈道，暗度陈仓"就是走的这里，现在曹军进攻的方向刚好相反。

建安二十年（215）四月，曹操率军抵达大散关，到了一看，路也很难走，曹操写了一首《秋胡行》，记录行军的艰辛。不仅行军艰难，还遇到了氐人发起的叛乱。曹魏新置的雍州刺史部辖下有不少氐人，曹操率军南下汉中时氐王窦茂突然起兵反叛，他们聚集了一万多人，占据汉中以西的武都郡一带峙险不服，曹军如果继续南下，氐王就如同顶在背后的一把刀，这不是小事。

曹军不得不停下进军的步伐先解决氐人问题，他派张郃、朱灵率所部在雍州刺史张既的配合下攻打氐王，窦茂退守河池，即今甘肃省徽县一带。曹操下令猛攻，于这年五月将河池攻破，曹操下令屠城。屠城虽广受诟病，但也的确对敌人造成了强力威慑，有一个记载说当时韩遂所部还在雍州刺史部境内活动，韩遂的部下麴演、蒋石等人把他斩杀，把首级呈给曹操，如果这条记载准确，韩遂死时就已经70多岁了，起兵至今超过了30年。

还有一个名叫刘雄鸣的人，是关中人，李傕、郭汜作乱长安时隐入秦岭山中，很多人依附他，形成一股强大的势力，慑于曹军的威严刘雄鸣主动前来拜见，曹操很高兴，对他说："我刚进关，就梦到一个神人，该不会就是你吧？"曹操任命刘雄鸣为将军，让他召集部众随同大军行动。刘雄鸣其实就是秦岭山中的土匪，这些人自由惯了，并不喜欢被招安，刘雄鸣在部下的鼓动下再次反叛，多达数千人，占据要道，曹操派夏侯渊前往讨伐，刘雄鸣率叛军余部逃往汉中。

汉中的西邻是雍州刺史部武都郡，郡太守名叫苏则，字文师，关中人，举过孝廉、茂才，才能品行都不错，曹操在行军路上召见了他，对他的工作很满意，让他带人担任大部队的向导。这些事一耽搁，就到了夏天，麦子成熟了。张既、苏则等组织民众就地收获小麦，加上从关中调来的粮食，军粮供应就不成问题了。这时大家才明白，原来丞相这么急于进军汉中，时间都是算好的，如果晚来一两个月，收麦子就赶不上了。

有粮食还要保证运输，雍州刺史部地广人少，曹操命京兆尹郑浑、河东郡太守杜畿等人征调运输队来前线负责运输，杜畿迅速征调了5000人亲自带往汉中前线，虽然跋山涉水、远离家乡，但大家士气很高，没有一个人逃亡，大家都互相勉励："人都有一死，宁死也不能辜负杜太守！"

七月，曹军主力进抵阳平关。阳平关位于今陕西省勉县境内，是汉中的西大门，它北面是秦岭，南临汉水和巴山，处于陈仓故道和金牛道交会处，这两条古道一条是关中南下汉中的必经之路，一条是汉中入川的必经之路，阳平关处于其结合部。之前曹操曾向当地人询问阳平关一带的地形，有人告诉他阳平关的地势一点都不险要，关前的南北两山相距很远，不容易守住。到了阳平关曹操一看完全不是那么回事，不由得感叹道："别人转述的，未必都是真实情况啊！"

听说曹操亲率大军到达阳平关，张鲁自知不是对手，准备投降，但是遭到其弟张卫的反对。张鲁于是派张卫、杨昂等人率兵数万，在阳平关前横着筑石城十多里，拦住曹军的进攻。曹军大约有10万人，张鲁军大约3万人，但在这样的地理条件下，人多并不是最有利的因素，由于地势险要，易守难攻，曹军死伤惨重，曹操感叹道："打了30年的仗，还没有这样受制于人的，怎么办？"曹操竟然想到了撤兵，但是奇迹发生了。当时曹操撤退的命令已下，夏侯惇、许褚所部接到命令连夜撤退，夜里看不清路，结果误入敌人兵营，敌人不知究竟，还以为曹军攻营得手，居然四散败走。侍中辛毗、刘晔等人随军行动，他们告诉夏侯惇、许褚说已经占领了敌人的要塞，夏侯惇、许褚不相信，亲自来察看，果然是真的，立即报告曹操。还有一个记载，说当时不知从哪里窜出来数千只麋鹿冲入张卫大营，张卫军营夜惊，曹操手下的高祚等部离此不远，高祚吹响鼓角，召集其他友军，张卫大惧，以为这都是曹军预谋好的攻营战术，于是投降。阳平关就这样稀里糊涂地被攻下了，曹操一看，那就不撤了。

南郑无险可守，张鲁还想投降，但他手下的功曹阎圃认为投降可以，但不要这么轻易就降，他的理由是："现在就这么投降了，必然没有什么分量；不如先投奔杜濩、朴胡，然后看情况再说，到那时再投降功劳也大些。"张鲁真是个善于倾听部下意见的好领导，对阎圃的建议他也接纳了，于是带领一部分人南入巴中。巴中地区属益州刺史部，益州目前虽然被刘备占领，但各地正处在新旧交接中，像巴中这些地方目前还比较乱，在当地势力比较大的是杜濩、朴胡这些部族首领。

临走前有人建议搞一些破坏，把仓库等设施烧毁，张鲁不同意："本来打算归顺朝廷，现在离开是暂避锋芒，没有恶意，仓库里的东西都归朝廷所有。"张鲁让人在府库上一一贴上封条，之后才走。曹操到了南郑，对张鲁的做法很高兴，他得知张鲁有归降的本意，就派人到巴中地区寻找张鲁，劝他投降。

九月，巴中地区的部族首领朴胡、杜濩率部出降，曹操下令分巴郡为巴西郡和巴东郡，任命朴胡为巴东郡太守，杜濩为巴西郡太守，都封为列侯。十一月，张鲁率家属从大巴山出来投降，曹操以天子的名义拜张鲁为镇南将军，封阆中侯，食邑一万户，封张鲁的五个儿子以及阎圃等人为列侯。

马超逃往益州时没来得及带上妻子董氏以及儿子马秋，现在董氏和马秋都到了曹操手上，曹操把董氏赐给阎圃为妻，把马秋交给张鲁处理，张鲁亲手把马秋杀了。张鲁此举并不仅仅因为痛恨马超，而是借此向曹操表示忠心，说明他与马超已成不共戴天的仇人，让曹操放心。马超的部将庞德也在张鲁处，现在也投降了曹操，曹操早就听说庞德作战勇猛，任命他为立义将军，封关门亭侯，食邑300户，庞德从此忠心耿耿地追随曹操，至死不渝。

五年前，与马超一同在关中叛乱的程银、侯选等人各率1000多家在汉中，他们也出来投降，曹操既往不咎，仍然恢复了他们的职务。还有刘雄鸣，汉中平定后没有办法只好再次投降，曹操看到刘雄鸣，上去一把拽住他的胡子："老家伙，这回又抓到你了！"说归说，曹操并没有为难他，恢复了他的职务，只不过汉中不能让他再待了，说不定哪一天他还作乱，曹操下令把他和部下迁到冀州刺史部渤海郡。曹操对张鲁等人封赏都很重，原因不在于阎圃说的那样，而是曹操考虑到张鲁祖孙三代在汉中统治时间很长，又有一套"五斗米教"相辅助，在汉中影响很大，只有尊崇张鲁，才能得到汉中的人心，巩固汉中的统治，为进图益州做长远规划。

从行政区划上说，汉中郡属益州刺史部，应该是刘备的地盘。刘备进入成都时黄权曾提出建议："如果失去汉中，则巴郡不可保，等于失去了益州的一条臂膀。"这时张鲁出逃巴中，刘备于是任命黄权为护军，督率就近的各军前往巴中迎接张鲁，可是晚了一步，张鲁投降了曹操。黄权就率军攻击曹操新任命的太守朴胡、杜濩等人，曹操命张郃率部赶往支援。

这时刘备刚占领成都不久，益州并不稳固，无法倾全力去与曹操争锋，只能派张飞去支援黄权。张郃与张飞战于巴中，双方相拒50多天，最终张飞打退了张郃的进攻，张郃撤回南郑。巴郡、巴东郡和巴西郡习惯上称"三巴"，属益州刺史部，这时大部分也都被刘备所控制，刘备任命张飞为巴西郡太守，让他在那里据守。

荀攸死后，在曹操身边出谋划策的主要是刘晔，曹操又选拔了司马懿等人参与筹划，司马懿此次以主簿的身份第一次随军，他向曹操提出建议："刘备以骗术取得益州，蜀人未必肯服，此时他们与孙权为荆州的事相争于江陵，这是一个机会。如今攻克汉中，益州震动，进兵攻之，益州必然瓦解。圣人说过，做事不违背天命，但也不能失去时机呀。"司马懿的建议并非没有道理，刘备得到益州后，孙权趁机索要借出去的南郡等地，孙刘联盟出现了裂痕，这倒是一个机会。刘晔也建议，攻克汉中后益州震动，正是一举攻占益州的最好时机，如果失去这次机会，必然给今后留下难题。

但是曹操迟疑不决，想起了当年在赤壁的遭遇，见好就收是有道理的，汉中之得有很大的偶然性，如果不是天佑，说不定此次也是无功而返，这次行动的目标是汉中，既然目标已经实现就应该退兵了。曹操没有接受司马懿和刘晔的建议，而是说了一句很有名的话："人最怕的是不知足，既然得到了汉中，就不要再想益州了！"这就是"得陇望蜀"典故的由来。但不久后，有从益州那边投降过来的人报告说，听到曹军攻占了汉中，蜀中大为震动，刘备虽然连杀了不少人都不能让局面安定。曹操有些后悔，问刘晔现在进兵益州是否可行，刘晔认为时机已过，现在那里的局面必然已初步安定，不能再进攻了。

不过，从张郃和张飞在巴中地区交战的情况来看，曹军如果即刻南下在局面上也未必占优势，先不说汉中初定，人心不稳，单就战争准备、熟悉道路等方面，也不是仓促就能完成的，曹操没有采纳司马懿和刘晔的建议，应该说是明智的。曹操任命夏侯渊为都护将军，率领张郃、徐晃所部留守汉中，派丞相府长史杜袭以驸马都尉的身份负责汉中的政务。汉中郡之前已被刘焉改为汉宁郡，曹操下令恢复汉中郡，将汉中郡的安阳、西城等县分出来设置西城郡，将锡县、上庸县等分出来设置上庸郡，分别设置了郡太守、都尉。之后，曹操率主力撤出汉中。